高等学校土木工程专业“十四五”系列规划教材·应用型

钢结构设计

主　编　葛清蕴　马　巍　唐礼平
副主编　曹　海　崔明珠　何章权
　　　　秦佳俊　王小莉　魏建鹏
主　审　完海鹰

四川大学出版社
SICHUAN UNIVERSITY PRESS

图书在版编目（CIP）数据

钢结构设计 / 葛清蕴，马巍，唐礼平主编. -- 成都：四川大学出版社，2025. 5. -- ISBN 978-7-5690-7876-3

Ⅰ. TU391.04

中国国家版本馆 CIP 数据核字第 2025HU5097 号

书　　名：钢结构设计
　　　　　Gangjiegou Sheji
主　　编：葛清蕴　马　巍　唐礼平

选题策划：王　睿
责任编辑：王　睿
特约编辑：孙　丽
责任校对：周维彬
装帧设计：开动传媒
责任印制：李金兰

出版发行：四川大学出版社有限责任公司
　　　　　地址：成都市一环路南一段 24 号（610065）
　　　　　电话：（028）85408311（发行部）、85400276（总编室）
　　　　　电子邮箱：scupress@vip.163.com
　　　　　网址：https://press.scu.edu.cn
印前制作：湖北开动传媒科技有限公司
印刷装订：武汉乐生印刷有限公司

成品尺寸：200mm×270mm
印　　张：15
字　　数：425 千字

版　　次：2025 年 6 月 第 1 版
印　　次：2025 年 6 月 第 1 次印刷
定　　价：53.00 元

本社图书如有印装质量问题，请联系发行部调换

四川大学出版社
微信公众号

前　言

随着经济的发展，我国钢结构工程也得到极大发展。目前我国钢产量已经连续多年位居世界第一，这为我国钢结构工程及其他钢构件发展奠定了基础。

国家的政策也大力支持钢结构的发展，从原来的“节约用钢”“合理用钢”发展到“积极用钢”。目前钢结构领域的规范、规程基本成熟，包括新编和正在修编的标准在内，钢结构领域的规程和规范已达50多本。

本书以钢结构基本原理为基础，根据土木工程技术特点及大量钢结构应用状况，列出常用建筑钢结构基本体系，按照《钢结构设计标准》(GB 50017—2017)、《钢结构通用规范》(GB 55006—2021)等编写，重点介绍了常用建筑钢结构设计原理、设计方法及构造特点。

本书各章独立、自成体系，便于学习掌握，可作为高等院校土木工程本科专业教材，也可供道路桥梁、水利建设、港口建设和地下建筑等领域的专业工程技术人员和科研人员参考使用。全书内容分为5章，即轻型门式刚架结构，普钢厂房结构设计，多、高层房屋钢结构，大跨度房屋钢结构和装配式钢结构。附录中给出了钢材的各种计算指标供设计使用。

全书由皖西学院、安徽建筑大学、安徽农业大学和黄山学院四所院校组织编写。本书的编写分工为：黄山学院曹海、王小莉编写第1章；安徽建筑大学马巍、唐礼平、秦佳俊、魏建鹏编写第2章；安徽农业大学何章权编写第3章；皖西学院葛清蕴、崔明珠编写第4章和第5章。全书由葛清蕴、崔明珠统稿。

全书由合肥工业大学完海鹰教授审稿。

由于编者水平有限，书中疏漏和错误之处在所难免，欢迎广大读者提出宝贵意见。

编　者

2025年2月

特别提示

教学实践表明，有效地利用数字化教学资源，对于学生学习能力以及问题意识的培养乃至怀疑精神的塑造具有重要意义。

通过对数字化教学资源的选取与利用，学生的学习从以教师主讲的单向指导模式转变为建设性、发现性的学习，从被动学习转变为主动学习，由教师传播知识到学生自己重新创造知识。这无疑是锻炼和提高学生的信息素养的大好机会，也是检验其学习能力、学习收获的最佳方式和途径之一。

本系列教材在相关编写人员的配合下，逐步配备基本数字教学资源，主要内容包括：

文本：课程重难点、思考题与习题参考答案、知识拓展等。

图片：课程教学外观图、原理图、设计图等。

视频：课程讲述对象展示视频、模拟动画，课程实验视频，工程实例视频等。

音频：课程讲述对象解说音频、录音材料等。

数字资源获取方法：

① 打开微信，点击“扫一扫”。

② 将扫描框对准书中所附的二维码。

③ 扫描完毕，即可查看文件。

更多数字教学资源共享、图书购买及读者互动敬请关注“开动传媒”微信公众号！

目　　录

数字资源目录

1　轻型门式刚架结构

【内容提要】

目前，轻型门式刚架结构在我国得到迅速的发展，主要用于轻型的厂房、仓库、体育馆、展览厅及活动房屋、加层建筑等。通过本章的学习，学生在了解门式刚架的结构形式及特点的基础上，对门式刚架的结构体系与布置、荷载及作用效应计算、变截面刚架柱和梁的设计、节点设计、围护构件设计有一个大致的了解。本章的教学重点为变截面刚架的内力、侧移计算，刚架柱、梁的设计，以及节点、围护构件的设计；教学难点为内力、侧移计算及构件和节点的设计。

【能力要求】

通过对轻型门式刚架结构体系与荷载及作用效应计算的学习和理解，认识轻型门式刚架结构，了解常用轻型门式刚架的设计方法，并掌握与之相关的计算和设计步骤。

2015 世界结构大奖获奖项目公布

门式刚架常见设计问题解答

轻型门式刚架设计实例

1.1　门式刚架的结构形式和结构布置

1.1.1　门式刚架的结构形式及特点

刚架结构是梁、柱单元构件的组合体，在单层工业与民用房屋的钢结构中，应用较多的为单跨、双跨或多跨的单、双坡门式刚架。根据需要，可带挑檐或毗屋。当设置夹层时，可沿纵向设置或在横向端跨设置，如图 1-1 所示。夹层与柱的连接可采用刚接或铰接。根据通风、采光的需要，这种刚架厂房可设置通风口、采光带和天窗架等。

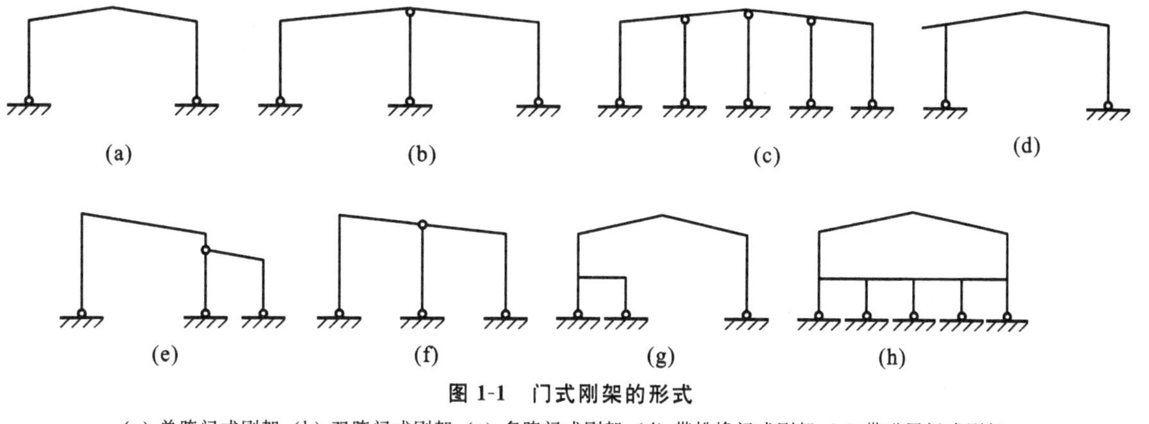

图 1-1　门式刚架的形式

(a) 单跨门式刚架；(b) 双跨门式刚架；(c) 多跨门式刚架；(d) 带挑檐门式刚架；(e) 带毗屋门式刚架；(f) 单坡门式刚架；(g) 纵向带夹层门式刚架；(h) 端跨带夹层门式刚架

单层门式刚架结构是指以轻型焊接 H 型钢(等截面或变截面)、热轧 H 型钢(等截面或变截面)或冷弯薄壁型钢(槽型、卷边槽型、Z 型)做檩条、墙梁,以压型金属板(压型钢板、压型铝板)做屋面、墙面,采用聚苯乙烯泡沫塑料、岩棉、矿棉、玻璃棉等作为保温隔热材料,并适当设置支撑的一种轻型房屋结构体系(图 1-2、图 1-3)。

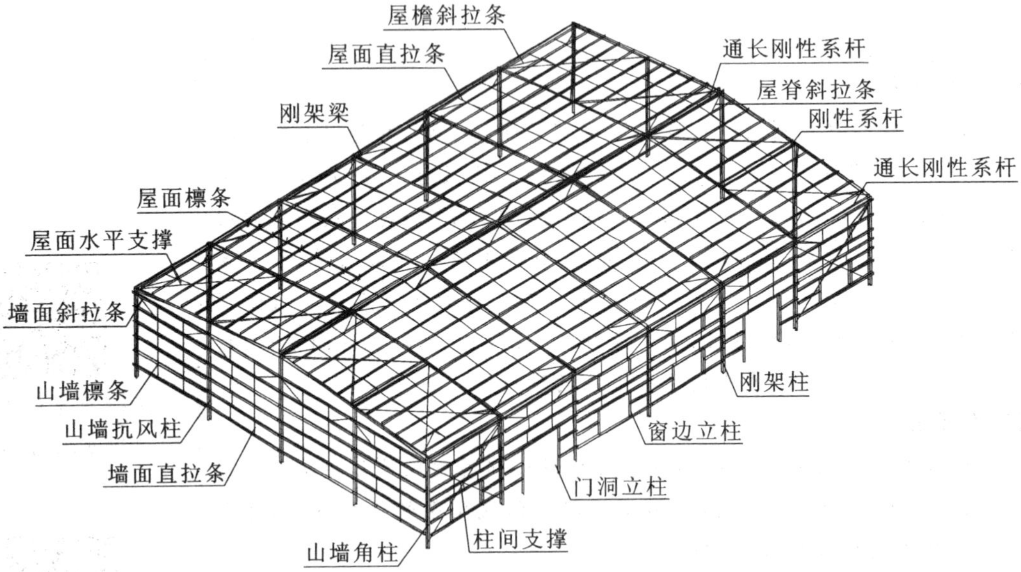

图 1-2　单层轻型钢结构房屋的组成

在目前的工程实践中,门式刚架的梁、柱构件多采用焊接变截面的 H 形截面,单跨刚架的梁-柱节点采用刚接,多跨者大多为刚接和铰接并用。门式刚架的柱脚宜按铰接支承设计。当用于工业厂房且有起重量 5 t 以上桥式吊车时,可将柱脚设计成刚接。围护结构多采用压型钢板,玻璃棉则由于其自重轻、保温隔热性能好及安装方便等特点,是当前最为普遍的保温隔热材料。

(a)

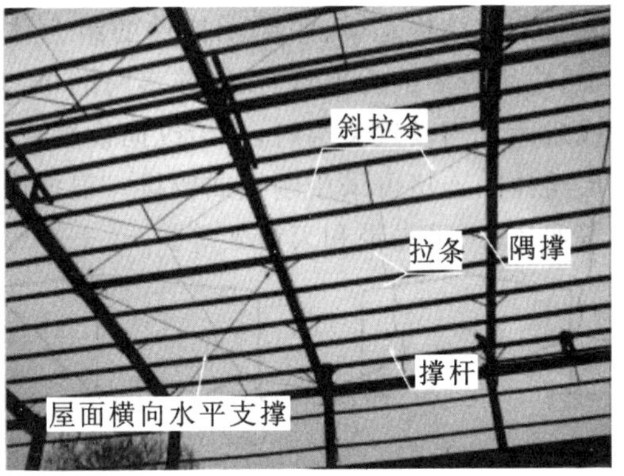

(b)

图 1-3　单层轻型钢结构房屋实例

门式刚架结构有以下特点:

① 采用轻型屋面,不仅可减小梁柱截面尺寸,基础截面尺寸也相应减小。

② 在多跨建筑中可做成一个屋脊的大双坡屋面,为长坡面排水创造条件。设中间柱可减小横梁的跨度,从而降低造价。中间柱采用钢管制作的上下铰接摇摆柱,占用空间小。

③ 刚架的侧向刚度靠檩条的隅撑保证,省去了纵向刚性构件,并减小了翼缘宽度。

④ 刚架可采用变截面，截面与弯矩成正比；采用变截面时根据需要可改变腹板的高度、厚度及翼缘的宽度，做到材尽其用。

⑤ 刚架的腹板可按有效宽度设计，即允许腹板失稳，并可利用其屈曲后强度。故腹板高厚比可比《钢结构设计标准》(GB 50017—2017)规定的大，即可减小腹板厚度。

门式刚架
结构图

⑥ 竖向荷载通常是设计的控制荷载，但当风荷载较大或房屋较高时，不应忽视风荷载的作用。在轻型屋面门式刚架中，地震作用一般不起控制作用。

⑦ 支撑可做得较轻便，将其直接或用水平节点板连接在腹板上，在非抗震地区或有起重量 5 t 以下吊车时可采用张紧的圆钢。

⑧ 结构构件可全部在工厂制作，工业化程度高。可根据运输条件划分构件单元，单元之间在现场用螺栓相连，安装方便、快速，土建施工量小。

1.1.2 门式刚架的适用范围

门式刚架通常用于跨度 9～36 m、柱距 4～12 m、设有吊车起重量较小的单层工业厂房或公共建筑（超市、娱乐体育设施、车站候车室、码头建筑）。设置桥式吊车时，宜为起重量不大于 20 t 的中、轻级工作制(A1～A5)的吊车；设置悬挂吊车时，其起重量不宜大于 3 t。

1.1.3 门式刚架的结构体系与布置

1.1.3.1 门式刚架的结构体系

门式刚架的结构体系分为实腹式和格构式，实腹式刚架的截面一般为工字形，格构式刚架的截面一般为矩形或三角形。

门式刚架
结构动画

1.1.3.2 门式刚架的结构布置

(1) 门式刚架的建筑尺寸要求

① 门式刚架的跨度，应取横向刚架柱轴线间的距离。

② 门式刚架的高度，应取地坪至柱轴线与横梁轴线交点的高度。门式刚架的高度应根据使用要求的室内净高确定，有吊车的厂房应根据轨顶标高和吊车净空要求确定。

③ 柱的轴线可取通过柱下端（较小端）截面中心的竖向轴线。斜梁的轴线可取通过变截面梁段最小端中心与斜梁表面平行的轴线。

④ 门式刚架轻型房屋的檐口高度，应取室外地面至房屋外侧檩条上缘的高度；门式刚架轻型房屋的最大高度，应取室外地面至屋盖顶部檩条上缘的高度；门式刚架轻型房屋的宽度，应取房屋侧墙墙梁外皮之间的距离；门式刚架轻型房屋的长度，应取房屋两端山墙墙梁外皮之间的距离。

⑤ 门式刚架轻型房屋屋面坡度宜取 1/20～1/8，在雨水较多地区可取其较大值。

⑥ 门式刚架的单跨跨度宜为 12～48 m，以 3 m 为模数，当有根据时，可采用更大跨度，必要时也可采用非模数跨度。当边柱宽度不等时，其外侧应对齐。门式刚架的高度宜为 4.5～9.0 m，必要时可适当加大。门式刚架的间距，即柱网轴线在纵向的距离宜为 6～9 m，最大可用 12 m，门式刚架跨度较小时，也可采用 4.5 m。挑檐长度可根据使用要求确定，宜为 0.5～1.2 m，其上翼缘坡度宜与斜梁坡度相同。

(2) 结构平面布置

① 伸缩缝和檩条的布置。

a. 门式刚架轻型房屋的围护结构采用压型钢板时，其温度分区与传统相比可以适当放宽，其温度区段长度(伸缩缝间距)应符合下列规定：纵向温度区段不宜大于 300 m，横向温度区段不宜大于 150 m。当有可靠依据时，温度区段长度可适当加大。

b. 当需要设置伸缩缝时，可采用两种做法：

(a) 设置双柱；

(b) 在檩条端部的螺栓连接处宜采用长圆孔，并使该处屋面板在构造上允许胀缩。吊车梁与柱的连接处也采用长圆孔。

c. 对有吊车的厂房，两端刚架的横向定位轴线应加插入距，如图 1-4 所示，插入距可取 $1200+\alpha_e$，α_e 为伸缩缝或防震缝宽。

d. 在多跨刚架局部抽掉中间柱或边柱处，宜布置托梁或托架。

e. 屋面檩条的形式和布置，应考虑天窗、通风口、采光带、屋面材料和檩条规格等因素的影响；屋面压型钢板的板型厚度与檩条间距、屋面荷载有关，应按计算确定。

f. 山墙可设置由斜梁、抗风柱、墙梁及其支撑组成的山墙墙架，或采用门式刚架。

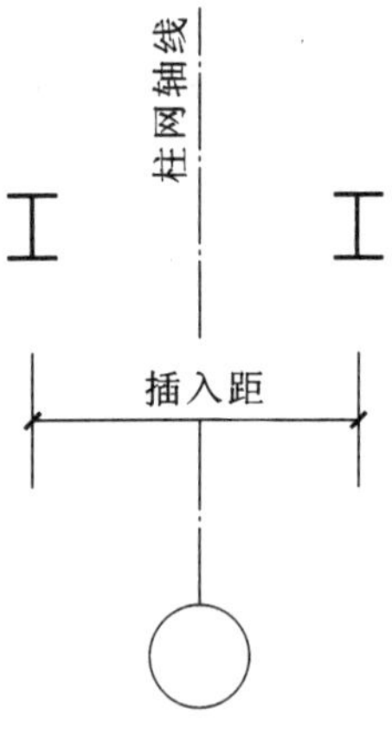

图 1-4　柱的插入距

② 支撑和刚性系杆的布置。

支撑和刚性系杆的布置应符合下列规定：

a. 每个温度区段、结构单元或分期建设的区段、结构单元应设置独立的支撑系统，与刚架结构一同构成独立的空间稳定体系。

b. 在设置柱间支撑的开间，应同时设置屋盖横向支撑，以构成几何不变体系(图 1-2)。

c. 当房屋宽度大于 60 m 时，内柱列宜适当设置支撑。有吊车时，每个吊车跨两侧柱列均应设置吊车柱间支撑。当房屋高度大于柱间距 2 倍时，柱间支撑应分层设置，沿柱高有质量集中点、吊车牛腿或低屋面连接点处应设置相应支撑点。

d. 端部支撑宜设在温度区段端部的第一或第二开间。当无吊车时，柱间支撑的间距应根据房屋纵向受力情况及安装条件确定，一般取 30～45 m；当有吊车时，吊车牛腿下部支撑宜设置在温度区段中部，当温度区段较长时，宜设置在三分点内，且支撑间距不应大于 50 m，牛腿上部支撑设置原则与无吊车时的柱间支撑设置相同。

e. 当端部支撑设在端部第二开间时，在第一开间的相应位置应设置刚性系杆。

f. 在刚架转折处(边柱柱顶、屋脊及多跨刚架的中柱柱顶)应沿房屋全长设置通长刚性系杆。

g. 由支撑斜杆等组成的水平桁架，其直腹杆宜按刚性系杆考虑。

h. 刚性系杆可由檩条兼任，此时檩条应满足压弯构件的承载力和刚度要求，当不满足时，可在刚架斜梁间设置钢管、H 型钢或其他截面形式的杆件。

门式刚架轻型房屋钢结构的支撑宜用十字交叉圆钢支撑，圆钢与相连构件的夹角取值范围为 30°～60°，宜取 45°左右。圆钢应采用特制的连接件与梁、柱腹板连接，校正定位后张紧固定。张紧手段最好用花篮螺丝。在设有起重量大于 15 t 桥式吊车的跨间，柱间支撑按《钢结构设计标准》(GB 50017—2017)的要求设置。当房屋内设有起重量不小于 5 t 的吊车时，柱间支撑宜用型钢杆件。当房屋中不允许设置柱间支撑时，应设置纵向刚架。

1.2 荷载及作用效应计算

1.2.1 荷载计算

门式刚架结构所涉及的荷载包括永久荷载和可变荷载，按《门式刚架轻型房屋钢结构技术规范》(GB 51022—2015)、《工程结构通用规范》(GB 55001—2021)、《建筑结构荷载规范》(GB 50009—2012)、《建筑与市政工程抗震通用规范》(GB 55002—2021)的规定采用。

1.2.1.1 永久荷载

永久荷载包括结构构件的自重和悬挂在结构上的非结构构件的重力荷载，如屋面、檩条、支撑、吊顶、墙面构件和刚架自重等。

1.2.1.2 可变荷载

(1) 屋面活荷载

门式刚架轻型房屋钢结构的屋面一般采用压型钢板，自重很轻，故活荷载标准值应相对加大，以确保结构安全。对于受荷水平投影面积较大的刚架构件，活荷载标准值可相对降低。一般说来，屋面竖向均布活荷载的标准值(按水平投影面积计算)应取 0.5 kN/m^2；对受荷水平投影面积超过 60 m^2 的刚架结构，计算时采用的竖向均布活荷载的标准值(按水平投影面积计算)应小于 0.3 kN/m^2；设计屋面板和檩条应考虑施工和检修集中荷载(人和小工具的重力)，其标准值为 1 kN。施工或检修集中荷载在设计刚架构件时不需考虑。

(2) 屋面雪荷载和积灰荷载

屋面雪荷载和积灰荷载的标准值按《工程结构通用规范》(GB 55001—2021)、《建筑结构荷载规范》(GB 50009—2012)的规定采用，设计屋面板、檩条时应考虑在屋面天沟、阴角、天窗挡风板内和高低跨接处等的荷载增大系数或不均匀分布系数。

(3) 吊车荷载

吊车荷载包括吊车竖向荷载、横向和纵向水平荷载，按《建筑结构荷载规范》(GB 50009—2012)的规定采用。

(4) 地震作用

由于单层门式刚架轻型房屋钢结构的自重较小，设计经验表明，当抗震设防烈度为 7 度(0.15g)及以上时，应进行地震作用组合的效应验算；一般情况下，按房屋的两个主轴方向分别计算水平地震作用；质量与刚度分布明显不对称的结构，应计算双向水平地震作用并计入扭转的影响；抗震设防烈度为 8 度、9 度时，应计算竖向地震作用，可分别取该结构重力荷载代表值的 10%和 20%，设计基本地震加速度为 0.30g 时，可取该结构重力荷载代表值的 15%。当设有多于一层并与门式刚架相连接的附属建筑时，应进行抗震验算。

(5) 风荷载

按《门式刚架轻型房屋钢结构技术规范》(GB 51022—2015)的规定，垂直于建筑物表面的风荷载可按下列公式计算：

$$w_k = \beta\mu_s\mu_z w_0 \tag{1-1}$$

式中 w_k——风荷载标准值；

β——系数，计算主刚架时，取 $\beta=1.1$，计算檩条、墙梁、屋面板和墙面板及其连接时，取 $\beta=1.5$；

w_0——基本风压，按照《建筑结构荷载规范》(GB 50009—2012)的规定采用；

u_z——风荷载高度变化系数，按照《建筑结构荷载规范》(GB 50009—2012)的规定采用，当高度小于 10 m 时，应按 10 m 高度处的数值采用；

u_s——风荷载体型系数，按照《门式刚架轻型房屋钢结构技术规范》(GB 51022—2015)的规定采用。

1.2.2 荷载组合效应

1.2.2.1 荷载组合原则

① 屋面均布活荷载不与雪荷载同时考虑，应取两者中的较大值。

② 积灰荷载应与雪荷载或屋面均布活荷载中的较大值同时考虑。

③ 施工或检修集中荷载不与屋面材料或檩条自重以外的其他荷载同时考虑。

④ 多台吊车的组合应符合《建筑结构荷载规范》(GB 50009—2012)的规定。

⑤ 当需要考虑地震作用时，风荷载不与地震作用同时考虑。

1.2.2.2 进行刚架内力分析时荷载效应组合的主要形式

依据《门式刚架轻型房屋钢结构技术规范》(GB 51022—2015)与《工程结构通用规范》(GB 55001—2021)的相关规定，在进行刚架内力分析时，荷载效应组合主要有以下形式。

(1) 荷载效应的基本组合

持久设计状况和短暂设计状况下，当荷载与荷载效应按线性关系考虑时，荷载基本组合的效应设计值应按下式确定：

$$S_d = \gamma_G S_{Gk} + \psi_Q \gamma_Q S_{Qk} + \psi_w \gamma_w S_{wk} \tag{1-2a}$$

式中 S_d——荷载组合的效应设计值；

γ_G——永久荷载分项系数，当其效应对结构承载力不利时，应取 1.3，当其效应对结构承载力有利时，应取 1.0；

γ_Q——竖向可变荷载分项系数，取 1.5；

γ_w——风荷载分项系数，取 1.5；

S_{Gk}——永久荷载效应标准值；

S_{Qk}——竖向可变荷载效应标准值；

S_{wk}——风荷载效应标准值；

ψ_Q、ψ_w——可变荷载组合值系数和风荷载组合值系数，依据《工程结构通用规范》(GB 55001—2021)、《建筑结构荷载规范》(GB 50009—2012)取值。

组合 1：1.3×永久荷载＋1.5×[0.9×积灰荷载＋max{屋面均布活荷载、雪荷载}×0.7]＋1.5×[0.6×风荷载＋0.7(或 0.95)×吊车竖向及水平荷载]。

工作级别为 A1～A7 的软钩吊车，其吊车荷载的组合系数为 0.7；硬钩吊车及工作级别为 A8 的软钩吊车，其吊车荷载的组合系数为 0.95。

组合 2：1.0×永久荷载＋1.5×风荷载。

组合 1 用于截面强度和构件稳定性计算；组合 2 用于锚栓抗拉计算。

(2) 考虑地震作用时的荷载组合

依据《门式刚架轻型房屋钢结构技术规范》(GB 51022—2015)与《建筑与市政工程抗震通用规范》(GB 55002—2021)相关规定,地震设计状况下,当作用与作用效应按线性关系考虑时,荷载与地震作用基本组合效应设计值应按下式确定:

$$S_E = \gamma_G S_{GE} + \gamma_{Eh} S_{Ehk} + \gamma_{Ev} S_{Evk} \tag{1-2b}$$

式中 S_E——荷载和地震效应组合的效应设计值;

S_{GE}——重力荷载代表值的效应,应取结构和构配件自重标准值和各可变荷载组合值之和,依据《建筑与市政工程抗震通用规范》(GB 55002—2021)第 4.1.3 条规定确定;

S_{Ehk}——水平地震作用标准值的效应;

S_{Evk}——竖向地震作用标准值的效应;

γ_G——重力荷载分项系数,依据《建筑与市政工程抗震通用规范》(GB 55002—2021)第 4.3.2 条,对承载力不利时,取 1.3,对承载力有利时,取 1.0;

γ_{Eh}——水平地震作用分项系数,依据《建筑与市政工程抗震通用规范》(GB 55002—2021)相关规定,仅计算水平地震作用时,取 1.4;

γ_{Ev}——竖向地震作用分项系数,依据《建筑与市政工程抗震通用规范》(GB 55002—2021)相关规定,仅计算竖向地震作用时,取 1.4。

注意:同时计算水平与竖向地震作用(水平地震为主)时,$\gamma_{Eh}=1.4$,$\gamma_{Ev}=0.5$;同时计算水平与竖向地震作用(竖向地震为主)时,$\gamma_{Eh}=0.5$,$\gamma_{Ev}=1.4$。

① 计算刚架考虑地震作用及自振特性时的荷载组合:永久荷载+竖向可变荷载×0.5+硬钩吊车重力×0.3。

② 计算刚架考虑地震作用组合内力时的荷载组合:1.3×(永久荷载+竖向可变荷载×0.5+硬钩吊车重力×0.3)+1.4×地震作用。

由于门式刚架结构的自重较轻,地震作用产生的荷载效应一般较小,设计经验表明:当抗震设防烈度为 7 度而风荷载标准值大于 0.35 kN/m^2,或抗震设防烈度为 8 度而风荷载标准值大于 0.45 kN/m^2 时,地震作用的荷载组合一般不起控制作用。

1.2.3 刚架的内力和侧移计算

1.2.3.1 变截面

(1) 内力计算

对于变截面门式刚架,因变截面构件可能几个截面同时或接近同时出现塑性铰,故不宜利用塑性铰出现后的应力重分布。同时,变截面门式刚架构件的腹板很薄,截面发展塑性的潜力不大,因此规定内力计算采用弹性分析方法。只有当刚架的梁、柱全部为等截面时才允许采用塑性分析方法,但这种方法在实际工程中已很少采用。进行内力分析时,通常把刚架视作平面结构,一般不考虑蒙皮效应,只是把它当作安全储备。当有必要且有条件时,可考虑屋面板的应力蒙皮效应。屋面板可视为承受平面内横向剪力的腹板,其边缘构件可视为翼缘,承受轴向拉力和压力。与此类似,矩形墙板也可按平面内受剪的支撑系统处理。考虑应力蒙皮效应可以提高刚架结构的整体刚度和承载力,但对压型钢板的连接有较高的要求。

变截面门式刚架的内力通常采用杆单元的有限元法(直接刚度法)编制程序上机计算。计算时将变截面的梁、柱构件分为若干段,每段的几何特性当作常量,也可采用楔形单元。

地震作用的效应可采用底部剪力法分析确定。当需要手算校核时，可采用一般结构力学方法（如力法、位移法、弯矩分配法等）或利用静力计算的公式、图表进行验算。

（2）侧移计算

侧移计算原则：变截面门式刚架柱顶侧移应采用弹性分析方法确定。计算时荷载取标准值，不考虑荷载分项系数。变截面刚架的几何尺寸见图 1-5。

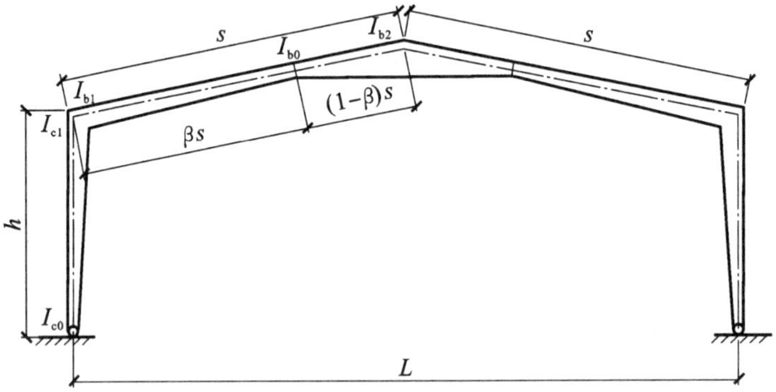

图 1-5　变截面刚架的几何尺寸

① 当单跨变截面刚架横梁上缘坡度不大于 1∶5 时，在柱顶水平力作用下的侧移 u 可按下列公式估算：

柱脚铰接刚架
$$u=\frac{Hh^3}{12EI_c}(2+\xi_t) \tag{1-3a}$$

柱脚刚接刚架
$$u=\frac{Hh^3}{12EI_c}\times\frac{3+2\xi_t}{6+2\xi_t} \tag{1-3b}$$

$$\xi_t=\frac{I_cL}{hI_b} \tag{1-4}$$

式中　h，L——刚架柱高度和刚架跨度，当坡度大于 1∶10 时，L 应取横梁沿破折线的总长度，$L=2s$；

I_c，I_b——柱和横梁的平均惯性矩；

H——刚架柱顶等效水平力。

② 变截面柱和横梁的平均惯性矩可按下式计算：

对于楔形柱
$$I_c=\frac{I_{c0}+I_{c1}}{2} \tag{1-5}$$

对于双楔形横梁
$$I_b=\frac{I_{b0}+\beta I_{b1}+(1-\beta)I_{b2}}{2} \tag{1-6}$$

③ 当估算刚架在沿柱高度均布的水平风荷载作用下的侧移时，刚架柱顶等效水平力（图 1-6）可按下列公式计算：

柱脚铰接刚架
$$H=0.67W \tag{1-7}$$

柱脚刚接刚架
$$H=0.45W \tag{1-8}$$

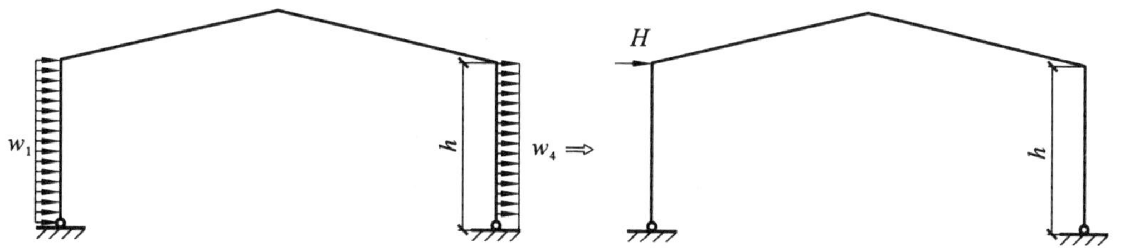

图 1-6　在均布风荷载作用下刚架柱顶的等效水平力

$$W = (w_1 + w_4)h \tag{1-9}$$

式中　W——均布风荷载的总值；

w_1, w_4——两侧风荷载的均值。

④ 当估算刚架在吊车水平荷载 P_c 作用下的侧移时，刚架柱顶等效水平力(图 1-7)可按下列公式计算：

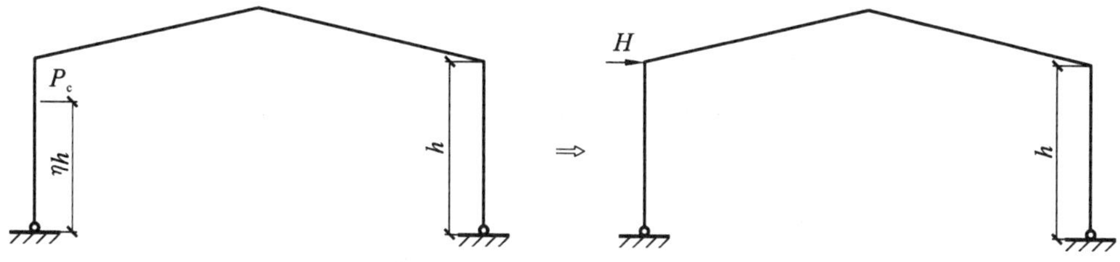

图 1-7　在吊车水平荷载作用下刚架柱顶的等效水平力

柱脚铰接刚架

$$H = 1.15\eta P_c \tag{1-10}$$

柱脚刚接刚架

$$H = \eta P_c \tag{1-11}$$

式中　η——吊车水平荷载 P_c 作用高度与柱高度之比；

P_c——吊车水平荷载。

⑤ 中间柱为摇摆柱的两跨刚架如图 1-8 所示，柱顶侧移计算同单跨刚架，但 L 应以 $2s$ 代替，s 为单坡面长度。

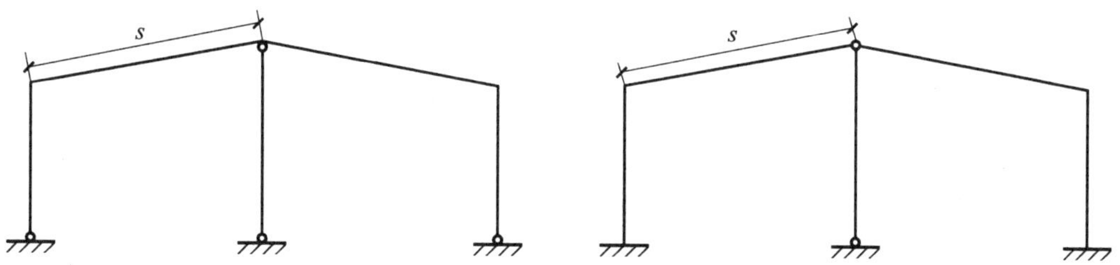

图 1-8　有摇摆柱的两跨刚架

中间柱与横梁刚接时，可将多跨刚架视为多个单跨刚架的组合体(每个中柱分为两半，惯性矩各为 $I/2$，见图 1-9)，按下列公式计算整个刚架在柱顶水平荷载作用下的侧移：

$$\mu = \frac{H}{\sum K_i} \tag{1-12}$$

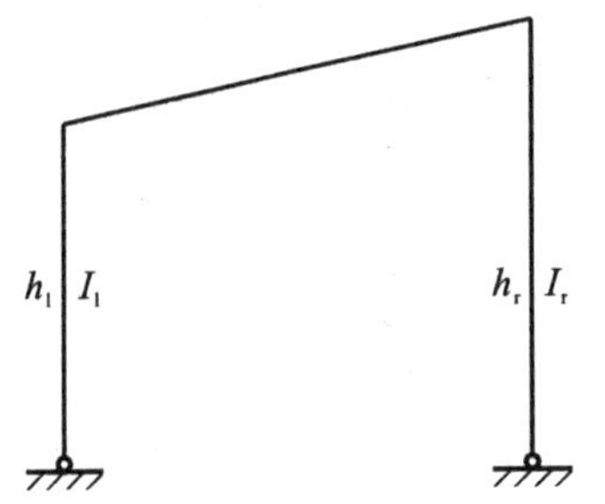

图 1-9　左右两柱的惯性矩

$$K_i = \frac{12EI_{ei}}{h_i^3(2+\xi_{ti})} \quad \xi_{ti} = \frac{I_{ei}l_i}{h_i I_{bi}} \tag{1-13}$$

$$I_{ei} = \frac{I_l + I_r}{4} + \frac{I_l I_r}{I_l + I_r} \tag{1-14}$$

式中　$\sum K_i$——柱脚铰接时各跨刚架的侧向刚度之和；

h_i——所计算跨两柱的平均高度；

l_i——与所计算柱相连接的单跨刚架梁的长度；

I_{ei}——两柱惯性矩不同时的等效惯性矩；

I_l, I_r——左、右两柱的惯性矩。

如果最后验算时刚架的侧移不满足要求，即需要采用下列措施之一进行调整：

a. 放大柱或梁的截面尺寸。

b. 改铰接柱脚为刚接柱脚。

c. 把多跨框架中的摇摆柱的节点连接形式改为上端和梁刚接。

1.2.3.2　等截面

对构件为等截面的门式刚架，当采用弹性分析方法确定内力时，可参考上两节公式。当采用塑性分析方法确定内力时，按《钢结构设计标准》(GB 50017—2017)的规定进行设计。

1.3　构件设计

1.3.1　控制截面的内力组合

根据不同荷载组合下的内力分析结果，找出控制截面的内力组合，控制截面的位置一般在柱底、柱顶、柱牛腿连接处及梁端、梁跨中等截面，控制截面的内力组合主要有：

① 最大轴压力 N_{max} 和同时出现的 M 及 V 的较大值。

② 最大弯矩 M_{max} 和同时出现的 V 及 N 的较大值。

③ 最大负弯矩 M_{max} 和同时出现的 V 及 N 的较大值。

④ 最小轴压力 N_{min} 和相应的 M 及 V，出现在永久荷载和风荷载共同作用下，当柱脚铰接时，$M=0$。

1.3.2 变截面刚架柱和梁的设计

1.3.2.1 板件最大宽厚比和屈曲后强度利用

(1) 板件最大宽厚比限制

工字形截面构件受压翼缘板自由外伸宽度 b 与其厚度 t 之比的限值为

$$\frac{b}{t} \leqslant 15\sqrt{\frac{235}{f_y}} \tag{1-15}$$

工字形截面梁、柱构件腹板的计算高度 h_0 与其厚度 t_w 之比的限值为

$$\frac{h_0}{t_w} \leqslant 250\sqrt{\frac{235}{f_y}} \tag{1-16}$$

式中 f_y——钢材屈服强度。

(2) 腹板屈曲后强度利用

工字形截面构件腹板高度变化的区格，考虑屈曲后强度，其受剪承载力设计值应按下列公式计算：

$$V_d = \chi_{tap}\varphi_{ps}h_{w1}t_w f_v \leqslant h_{w0}t_w f_v' \tag{1-17}$$

$$\varphi_{ps} = \frac{1}{(0.51+\lambda_s^{3.2})^{1/2.6}} \leqslant 1.0 \tag{1-18a}$$

$$\chi_{tap} = 1-0.35\alpha^{0.2}\gamma_p^{2/3} \tag{1-18b}$$

$$\gamma_p = \frac{h_{w1}}{h_{w0}} - 1 \tag{1-18c}$$

$$\alpha = \frac{a}{h_{w1}} \tag{1-18d}$$

式中 f_v——钢材抗剪强度设计值；

h_{w1}，h_{w0}——楔形腹板大端和小端腹板高度；

t_w——腹板的厚度；

λ_s——与板件受剪有关的参数；

χ_{tap}——腹板屈曲后抗剪强度的楔率折减系数；

γ_p——腹板区格的楔率；

a——加劲肋间距，当利用腹板屈曲后抗剪强度时，横向加劲肋间距 a 宜取 $h_w \sim 2h_w$。

参数 λ_s 应按下列公式计算：

$$\lambda_s = \frac{h_{w1}/t_w}{37\sqrt{k_\tau}\sqrt{235/f_y}} \tag{1-19}$$

当 $a/h_{w1}<1$ 时

$$k_\tau = 4 + \frac{5.34}{(a/h_{w1})^2} \tag{1-20a}$$

当 $a/h_{w1}\geqslant 1$ 时

$$k_\tau = \eta_s\left[5.34 + \frac{4}{(a/h_{w1})^2}\right] \tag{1-20b}$$

$$\eta_s = 1-\omega_1\sqrt{\gamma_p} \tag{1-20c}$$

$$\omega_1 = 0.41-0.897\alpha+0.363\alpha^2+0.041\alpha^3 \tag{1-20d}$$

式中　k_τ——受剪构件的屈曲系数，当不设横向加劲肋时，取 $k_\tau = 5.34\eta_s$。

(3) 截面有效宽度 h_e

当工字形截面构件腹板受弯及受压板幅利用屈曲后强度时，应按有效宽度(图 1-10)计算截面特性。

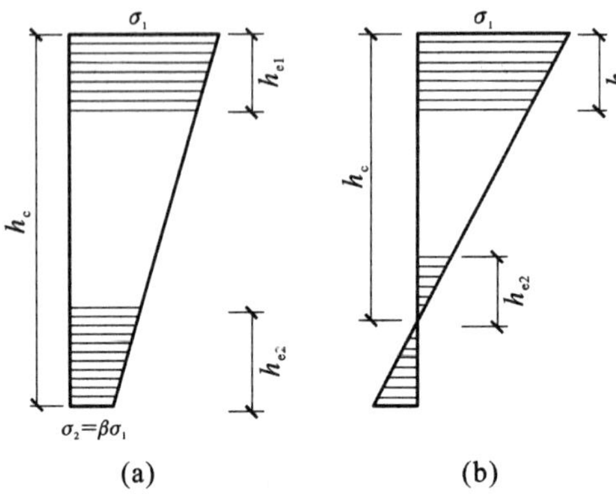

图 1-10　腹板有效宽度的分布

(a)$\beta \geqslant 0$；(b)$\beta < 0$

有效宽度应取：

当截面全部受压，即 $\beta \geqslant 0$ 时

$$h_{e1} = \frac{2h_e}{5-\beta} \tag{1-21a}$$

$$h_{e2} = h_e - h_{e1} \tag{1-21b}$$

当截面部分受拉，即 $\beta < 0$ 时

$$h_{e1} = 0.4h_e \tag{1-21c}$$

$$h_{e2} = 0.6h_e \tag{1-21d}$$

式中　h_e——腹板受压区有效宽度，$h_e = \rho h_c$；

h_c——腹板受压区高度；

ρ——有效宽度系数，$\rho > 1$ 时，取 1，按下列公式计算：

$$\rho = \frac{1}{(0.243 + \lambda_p^{1.25})^{0.9}} \tag{1-22}$$

$$\lambda_p = \frac{h_w/t_w}{2.81\sqrt{k_\sigma}\ \sqrt{235/f_y}} \tag{1-23}$$

$$k_\sigma = \frac{16}{\sqrt{(1+\beta)^2 + 0.112(1-\beta)^2} + (1+\beta)} \tag{1-24}$$

$$\beta = \frac{\sigma_2}{\sigma_1} \tag{1-25}$$

式中　λ_p——与板件受弯、受压有关的参数，当 $\sigma_1 < f$(为钢材的强度设计值，下同)时，计算 λ_p 可用 $\gamma_R\sigma_1$ 代替式(1-23)中的 f_y，γ_R 为抗力分项系数，对 Q235 钢和 Q355 钢，γ_R 取 1.1；

h_w——腹板的高度，对楔形腹板取板幅平均高度；

t_w——腹板的厚度；

k_σ——杆件在正应力作用下的屈曲系数；

β——截面边缘正应力比值，$-1 \leqslant \beta \leqslant 1$；

σ_1，σ_2——板边最大和最小应力，且$|\sigma_2|\leqslant|\sigma_1|$。

1.3.2.2 刚架构件强度计算和加劲肋设置

① 工字形截面受弯构件在剪力 V 和弯矩 M 共同作用下的强度应符合下列要求。

当 $V\leqslant 0.5V_d$ 时

$$M \leqslant M_e \tag{1-26a}$$

当 $0.5V_d<V\leqslant V_d$ 时

$$M \leqslant M_f + (M_e - M_f)\left[1-\left(\frac{V}{0.5V_d}-1\right)^2\right] \tag{1-26b}$$

当截面为双轴对称时

$$M_f = A_f(h_w + t)f \tag{1-27}$$

式中 M_f——两翼缘所承担的弯矩；

M_e——构件有效截面所承担的弯矩，$M_e=W_e f$，W_e 为构件有效截面最大受压纤维的截面模量；

A_f——构件翼缘的截面面积；

t——计算截面的翼缘厚度；

V_d——腹板抗剪承载力设计值，按式(1-17)计算。

② 工字形截面压弯构件在剪力 V、弯矩 M 和轴压力 N 共同作用下的强度应符合下列要求。

当 $V\leqslant 0.5V_d$ 时

$$\frac{N}{A_e}+\frac{M}{W_e}\leqslant f \tag{1-28a}$$

当 $0.5V_d<V\leqslant V_d$ 时

$$M \leqslant M_f^N + (M_e^N - M_f^N)\left[1-\left(\frac{V}{0.5V_d}-1\right)^2\right] \tag{1-28b}$$

$$M_e^N = M_e - N\frac{W_e}{A_e} \tag{1-28c}$$

当截面为双轴对称时

$$M_f^N = A_f(h_w + t)\left(f-\frac{N}{A_e}\right) \tag{1-29}$$

式中 A_e——有效截面面积；

M_f^N——兼承轴压力 N 时两翼缘所能承受的弯矩。

③ 梁腹板应在与中柱连接处、较大集中荷载作用处和翼缘转折处设置横向加劲肋。梁腹板利用屈曲后强度时，其中间加劲肋除承受集中荷载和翼缘转折产生的压力外，还承受拉力场产生的压力。该压力应按下列公式计算。

$$N_s = V - 0.9\varphi_s h_w t_w f_v \tag{1-30}$$

$$\varphi_s = \frac{1}{\sqrt[3]{0.738+\lambda_s^6}} \tag{1-31}$$

式中 N_s——拉力场产生的压力；

V——梁受剪承载力设计值；

φ_s——腹板剪切屈曲稳定系数，$\varphi_s\leqslant 1$；

λ_s——腹板剪切屈曲通用高厚比，按式(1-19)计算；

h_w——腹板的高度；

t_w——腹板的厚度。

当验算加劲肋稳定性时，其截面应包括每侧 $15t_w\sqrt{235/f_y}$ 宽度范围内的腹板面积，计算长度取 h_w。

1.3.2.3 变截面柱在刚架平面内的稳定计算应符合的规定

(1)变截面柱在刚架平面内的稳定

变截面柱在刚架平面内的稳定应按下列公式计算：

$$\frac{N_1}{\eta_t \varphi_x A_{e1}} + \frac{\beta_{mx} M_1}{\left(1 - \frac{N_1}{N_{cr}}\right) W_{e1}} \leqslant f \tag{1-32}$$

$$N_{cr} = \frac{\pi^2 E A_{e1}}{\lambda_1^2} \tag{1-33a}$$

当 $\bar{\lambda}_1 \geqslant 1.2$ 时

$$\eta_t = 1 \tag{1-33b}$$

当 $\bar{\lambda}_1 < 1.2$ 时

$$\eta_t = \frac{A_0}{A_1} + \left(1 - \frac{A_0}{A_1}\right) \times \frac{\bar{\lambda}_1^2}{1.44} \tag{1-33c}$$

$$\lambda_1 = \frac{\mu H}{i_{x1}} \tag{1-33d}$$

$$\bar{\lambda}_1 = \frac{\lambda_1}{\pi} \sqrt{\frac{E}{f_y}} \tag{1-33e}$$

式中 N_1——大端的轴向压力设计值；

M_1——大端的弯矩设计值；

A_{e1}——大端的有效截面面积；

W_{e1}——大端有效截面最大受压纤维的截面模量；

φ_x——杆件轴心受压稳定系数，楔形柱按《门式刚架轻型房屋钢结构技术规范》(GB 51022—2015)附录 A 规定的计算长度系数由《钢结构设计标准》(GB 50017—2017)查得，计算长细比时取大端截面的回转半径；

β_{mx}——等效弯矩系数，有侧移刚架柱的等效弯矩系数 β_{mx} 取 1.0；

N_{cr}——欧拉临界力；

λ_1——按大端截面计算的，考虑计算长度系数的长细比；

$\bar{\lambda}_1$——通用长细比；

i_{x1}——大端截面绕强轴的回转半径；

μ——柱计算长度系数，按《门式刚架轻型房屋钢结构技术规范》(GB 51022—2015)附录 A 计算；

H——柱高；

A_0，A_1——小端和大端截面的毛截面面积；

E——柱钢材的弹性模量；

f_y——柱钢材的屈服强度值。

注：当柱的最大弯矩不出现在大端时，M_1 和 W_{e1} 别取最大弯矩和该弯矩所在截面的有效截面模量。

(2)变截面柱在刚架平面内的计算长度

截面高度呈线性变化的柱，在刚架平面内的计算长度应取为 $h_0=\mu_r h$，式中 h 为柱的几何高度，μ_r 为计算长度系数。μ_r 可由查表法、一阶分析法或二阶分析法确定：第一种方法适合手算，主要用于柱脚铰接的对称刚架的计算；第二种方法普遍适用于各种情况，并且适合上机计算；第三种方法则要求有二阶分析的计算程序。

① 查表法。

a. 柱脚铰接单跨刚架楔形柱的 μ_r 可由表 1-1 查得。表中系数相当于把《冷弯薄壁型钢结构技术规范》(GB 50018—2002)规范附表 A.3.2 的 μ 系数乘以 $0.85\sqrt{I_{c0}/I_{c1}}$，0.85 是考虑柱脚实际上有一定转动约束而增加的系数，$\sqrt{I_{c0}/I_{c1}}$ 则是将数值换算成以小端为准。

表 1-1　**柱脚铰接楔形柱的计算长度系数 μ_r**

		K_2/K_1							
		0.1	0.2	0.3	0.5	0.75	1.0	2.0	≥10.0
$\frac{I_{c0}}{I_{c1}}$	0.01	0.428	0.368	0.349	0.331	0.320	0.318	0.315	0.310
	0.02	0.600	0.502	0.470	0.440	0.428	0.420	0.411	0.404
	0.03	0.729	0.599	0.558	0.520	0.501	0.492	0.483	0.473
	0.05	0.931	0.756	0.694	0.644	0.618	0.606	0.589	0.580
	0.07	1.075	0.873	0.801	0.742	0.711	0.697	0.672	0.650
	0.10	1.252	1.027	0.935	0.857	0.817	0.801	0.790	0.739
	0.15	1.518	1.235	1.109	1.021	0.965	0.938	0.895	0.872
	0.20	1.745	1.395	1.254	1.140	1.080	1.045	1.000	0.969

柱的线刚度 K_1 和梁的线刚度 K_2 应分别按下列公式计算

$$K_1=\frac{I_{c1}}{h} \tag{1-34}$$

$$K_2=\frac{I_{b0}}{2\psi s} \tag{1-35}$$

表中和式中　I_{c0}、I_{c1}——柱小端和大端的截面惯性矩；

I_{b0}——梁最小截面惯性矩；

s——半跨斜梁长度；

ψ——斜梁换算长度系数，当梁为等截面时，$\psi=1$，当梁为变截面时，依据《门式刚架轻型房屋钢结构技术规范》(GB 51022—2015)取值。

当门式刚架梁为变截面时，μ_r 可按下式计算：

$$\mu_r=\sqrt{\frac{24EI_1}{Sh^3}} \tag{1-36}$$

$$S=\frac{1}{\Delta} \tag{1-37}$$

式中　I_1——刚架柱大端截面的惯性矩；

S——框架在柱顶单位荷载作用下的侧移刚度；

Δ——框架按一阶弹性分析得到的在柱顶单位荷载作用下的侧移。

在一般的构造情况下，框架柱计算长度系数还可以乘以下列系数：柱脚与基础铰接时为 0.8，柱脚与基础刚接时为 1.2。

b. 多跨刚架的中间柱为摇摆柱时（参见图 1-11），边柱计算长度应取：

$$h_0 = \eta\mu_r h \tag{1-38}$$

$$\eta = \sqrt{1 + \frac{\sum (P_{li}/h_{li})}{\sum (P_{fi}/h_{fi})}} \tag{1-39}$$

式中 μ_r——计算长度系数，由表 1-1 查得，但式(1-35)中的 s 取与边柱相连的一跨横梁的坡面长度 l_b，如图 1-11 所示，该系数适用于屋面坡度不大于 1∶5 的情况，超过此值时应考虑横梁轴向力对柱刚度的不利影响，摇摆柱的计算长度系数取 1.0；

η——放大系数；

P_{li}——摇摆柱承受的荷载；

P_{fi}——边柱承受的荷载；

h_{li}——摇摆柱高度；

h_{fi}——刚架边柱高度。

引进放大系数的原因是：当框架趋于侧移或有初始侧倾时，不仅框架柱上的荷载 P_{fi} 对框架起倾覆作用，摇摆柱上的荷载 P_{li} 也同样起倾覆作用。这就是说，图 1-11 框架边柱除承受自身荷载的不稳定效应外，还要加上中间摇摆柱荷载效应。因此需要根据比值 $\frac{\sum (P_{li}/h_{li})}{\sum (P_{fi}/h_{fi})}$ 对边柱计算长度做出调整。

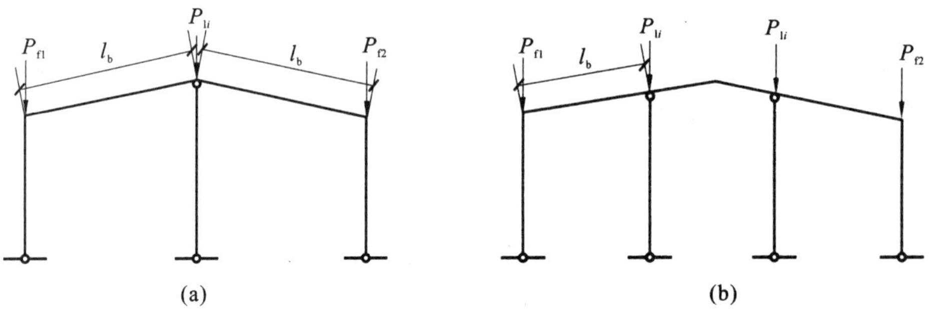

图 1-11 计算边柱时的横梁长度

(a) 双跨；(b) 三跨

c. 对于带毗屋的刚架，可近似地将毗屋柱视为摇摆柱，此时刚架柱的计算长度系数 μ_r 可由表 1-1 查得，并乘以按式(1-39)计算的系数 η。计算 η 时，P_l 为毗屋柱承受的竖向荷载，P_f 为主刚架承受的荷载。

② 一阶分析法。

框架侧移失稳的临界状态和它的侧移刚度有直接关系。框架上的荷载使此刚度逐渐退化，荷载加到一定程度时刚度完全消失，框架随即不能保持稳定。因此框架柱的临界荷载或计算长度可以由侧移刚度得出。

当刚架利用一阶分析计算程序得出柱顶水平荷载作用下的侧移刚度 $K=H/\mu$ 时，柱计算长度系数可由下列公式计算。

a. 对单跨对称刚架[图 1-12(a)],可按下列公式计算。

当柱脚铰接时

$$\mu_r = 4.14\sqrt{EI_{c0}/h^3} \tag{1-40a}$$

当柱脚刚接时

$$\mu_r = 5.85\sqrt{EI_{c0}/h^3} \tag{1-40b}$$

式中 h——柱的高度。

式(1-40a)和式(1-40b)也可用于图 1-11 所示屋面坡度不大于 1∶5 的、有摇摆柱的多跨对称刚架的边柱,但算得的系数 μ_r 还应乘以放大系数 η'。

$$\eta' = \sqrt{1 + \frac{\sum(P_{li}/h_{li})}{1.2\sum(P_{fi}/h_{fi})}}$$

摇摆柱的计算长度系数 $\mu_r = 1.0$。

b. 对中间柱为非摇摆柱的多跨刚架[图 1-12(b)],可按下列公式计算:

当柱脚铰接时

$$\mu_r = 0.85\sqrt{\frac{1.2}{K}\frac{P'_{E0i}}{P_i}\sum\frac{P_i}{h_i}} \tag{1-41a}$$

当柱脚刚接时

$$\mu_r = 1.20\sqrt{\frac{1.2}{K}\frac{P'_{E0i}}{P_i}\sum\frac{P_i}{h_i}} \tag{1-41b}$$

$$P'_{E0i} = \frac{\pi^2 EI_{0i}}{h_i^2} \tag{1-42}$$

式中 h_i, P_i, P'_{E0i}——第 i 根柱的高度、竖向荷载和以小端为准的参数。式(1-41)也可用于单跨非对称刚架。

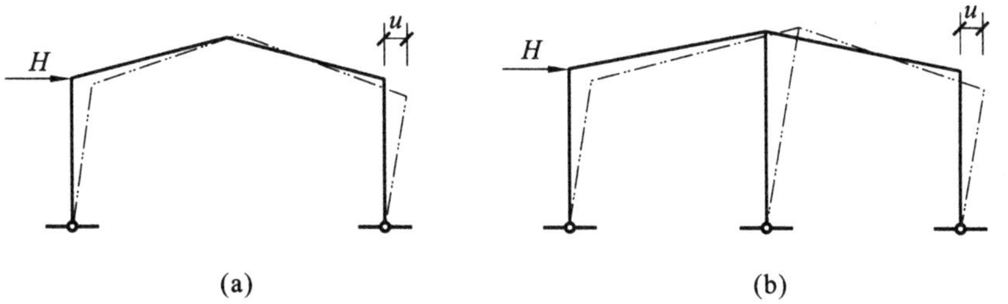

图 1-12 一阶分析时的柱顶位移

(a) 单跨对称刚架;(b) 多跨刚架

③ 二阶分析法。

当采用计入竖向荷载一侧移效应(即 P-μ 效应)的二阶分析程序计算内力时,计算长度系数可按下列公式计算:

$$\mu_r = 1 - 0.357\gamma + 0.08\gamma^2(1 - 0.0775\gamma) \tag{1-43}$$

$$\gamma = (d_1/d_0) - 1 \tag{1-44}$$

式中 γ——构件的楔率,不大于 $0.268h/d_0$ 及 6.0;

d_0, d_1——柱小端和大端的截面高度(图 1-13)。

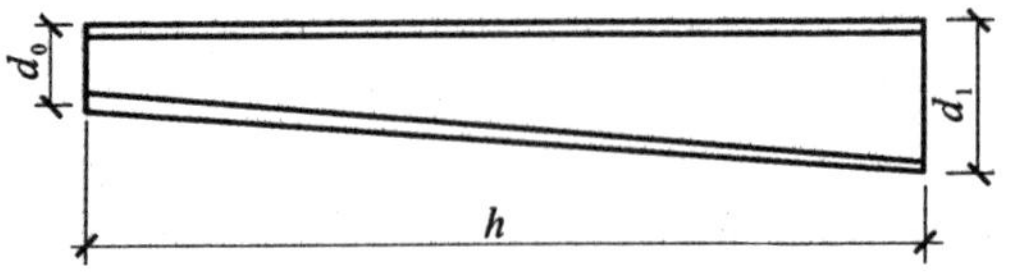

图 1-13　变截面构件的楔率

1.3.2.4　变截面柱在刚架平面外的稳定计算应符合的规定

变截面柱的平面外稳定应分段按下列公式计算：

$$\frac{N_1}{\eta_{ty}\varphi_y A_{e1} f}+\left(\frac{M_1}{\varphi_b \gamma_x W_{e1} f}\right)^{1.3-0.3k_\sigma}\leqslant 1 \tag{1-45}$$

当 $\bar{\lambda}_{1y}\geqslant 1.3$ 时

$$\eta_{ty}=1 \tag{1-46a}$$

当 $\bar{\lambda}_{1y}<1.3$ 时

$$\eta_{ty}=\frac{A_0}{A_1}+\left(1-\frac{A_0}{A_1}\right)\times\frac{\bar{\lambda}_{1y}^2}{1.69} \tag{1-46b}$$

$$\bar{\lambda}_{1y}=\frac{\lambda_{1y}}{\pi}\sqrt{\frac{f_y}{E}} \tag{1-47}$$

$$\lambda_{1y}=\frac{L}{i_{y1}} \tag{1-48}$$

式中　$\bar{\lambda}_{1y}$——绕弱轴的通用长细比；

λ_{1y}——绕弱轴的长细比；

i_{y1}——大端截面绕弱轴的回转半径；

φ_y——轴心受压构件弯矩作用平面外的稳定系数，以大端为准，按《钢结构设计标准》(GB 50017—2017)的规定采用，计算长度取纵向柱间支撑点间的距离；

N_1——所计算构件段大端截面的轴压力；

M_1——所计算构件段大端截面的弯矩；

φ_b——稳定系数，按《门式刚架轻型房屋钢结构技术规范》(GB 51022—2015)第 7.1.4 条计算。

当不能满足式(1-45)的要求时，应设置侧向支撑(隅撑)，并验算每段的平面外稳定性。

1.3.2.5　变截面刚架斜梁的设计应符合的规定

① 实腹式刚架斜梁在平面内可按压弯构件计算强度，在平面外应按压弯构件计算稳定。

② 实腹式刚架斜梁的出平面计算长度，应取侧向支承点间的距离；当斜梁两翼缘侧向支承点间的距离不等时，应取最大受压翼缘侧向支承点间的距离。

③ 当实腹式刚架斜梁的下翼缘受压时，支承在屋面斜梁上翼缘的檩条，不能单独作为屋面斜梁的侧向支撑。

④ 屋面斜梁和檩条之间设置的隅撑满足下列条件时，下翼缘受压的屋面斜梁的平面外计算长度可考虑隅撑的作用。

a. 在屋面斜梁的两侧均设置隅撑(图 1-14)；

b. 隅撑的上支承点的位置不低于檩条形心线；

c. 符合对隅撑的设计要求。

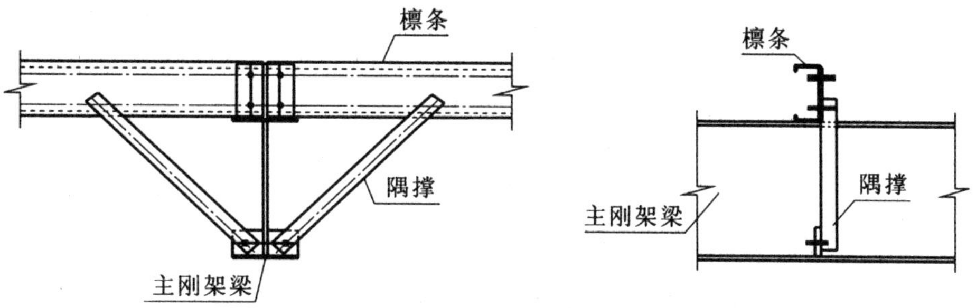

图 1-14 隅撑构造

⑤ 隅撑应按轴心受压构件设计。轴心力 N 可按下列公式计算：

$$N = \frac{Af}{60\cos\theta}\sqrt{\frac{f_y}{235}} \tag{1-49}$$

式中 A——实腹斜梁被支撑翼缘的截面面积；

f——实腹斜梁钢材的强度设计值；

f_y——实腹斜梁钢材的屈服强度；

θ——隅撑与檩条轴线的夹角。

当隅撑成对布置时，每根隅撑的计算轴压力可取按式(1-49)计算值的一半。

⑥ 当斜梁上翼缘承受集中荷载处不设横向加劲肋时，除应按《钢结构设计标准》(GB 50017—2017)的规定验算腹板上边缘正应力、剪应力和局部压应力共同作用时的折算应力外，尚应满足下列要求：

$$F = 15\alpha_m t_w^2 f\sqrt{\frac{t_f}{t_w}\frac{235}{f_y}} \tag{1-50}$$

$$\alpha_m = 1.5 - \frac{M}{W_e f} \tag{1-51}$$

式中 F——上翼缘所受的集中荷载；

t_f, t_w——斜梁翼缘和腹板的厚度；

α_m——参数，$\alpha_m \leqslant 1$，在斜梁负弯矩区取 1；

M——集中荷载作用处的弯矩；

W_e——有效截面最大受压纤维的截面模量。

⑦ 变截面刚架梁的稳定性应符合下列规定：

a. 承受线性变化弯矩的楔形变截面梁段的稳定性，应按下列公式计算：

$$\frac{M_1}{\gamma_x \varphi_b W_{x1}} \leqslant f \tag{1-52}$$

$$\varphi_b = \frac{1}{(1-\lambda_{b0}^{2n}+\lambda_b^{2n})^{1/n}} \tag{1-53a}$$

$$\lambda_{b0} = \frac{0.55-0.25k_\sigma}{(1+\gamma)^{0.2}} \tag{1-53b}$$

$$n = \frac{1.51}{\lambda_b^{0.1}}\sqrt[3]{\frac{b_1}{h_1}} \tag{1-53c}$$

$$k_\sigma = k_M \frac{W_{x1}}{W_{x0}} \tag{1-53d}$$

$$\lambda_b = \sqrt{\frac{\gamma_x W_{x1} f_y}{M_{cr}}} \tag{1-53e}$$

$$k_M = \frac{M_0}{M_1} \tag{1-53f}$$

$$\gamma = \frac{h_1 - h_0}{h_0} \tag{1-53g}$$

式中 φ_b——楔形变截面梁段的整体稳定系数，$\varphi_b \leqslant 1$；

k_σ——小端截面压应力除以大端截面压应力得到的比值；

k_M——弯矩比，为较小弯矩除以较大弯矩；

λ_b——梁的通用长细比；

γ_x——截面塑性开展系数，按《钢结构设计标准》(GB 50017—2017)的规定取值；

M_{cr}——楔形变截面梁弹性屈曲临界弯矩；

b_1，h_1——弯矩较大截面的受压翼缘宽度和上、下翼缘中面之间的距离；

W_{x1}——弯矩较大截面受压边缘的截面模量；

γ——变截面梁楔率；

h_0——小端截面上、下翼缘中面之间的距离；

M_0——小端弯矩；

M_1——大端弯矩。

b. 弹性屈曲临界弯矩应按下列公式计算：

$$M_{cr} = C_1 \frac{\pi^2 EI_y}{L^2}\left[\beta_{x\eta} + \sqrt{\beta_{x\eta}^2 + \frac{I_{w\eta}}{I_y}\left(1 + \frac{GJ_\eta L^2}{\pi^2 EI_{w\eta}}\right)}\right] \tag{1-54}$$

$$C_1 = 0.46k_M^2\eta_i^{0.346} - 1.32k_M\eta_i^{0.132} + 1.86\eta_i^{0.023} \tag{1-55a}$$

$$\beta_{x\eta} = 0.45(1+\gamma\eta)h_0\,\frac{I_{yT} - I_{yB}}{I_y} \tag{1-55b}$$

$$\eta = 0.55 + 0.04(1 - k_\sigma)\sqrt[3]{\eta_i} \tag{1-55c}$$

$$I_{w\eta} = I_{w0}(1+\gamma\eta)^2 \tag{1-55d}$$

$$I_{w0} = I_{yT}h_{sT0}^2 + I_{yB}h_{sB0}^2 \tag{1-55e}$$

$$J_\eta = J_0 + \frac{1}{3}\gamma\eta(h_0 - t_f)t_w^3 \tag{1-55f}$$

$$\eta_i = \frac{I_{yB}}{I_{yT}} \tag{1-55g}$$

式中 C_1——等效弯矩系数，$C_1 \leqslant 2.75$；

η_i——惯性矩比；

I_{yT}，I_{yB}——弯矩最大截面受压翼缘和受拉翼缘绕弱轴的惯性矩；

$\beta_{x\eta}$——截面不对称系数；

I_y——变截面梁绕弱轴惯性矩；

$I_{w\eta}$——变截面梁的等效翘曲惯性矩；

I_{w0}——小端截面的翘曲惯性矩；

J_η——变截面梁等效圣维南扭转常数；

J_0——小端截面自由扭转常数；

h_{sT0}，h_{sB0}——小端截面上、下翼缘的中面到剪切中心的距离；

t_f——翼缘厚度；

t_w——腹板厚度；

L——梁段平面外计算长度。

1.3.3　等截面刚架的设计

等截面刚架按弹性设计时，可按上述变截面刚架的规定进行设计。

构件截面可采用三块板焊接成的工字形截面、高频焊接薄壁 H 型钢和热轧 H 型钢。

等截面刚架按塑性设计时，其构件按《钢结构设计标准》(GB 50017—2017)中塑性设计的规定进行设计。

1.4　连接和节点设计

连接和节点设计包括斜梁与柱的连接和斜梁拼接、摇摆柱与斜梁的连接、柱脚、牛腿。

节点连接采用焊接连接时应符合下列构造和计算要求。

(1) 当采用对接焊缝和角焊缝时应符合的规定。

① 当被连接板件的最小厚度大于 4 mm 时，其对接焊缝、角焊缝和部分熔透对接焊缝的强度，应分别按《钢结构设计标准》(GB 50017—2017)的规定计算。当最小厚度不大于 4 mm 时，正面角焊缝的强度增大系数 β_f 取 1.0。

② 当 T 形接头的腹板厚度不大于 8 mm 且不要求全熔透，在技术设备和其他技术条件具备时，经过工艺评定合格，符合相关的规定，可采用自动或半自动埋弧焊接单面角焊缝。

③ 焊缝质量等级的要求应按《钢结构工程施工质量验收标准》(GB 50205—2020)的规定执行。

(2) 当采用喇叭形焊缝时应符合的规定。

① 喇叭形焊缝可分为单边喇叭形焊缝(图 1-15)和双边喇叭形焊缝(图 1-16)。单边喇叭形焊缝的焊脚尺寸 h_f 不得小于被连接板件的厚度。

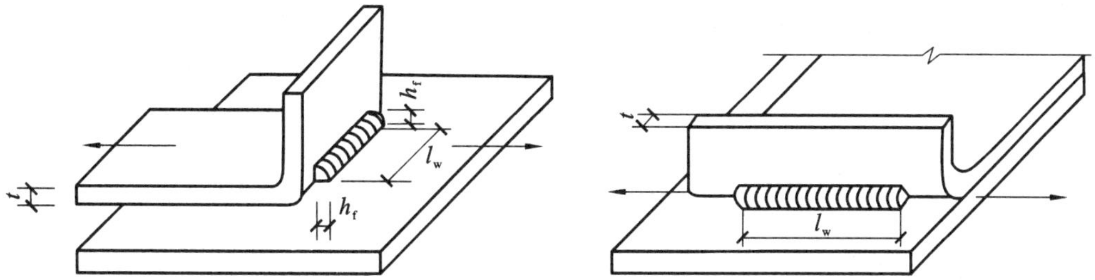

图 1-15　单边喇叭形焊缝

(a) 作用力垂直于焊缝轴线方向；(b) 作用力平行于焊缝轴线方向

② 当连接板件的最小厚度不大于 4 mm 时，喇叭形焊缝连接的强度应符合下列规定。

a. 当通过焊缝形心的作用力垂直于焊缝轴线方向时[图 1-15(a)]，焊缝的抗剪强度可按下式计算：

$$\tau = \frac{N}{t l_w} \leqslant 0.8 f_t \qquad (1\text{-}56)$$

式中　N——轴心拉力或轴心压力；

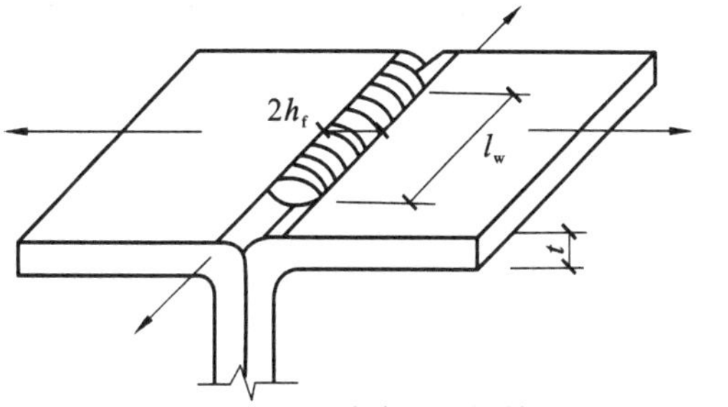

图 1-16　双边喇叭形焊缝

t——被连接板件的最小厚度；

l_w——焊缝的有效长度，等于焊缝长度扣除 2 倍焊脚尺寸；

f_t——被连接板件钢材的抗拉强度设计值。

b. 当通过焊缝形心的作用力平行于焊缝轴线方向时[图 1-15(b)]，焊缝的抗剪强度可按下式计算：

$$\tau = \frac{N}{tl_w} \leqslant 0.7f_t \tag{1-57}$$

③ 当连接板的最小厚度大于 4 mm 时，喇叭形焊缝的承载力应符合下列规定。

a. 单边喇叭形焊缝的抗剪强度可按下式计算：

$$\tau = \frac{N}{h_f l_w} \leqslant \beta f_f^w \tag{1-58}$$

b. 双边喇叭形焊缝的抗剪强度可按下式计算：

$$\tau = \frac{N}{2h_f l_w} \leqslant \beta f_f^w \tag{1-59}$$

式中 h_f——焊脚尺寸；

β——强度折减系数，当通过焊缝形心的作用力垂直于焊缝轴线方向时，$\beta=0.75$，当通过焊缝形心的作用力平行于焊缝轴线方向时，$\beta=0.7$；

f_f^w——角焊缝抗剪强度设计值。

在组合构件中，组合件间的喇叭形焊缝可采用断续焊缝。断续焊缝的长度不得小于 $8t$ 和 40 mm，断续焊缝间的净距不得大于 $15t$(对受压构件)或 $30t$(对受拉构件)，t 为焊件的最小厚度。

1.4.1 斜梁与柱的连接和斜梁拼接

斜梁与柱的连接动画

门式刚架斜梁与柱的连接见图 1-17，可采用端板竖放、端板斜放、端板平放三种形式。斜梁与刚架柱连接节点的受拉侧，宜采用端板外伸式，与斜梁端板连接的柱的翼缘部位应与端板等厚。为避免图 1-17(a)中柱顶采用异型檩条，可将柱顶板做成倾斜的，如图中的虚线所示。斜梁拼接时宜使端板与构件外缘垂直[图 1-17(d)]，应采用外伸式连接，并使翼缘内外螺栓群中心与翼缘中心重合或接近。连接节点处的三角形加劲板长边与短边之比宜大于 1.5 ∶ 1，不满足时可增加板厚。端板及其连接节点应符合下列规定：

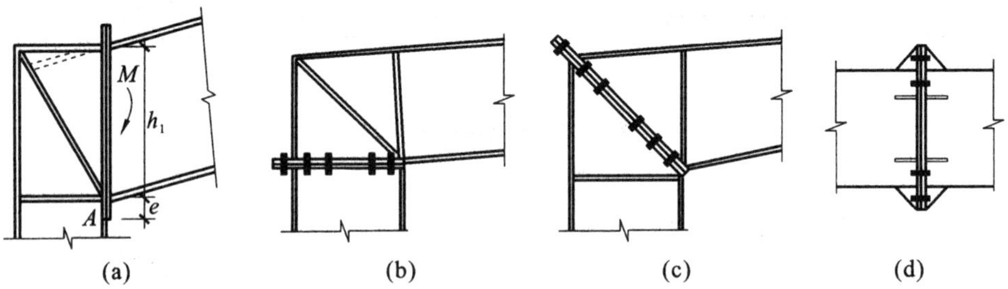

图 1-17　刚架斜梁与柱的连接及斜梁间的拼接

(a) 端板竖放；(b) 端板横放；(c) 端板斜放；(d) 斜梁拼接

① 端板连接应按所受最大内力和能够承受不小于较小被连接截面承载力的一半设计，并取两者的较大值。

② 主刚架构件的连接应采用高强度螺栓，吊车梁与制动梁的连接宜采用高强度螺栓摩擦型连

接。吊车梁与刚架连接的螺栓宜采用长圆孔。高强度螺栓直径可根据需要选用，通常采用 M16～M24 螺栓。檩条和墙梁与刚架斜梁和柱的连接通常采用 M12 普通螺栓。

③ 端板连接螺栓应成对对称布置。在斜梁的拼接处，应采用将端板两端伸出截面高度范围以外的外伸式连接[图 1-17(d)]。在斜梁与刚架柱连接处的受拉区宜采用端板外伸式连接[图 1-17(a)～(c)]。当采用端板外伸式连接时，宜使翼缘内外的螺栓群中心与翼缘的中心重合或接近。

④ 螺栓中心至翼缘板表面的距离，应满足拧紧螺栓时的施工要求，不宜小于 45 mm。螺栓端距不应小于 3 倍螺栓孔径。当端板上两对螺栓间最大距离大于 400 mm 时，应在端板中间增设一对螺栓。

⑤ 在门式刚架中，受压翼缘的螺栓不宜少于两排。当受压翼缘两侧各设一排螺栓尚不能满足承载力要求时，可在翼缘内侧增设螺栓(图 1-18)，其间距可取 75 mm，且不小于 3 倍螺栓孔径。

⑥ 与斜梁端板连接的柱翼缘部分应与端板等厚度(图 1-18)。当端板上两对螺栓间的最大距离大于 400 mm 时，应在端板的中间增设一对螺栓。

⑦ 对同时受拉和受剪的螺栓，应验算螺栓在拉力、剪力共同作用下的强度。

⑧ 端板厚度取各种支承条件计算确定的板厚最大值，但不应小于 16 mm 及高强度螺栓直径的$\frac{4}{5}$。各种支承条件端板区格的厚度应分别按下列公式计算：

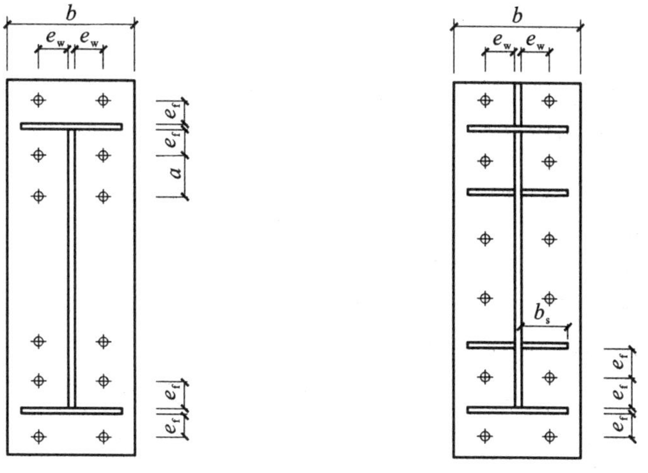

图 1-18 端板支承条件

a. 伸臂类端板

$$t \geqslant \sqrt{\frac{6e_f N_t}{bf}} \tag{1-60a}$$

b. 无加劲肋类端板

$$t \geqslant \sqrt{\frac{3e_w N_t}{(0.5a + e_w)f}} \tag{1-60b}$$

c. 两边支承类端板

当端板外伸时

$$t \geqslant \sqrt{\frac{6e_f e_w N_t}{[e_w b + 2e_f(e_f + e_w)]f}} \tag{1-60c}$$

当端板平齐时

$$t \geqslant \sqrt{\frac{12 e_f e_w N_t}{[e_w b + 4 e_f (e_f + e_w)] f}} \tag{1-60d}$$

d. 三边支承类端板

$$t \geqslant \sqrt{\frac{6 e_f e_w N_t}{[e_w (b + 2 b_s) + 4 e_f^2] f}} \tag{1-60e}$$

式中 N_t——1 个高强度螺栓的受拉承载力设计值；

e_w，e_f——螺栓中心至腹板和翼缘板表面的距离；

b，b_s——端板和加劲肋板的宽度；

a——螺栓的间距；

f——端板钢材的抗拉强度设计值。

⑨ 在端板设置螺栓处，应按下列公式验算构件腹板的强度：

当 $N_{t2} \leqslant 0.4P$ 时

$$\frac{0.4P}{e_w t_w} \leqslant f \tag{1-61a}$$

当 $N_{t2} > 0.4P$ 时

$$\frac{N_{t2}}{e_w t_w} \leqslant f \tag{1-61b}$$

式中 N_{t2}——翼缘内第二排一个螺栓的轴向拉力设计值；

P——高强度螺栓的预拉力设计值；

e_w——螺栓中心至腹板表面的距离；

t_w——腹板厚度；

f——腹板钢材的抗拉强度设计值。

⑩ 节点域是指弯剪共同作用的应力情况比较复杂的节点区域。节点域板件的过度变形会影响节点刚度，从而降低计算模型的准确性，对构件强度和结构变形造成不利影响；未经加强的节点域板件在复杂应力下甚至会发生破坏。一般通过增加节点域加劲板或额外增加该区域板件厚度来加强节点域承载能力(图 1-19)，门式刚架斜梁与柱相交的节点域[图 1-19(a)]，应按下式验算剪应力，当不满足式(1-62)要求时，应加厚腹板或设置斜加劲肋[图 1-19(b)]。

$$\tau \leqslant f_v \tag{1-62}$$

$$\tau = \frac{M}{d_b d_c t_c} \tag{1-63}$$

式中 d_b，d_c，t_c——节点域的高、宽、厚度。

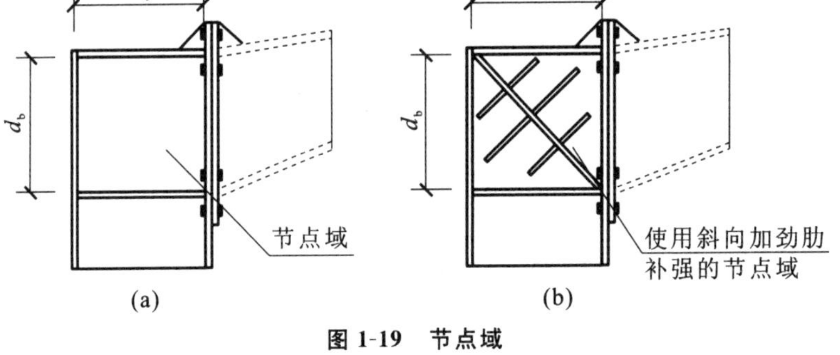

图 1-19 节点域

1.4.2　摇摆柱与斜梁的连接

摇摆柱与斜梁的连接比较简单，构造如图 1-20 所示。

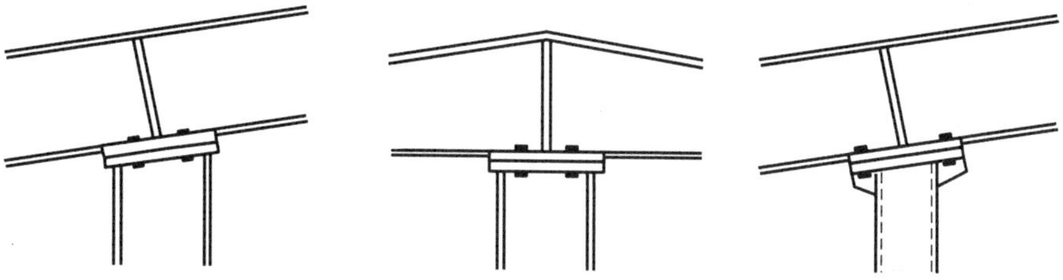

(a)　　(b)　　(c)

图 1-20　摇摆柱与斜梁的连接

1.4.3　柱脚

门式刚架轻型房屋钢结构的柱脚宜采用平板式铰接柱脚[图 1-21(a)、(b)]。当有必要时，也可采用刚接柱脚[图 1-21(c)、(d)]，柱脚实例见图 1-22。

柱脚图

柱脚锚栓不宜用于承受柱脚底部的水平剪力。此水平剪力可由底板与混凝土基础间的摩擦力(摩擦系数可取 0.4)或设置抗剪键承受。计算柱脚锚栓的受拉承载力时，应采用螺纹处的有效截面面积。

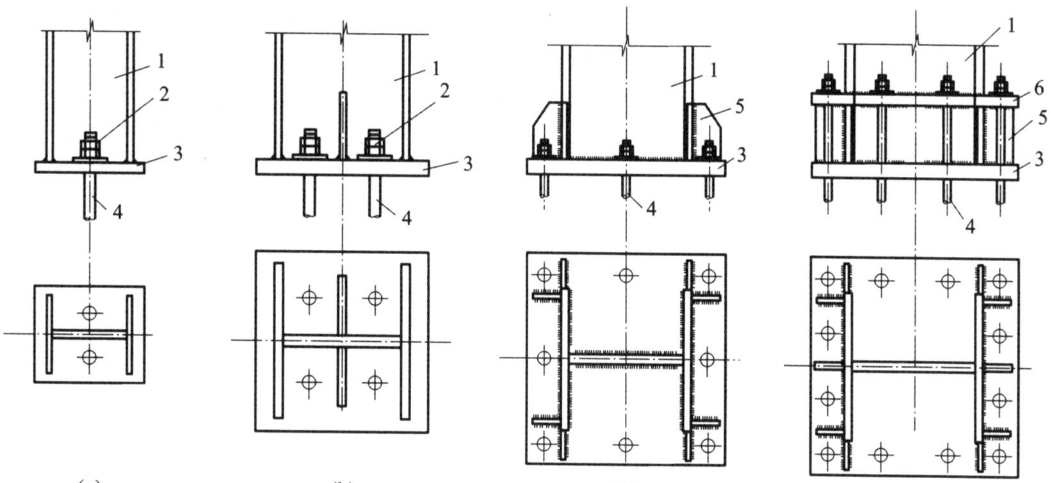

(a)　　(b)　　(c)　　(d)

1—柱；2—双螺母及垫板；3—底板；4—螺栓；5—加劲板；6—螺栓支承拖座。

图 1-21　门式钢架柱脚的形式

(a) 两个螺栓的铰接柱脚；(b) 四个螺栓的铰接柱脚；(c) 带加劲的刚接柱脚；(d) 带靴梁的刚接柱脚

计算带有柱间支撑的柱脚锚栓在风荷载作用下的上拔力时，应计入柱间支撑产生的最大竖向分力。且不考虑活荷载(或雪荷载)、积灰荷载和附加荷载的影响，恒荷载分项系数应取 1.0，柱脚锚栓应采用 Q235 钢或 Q355 钢制作。锚栓端部应设置弯钩或锚件，且应符合《混凝土结构设计标准(2024 年版)》(GB/T 50010—2010)的有关规定。

图 1-22　柱脚实例

1.4.4 牛腿

1.4.4.1 牛腿的构造

牛腿的构造要求如图 1-23 所示。柱为焊接工字形截面，可为等截面或变截面。牛腿板件尺寸与柱截面尺寸相协调，牛腿各部分焊缝由计算确定。

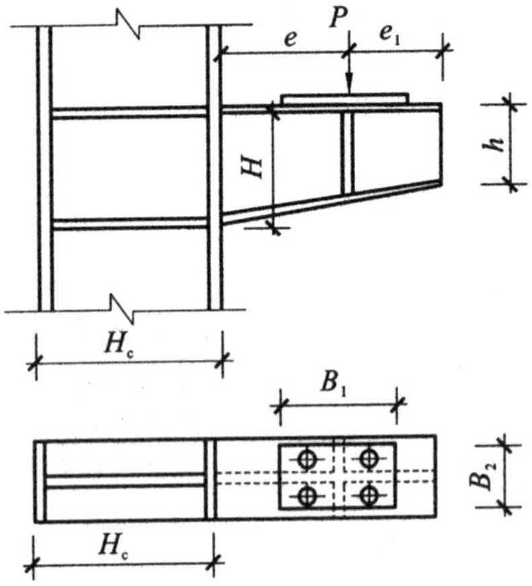

图 1-23 牛腿的构造节点

1.4.4.2 牛腿的计算

牛腿与柱连接处承受剪力 V 和弯矩 M 的作用，其截面强度和连接焊缝应按《钢结构设计标准》(GB 50017—2017)的规定进行计算。

如图 1-23 所示，作用于牛腿的剪力 V、弯矩 M 分别为：

$$V = P = 1.2P_D + 1.4D_{max}$$

$$M = Ve$$

式中 P_D——吊车梁及轨道在牛腿上产生的反力；

D_{max}——吊车最大轮压在牛腿上产生的反力。

牛腿截面一般采用焊接工字形截面，根部截面尺寸根据 V 和 M 确定，做成变截面牛腿时，端部截面高度 h 不宜小于 $H/2$。柱在牛腿上、下翼缘的相应位置处应设置横向加劲肋；在牛腿上翼缘吊车梁支座处应设置垫板，垫板与牛腿上翼缘连接应采用围焊；在吊车梁支座对应的牛腿腹板处应设置横向加劲肋。吊车梁与牛腿的连接宜设置长圆孔。高强度螺栓的直径可根据需要选用，通常采用 M16～M24 螺栓。牛腿上翼缘及下翼缘与柱的连接焊缝均采用焊透的对接焊缝。牛腿腹板与柱的连接采用角焊缝，焊脚尺寸由剪力 V 确定。

1.5 围护构件设计

1.5.1 檩条设计

1.5.1.1 截面形式

檩条一般设计成单跨简支构件，有实腹式和桁架式两大类，实腹式檩条也可以设计成连续构件，跨度大于 9 m 时宜采用桁架式构件，并应验算受压翼缘的稳定性。本书主要介绍实腹式檩条的设计。

实腹式檩条宜采用直卷边槽形和斜卷边 Z 形冷弯薄壁型钢，斜卷边角度宜为 60°，也可采用直卷边 Z 形冷弯薄壁型钢或高频焊接 H 型钢。

实腹式檩条的截面形式如图 1-24 所示，分为以下几种。

① 槽钢檩条分普通热轧槽钢檩条和轻型热轧槽钢檩条两种[图 1-24(a)、(b)]，因槽钢檩条板件较厚，用钢量大，目前实际工程中已不再采用。

檩条图

(a)　(b)　(c)　(d)　(e)　(f)

图 1-24　实腹式檩条的截面形式

② 高频焊接薄壁 H 型钢檩条(简称“薄壁 H 型钢”)系引进国外先进技术的一种轻型型钢[图 1-24(c)],具有腹板薄、抗弯刚度好、两主轴方向的惯性矩比较接近及翼缘板平直易于连接等优点。

③ 冷弯薄壁卷边槽钢(C 形)檩条[图 1-24(d)]的截面互换性大,应用普遍,用钢量少,制造和安装方便。

④ 冷弯薄壁卷边 Z 形钢檩条有直卷边 Z 形[图 1-24(e)]和斜卷边 Z 形[图 1-24(f)]两种,它的主平面 x 轴的刚度大,用作檩条时挠度小,用钢量少,制造和安装方便。卷边 Z 形钢檩条还可叠层堆放,占地少。当屋面坡度较大时,这种檩条的应用较为普遍。

1.5.1.2　檩条的荷载和荷载组合

(1) 檩条的荷载

檩条的荷载包括永久荷载和可变荷载。

① 永久荷载包括屋面材料重量(如防水层、保温层、隔热层等)、支撑及檩条结构自重。

② 可变荷载包括屋面均布活荷载、雪荷载、积灰荷载和风荷载。其中风荷载体型系数按图 1-25 和表 1-2 采用。

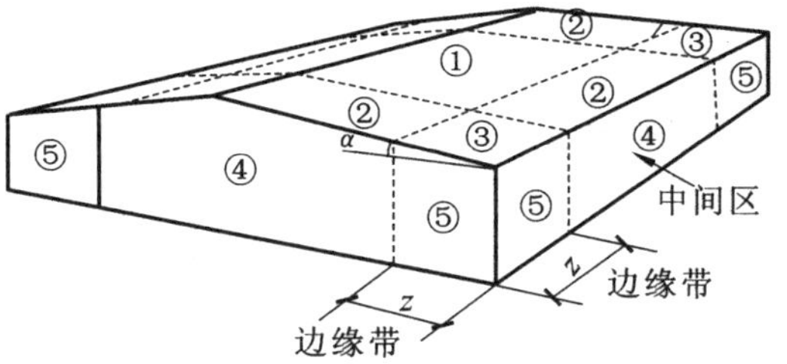

图 1-25　维护结构的风荷载体型系数分区

(2) 荷载组合

① 均布活荷载不与雪荷载同时考虑,设计时取两者中的较大值。

② 积灰荷载应与均布活荷载或雪荷载中的较大值同时考虑。

③ 施工或检修集中荷载不与均布活荷载或雪荷载同时考虑。

④ 对于平坡屋面(坡度为 1/20～1/8),可不考虑风正压力,当风荷载较大时,应验算在风吸力作用下,永久荷载与风荷载组合截面应力反号的情况,此时永久荷载的分项系数取 1.0。

表 1-2 **檩条和墙梁的风荷载体型系数**

结构构件	分区	有效受风面积 A/m^2	封闭式建筑	部分封闭式建筑
檩条	中间区①	$A \leqslant 1$ $1<A<10$ $A \geqslant 10$	-1.3 $+0.15\lg A-1.3$ -1.15	-1.7 $+0.15\lg A-1.7$ -1.55
	边缘区②	$A \leqslant 6.3$ $6.3<A<10$ $A \geqslant 10$	-1.7 $+1.5\lg A-2.9$ -1.4	-2.1 $+4.5\lg A-3.3$ -1.8
	角区③	$A \leqslant 6.3$ $6.3<A<10$ $A \geqslant 10$	-2.9 $+1.5\lg A-2.9$ -1.4	-1.3 $+1.5\lg A-3.3$ -1.8
墙梁	中间区④	$A \geqslant 10$	-1.1 $+1.0$	-1.5 $+1.1$
	边缘区⑤	$A \geqslant 10$	-1.1 $+1.0$	-1.5 $+1.1$

注：1. 表中，门式刚架有效受风面积 A 按下列规定确定：

① 构件的有效受风面积 A 可按 $A=lc$ 计算；式中，l 为所考虑构件的跨度；c 为所考虑构件的受风宽度，应大于 $(a+b)/2$ 或 $l/3$；a、b 分别为所考虑构件（墙架柱、墙梁、檩条）在左、右侧或上、下侧与相邻构件的距离。

② 无确定宽度的外墙和其他板式构件采用 $c=l/3$。

③ 紧固件的有效受风面积 A 取对所考虑的外力起作用的表面面积。

2. 表中列有压力和吸力时，应按两种情况进行结构构件设计。

3. 表中带圆圈的数字表示分区号，见图 1-25。

1.5.1.3 檩条计算

檩条形式较多，本书重点介绍目前常用的实腹式檩条的内力分析，强度、稳定性及变形计算。实腹式檩条截面主轴和荷载图见图 1-26。

(1) 内力分析

① 垂直于主轴 x 和 y 的分荷载按下式计算：

$$p_x = p\sin\alpha_0$$
$$p_y = p\cos\alpha_0$$

式中 p——檩条竖向荷载设计值；

α_0——p 与主轴 y 的夹角：对 C 形、槽形和工字形截面，$\alpha_0=\alpha$，α 为屋面坡角；对 Z 形截面，$\alpha_0=\theta-\alpha$，θ 为主轴 x 与平行于屋面轴 x_1 的夹角。

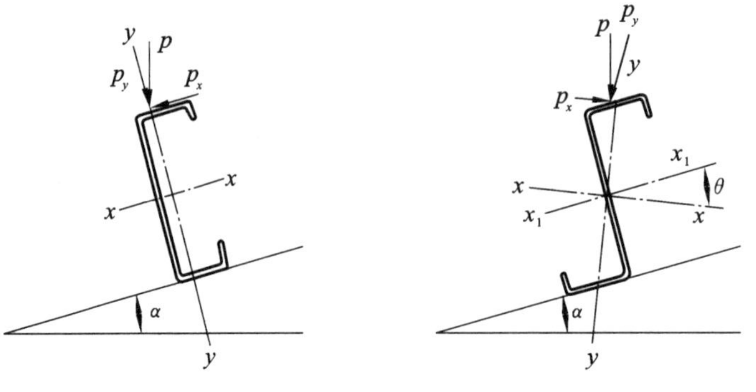

图 1-26 实腹式檩条截面主轴和荷载图

② 檩条的弯矩。

对 x 轴，由 p_y 引起的弯矩计算如下。

单跨简支构件：跨中最大弯矩 $M_x=p_yl^2/8$，l 为檩条的跨度。

多跨连续构件：不考虑活荷载的不利组合，跨中和支座的弯矩均近似取 $M_x=p_yl^2/10$。

对 y 轴，由 p_x 引起的弯矩，考虑拉条作为侧向支承点，按多跨连续梁计算。

拉条位于 $l/2$ 时，跨中负弯矩

$$M_y=p_xl^2/32$$

拉条位于 $l/3$ 时：

跨中负弯矩

$$M_y=p_xl^2/90$$

跨中正弯矩

$$M_y=p_xl^2/360$$

(2) 强度计算

当屋面能阻止檩条侧向失稳和扭转时，可不考虑檩条的整体稳定性计算，按下列公式验算檩条截面强度。

$$\frac{M_{x'}}{W_{\mathrm{en}x'}}\leqslant f \tag{1-64a}$$

$$\frac{3V_{y'\max}}{2h_0t}\leqslant f_{\mathrm{v}} \tag{1-64b}$$

式中　$M_{x'}$——腹板平面内的弯矩设计值；

$W_{\mathrm{en}x'}$——按腹板平面内(图 1-26，绕 x_1—x_1 轴)计算的有效净截面模量；

$V_{y'\max}$——腹板平面内的剪力设计值；

h_0——檩条腹板扣除冷弯半径后的平直段高度；

t——檩条厚度，mm，当双檩条搭接时，取两檩条厚度之和并乘以折减系数 0.9；

f——钢材的抗拉、抗压和抗弯强度设计值；

f_{v}——钢材的抗剪强度设计值；

(3) 稳定性计算

① 当屋面不能阻止檩条侧向失稳和扭转时，可按下式验算檩条截面的稳定性。

冷弯薄壁型钢

$$\sigma=\frac{M_x}{\varphi_{\mathrm{b}x}W_{\mathrm{e}x}}+\frac{M_y}{W_{\mathrm{e}y}}\leqslant f \tag{1-65a}$$

热轧型钢

$$\sigma=\frac{M_x}{\varphi_{\mathrm{b}}W_x}+\frac{M_y}{W_y}\leqslant f \tag{1-65b}$$

式中　$W_{\mathrm{e}x}$，$W_{\mathrm{e}y}$——对主轴 x、y 的有效截面模量；

W_x，W_y——对主轴 x、y 的毛截面模量；

φ_{b}——受弯构件绕强轴的整体稳定性系数，按《钢结构设计标准》(GB 50017—2017)的规定计算；

$\varphi_{\mathrm{b}x}$——受弯构件绕强轴的整体稳定性系数，按《冷弯薄壁型钢结构技术规范》(GB 50018—2002)的规定由下式计算：

$$\varphi_{bx}=\frac{4320}{\lambda_y^2}\frac{Ah}{W_x}\xi_1(\sqrt{\eta^2+\zeta}+\eta)\frac{235}{f_y} \tag{1-66}$$

$$\eta=2\xi_2 e_a/h \tag{1-67}$$

$$\zeta=\frac{4I_w}{h^2 I_y}+\frac{0.156I_t}{I_y}\left(\frac{l_0}{h}\right)^2 \tag{1-68}$$

式中 λ_y——梁在弯矩平面外的长细比；

A——毛截面面积；

h——截面高度；

l_0——梁的侧向计算长度，$l_0=u_b l$，其中 u_b 为梁的侧向计算长度系数，按表1-3采用，l 为梁的跨度；

ξ_1，ξ_2——系数，按表1-3采用；

e_a——横向荷载作用点到弯心的距离：对于偏心受压杆或横向荷载作用在弯心时 $e_a=0$，横向荷载不作用在弯心且荷载方向指向弯心时 $e_a<0$，荷载方向离开弯心时 $e_a>0$；

W_x——对轴的受压边缘毛截面截面模量；

I_w——毛截面扇形惯性矩；

I_y——对 y 轴的毛截面惯性矩；

I_t——扭转惯性矩。

表1-3 **简支檩条系数 ξ_1、ξ_2 和 u_b**

系数	跨间无拉条	跨中一道拉条	三分点两道拉条
u_b	0.5	0.5	0.33
ξ_1	1.13	1.35	1.37
ξ_2	0.46	0.14	0.06

如算得 φ_{bx} 值大于0.7，则应以 φ'_{bx} 值代替 φ_{bx}，φ'_{bx} 值按式(1-69)计算：

$$\varphi'_{bx}=1.091-\frac{0.274}{\varphi_{bx}} \tag{1-69}$$

② 当檩条在永久荷载和风吸力组合下，下翼缘受压时：

a. 可按式(1-66)计算檩条下翼缘受压、上翼缘受拉时的稳定性，此时檩条可按跨中无侧向支承点考虑，即取 $l_y=l_0$(檩条下翼缘附近未设拉条时)。

b. 当屋面能阻止檩条上翼缘侧向位移和扭转时，也可按《门式刚架轻型房屋钢结构技术规范》(GB 51022—2015)考虑屋面对受拉上翼缘约束、对受压下翼缘的稳定性计算。

c. 当风吸力较大时，为提高受压下翼缘的稳定性，允许在受压下翼缘附近增设拉条，此时 l_y 应取下翼缘的拉条间距。

d. 若仅为提高檩条下翼缘受压时的稳定，将檩条上翼缘拉条移至下翼缘附近时，还需重新验算檩条在永久荷载和可变荷载组合下，因受压翼缘上无拉条而使平面外弯矩 M_y 增大对强度的不利影响，并采取临时措施保证檩条在安装时的稳定。

综上，本书建议按第a条设计。

(4) 变形计算

两端简支檩条的挠度验算公式为

$$w=\frac{5p_{ky}l^4}{384EI_x}\leqslant[v] \tag{1-70}$$

式中　I_x——截面对主轴 $x—x$ 的毛截面惯性矩；

$[v]$——容许挠度，对无积灰的瓦楞铁、石棉瓦等屋面为 1/150，对压型钢板、积灰的瓦楞铁、石棉瓦等屋面为 1/200，其他屋面为 1/200；

p_{ky}——沿 y 轴荷载的标准值。

1.5.1.4　构造要求

① 为使屋架上弦杆不产生弯矩，檩条宜位于上弦节点处。当采用内天沟时，边檩应尽量靠近天沟。实腹式檩条的截面均宜垂直于屋面坡面。对槽钢和 Z 形钢檩条，宜将上翼缘肢尖（或卷边）朝向屋脊方向，以减小屋面荷载偏心而引起的扭矩。檩条与屋面应可靠连接，以保证屋面能起阻止檩条侧向失稳和扭转的作用，这对一般不需验算整体稳定性的实腹式檩条尤为重要。檩条与压型钢板屋面的连接，宜采用带橡胶垫圈的自攻螺栓。

② 檩条可设计为单跨简支构件或连续构件；简支檩条和连续檩条一般通过搭接方式实现。连续 C 形檩条可通过采用稍大一点的足够长的 C 形槽钢套在屋面檩条外后用螺栓锁紧实现，直卷边或带斜卷边的 Z 形连续檩条可采用叠置搭接来实现，如图 1-27 所示。

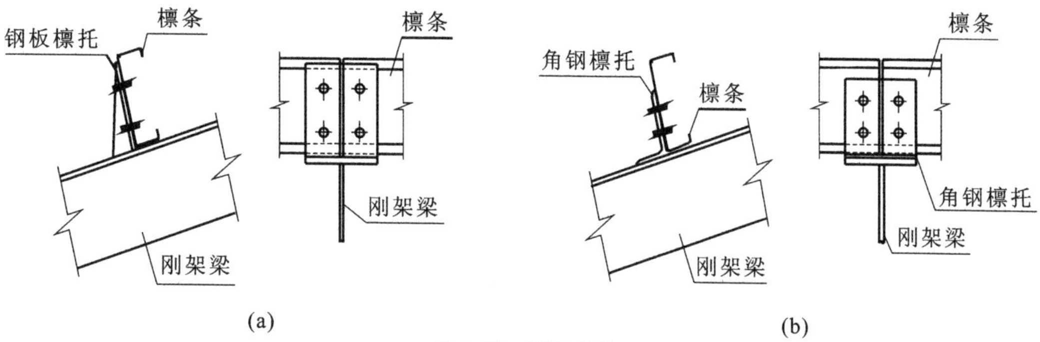

图 1-27　檩条构造

(a) 钢板檩托；(b) 角钢檩托

③ 拉条[图 1-28(a)～(c)]和撑杆[图 1-28(d)]是提高檩条侧向稳定性的重要构造措施，拉条仅传递拉力，撑杆主要承受压力，和拉条共同作用，将檩条沿屋面坡度方向的分力传给梁或柱。

拉条和撑杆的截面应按计算确定：拉条一般采用直径 8～16 mm 的圆钢；撑杆可采用钢管、方管或角钢做成，也可采用钢管内设拉条的做法，其长细比按压杆要求不能大于 200。

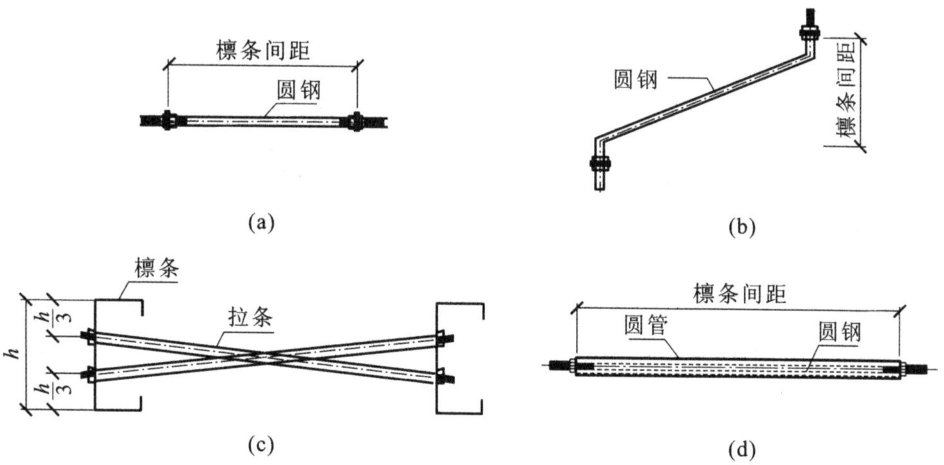

图 1-28　拉条与撑杆的形式

(a) 直拉条；(b) 斜拉条；(c) 剪刀拉条；(d) 撑杆

④ 拉条和撑杆的布置原则。

实腹式檩条跨度不宜大于 12 m，当檩条跨度大于 4 m 时，宜在檩条间跨中位置设置拉条或撑杆；当檩条跨度大于 6 m 时，宜在檩条跨度三分点处各设一道拉条或撑杆；当檩条跨度大于 9 m 时，宜在檩条跨度四分点处各设一道拉条或撑杆。斜拉条和刚性撑杆组成的桁架结构体系应分别设在檐口和屋脊处(图 1-29)，当构造能保证屋脊处拉条互相拉结平衡时，在屋脊处可不设斜拉条和刚性撑杆。

当单坡长度大于 50 m 时，宜在中间增加一道双向斜拉条和刚性撑杆组成的桁架结构体系(图 1-29)。

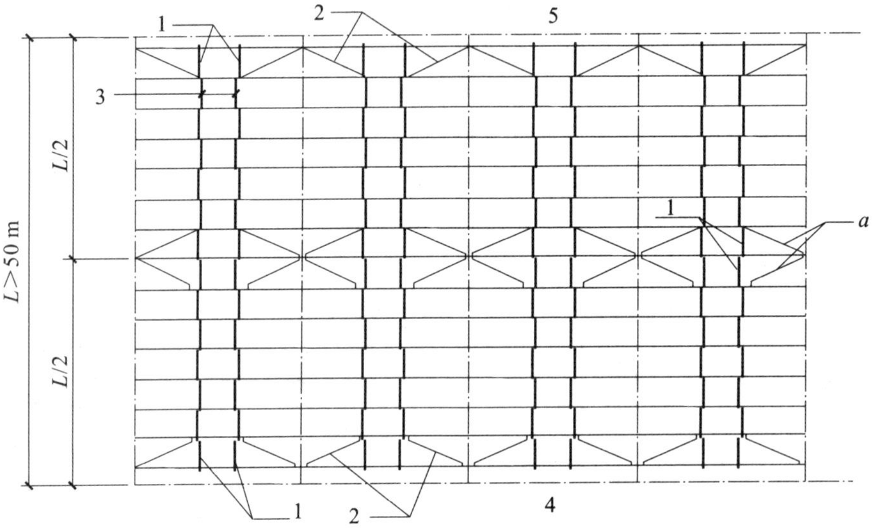

1—刚性撑杆；2—斜拉条；3—拉条；4—檐口位置；5—屋脊位置；
L—单坡长度；a—斜拉条与刚性撑杆组成双向斜拉条和刚性撑杆体系。

图 1-29　拉条与撑杆布置

拉条、撑杆与檩条的连接见图 1-30，斜拉条可弯折，也可不弯折。前一种方法要求弯折的直线长度不超过 15 m，后一种方法则需要通过斜垫板或角钢与檩条连接。

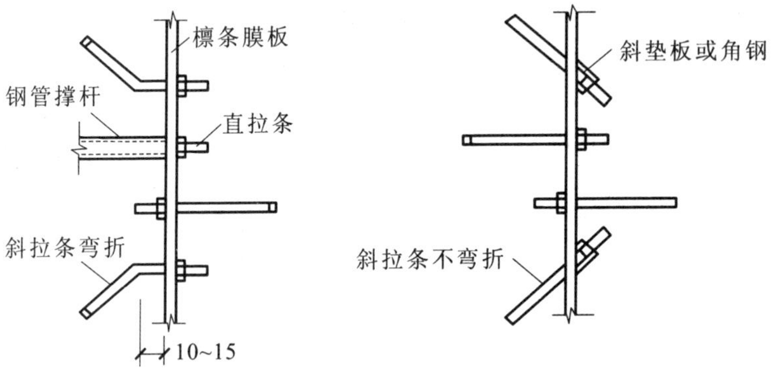

图 1-30　檩条与拉条连接

撑杆长细比不应大于 220；当采用圆钢做拉条时，圆钢直径不宜小于 10 mm。圆钢拉条可设在距檩条翼缘 1/3 腹板高度的范围内。

檩间支撑的形式可采用刚性支撑系统或柔性支撑系统。应根据檩条的整体稳定性设置一层檩间支撑或上、下二层檩间支撑。

1.5.2 墙梁设计

1.5.2.1 墙梁的截面形式

轻型墙体结构的墙梁宜采用卷边槽形或卷边Z形的冷弯薄壁型钢或高频焊接H型钢，兼作窗框的墙梁和门框等构件宜采用卷边槽形冷弯薄壁型钢或组合矩形截面构件。

墙梁可设计成简支或连续构件，两端支承在刚架柱上，墙梁主要承受水平风荷载，宜将腹板置于水平面。当墙梁有一定竖向承载力，墙板落地，且墙梁与墙板间有可靠连接时，可不设中间柱，并可不考虑自重引起的弯矩和剪力。若有条形窗或房屋较高且墙梁跨度较大时，墙架柱的数量应由计算确定；当墙梁需承受墙板重及自重时，应考虑双向弯曲。

当墙梁跨度为4～6 m时，宜在跨中设一道拉条；当墙梁跨度大于6 m时，宜在跨间三分点处各设一道拉条。最上层墙梁宜设斜拉条，将拉力传至承重柱或墙架柱；当墙板的竖向荷载有可靠途径直接传至地面或托梁时，可不设传递竖向荷载的拉条。

1.5.2.2 墙梁的计算

墙梁的荷载组合有两种：

1.3×竖向永久荷载＋1.5×水平风压力荷载

1.3×竖向永久荷载＋1.5×水平风吸力荷载

在墙梁截面上，由外荷载产生的内力有：水平荷载 q_x 产生的弯矩 M_y、剪力 V_x，竖向荷载 q_y 产生的弯矩 M_x、剪力 V_y。墙梁的设计公式和檩条相同。

单侧挂墙板的墙梁，在承受朝向面板的风压时，墙梁的强度可按下列公式验算：

$$\frac{M_x}{W_{enx}}+\frac{M_y}{W_{eny}}\leqslant f \tag{1-71a}$$

$$\tau_x=\frac{3V_{x\max}}{4b_0t}\leqslant f_v \tag{1-71b}$$

$$\tau_y=\frac{3V_{y\max}}{2h_0t}\leqslant f_v \tag{1-71c}$$

式中 M_x,M_y——水平荷载和竖向荷载所产生的弯矩，当墙板底部端头自承重时，$M_y=0$；

$V_{x\max},V_{y\max}$——竖向荷载和水平荷载所产生的剪力的最大值，当墙板底部端头自承重时，$V_{x\max}=0$；

W_{enx},W_{eny}——绕竖向轴 x 和水平轴 y 的有效净截面模量（对冷弯薄壁型钢）或净截面模量（对热轧型钢）；

b_0,h_0——墙梁在竖向和水平方向的计算高度，取板件弯折处两圆弧起点之间的距离；

t——墙梁壁厚。

两侧挂墙板的墙梁和一侧挂墙板、另一侧设有可阻止其扭转变形的拉杆的墙梁，可不计弯扭双力矩的影响（即可取 $B=0$）。当墙板放在墙梁外侧且不落地时，其重力荷载没有作用在截面的剪力中心，计算还应考虑双力矩 B 的影响，双力矩 B 的计算公式见《冷弯薄壁型钢结构技术规范》(GB 50018—2002)附录A。

1.5.2.3 墙梁的变形要求

墙梁的容许挠度与其跨度之比，可按下列规定采用：

压型钢板设计

① 压型钢板、瓦楞铁墙面(水平方向):1/150。
② 窗洞顶部的墙梁(水平方向和竖向):1/200。
竖向挠度不得大于 10 mm。

1.5.2.4 墙梁的构造

墙梁主要承受水平风荷载,宜将其刚度较大主平面置于水平方向。

当墙梁跨度大于 4 m 时,宜在跨中设置一道拉条;当墙梁跨度大于 6 m 时,可在跨间三分点处各设置一道拉条。拉条承担的墙体自重通过斜拉条传至承重柱或墙架柱,一般每隔 5 道拉条设置一对斜拉条(图 1-31),以分段传递墙体自重。圆钢拉条直径不宜小于 10 mm,所需截面面积应通过计算确定。

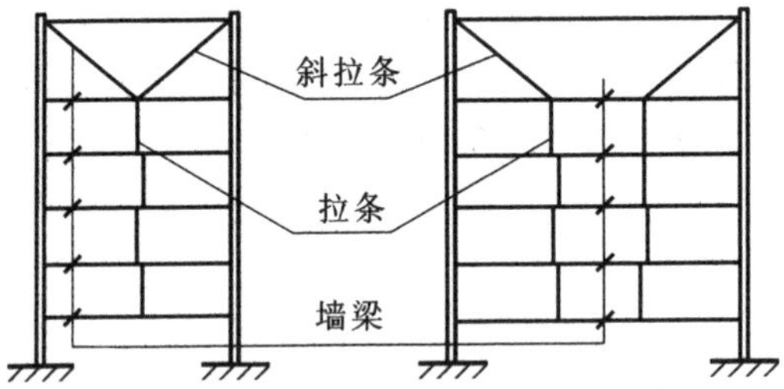

图 1-31　墙梁构造

习题与思考题

习题与思考题答案

1-1　简述门式刚架荷载组合原则。
1-2　简述门式刚架荷载效应组合形式。
1-3　简述变截面斜梁和柱设计要点。
1-4　简述檩条设计要点。

2　普钢厂房结构设计

【内容提要】

本章着重讲述了厂房结构的形式和布置，厂房结构的受力特性，以及主要构件和节点的设计与计算，并给出了相应的计算公式。另外，本章还介绍了钢屋架支撑的必要性和支撑的类型、布置要点和截面选择等，并给出了普通钢屋架设计和吊车梁的实例以供参考。

【能力要求】

通过本章的学习，学生应了解厂房结构的组成，掌握作用在单层钢结构厂房上的荷载类型及其组合，并能正确计算和设计单层钢结构厂房的主要构件和节点；了解钢桁架及屋盖结构的主要形式和尺寸，重点了解屋架杆件内力计算及其计算假定，节点荷载计算；了解屋架杆件的截面设计方法；了解钢屋架支撑的类型、布置及截面选择；掌握普通钢屋架和吊车梁的设计方法。

2.1　厂房结构的形式和布置

厂房结构的形式图

厂房结构和布置动画

钢结构厂房按层数可分为多层厂房和单层厂房：多层厂房多用于楼面荷载不大且对跨度要求不高的轻工和电子等行业中，而大量的一般工业厂房均为单层厂房形式。单层钢结构厂房按跨度可分为单跨[图 2-1(a)、(b)]、双跨[图 2-1(c)、(d)、(f)]和多跨[图 2-1(e)、(g)]结构形式；按屋面坡脊数可分为单脊单坡[图 2-1(a)、(c)]、单脊双坡[图 2-1(b)、(d)、(e)]和多脊多坡[图 2-1(f)、(g)]结构形式。依据跨度、高度和吊车起吊吨位以及吊车工作制等级的不同，钢结构厂房可分为轻型、中型、重型和特重型 4 类：在进行厂房结构设计时，一般将跨度不大于 30 m、高度不超过 14 m、起吊吨位不大于 20 t、吊车工作制等级为轻级和中级的钢结构厂房按轻型厂房结构设计，而超过上述范围的钢结构厂房按普钢厂房结构设计。普钢厂房的屋盖多采用桁架结构，冶金和机械制造行业重型厂房根据工艺要求需要设置天窗架。除少数工艺上有特殊要求的重型厂房外，目前的钢结构厂房屋面结构基本上已经不再采用钢筋混凝土大型屋面板，取而代之的是单层和双层 0.4～1.6 mm 厚的彩色压型金属板，其中彩色镀锌钢板在工程实践中的使用最为广泛。对于多跨刚架，在相同跨度条件下，多脊多坡与单脊双坡的刚架用钢量大致相当，常做成一个屋脊的大双坡屋面，这主要是因为压型金属板屋面为长坡排水创造了条件。而多脊多坡刚架的内天沟容易产生渗漏和堆雪现象，不等高刚架在这一问题上更为严重，实际工程中应尽量避免采用此种类型刚架。

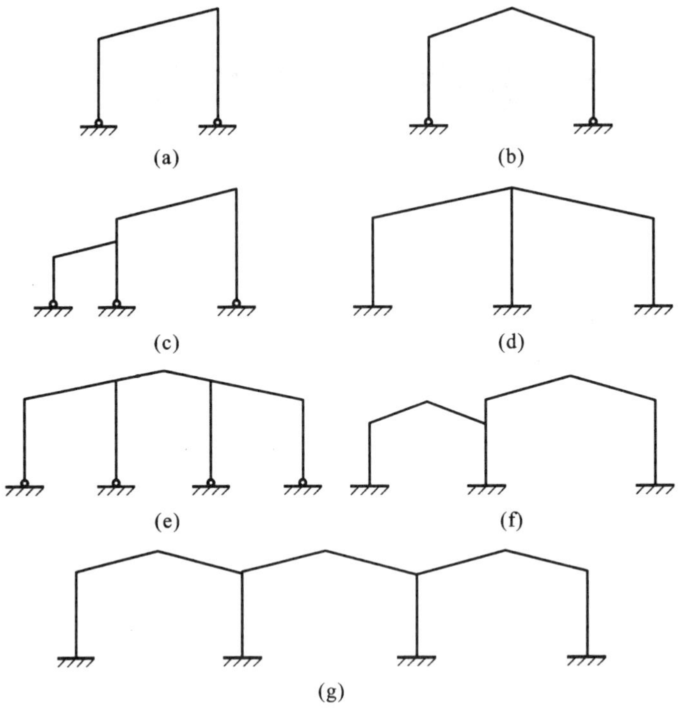

图 2-1　单层钢结构厂房的结构形式

2.1.1　厂房结构的组成

单层钢结构厂房一般是由柱、屋盖结构、吊车梁、屋面檩条、墙梁(或墙面檩条)以及各种支撑等构件组成空间骨架,以大型屋面板、大型墙面板、压型彩钢板、铝板或其他金属板作屋面和墙面,以岩棉、矿棉、玻璃棉、聚苯乙烯泡沫塑料和硬质聚氨酯泡沫塑料作为保温隔热材料的一种房屋结构体系。其形式如图 2-2 所示。

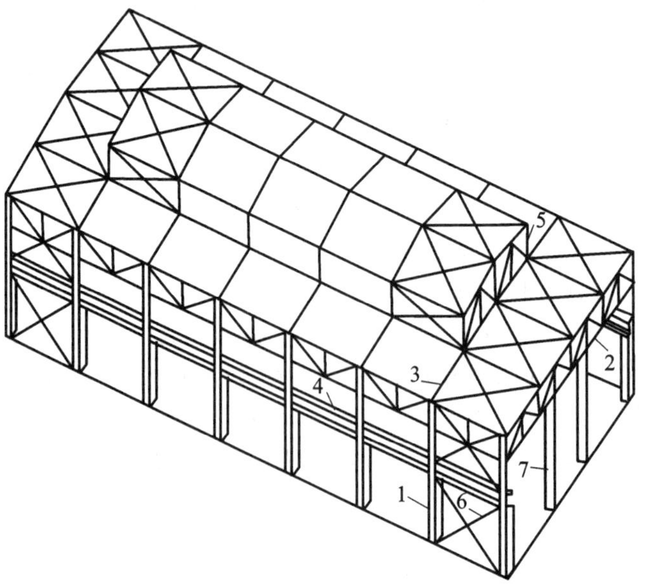

1—框架柱;2—边屋架;3—中间屋架;4—吊车梁;5—天窗架;6—柱间支撑;7—抗风柱。

图 2-2　单层钢结构厂房构造简图

组成单层钢结构厂房结构的构件按其作用可归并为下列几个体系。

（1）横向平面框架

横向平面框架由柱和屋盖结构构成，是厂房结构的基本承重结构。其作用是承受结构自重，以及风、雪、吊车等荷载对厂房结构所产生的横向或竖向作用，保证厂房结构在横向和竖向上的强度、刚度和稳定性，并将其上作用的荷载传递到基础。

（2）纵向平面框架

纵向平面框架由柱、吊车梁、托架及柱间支撑等构成，其作用是承受纵向水平荷载（如纵向风荷载、吊车纵向水平制动力等）作用，保证厂房结构在纵向上的强度、刚度和稳定性，并将其上作用的荷载传递到基础。

（3）屋盖结构

屋盖结构由屋架（或屋面梁）、檩条、托架、天窗架和屋盖支撑等构成。其作用是承受屋盖结构自重、屋面作用的荷载和屋盖结构上的吊挂荷载，保证屋盖自身的强度、刚度和稳定性，并将其上作用的荷载传递到框架柱。

（4）吊车梁及其制动梁（或制动桁架）

吊车梁及其制动梁（或制动桁架）的作用是承受吊车的竖向和水平荷载作用，保证吊车的正常运行，并将其上作用的荷载传递到框架柱。

（5）支撑系统

支撑系统包括屋盖支撑、柱间支撑及其附加支撑。其作用是将独立的平面框架连成空间体系，以保证结构所必需的刚度和稳定性，同时承受风力和吊车制动力的作用。

（6）墙梁（或墙面檩条）

墙梁（或墙面檩条）用于承受墙体的自重和风荷载。若采用砌筑在基础梁上的砌体墙，则不需设墙梁（或墙面檩条）。

此外，还有一些次要构件，如爬梯、走道、门窗以及某些厂房工艺操作要求的工作平台等。

2.1.2 厂房柱网的布设、高度的确定和温度伸缩缝的设置

单层钢结构厂房的结构布置包括厂房柱网的布设、高度的确定、温度伸缩缝的设置等，而确定这些的依据首先是必须满足生产工艺的要求，其次要满足结构坚固耐用、经济合理和技术先进，以及注意符合标准化模数要求等。

工业厂房生产工艺有的要求恒温、密闭，有的要求有高大、开敞的空间，有的要求有较好的采光、通风条件等，不少工业厂房都要求有大量的设备以及有一定起重能力的起重机械。吊车是钢结构厂房中常见的起重设备，厂房中的吊车将直接影响到厂房结构的划分和布置。按照吊车的使用繁重程度，即按照吊车荷载的大小和利用次数，《起重机设计规范》（GB/T 3811—2008）将其分为A1～A8八个工作级别，而习惯上仍将吊车按轻、中、重和特重四个工作制等级来划分，它们之间的对应关系见表2-1。

表2-1 **吊车的工作制等级与工作级别的对应关系**

工作制等级	轻级	中级	重级	特重级
工作级别	A1～A3	A4、A5	A6、A7	A8

2.1.2.1 厂房柱网的布设

柱网的布设首先要从工艺方面考虑，柱网的布设应和厂房内的地上设备（如起重运输设备、机械生产设备等）和地下设备（如设备基础、地下管网等）相协调，并适当考虑生产过程的变动和以后的改建、扩建。从结构方面考虑，柱列的间距以均等的布设方式为最佳，这样可使柱列间构件的重复率更高，便于定型化、标准化生产，且可使屋盖结构和支撑系统的布设最简单，传力路径更明确，结构受力更合理。从经济角度考虑，柱的纵向间距大小对结构重量的影响很大。柱距越大，柱和基础所用材料就越少，但屋盖结构和吊车梁的重量将随之增加。最为经济的柱距一般通过具体方案比较得到。吊车起重量不大或位于软弱地基土上的厂房结构，选用较大柱距时可能会收到较为经济的效果。

柱网的布设包括横向柱距（称为跨度）的确定和纵向柱距（称为柱距）的确定。对于有吊车的厂房，跨度一般取上部柱中心线间的横向距离，可按式(2-1)确定。

$$L_0 = L_K + 2S \tag{2-1}$$

式中 L_K—— 支撑式梁式吊车或桥式吊车的跨度；

S —— 由吊车大轮中心线至上柱轴线的距离（图 2-3），应满足下式要求：

$$S = B + C + \frac{D}{2}$$

式中 B—— 吊车梁或吊车桥架悬伸长度，可由行车样本查得。

C—— 吊车外缘和柱内缘之间的必要空隙：当吊车起重量不大于 500 kN 时，不小于80 mm；当吊车起重量大于或等于 750 kN 时，不宜小于 100 mm；当吊车和柱之间需设走道时，则不得小于 400 mm。

D—— 上段柱宽度。

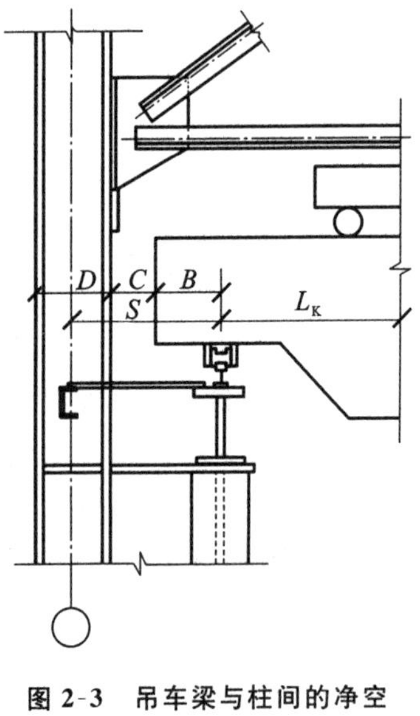

图 2-3 吊车梁与柱间的净空

对于无吊车的厂房，跨度一般按厂房使用功能要求，以及是否符合模数制来确定。通常情况下，当跨度小于或等于 30 m 时，其跨度应采用 3 m 的模数；当跨度大于 30 m 时，其跨度应采用 6 m的模数。厂房柱距一般采用 6 m 较为经济，并使各列柱距均等。一些轻型厂房亦可采用7.5 m、9 m、12 m 柱距，而一些软弱地基土上的厂房则可取15 m、18 m、21 m，甚至 24 m 柱距。在一些工业部门，厂房亦可布成多跨形式（图 2-4）。而基于工艺要求或其他原因，有时需要将柱距局部加大。如在图 2-4 中，B 轴线和 5 轴线相交处不设柱子，致使 4 轴线和 6 轴线间柱距加大，这种情形被称为拔柱。在拔柱处，一般需要在 B 轴线上 4 轴线和 6 轴线柱间设置一构件 TL1，此构件用于支撑其上部屋架或其他屋面结构，并将其荷载传递到 4 轴线和 6 轴线柱上。该构件为实腹式时称为托梁，为桁架式时称为托架（其与柱的连接具体见 2.4.4 节）。托梁和托架一般设计成简支受弯构件，托梁多采用焊接工字形截面或箱形截面。

目前，柱网布设越来越灵活，且呈扩大化的趋势，以适应多种生产条件的车间以及工艺可能的改变，同时节约车间面积，降低安装劳动量。

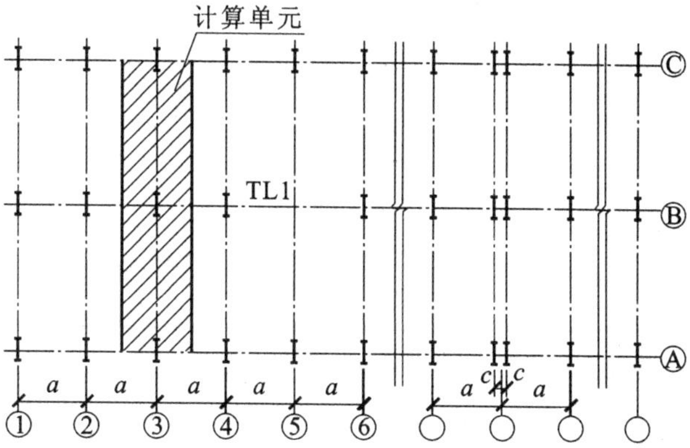

(a)

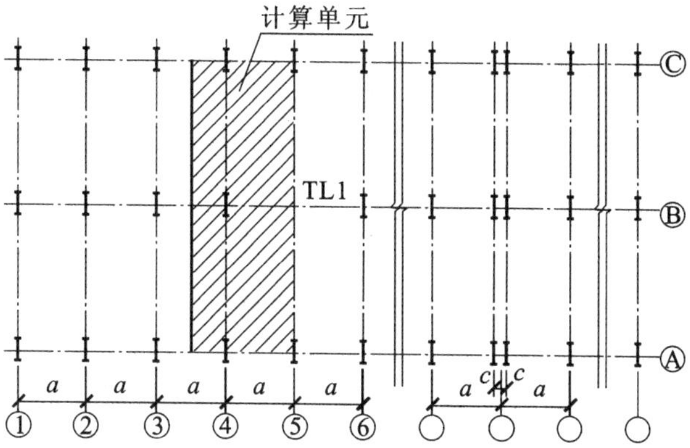

(b)

图 2-4 柱网布设和温度伸缩缝

2.1.2.2 厂房高度的确定

厂房高度是指室内地面至柱顶(屋盖斜梁最低点或屋架下弦底面)的距离。厂房高度的确定必须满足生产工艺要求,并应综合考虑空间的合理利用。

对于有吊车的厂房,不同的吊车对厂房高度的影响各不相同。对采用支撑式梁式吊车和桥式吊车的厂房(图 2-5)来说,厂房高度按式(2-2)确定:

$$\left.\begin{aligned} H &= H_1 + H_2 \\ H_1 &= h_1 + h_2 + h_3 + h_4 + h_5 \\ H_2 &= h_6 + h_7 \end{aligned}\right\} \tag{2-2}$$

式中 H_1—— 轨顶标高;

H_2—— 轨顶至柱顶高度;

h_1—— 需跨越的最大设备高度;

h_2—— 起吊物与跨越物间的安全距离,一般为 400～500 mm;

h_3—— 起吊的最大物件高度;

h_4—— 吊索最小高度,根据起吊物件的大小和起吊方式决定,一般大于 1 m;

h_5—— 吊钩至轨顶面的距离,由吊车规格表查得;

h_6—— 轨顶面至小车顶面的距离,由吊车规格表查得;

h_7—— 小车顶面至屋盖斜梁最低点或屋架下弦底面的安全距离,应考虑屋盖结构的挠度、厂房可能不均匀沉陷等因素，最小尺寸为 220 mm，湿陷性黄土地区一般不小于 300 mm。

对于无吊车厂房，柱顶标高通常按最大生产设备及其使用、安装、检修时所需的净空高度来确定。同时，考虑到采光和通风的要求，柱顶标高一般不应低于 4 m，柱顶标高按模数制标准多取 300 mm 的倍数。

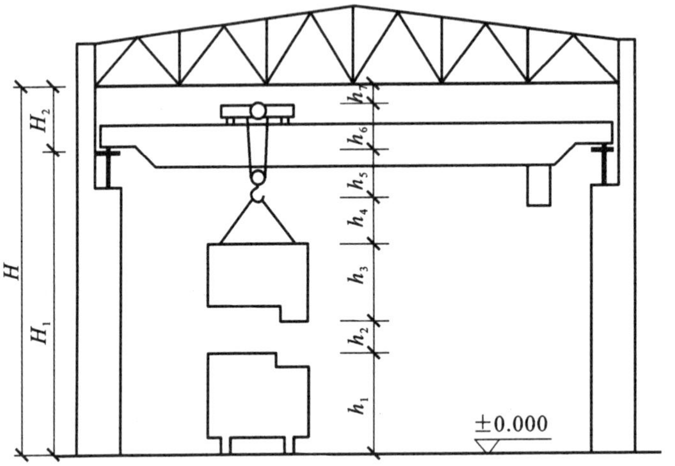

图 2-5　有吊车厂房高度的确定

2.1.2.3　温度伸缩缝的设置

对于平面上一个方向或两个方向长度很长的厂房，当温度变化时，整个结构的变形会使构件内产生很大的温度应力，可能导致结构或构件的破坏。为避免产生过大的温度变形和温度应力，应在厂房的较大长度尺寸方向上设置温度伸缩缝。

一般情况下，厂房纵向长度尺寸较大。为避免温度变化时纵向构件伸缩产生的变形和温度应力破坏墙面和屋面等构件，常设置横向伸缩缝将厂房分成伸缩时互不影响的温度区段。按相关规范规定，当温度区段长度不超过表 2-2 中的数值时，可不计算温度应力。

表 2-2　温度区段长度值　(单位：m)

结构情况	纵向温度区段（垂直屋架或构架跨度方向）	横向温度区段（沿屋架或构架跨度方向）	
		柱顶为刚接	柱顶为铰接
采暖房屋和非采暖地区的房屋	220	120	150
热车间和采暖地区的非采暖房屋	180	100	125
露天结构	120		
门式刚架轻型房屋	300	150	

注：1. 厂房柱为其他材料时，应按相应规范的规定设置温度伸缩缝。围护结构可根据具体情况参照有关规范单独设置温度伸缩缝。

2. 无桥式起重机房屋的柱间支撑和有桥式起重机房屋吊车梁或吊车桁架以下的柱间支撑，宜对称布置于温度区段中部。当采用不对称布置时，上述柱间支撑的中点（两道柱间支撑时为两柱间支撑的中点）至温度区段端部的距离不宜大于表 2-2 纵向温度区段长度的 60%。

3. 当有充分依据或可靠措施时，表中数字可予以增减。

温度伸缩缝最普遍的做法是设置双柱，柱上可设置一榀屋架或一根屋面梁，其间不用纵向构件相互联系。温度伸缩缝的布设如图 2-4 所示，可使厂房定位轴线和温度伸缩缝的中线重合[(图 2-4(a)]，而当厂房内部设备布置条件不允许时，可采用插入距的方式[图 2-4(b)]。为了节约钢材，温度伸缩缝也可以采用单柱形式，即在纵向构件(如托架、吊车梁等)支座处设置滑动支座，在搭接檩条的螺栓连接处采用长圆孔，以使这些构件有伸缩的余地，同时也可使该处屋面板在构造上有一定的胀缩空间。

当厂房横向长度尺寸较大时，也应该按相关规范设置纵向伸缩缝。

2.1.3 厂房结构的设计步骤

厂房结构的设计步骤如下：

首先，依据工艺及使用要求确定厂房结构方案，包括确定厂房平面和高度上的主要尺寸，选择吊车型号，布设柱网、温度伸缩缝，确定承重结构、附属结构形式等，并应考虑生产过程的变动和以后的改建、扩建。

其次，在结构方案确定后，即可按设计资料进行结构、构件和连接的设计和计算，完成整个厂房的结构设计。

最后的步骤即绘制施工图，对于一些构件和连接构造也可采用标准图集。

2.2 厂房结构的框架形式

2.2.1 横向框架的计算简图

单层钢结构厂房是空间结构，按空间工作计算才比较合理和经济。但由于计算繁杂且计算量大，故通常将厂房简化为横向平面框架和纵向平面框架计算。这种简化处理基本上可以反映厂房的工作性能。

单层钢结构厂房横向平面框架的计算简图可分为柱顶与屋盖结构(屋架或横梁)铰接形式[图 2-6(a)]和柱顶与屋盖结构(屋架或横梁)刚接形式[图 2-6(b)]，厂房内无吊车的轻型门式刚架结构还可以采用柱脚铰接的形式[图 2-6(c)]。横向平面框架计算单元是一榀刚架和框架在厂房结构中需要支撑的一定面积上的所有荷载和作用，它的划分按柱网的布设来确定，并应使每列柱至少有一根柱参加框架工作，将受力最不利的柱划入计算单元中，计算单元的界线一般选取一榀框架两侧柱距的中心线。对于各列柱距均相等且边柱与中柱相同的厂房，一般只需选取一榀中间框架计算单元来进行计算[图 2-4(a)]，不用计算边列柱(边柱无特殊附加荷载作用时)。而对于不等柱距或拔柱的厂房，则应选取最大柱距两侧最不利平面框架计算单元[图 2-4(b)]。

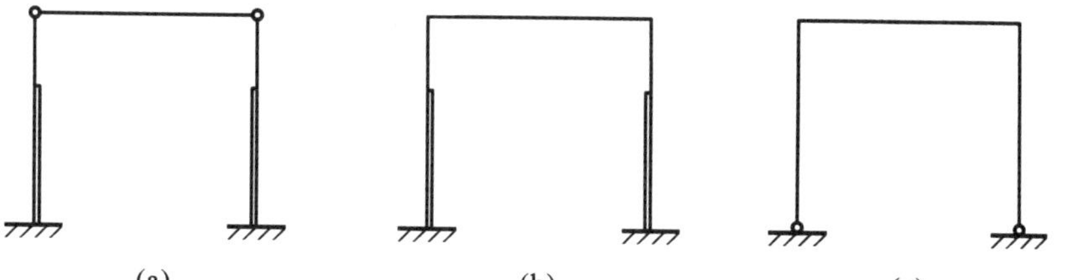

(a) (b) (c)

图 2-6 横向平面框架的计算简图

单层钢结构厂房纵向平面框架主要承受吊车的纵向水平制动力和纵向风力。纵向风力主要由风荷载作用在端部山墙上产生。风荷载作用在山墙上的水平力一部分由山墙抗风柱直接承担，另一部分由山墙和屋盖结构传给各纵列端柱。由于一般厂房纵列柱数目较多，且各柱通过纵向构件连成整体，纵向刚度较大，故可不进行纵向平面框架计算。但为了更好地传递纵向水平力，且减小纵向侧移和变形，一般需要在柱间设置柱间支撑，传递到纵向柱列间的水平力将主要由此柱间支撑承担和传递，此柱间支撑需要进行计算或根据经验按构造选定。

2.2.2 横向框架的荷载和内力、位移计算

2.2.2.1 横向框架的荷载

作用于单层钢结构厂房的荷载可分为永久荷载和可变荷载两种，荷载组合即为永久荷载和各种可变荷载的组合。

(1) 永久荷载

单层钢结构厂房的永久荷载是指结构物的自重和吊挂在结构物上的其他构件的自重。对于一榀横向框架，结构物的自重主要是指这榀框架的自重(包括框架柱、屋面梁或屋面桁架、牛腿等)和其计算单元范围内的屋面结构(包括屋面板、檩条、保温隔热层和屋面结构支撑体系等)与作用在框架柱上的墙体结构(包括墙面板、墙架梁和墙体其他附属物等)以及吊车梁系统(包括吊车梁、制动梁或制动桁架和走道板等)的自重。这些重量可按有关规范和设计资料选取。

结构物上的吊挂荷载，包括吊顶荷载和空调、通风、电力、给水排水等设备及设备的管线等荷载。对于不吊顶且屋盖结构上无其他设备和管线通过的钢结构厂房，可不考虑吊挂荷载，但厂房屋盖结构上一般都吊挂有灯具和电力管线，设计厂房结构时也容易遗漏此吊挂荷载。对于有吊挂物的厂房，其吊挂荷载可按实选取；对于无明确吊挂荷载的厂房，考虑灯具和电力管线的吊挂，依据设计经验，其荷载值可取 0.1～0.3 kN/m^2。

(2) 可变荷载

单层钢结构厂房的可变荷载包括屋面竖向均布活荷载、雪荷载、积灰荷载、风荷载、吊车荷载、施工检修荷载和地震作用等。

屋面竖向均布活荷载按计算单元的水平投影面积计算，按不上人屋面考虑，其荷载标准值按 0.5 kN/m^2 选取。对于承受荷载水平投影面积超过 60 m^2 的刚架结构，其竖向均布活荷载标准值可按 0.3 kN/m^2 选取。

雪荷载一般不与屋面均布活荷载同时考虑，设计时选取两者中的较大值。当设计厂房或邻近厂房生产中有大量排灰时，应考虑屋面积灰荷载，其荷载标准值按《建筑结构荷载规范》(GB 50009—2012)的规定选取。在设计屋面板和檩条时，应考虑屋面雪荷载和积灰荷载在天沟、阴角、天窗挡风板内和高低跨连接处的荷载增大系数或不均匀分布系数。

对于单层钢结构厂房，特别是采用彩色压型金属板的轻型屋面钢结构厂房，风荷载将起控制作用。垂直于建筑物表面的风荷载可按式(2-3)计算：

$$w_k = \beta_z \mu_s \mu_z w_0 \tag{2-3}$$

式中 w_k—— 风荷载标准值，kN/m^2；

β_z—— 当计算主要承重结构时，取高度 z 处的风振系数，当计算围护结构时，取高度 z 处的阵风系数；

μ_s—— 风荷载体型系数；

μ_z—— 风压高度变化系数；

w_0—— 基本风压，kN/m^2。

式(2-3)中的系数和基本风压值按《建筑结构荷载规范》(GB 50009—2012)的规定选取。

吊车荷载包括竖向荷载和纵向及横向水平荷载，其荷载标准值按《建筑结构荷载规范》(GB 50009—2012)的规定选取。当计算单元框架考虑多台吊车竖向荷载时，对于一层吊车的单跨厂房，参与组合的吊车台数不宜多于 2 台；对于一层吊车的多跨厂房，不宜多于 4 台。考虑多台吊车水平荷载时，对单跨或多跨厂房，参与组合的吊车台数均不应多于 2 台。计算屋盖桁架考虑悬挂起重机和电动葫芦的荷载时，在同一跨间每条运动线路上的台数：对梁式起重机，不宜多于 2 台；对电动葫芦，不宜多于 1 台。情况特殊时，按实际情况考虑。在设计厂房屋面板和檩条时，应考虑施工或检修集中荷载(人和小工具的自重)作用，并应在最不利位置处进行验算，其荷载标准值应取 1.0 kN/m^2。施工或检修集中荷载不与屋面板或檩条以外的其他荷载同时考虑。计算重级工作制吊车梁(或吊车桁架)及其制动结构的强度、稳定性以及连接(吊车梁或吊车桁架、制动结构、柱相互间的连接)强度时，应考虑由起重机摆动引起的横向水平力[此水平力不与《建筑结构荷载规范》(GB 50009—2012)规定的横向水平荷载同时考虑]，作用于每个轮压处的此水平力标准值可由式(2-4)进行计算：

$$H_k = \alpha P_{k,max} \tag{2-4}$$

式中 $P_{k,max}$——起重机最大轮压标准值；

α——系数，一般软钩起重机采用 $\alpha=0.1$，抓斗或磁盘起重机宜采用 $\alpha=0.15$，硬钩起重机宜采用 $\alpha=0.2$。

地震作用按《建筑抗震设计标准(2024 年版)》(GB/T 50011—2010)的规定计算，且一般不与风荷载同时考虑。

(3) 荷载效应组合

在进行框架内力分析时，可先分别算出各种荷载单独作用时框架各构件截面的内力值，然后进行叠加计算。但若求构件能控制截面上可能出现的最不利内力，还必须考虑单项荷载同时出现的可能性，即要进行荷载效应组合(内力组合)。

对于一般框架、排架，《建筑结构荷载规范》(GB 50009—2012)规定的荷载效应组合设计值 S，应从下列组合值中取最不利值：

① S=1.2×永久荷载+1.4×屋面均布活荷载。

② S=1.2×永久荷载+0.9×1.4×[max(屋面均布活荷载，雪荷载)+积灰荷载+风荷载+吊车竖向及水平荷载]。

③ S=1.35×永久荷载+0.9×1.4×0.7×[max(屋面均布活荷载，雪荷载)+积灰荷载+风荷载+吊车竖向及水平荷载]。

④ S=1.0×永久荷载+1.4×风荷载。

组合①和②是按可变荷载效应控制的组合，组合③是按永久荷载控制的组合。对于由压型金属板做屋面板的钢结构厂房，由于其自重较轻，可不考虑组合③；而对于由较重材料构成屋面(如用大型钢筋混凝土板做屋面板)的钢结构厂房，则应考虑组合③。前三种组合用于计算截面的强度和构件的稳定性，组合④用于锚栓抗拔计算以及屋面板和檩条的强度、稳定性验算(此荷载效应组合产生的应力可能与前三种组合产生的应力反向)。

对于单层单跨或多跨的钢结构厂房，应进行横向和纵向抗震计算；对于跨度大于 24 m 的非轻型钢结构厂房，当抗震设防烈度大于等于 8 度时，还应进行竖向地震作用计算。

2.2.2.2 横向框架的内力和位移计算

(1) 内力计算

单层钢结构厂房的平面框架内力分析可按结构力学的方法进行，也可利用计算图表或计算机程序来分析计算。对于梁和柱均为等截面的平面框架，内力分析可采用弹性分析方法，也可采用塑性分析方法，但实际工程中较少采用塑性分析方法。而对于梁或柱变截面的平面框架，应采用弹性分析方法确定其内力，且内力通常采用杆单元有限元法编程上机进行分析计算，或直接利用现有的一些结构计算软件进行分析计算。

为了计算框架构件的截面，应将框架在各种荷载作用下产生的内力进行最不利组合，或者根据不同荷载组合下的内力分析结果找出各构件的控制截面，按控制截面的组合内力来设计构件截面。

框架柱的控制截面位置一般在柱底、柱顶、柱牛腿连接处，柱控制截面内力组合主要有如下几种：

① 最大弯矩 M_{max} 及相应的 N,V。

② 最大轴压力 N_{max} 及相应的 M_{max},V。

③ 最小轴压力 N_{min} 及相应的 M_{max},V。

梁的控制截面位置一般在梁端和梁跨中截面，梁控制截面内力组合主要有如下几种：

① 最大弯矩 M_{max} 及相应的 V。

② 最大剪应力 V_{max} 及相应的 M。

以上的最大值均指绝对值。对于双轴对称截面，采用绝对值最大者即可；而对于单轴对称截面，其弯矩最大值则要区分正与负。

除此之外，还应对柱脚抗剪和锚栓抗拔进行计算。

(2) 位移计算

单层钢结构厂房的位移主要由风荷载、吊车水平荷载和水平地震作用引起；框架的位移主要由梁、柱杆件弯曲变形造成；柱的轴向变形所引起的侧移很小，可以忽略不计。

框架柱顶的位移计算是正常使用条件下的变形验算。计算时荷载应取标准值，不考虑荷载分项系数，应采用弹性分析方法按平面框架结构来计算确定，或按空间框架结构整体分析计算确定。同样，框架柱顶的位移计算可按结构力学的方法进行，也可利用计算图表或计算机程序来分析计算。

依据《钢结构设计标准》(GB 50017—2017)，在风荷载标准值作用下，单层钢结构柱顶水平位移不宜超过表 2-3 中的数值。

表 2-3 **风荷载标准值作用下单层钢结构柱顶水平位移容许值**

结构体系	吊车情况		柱顶水平位移容许值
排架、框架	无桥式吊车		$H/150$
	有桥式吊车		$H/400$
门式刚架	无吊车	当采用轻型钢墙板时	$H/60$
		当采用砌体墙时	$H/100$
	有桥式吊车	当吊车有驾驶室时	$H/400$
		当吊车由地面操作时	$H/180$

注：1. H 为柱高度。

2. 轻型框架结构的柱顶水平位移可适当放宽。

① 在冶金厂房或类似车间中设有 A7、A8 级吊车的厂房柱和设有中级和重级工作制吊车的露天栈桥柱，在吊车梁或吊车桁架的顶面标高处，由一台最大吊车水平荷载[按《建筑结构荷载规范》(GB 50009—2012)取值]所产生的计算变形值，不宜超过表 2-4 中所列的容许值。

表 2-4　**吊车水平荷载作用下柱顶水平位移(计算值)容许值**

项次	位移的种类	按平面结构图形计算	按空间结构图形计算
1	厂房柱的横向位移	$H_c/1000$	$H_c/2000$
2	露天栈桥柱的横向位移	$H_c/2500$	
3	厂房和露天栈桥柱的纵向位移	$H_c/4000$	

注：1. H_c 为基础顶面至吊车梁或吊车桁架顶面的高度。
2. 计算厂房或露天栈桥柱的纵向位移时，可假定吊车的纵向水平制动力分配在温度区段内所有的柱间支撑或纵向框架上。
3. 在设有 A8 级吊车的厂房中，厂房柱的水平位移(计算值)容许值宜减小 10%。
4. 在设有 A6 级吊车的厂房中，厂房柱的纵向位移宜符合表中的要求。

② 在多遇地震作用下，单层钢结构的柱顶水平位移角不宜超过 1/250；在罕遇地震作用下，排架的弹塑性柱顶水平位移角不宜超过 1/30，框架和门式刚架的弹塑性柱顶水平位移角不宜超过 1/50。

2.2.3　框架柱的类型

单层钢结构厂房柱按其形式可分为楔形柱、等截面柱、阶形柱和分离式柱，按其柱身的构造又可分为实腹柱和格构柱。

楔形柱[图 2-7(a)]的截面常做成实腹式工字形，截面高度呈线性变化。楔形柱多用于单层轻型门式刚架钢结构厂房中，用作无须设置吊车的厂房边柱，其小端与基础铰接，大端与刚架斜梁刚接。楔形柱截面高度变化是为了合理地承担变化的弯矩，尽可能地使两端截面的最大应力纤维同时达到限值，以充分利用材料。

等截面柱[图 2-7(b)]的截面也通常采用实腹式工字形，这种形式的柱构造简单，加工制作费用低，应用广泛。当厂房需要设置吊车时，吊车梁支撑在柱身的牛腿上，这种形式主要适用于起重量不大于 20 t 且柱距不大于 12 m 的轻型钢结构厂房车间。

阶形柱多用于中型和重型钢结构厂房中，有单阶形柱[图 2-7(c)]，也有双阶形柱[图 2-7(e)]。当柱截面高度 $h<1.0$ m 时，多采用加工制作方便的实腹式工字形截面；而当柱截面高度 $h\geqslant 1.0$ m 时，则选择格构式柱截面较为经济。阶形柱上段截面高度较小，下段截面高度较大，故上段一般采用实腹式工字形截面，而下段一般采用格构式柱截面。

分离式柱[图 2-7(d)]是由支撑横向屋架的屋盖肢和支撑吊车系统的吊车肢组成，两肢间采用柔性连接板进行联系。这种连接既可以减小两个肢在框架平面内的计算长度，又可以实现两个肢分别单独承担其上的荷载。这种柱适用于车间内有较大吨位吊车的重型和特重型钢结构厂房，也适用于车间有可能改建、扩建而又不准备改变吊车系统的厂房。

2.2.4　纵向框架的柱间支撑

单层钢结构厂房在纵向框架柱间需设柱间支撑，与屋盖结构中屋盖支撑相对应，共同形成坚强的纵向构架，保证厂房的纵向刚度，承受风荷载、吊车纵向水平荷载、温度应力和纵向地震作用等，另外，还可以作为框架柱平面外的支点，减小柱在平面外的计算长度。

柱间支撑
形式图

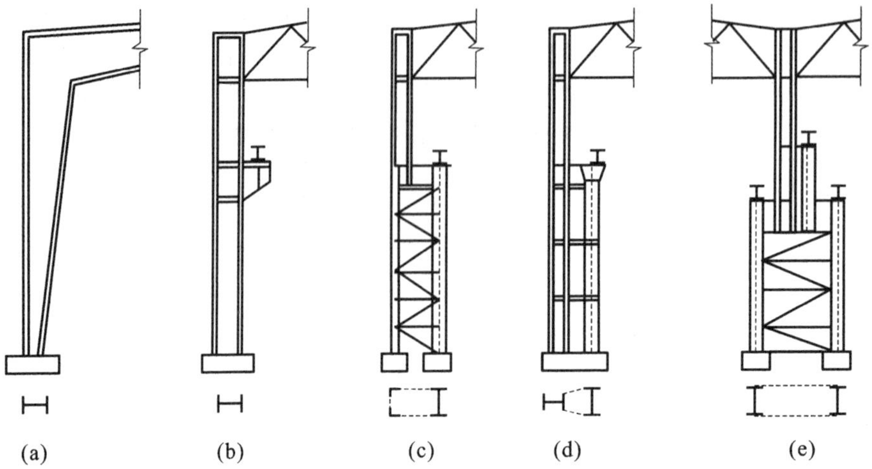

图 2-7　厂房柱的形式

支撑构件可采用圆钢、单角钢、双角钢、槽钢以及钢管来制作。支撑结构可设计成一字形、十字交叉形、K 形、人字形、门架形等，其中一字形支撑结构多用于屋盖支撑结构中，门架形多用于柱间支撑结构中，图 2-8 所示为常见框架下的柱间支撑形式。支撑结构按其所受拉力和压力的不同，可依据《钢结构基本原理》(马巍，唐礼平，2025)内容按轴心受力构件计算，图 2-9 所示为常见柱间支撑与柱连接构造。一般十字交叉形支撑结构可不考虑压杆的受力，而只考虑拉杆的受力。

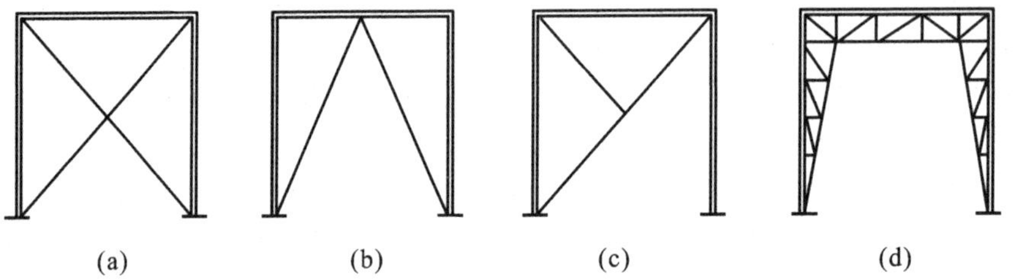

图 2-8　常见框架下的柱间支撑形式

(a) 十字交叉形；(b) 人字形；(c) K 形；(d) 门架形

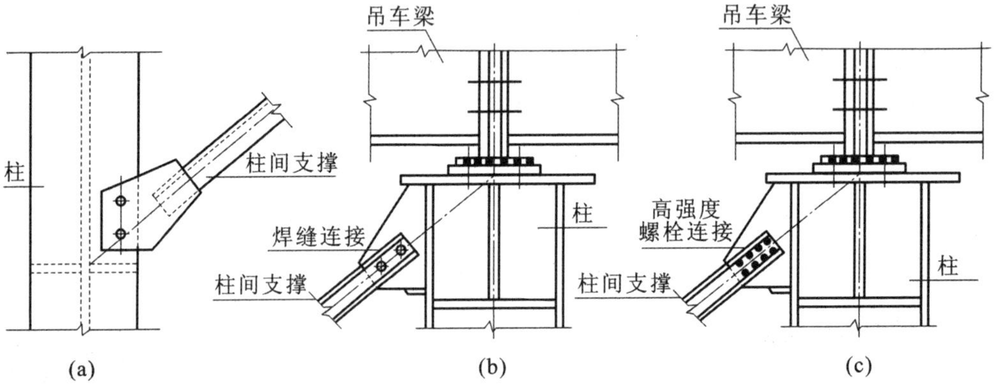

图 2-9　柱间支撑与柱连接

(a) 柱间支撑下端与柱连接；(b) 柱间支撑上端与柱焊缝连接；(c) 柱间支撑上端与柱高强度螺栓连接

2.3 屋盖结构

屋盖结构设计通常包括屋盖结构布置，屋架形式的选择，支撑布置，屋盖荷载计算，屋架各杆内力计算，屋架杆件截面选择，檩条、拉条和撑杆的计算，节点设计以及绘制施工图。

2.3.1 屋盖的结构形式

屋盖按结构形式可分为两类：一类为有檩屋盖，是指在屋架上设置檩条，檩条上再铺设石棉瓦、瓦楞铁皮、钢丝网水泥槽形板以及压型钢板等轻型屋面材料；另一类为无檩屋盖，是指在屋架上直接放置钢筋混凝土大型屋面板，屋面荷载由大型屋面板直接传给屋架。

有檩屋盖质量轻、用料省、运输安装方便，但构件数目多、构造复杂、吊装次数多，屋盖横向刚度较差。有檩屋盖方案的屋架间距为檩条跨度，屋架经济间距为 4～6 m。无檩屋盖构件数目少，安装简便，施工速度快，易于铺设保暖层，且屋盖横向刚度大、整体性好，但由于自重大，下部结构用料多，且对抗震不利。无檩屋盖方案的屋架间距为大型屋面板的跨度，一般为 6 m 或 6 m 的倍数。屋架的跨度和间距需结合柱网布置确定。当柱距较大时，可采用在柱间设置托梁和中间屋架或采用格构式檩条的布置方案，如图 2-10 所示。

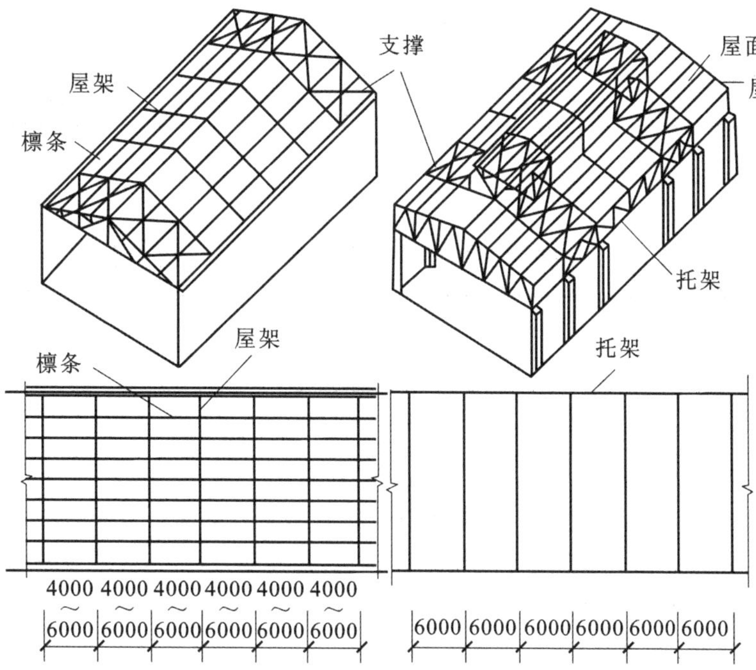

图 2-10 屋盖结构组成与柱网布置

2.3.1.1 屋架

屋架是由各种直杆相互连接组成的一种平面桁架。在横向节点荷载作用下，各杆件产生轴心压力或轴心拉力，因而杆件截面应力分布均匀，材料利用充分，具有用钢量小、自重轻、刚度大、便于加工成形的特点。

屋架的造型应符合以下原则。第一，满足使用要求。主要是满足排水坡度、建筑净空、天窗、天棚以及悬挂吊车的要求。第二，受力合理。应使屋架的外形与弯矩图相近，杆件受力均匀；短杆受压，长杆受拉；荷载布置在节点上，以减小弦杆局部弯矩；屋架中部有足够高度，以满足刚度要求。第三，便于施工。屋架的杆件和节点宜减少数量和品种，构造简单，尺寸划一，夹角在30°～60°之间。跨度和高度避免超宽、超高。设计时应全面分析、具体处理，从而确定具体、合理的形式。

屋架的形式图

(1) 屋架的形式

屋架按外形可分为三角形屋架、平行弦屋架、梯形屋架及下撑式屋架四种形式(图 2-11)。以下主要介绍前三种。

① 三角形屋架。

三角形屋架[图 2-11(a)、(b)、(d)]适用于屋面坡度较大的有檩屋盖结构。屋面坡度$i=1/6\sim1/2$；上、下弦交角小，端节点构造复杂；外形与弯矩图差别大，受力不均匀，横向刚度低，只适用于中小跨度轻屋盖结构。

三角形屋架的腹杆布置有芬克式、单斜式和人字式三种。芬克式屋架受力合理，便于运输，应用广泛；单斜式屋架只适用于下弦设置天棚的屋架，较少采用；人字式屋架只适用于跨度小于18 m的屋架。

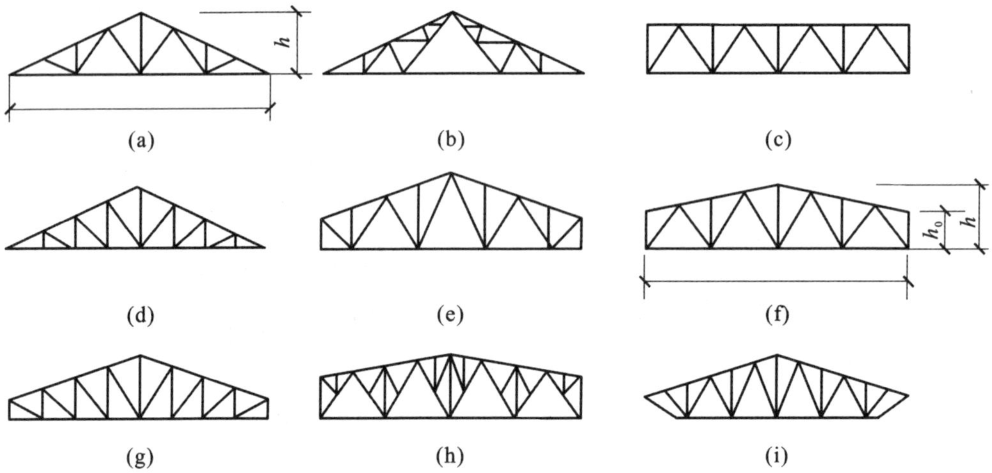

图 2-11　屋架的形式

(a)、(b)、(d) 三角形屋架；(c) 平行弦屋架；(e)～(h) 梯形屋架；(i) 下撑式屋架

② 梯形屋架。

梯形屋架[图 2-11(e)～(h)]适用于屋面坡度小的无檩屋盖结构。当屋面坡度 $i<1/3$ 且跨度较大时，多采用梯形屋架。梯形屋架外形与弯矩图接近，弦杆受力均匀；腹杆多采用人字式；当端斜腹杆与弦杆组成的支承点在下弦时称为下承式，多用于刚接支承节点，反之为上承式。梯形屋架上弦节间长度应与屋面板的尺寸配合，使荷载作用于节点上，当上弦节间太长时，应采用再分式腹杆。

③ 平行弦屋架。

当屋架的上、下弦杆相平行时，称为平行弦屋架[图 2-11(i)]。其多用于坡屋整合双坡屋面，或用作托架、支撑体系，腹杆多为人字式或交叉式。平行弦屋架的同类杆件长度一致，节点类型少，符合工业化制造要求，有较好的应用效果。

(2) 屋架的主要尺寸

屋架的主要尺寸是指屋架的跨度和高度，梯形屋架还有端部高度。

① 屋架的跨度。

屋架的跨度应根据生产工艺和建筑使用要求确定，同时应考虑结构布置的经济合理，通常为

18 m、21 m、24 m、27 m、30 m、36 m 等，以 3 m 为模数。对简支于柱顶的屋架，屋架的计算跨度 l_0 为屋架两端支座反力的距离。屋架的标志跨度 l 为柱网横向轴线间的距离。标志跨度应与大型屋面板的宽度(1.5～3.0 m)相一致。

根据房屋定位轴线及支座构造的不同，屋架计算跨度的取值有下述两种情况：当支座为一般钢筋混凝土柱且柱网为封闭结合时，计算跨度 $l_0=l-(300\sim400\ \text{mm})$；当柱网采用非封闭结合时，计算跨度 $l_0=l$，如图 2-12 所示。

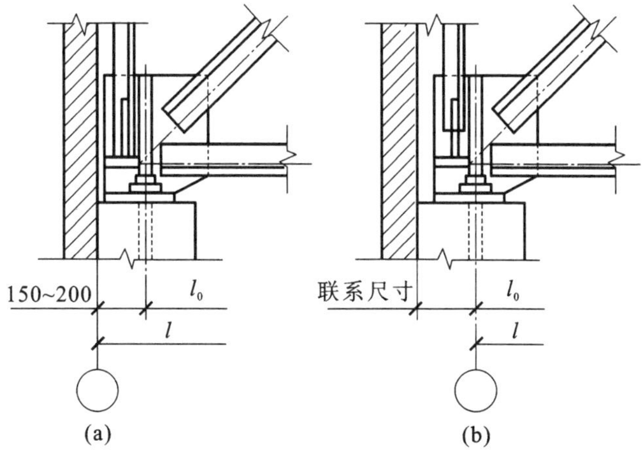

图 2-12　屋架的计算跨度

② 屋架的高度。

屋架的高度取决于建筑要求、屋面坡度、运输界限、刚度条件和经济高度等因素。屋架的最大高度不能超过运输界限，最小高度应满足屋架容许挠度$[\nu]=l/500$ 的要求。

三角形屋架的高度取值 h，当屋面坡度 $i=1/3\sim1/2$ 时，$h=(1/6\sim1/4)l$；平行弦屋架和梯形屋架的中部高度主要由经济高度决定，一般为 $h=(1/10\sim1/6)l$。梯形屋架的端部高度 h_0，当屋架与柱刚接时，取 $h_0=(1/16\sim1/10)l$，当屋架与柱铰接时，取 $h_0\geqslant l/18$；陡坡梯形屋架的端部高度一般取 $h_0=0.5\sim1.0$ m；平坡梯形屋架取 $h_0=1.8\sim2.1$ m，当跨度较小时取下限，屋架跨度越大，h_0 取值越大。

设计屋架尺寸时，首先根据屋架形式和工程经验确定端部尺寸，然后根据屋面材料和屋面坡度确定屋架跨中高度，最后综合考虑各种因素确定屋架的高度。

当屋架的外形和主要尺寸(跨度、高度)确定后，桁架各杆的几何尺寸即可根据三角函数或投影关系求得。一般常用桁架的各杆件几何长度可查阅有关设计手册或图集。

2.3.1.2　屋盖支撑

简支于柱顶的屋架仅用大型屋面板或檩条联系起来，是一种不稳定的几何可变体系。在荷载作用下或在安装过程中，屋架可能侧向倾倒，屋架上弦侧向支承点间距过大也容易引起侧向失稳。为使屋架形成稳定的空间结构体系，需在相邻两屋架之间设置上弦横向支撑、下弦横向支撑和垂直支撑，其余屋架则由檩条、大型屋面板和系杆在纵向相连接，从而构成稳定的几何不变体系，如图 2-13 所示。

(1) 屋盖支撑的类型和布置

屋盖支撑的主要作用：承受屋盖在安装和使用过程中可能出现的纵向水平力，如山墙的水平风力、悬挂吊车的纵向水平制动力、安装时可能产生的垂直于屋架平面的水平力，以及纵向地震作用等；作为屋架弦杆的侧向支承点，减小上弦杆在屋架平面外的计算长度，以提高上弦杆的稳定性；防

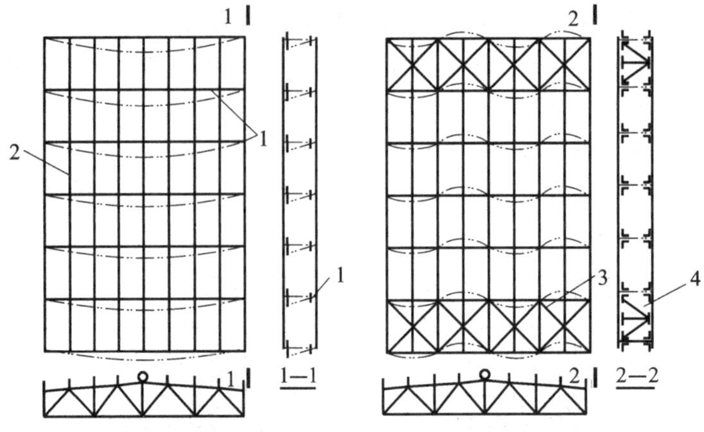

(a) (b)

1—屋架；2—檩条；3—横向支撑；4—纵向支撑。

图 2-13 屋盖支撑作用示意图

(a) 无支撑时；(b) 有支撑时

止受拉下弦杆因某些动力设备运转产生过大的水平振幅；保证屋架安装质量和安全施工；保证屋盖结构的空间整体性，这是屋盖支撑最为重要的性能。

支撑的布置如图 2-14 所示。

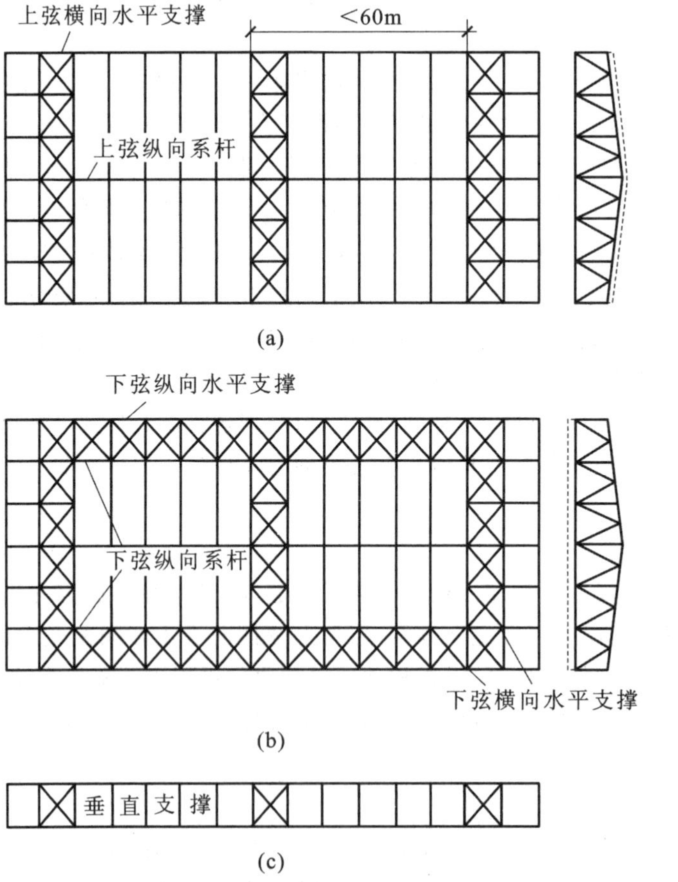

图 2-14 屋盖支撑布置示意图

(a) 上弦横向水平支撑及上弦纵向系杆平面布置；(b) 下弦横向和纵向水平支撑及下弦杆纵向系杆平面布置；(c) 屋架垂直支撑剖面图

① 上弦横向水平支撑。

上弦横向水平支撑一般设置在房屋两端或横向温度伸缩缝区段两端的第一或第二个柱间，一般设在第一个柱间，有时为了与天窗架支撑配合，可以设在第二个柱间。横向支撑的间距不宜大于 60 m，所以当温度伸缩缝区段较长时，在区段中间还应增设支撑。大型屋面板本应起横向支撑作用，但因工地施焊条件不能完全保证焊缝质量，故认为其只起系杆作用，檩条也作系杆考虑。

② 下弦横向水平支撑。

下弦横向水平支撑一般和上弦横向水平支撑对应布置在同一柱间距内，以形成稳定空间体系。它的主要作用是作为山墙抗风柱的上支点，承受由山墙传来的纵向风荷载。设在第二柱间时，第一柱间内应设置刚性水平系杆，以将抗风柱水平风荷载传递到下弦横向支撑节点上。

③ 下弦纵向水平支撑。

下弦纵向水平支撑一般沿纵向设置在屋架下弦两端节间，和下弦横向水平支撑形成封闭体系，用以加强房屋的整体刚度，将局部荷载分散至相邻框架，如吊车横向制动力。下弦纵向水平支撑一般在设有托架、大吨位吊车、较大振动设备以及房屋较高、跨度较大时采用，以满足侧向稳定和侧向刚度的要求。

④ 垂直支撑。

在相邻两屋架间和天窗架间设置与上、下弦横向水平支撑相对应的垂直支撑，以确保屋盖结构为几何不变体系。垂直支撑一般设置在上、下弦横向水平支撑的柱间，在屋架两端及跨中的竖直面内，当梯形屋架标志跨度 $l \leqslant 30$ m、三角形屋架标志跨度 $l \leqslant 24$ m 时，可仅在屋架跨中设置一道垂直支撑；当梯形屋架标志跨度 $l > 30$ m、三角形屋架标志跨度 $l > 24$ m 时，宜在跨中 1/3 处或天窗架侧柱处设置两道垂直支撑，对梯形屋架两侧边应各增设一道垂直支撑，天窗架垂直支撑设于两侧，当宽度大于等于12 m时，还应在中央增设一道垂直支撑。

⑤ 系杆。

对未设置横向水平支撑的屋架，均应在有垂直支撑的位置沿房屋纵向通长设置系杆，以保证不设横向水平支撑屋架的侧向稳定。系杆有两种：承受压力的截面较大的系杆称为刚性系杆，多由双角钢组成；只承受拉力的截面较小的系杆称为柔性系杆，多由单角钢组成。

a. 上弦系杆。对有檩体系，檩条可兼作柔性系杆；对无檩体系，大型屋面板可兼作系杆，仅需在屋脊及屋架两端设置刚性系杆。当无天窗时，应在设置垂直支撑的位置设置通长的柔性系杆。

b. 下弦系杆。在设置垂直支撑的平面内，均应设置通长的柔性系杆；在梯形屋架及三角形屋架的支座处应设置通长的刚性系杆，若为混合结构，与屋架或柱顶拉结的圈梁可代替该系杆；对于芬克式屋架，当跨度大于等于 18 m 时，宜在主斜杆与下弦连接的节点处设置水平柔性系杆；有弯折下弦的屋架，宜在弯折点处设置通长系杆。

系杆应与横向水平支撑的节点相连。当横向水平支撑设在温度伸缩缝区段第二柱间时，第一柱间的所有系杆(包括檩条)均应为刚性系杆。

(2) 支撑的截面选择和连接构造

屋架的横向水平支撑和纵向水平支撑均由平行弦桁架组成。其腹杆通常采用十字交叉斜杆；屋架的弦杆兼为横向支撑桁架的弦杆；屋架的下弦杆又可视为纵向支撑桁架的竖杆；斜杆和弦杆的交角宜在 30°～60°之间，横向支撑节间距宜为屋架弦杆节间距的 2～4 倍；纵向水平支撑的宽度取屋架下弦端节间宽度。

屋盖垂直支撑也视为一平行弦桁架，可采用交叉腹杆、V 形腹杆或 W 形腹杆。

支撑和系杆一般采用角钢，交叉斜杆或柔性系杆可用单角钢，按受拉构件设计；纵向水平支撑的弦杆、非交叉斜杆、垂直支撑的弦杆和竖杆以及刚性系杆，可采用双角钢组成的 T 形或十字形截面，按受压构件设计。

屋盖支撑的受力很小，一般不必计算。截面选择可根据构造要求和容许长细比确定。通常，十字交叉斜杆按单角钢受拉设计，容许长细比为 400，为重级工作制吊车厂房时，容许长细比为 350；两角钢组成的 T 形截面受压杆件，容许长细比为 200；十字形或 T 形截面受压刚性系杆，容许长细比为 200；单角钢受拉柔性系杆，容许长细比为 400。当支撑桁架跨度较大且承受较大的墙面风荷载，或垂直支撑兼作檩条，或纵向水平支撑视为柱的弹性支撑时，支撑杆件除应满足容许长细比要求外，还应按桁架计算内力，选择截面。交叉斜腹杆支撑桁架是超静定体系，在节点荷载作用下，可作为单斜杆桁架体系进行分析。当荷载反向时，两组杆件的受力情况将交替。

角钢支撑通常采用节点板用 M16～M20 普通螺栓与屋架或天窗架连接，每杆两端不得少于两个螺栓。重级工作制吊车或有较大动力设备的房屋，屋架下弦支撑和系杆宜采用高强度螺栓连接，亦可采用双螺母等防止螺栓松动。

2.3.2 檩条、拉条和撑杆设计

有檩屋盖中，檩条在屋架上弦节点处设置或沿屋架上弦等距设置，檩条间距由屋面材料的规格和容许跨度以及屋架上弦节间长度等因素确定。檩条常用角钢、槽钢和 S 形薄壁型钢：角钢檩条适用于跨度和荷载较小的情况；槽钢檩条制造和装运简便，应用普遍，但用钢量较大；S 形薄壁型钢檩条节省钢材，宜优先采用，但应注意防锈。檩条应与屋架上的檩托可靠连接。檩托由焊接在屋架上的短角钢制成，檩条与檩托一般用普通螺栓连接。槽钢檩条的槽口宜朝向屋脊以利于安装，角钢和 S 形薄壁型钢檩条的肢尖均应朝向屋脊。

拉条是设置在檩条之间的钢拉杆，可作为檩条的侧向支撑点，用以减小檩条平行屋面方向的跨度，防止侧向变形和扭曲。拉杆的设置数量 n 取决于檩条的跨度 l：当 $l=4\sim6$ m 时，宜取 $n=1$；当 $l>6$ m 时，宜取 $n=2$。对有天窗屋盖的，还应在天窗侧边两檩条间设置斜拉条和刚性撑杆；对采用 S 形薄壁型钢檩条的屋盖，需在槽口处增设斜拉条和撑杆；当无天窗时，与拉条相连接的两脊檩应在连接处互相联系。总之，应使拉条与其连接杆件形成一几何不变的稳定体系。拉条可采用直径为 8～12 mm 的圆钢，撑杆应采用角钢并按容许长细比为 200 选用截面。拉条的位置应为靠近檩条上翼缘 30～40 mm 处，并用腹板两侧的螺母固定在檩条上；撑杆则用普通螺栓和焊在檩条上的角钢固定（图 2-15）。

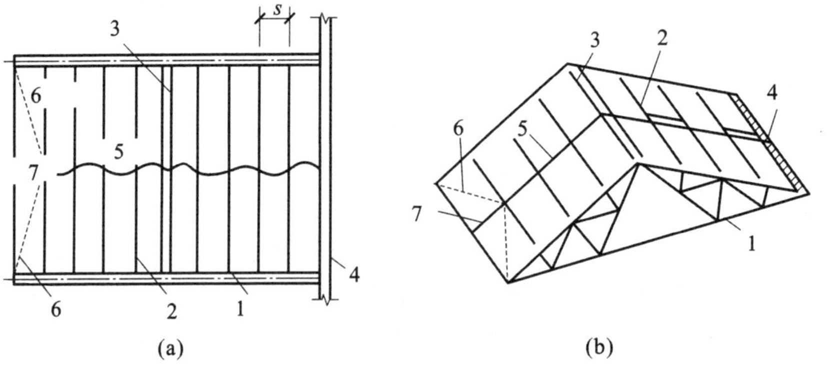

1—屋架；2—檩条；3—屋脊；4—屋梁；5—直拉条；6—斜拉条；7—撑杆。

图 2-15 拉条和撑杆的布置

在屋面荷载 q 作用下，檩条截面分别受 q_x 和 q_y 沿两主轴方向的分力作用，即檩条截面在两个主平面内产生双向弯曲和扭转。由于屋面和拉条的约束作用，可不考虑扭矩的影响，也不作整体稳定性验算。在檩条的强度计算中，抗剪强度和局部承压强度一般也不必验算。檩条的抗弯强度计算应按双向弯曲梁考虑，其计算如前所述，即按式(2-5)计算：

$$\frac{M_x}{\gamma_x W_{nx}}+\frac{M_y}{\gamma_y W_{ny}}\leqslant f \tag{2-5}$$

式中符号意义同前。

为了保证屋面平整，檩条应有足够的刚度。檩条的刚度计算，一般只考虑垂直于屋面方向的最大挠度，使其不超过容许挠度值$[\nu_T]$和$[\nu_Q]$。对单跨简支槽钢檩条：

$$\nu=\frac{5}{384}\times\frac{q_{yk}l^4}{EI_x}\leqslant[\nu_T] \tag{2-6a}$$

对单跨简支S形薄壁型钢檩条，近似为

$$\nu=\frac{5}{384}\times\frac{q_k\cos\alpha l^4}{EI_{x_1}}\leqslant[\nu_T] \tag{2-6b}$$

式中 I_{x1}—— 截面对垂直于腹板的 x_1 轴的惯性矩；

$[\nu_T]$——永久和可变荷载标准值产生的挠度(如有起拱应减去拱度)的容许值；

$[\nu_Q]$——可变荷载值产生的挠度的容许值；

α——屋面坡度。

2.3.3 简支屋架设计

屋架杆件内力计算采用下列假定：

① 各杆件的轴线均居于同一平面内且相交于节点中心。

② 各节点均视为铰接，忽略实际节点产生的次应力。

③ 荷载均作用于桁架平面内的节点上，因此各杆只受轴向力作用。对于作用于节间处的荷载需按比例分配到相近的左、右节点上，但计算上弦杆时应考虑局部弯矩影响。

(1) 节点荷载计算

作用于屋架上的荷载有永久荷载和可变荷载。

① 永久荷载。永久荷载包括屋面材料、檩条、屋架、天窗架、支撑以及天棚等结构自重。屋架和支撑自重可按经验公式(2-7)估算，即

$$g_k=\beta l \tag{2-7}$$

式中 g_k—— 屋架和支撑的自重，kN/m^2，按水平投影面积计算。

β—— 系数，当屋面荷载 $F_k\leqslant 1\ kN/m^2$ 时，$\beta=0.01$；当 $F_k=(1\sim 2.5)\ kN/m^2$ 时，$\beta=0.012$；当 $F_k\geqslant 2.5\ kN/m^2$ 时，$\beta=0.12/l+0.011$。

l—— 屋架的跨度，m。

当屋架仅作用有上弦节点荷载时，将 g_k 全部合并为上弦节点荷载；当屋架还作用有下弦节点荷载时，将 g_k 按上、下弦平均分配。

② 可变荷载。可变荷载包括屋面均布活荷载、雪荷载、风荷载、积灰荷载以及悬挂吊车和重物等项。当屋面坡度 $\alpha\geqslant 50°$时，不考虑雪荷载；当屋面坡度 $\alpha\leqslant 30°$时，除瓦楞铁等轻型屋面外，一般可不考虑风荷载；当 $\alpha>30°$，以及瓦楞铁等轻型屋面、开敞式房屋风荷载大于 490 kN/m^2 时，均应计算风荷载的作用；屋面均布活荷载与雪荷载不同时考虑，取两者之中较大值。

各种均布活荷载汇集(图 2-16)成节点荷载的计算式为

$$F_i=\gamma_{si}q_isa \tag{2-8}$$

式中 q_i—— 沿屋面坡向作用的第 i 种荷载标准值,对于沿水平投影面分布的荷载 $q_i^h=q_i/\cos\alpha$,α 为屋面坡度,可取上弦杆与下弦杆的夹角;

s—— 屋架弦杆节间纵向长度,m;

a—— 屋架弦杆节间水平长度,m;

γ_{si}—— 第 i 种荷载分项系数。

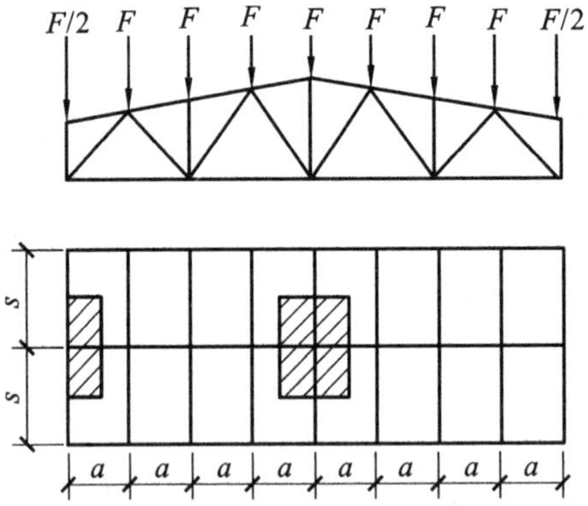

图 2-16 节点荷载汇集简图

(2) 荷载的组合

屋面均布活荷载、屋面积灰荷载和雪荷载等可变荷载,应按全跨和半跨均匀分布两种情况考虑,因为荷载作用于半跨时对桁架的中间斜腹杆的内力可能产生不利影响。

桁架内力应根据使用和施工过程中可能遇到的同时作用的最不利荷载组合情况进行计算。不利荷载组合一般考虑下列三种情况:

① 全跨永久荷载+全跨可变荷载。

② 全跨永久荷载+半跨可变荷载。

③ 全跨屋架、支撑和天窗自重+半跨屋面板重+半跨屋面活荷载。

(3) 屋架杆件内力计算方法

① 节点荷载作用下的杆件内力计算。

节点荷载作用下,铰接桁架杆件的内力计算可采用图解法或数解法(节点法或截面法)以及有限元法等。所有杆件均受轴心力作用。常用桁架的杆件内力系数可查阅静力计算手册。

② 有节间荷载作用时的杆件内力计算。

当有集中荷载或均布荷载作用于上弦节间时,将使上弦杆节点和跨中节间产生局部弯矩。由于上弦节点板对杆件的约束作用可减少节间弯矩,因此,屋架上弦杆应视为弹性支座上的连续梁。为简化计算,可采用近似法计算:对无天窗架的屋架,端节间的跨中正弯矩和节点负弯矩均取 $0.8M_0$,其他节间正弯矩和节点负弯矩均取 $0.6M_0$,M_0 为跨度等于节间长度的相应节间简支梁的最大弯矩值。对有天窗架的屋架,所有节间的节点和节间弯矩均取 $0.8M_0$,如图 2-17 所示。

设计屋架时,应尽量避免节间荷载布置,以免因节间荷载作用产生的弯矩引起截面增大。在计算其他各杆内力时,应将节间荷载转化为两个作用于两相邻节点上并可按简支梁支座反力分配的集中荷载,或按节点所属荷载范围划分的方法取值,然后按铰接桁架计算各杆轴心力。

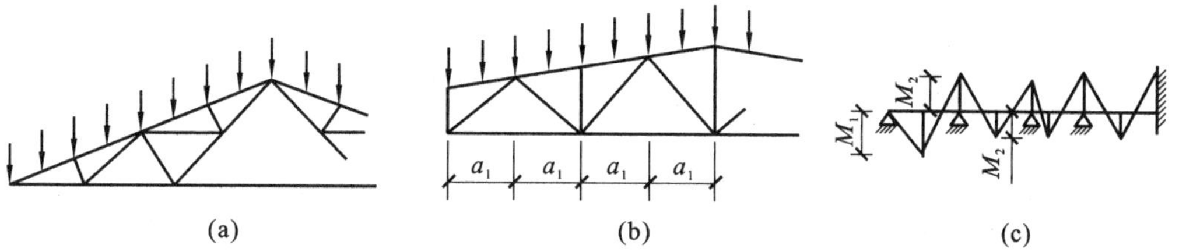

图 2-17　上弦杆局部弯矩计算简图

(a) 三角形屋架；(b) 梯形屋架；(c) 上弦杆局部弯矩

(4) 屋架杆件的截面设计

屋架杆件的截面设计是在进行屋架选型、钢号确定、荷载计算和内力计算后，确定节点板的厚度和尺寸以及杆件的计算长度等，最后可按轴心受力构件或拉弯、压弯杆件进行截面选择。

屋架杆件在轴力作用下可能发生桁架平面内的纵向弯曲，也可能发生桁架平面外的纵向弯曲或斜平面的弯曲，如图 2-18 所示。

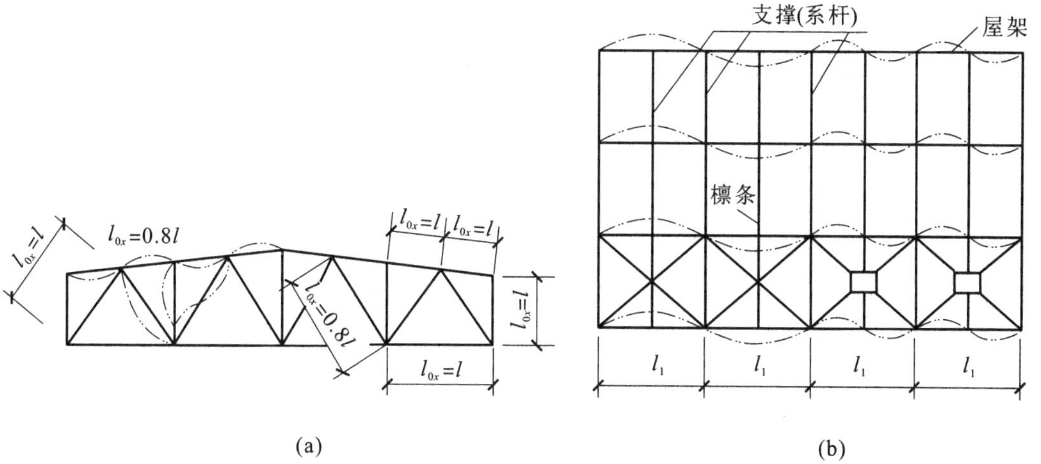

图 2-18　屋架杆件的失稳

(a) 平面内失稳；(b) 平面外失稳

a. 在桁架平面内的计算长度。考虑节点本身具有一定刚度，杆件两端属弹性嵌固，当某一杆件的弯曲变形受到其他杆件的约束作用时(其中以受拉杆为甚)，杆件的计算长度将有一定程度的减小。对于本身线刚度较大而两端节点嵌固程度较小的杆件，如弦杆、支座斜杆和支座竖杆，可按两端铰接的杆件考虑，取 $l_{0x}=l$(l 为节点间距离)；对两端或一端嵌固程度较大的杆件，如中间腹杆，取$l_{0x}=0.8l$。

b. 在桁架平面外的计算长度。弦杆在桁架平面外的计算长度为 l_{0y}，应取侧向支承点之间的距离 l_1，即 $l_{0y}=l_1$。在有檩屋盖中，取横向支撑点间距离或取与支撑相连接的檩条及系杆之间的距离；在无檩屋盖中，当屋面板与屋架三点焊接连接时，可取两块屋面板的宽度，但不大于 3.0 m；在天窗范围内取与横向支撑连接的系杆间距离。下弦杆的计算长度，应视有无纵向水平支撑确定，一般取纵向水平支撑节点与系杆或系杆与系杆间的距离。弦杆对腹板在屋架平面外的约束作用很小，故可作为铰支承；腹杆在屋架平面外的计算长度可取其几何长度，即 $l_{0y}=l$。

当受压弦杆侧向支承点之间的距离为节间长度的 2 倍，且两节间弦杆的内力 F_1 和 F_2 不等时，设 $F_1>F_2$，若取值计算弦杆在屋架平面外的稳定性，宜将计算长度适当减小，可取为

$$l_0=l_1\left(0.75+0.25\frac{F_2}{F_1}\right) \tag{2-9}$$

式(2-9)中，F_1 为较大的压力时，取正值；F_2 为较小的压力时取正值，为拉力时取负值；当 $l_0<0.5l_1$ 时，取 $l_0=0.5l_1$。

c. 在斜平面内的计算长度。单面连接的单角钢腹杆及双角钢组成的十字形截面腹杆，因截面的两主轴均不在屋架平面内，故当杆件绕最小主轴失稳时将发生在斜平面内，情形介于桁架平面内和桁架平面外之间。杆件两端的节点具有弱于平面内的嵌固作用，因此可取腹杆斜平面内的计算长度 $l_0=0.9l$。

桁架弦杆和单系腹杆的计算长度见表 2-5。

表 2-5　**桁架弦杆和单系腹杆的计算长度 l_0**

弯曲方向	桁架弦杆	单系腹杆	
		支座斜杆和支座竖杆	其他腹杆
桁架平面内	l	l	$0.8l$
桁架平面外	l_1	l	l
斜平面	—	l	$0.9l$

注：1. l 为构件的几何长度（节点中心间距离），l_1 为桁架弦杆侧向支撑点之间的距离。

2. 斜平面是指与桁架平面斜交的平面，适用于构件截面两主轴均不在桁架平面内的单角钢腹杆和双角钢十字形截面腹杆。

3. 无节点板的腹杆计算长度在任意平面内均取构件的几何长度（钢管结构除外）。

(5) 屋架杆件的截面形式

屋架杆件的截面形式，应根据用料经济，连接构造简单和具有必要的强度、刚度等要求确定。屋架各杆宜使两主轴方向具有等稳定性，即 $\lambda_x\approx\lambda_y$，截面板应采用肢宽壁薄的形式，即有较大的回转半径。普通钢屋架主要采用双等边和不等边角钢组成的 T 形截面，个别采用双等边角钢十字形截面，支撑和轻型桁架的某些杆件可用单角钢截面。屋架角钢组合杆件形式、近似回转半径比值及各种截面形式的具体应用分述如下。

① 上弦杆。

上弦杆多采用两不等边角钢短边相并的 T 形截面，宽大的翼缘有利于放置檩条或屋面板，较大的侧向刚度也有利于满足运输和吊装的稳定要求。在一般支撑布置下，$l_{0y}=2l_0$；为满足 $\lambda_x\approx\lambda_y$，应使 $i_y=2i_x$。当有节间荷载时，为提高杆件截面平面内抗弯能力，宜采用双等边角钢或两不等边角钢长边相并的 T 形截面。

② 下弦杆。

下弦杆多采用双等边角钢或两不等边角钢短边相并的 T 形截面，以提高侧向刚度，满足运输、吊装的刚度要求，且便于与支撑侧面连接。下弦杆截面主要由强度条件决定，还应满足容许长细比的要求。

③ 端斜腹杆。

端斜腹杆可采用两不等边角钢长边相并的 T 形截面。其计算长度 $l_{0y}=l_{0x}=l$，$i_x=i_y$。当杆件短或内力小时可采用双等边角钢 T 形截面。

④ 其他腹杆。

其他腹杆宜采用双等边角钢 T 形截面，竖杆可采用双等边十字形截面，以利于与垂直支撑连接，防止吊装时连接面错位。

(6) 垫板和节点板

① 垫板。

当采用双等边角钢T形或十字形组合截面时，为了保证两个角钢整体受力，应在两角钢间每隔一定距离放置垫板(也称填板)。十字形截面垫板应纵横交替放置。垫板宽度一般取50～80 mm。垫板的长度，对T形截面应比角钢肢宽大20～30 mm；对十字形截面应从角钢肢尖缩进10～15 mm，以便于施焊。角钢与垫板常用5 mm侧焊缝或围焊缝连接。垫板的厚度同节点板。垫板间距 l_d，对压杆取 $l_d \leqslant 40i$；对拉杆取 $l_d \leqslant 80i$。对T形截面，i 为一个角钢对平行于垫板的自身形心轴的回转半径；对十字形截面，i 为一个角钢的最小回转半径。垫板数在压杆的两个侧向固定点间不宜少于两块(图2-19)。

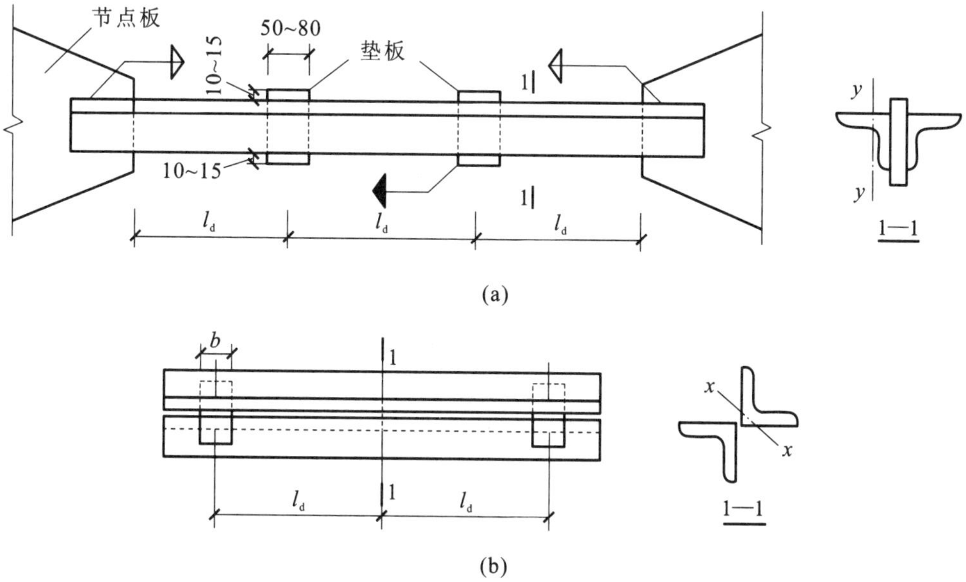

图2-19　屋架杆件中的垫板

(a) T形截面杆；(b) 十字形截面杆

② 节点板。

普通钢屋架双边角钢截面的杆件，在节点处以节点板连接。节点板中的应力十分复杂，通常不作计算，根据工程经验确定其厚度，金属架节点板厚度取统一值。普通钢屋架节点板厚度可按表2-6选用。

表2-6　**普通钢屋架节点板厚度选用参考值**

梯形屋架腹杆最大内力或三角形屋架弦杆最大内力 F_{max}/kN	Q235钢	<150	160～259	260～409	410～559	560～759	760～950
	16Mn钢	≤200	210～300	310～450	460～600	610～800	810～1000
中间节点板厚度 δ/mm	6	8	10	12	14	16	
支座节点板厚度 δ/mm	8	10	12	14	16	18	

(7) 屋架杆件的截面选择

① 截面选择的一般要求。

截面选择时应遵循下列要求：应优先选用肢宽壁薄的角钢，角钢规格不宜小于∠45×4或

$\angle 56\times36\times4$，有螺栓孔的角钢还应满足角钢上螺栓的最小容许线距的要求；桁架弦杆一般采用等截面，若采用变截面宜在节点处改变宽度而保持厚度不变，一般只改变一次；同一屋架的角钢规格应尽量统一，不宜超过 6～9 种，边宽相同的角钢厚度相差至少 2 mm，以便识别。

② 截面计算。

轴心受拉杆件应按强度条件计算杆件需要的净截面面积：$A_n=F/f$；轴心受压杆件应按整体稳定性条件计算杆件需要的毛截面面积：$A=F/(\varphi f)$；当上弦杆或下弦杆受有节间荷载时，杆件同时承受轴心力和局部弯矩作用，应按压弯或拉弯杆件计算，通常采用试算法初估截面，然后验算其强度和刚度，对压弯杆件还应验算弯矩作用平面内和平面外的稳定性。

内力很小或按构造设置的杆件，可按容许长细比选择构件的截面。首先计算截面所需的回转半径，$i_x=l_{0x}/[\lambda]$，$i_y=l_{0y}/[\lambda]$，或 $i_{min}=l_0/[\lambda]$，再根据所需的 i_x、i_y、i_{min} 查角钢规格表选择角钢，确定截面。

(8) 屋架杆件的节点设计

屋架的杆件在各汇交交点处焊接在节点板上，各杆件的内力、连续杆件两侧的内力差以及节点荷载通过焊缝传递给节点板以调节平衡。节点设计应做到构件合理、连接可靠、制造简便以及节约钢材。

① 节点设计的要求。

a. 杆件的形心线原则上应与桁架计算简图中的几何轴线重合，以避免杆件偏心受力，但为了制作方便，实际焊接桁架时通常把角钢背外表面到形心线的距离取为 5 mm 的倍数；当弦杆截面改变时，应使角钢的肢背齐平，以便于拼接和放置屋面构件；当节点板两侧角钢因截面变化引起形心线错开时，应取两形心线的中线作为弦杆的共同轴线，以减少偏心影响，如图 2-20 所示。

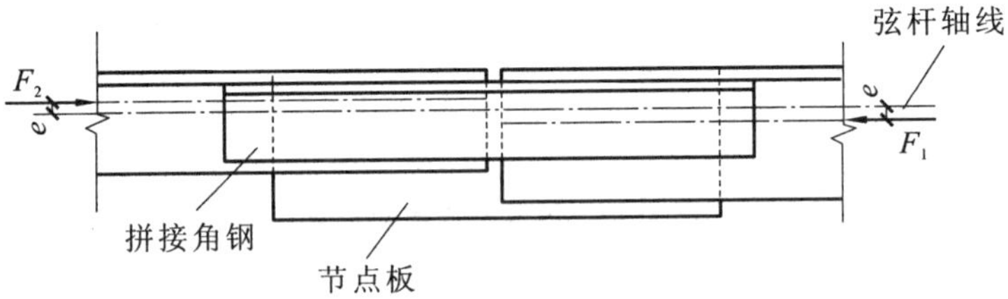

图 2-20　弦杆截面改变时的轴线位置

b. 在节点板处弦杆与腹杆或腹杆与腹杆之间应留有不小于 20 mm 的空隙，以利于拼接和施焊，且避免因焊缝过于密集而导致节点板钢材变脆。

c. 角钢端部的切割一般应与轴线垂直，为了减小节点板尺寸，可将其一肢斜切，但不得将一肢完全切割，如图 2-21 所示。

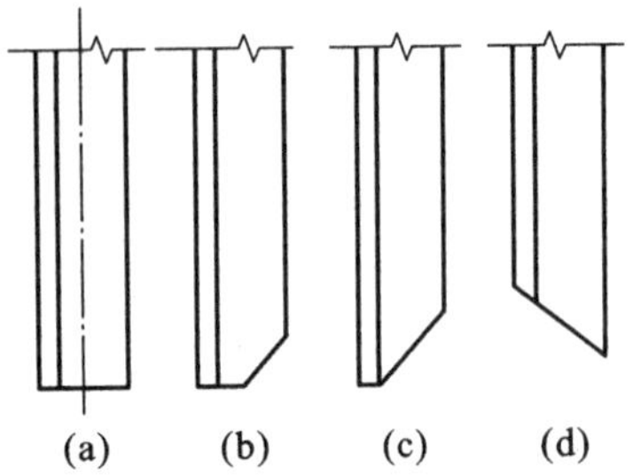

图 2-21　角钢端部的切割

(a) 正常；(b) 允许；(c) 特殊；(d) 不允许

d. 节点板的形状应简单、规整，尽量减少切割边数，宜用矩形、有两个直角的梯形或平行四边形。节点板不许有凹角，以防产生严重的应力集中。节点板边缘与杆件轴线间的夹角 α 不宜小于 15°，且节点板的外形应尽量使连接焊缝中心受力。节点板应伸出上弦杆角钢肢背 10～15 mm，以利于施焊。也可将节点板缩进弦杆角钢肢背 5～10 mm，称为塞焊缝连接。

② 节点的构造和计算。

节点设计时，首先应按各杆件的截面形式确定节点的构造形式，根据腹板内力确定连接焊缝的焊脚尺寸和焊缝长度，然后按所需的焊缝长度和杆件之间的空隙适当考虑制造装配误差，确定节点板的合理形状和尺寸，最后验算弦杆和节点板的连接焊缝。桁架杆件与节点板间的连接，通常采用角焊缝连接形式，角钢杆件一般采用角钢背和角钢尖部位的侧焊缝连接，必要时也可采用三面围焊缝或 L 形围焊缝连接。节点板的尺寸应能保证所需角焊缝的布置要求。

下面分别说明各类节点的构造和计算方法。

a. 一般节点。

一般节点是指无集中荷载和无弦杆拼接的用角焊缝连接的节点。如屋架下弦中间节点(图 2-22)，各杆件通过角焊缝将内力 F_3、F_4、F_5 和 $\Delta F=F_1-F_2$ 传给节点板，并互相平衡。

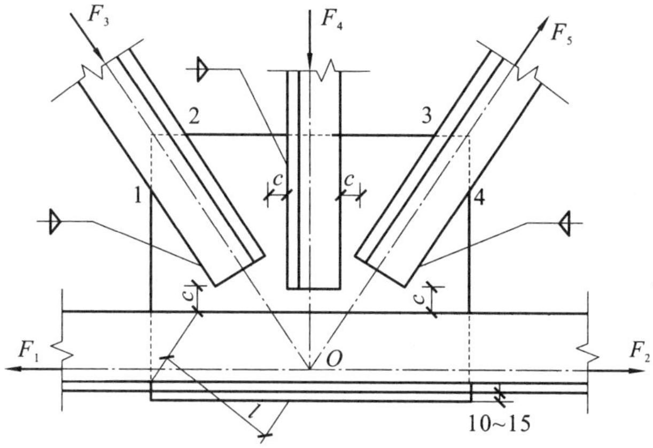

图 2-22　屋架下弦中间节点

一般节点的设计可先按比例尺画出各杆件在节点处的轴线，然后按定位尺寸画出各托件的轮廓线，根据杆件间净距 $c=20$ mm 的要求确定杆端到交点的距离。

节点板夹在各杆两角钢之间，下边伸出肢背 10～15 mm。用直角焊缝与下弦杆焊接，因下弦杆内力差 $\Delta F=F_1-F_2$ 很小，计算所需焊缝长度较短，故一般按构造要求将焊缝沿节点板全长满焊即可。腹杆与节点板连接的焊缝长度较短，可先假定较小的焊脚尺寸 h_f：肢尖处小于肢厚，肢背处可等于肢厚。再根据式(2-10)计算出一个角钢肢背焊缝长度 l_{w1} 和肢尖焊缝长度 l_{w2}。

$$l_{w1} \geqslant \frac{K_1 F_i}{1.4 h_f f_f^w} \tag{2-10a}$$

$$l_{w2} \geqslant \frac{K_2 F_i}{1.4 h_f f_f^w} \tag{2-10b}$$

式中　F_i—— 第 i 根腹杆的轴心力设计值；

h_f—— 角焊缝的焊脚尺寸；

K_1, K_2—— 角钢肢背与肢尖的焊缝内力分配系数。

各杆需要的焊缝长度确定后，便可框出节点板的轮廓线，并量出它的尺寸。

b. 有集中荷载的节点。

有集中荷载的上弦节点有两种情况：无檩屋架的上弦节点和有檩屋架的上弦节点。

(a) 无檩屋架的上弦节点(图 2-23)。无檩屋架的上弦杆一般坡度较小，节点承受大型屋面板传来的集中荷载 F_Q 和弦杆内力差 ΔF 的作用，且 F_Q 与 ΔF 接近垂直。因一般情况下焊缝长且偏心小，故 ΔF 的偏心影响可忽略。当节点板伸出弦杆角钢肢背距离为 10～15 mm 时，弦杆每一角钢的角钢肢背和角钢肢尖所需要的焊缝长度可按式(2-11)验算：

肢背焊缝长度

$$l_{w1} \geqslant \frac{\sqrt{(K_1 \Delta F)^2 + (F_Q/2)^2}}{2 \times 0.7 h_{f1} f_f^w} \tag{2-11a}$$

肢尖焊缝长度

$$l_{w2} \geqslant \frac{\sqrt{(K_2 \Delta F)^2 + (F_Q/2)^2}}{2 \times 0.7 h_{f1} f_f^w} \tag{2-11b}$$

式中符号意义同前。

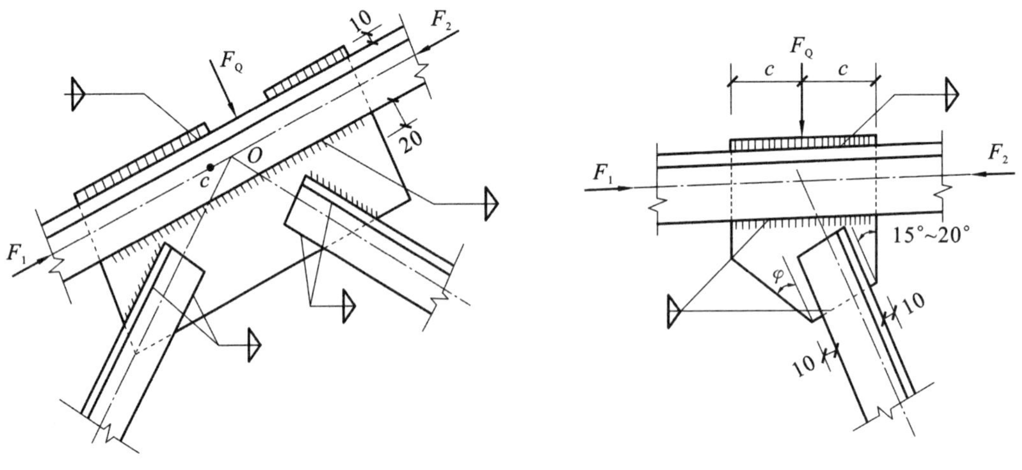

图 2-23　无檩屋架的上弦节点

(a) 双斜杆节点；(b) 单斜杆节点

(b) 有檩屋架的上弦节点(图 2-24)。有檩屋架的上弦杆一般坡度较大，节点板与弦杆焊缝受内力差 ΔF 和集中荷载 F_Q 作用，且承受偏心弯矩 $M = \Delta F e_1 + F_Q e_2$。为放置檩条，常将节点板缩进弦杆角钢肢背内约 $0.6t$，t 为节点板厚度，这种塞焊缝不易施焊，质量难以保证。弦杆角钢肢尖处仍采用一般侧面角焊缝。焊缝计算可采用以下近似方法。

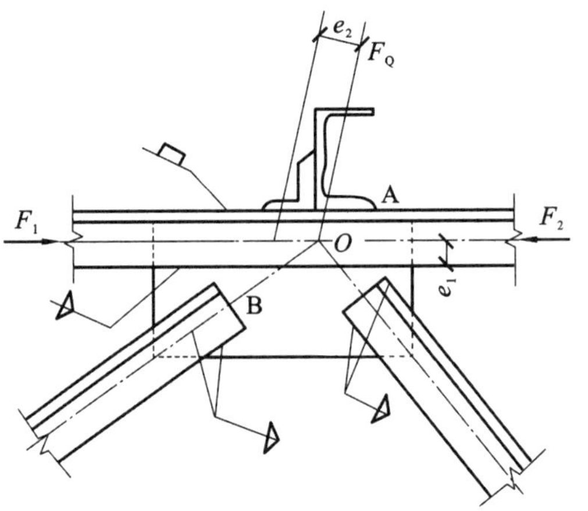

图 2-24　有檩屋架的上弦节点

塞焊缝可视为两条焊脚尺寸为 $h_{f1}=t/2$ 的角焊缝，且令其仅均匀地承受力的作用，可按式(2-12)计算：

$$\sigma_n=\frac{F_Q}{2\times0.7h_{f1}l_{w1}}\leqslant f_f^w \tag{2-12}$$

由于内力较小，σ_n 总能满足要求。在实际设计中，将塞焊缝沿节点板全长满焊后，常可不作验算。

角钢肢尖焊缝 B 承受弦杆内力差 ΔF 和偏心弯矩 $M=\Delta Fe_1+F_Qe_2$。式中 e_1 为弦杆轴线到角钢肢尖的距离，e_2 为集中荷载 F_Q 与焊缝 B 的偏心距。ΔF 在焊缝 B 中产生平均切应力，M 在焊缝 B 中产生弯曲应力，焊缝两端综合应力值最大，故该焊缝可按式(2-13)计算，即

$$\sqrt{\left(\frac{\Delta F}{2\times0.7h_{f2}l_{w2}}\right)^2+\left(\frac{6M}{\beta_f\times2\times0.7h_{f2}l_{w2}}\right)^2}\leqslant f_f^w \tag{2-13}$$

(c) 屋架弦杆的拼接节点(图 2-25)。

屋架弦杆的拼接分工厂拼接和工地拼接两种。工厂拼接节点是在角钢长度不足或截面改变时而设置的杆件接头。接头应设在内力较小的节间，并使接头处保持相同的强度和刚度。工地拼接用于屋架分为几个运送单元时在工地进行的拼接，这种拼接的位置一般在节点处。

弦杆的拼接一般用连接角钢。拼接时，通过安装螺栓定位和夹紧所连接的弦杆，然后施焊。为便于施焊，连接角钢需铲去角钢肢背棱角，并采用与被连接件相同的截面，连接角钢的竖肢应切去宽度 $\Delta=t+h_f+5$ mm，t 为连接角钢的厚度，h_f 为连接角焊缝厚度，5 mm 为裕量。割棱切肢引起的截面削弱不宜超过原截面的 15%，并由节点板和垫板补偿。

钢屋架一般在工厂制成两半，运到工地拼接后再予以安装就位。工厂制造时，节点板和中央竖杆属于左半桁架，焊缝在车间施焊；节点板与右方杆件的焊缝为工地施焊，亦称为安装焊缝。拼接角钢为独立零件，左右两半榀屋架工地拼接后，再将连接角钢与左右两半榀屋架的弦杆角焊接。为便于安装就位，节点板与右方腹杆间应设一个安装螺栓连接，连接角钢与左右弦杆间应至少设两个安装螺栓固定夹紧。屋脊节点处的连接角钢，一般应采用热弯成形，当屋面坡度较大时，可将竖肢切口后冷弯成形，切口处应采用对焊连接。连接角钢的长度可按所需连接焊缝的长度确定。

弦杆与连接角钢连接焊缝的计算：弦杆与连接角钢连接焊缝的计算按等强度原则取两侧弦杆内力的较小值，或者偏安全地取弦杆截面承载能力 $F=fA$，并假定该内力平均分配于连接角钢肢尖的四条焊缝上，则弦杆拼接焊缝一侧的每条焊缝所需长度为

$$l_w=\frac{F}{4\times0.7h_ff_f^w}+10\ \text{mm} \tag{2-14}$$

下弦杆与节点板间连接焊缝的计算：在节点板与每侧下弦杆角钢间的焊缝计算中，内力较大一侧弦杆与节点板的连接，按节点两侧弦杆内力差 $\Delta F=F_1-F_2$ 计算；当内力较小一侧弦杆与节点板连接焊缝不受力，应按构造满焊；当两侧弦杆内力相等，即 $\Delta F=0$ 时，按两弦杆较大内力的 15%即 $0.15F_{max}$ 计算：

$$\tau_f=\frac{K\Delta F}{2\times0.7h_fl_w}\leqslant f_f^w \tag{2-15a}$$

$$\tau_f=\frac{K\times0.15F_{max}}{2\times0.7h_fl_w}\leqslant f_f^w \tag{2-15b}$$

式中　K—— 角钢背或角钢尖内力分配系数 K_1 或 K_2。

上弦杆与节点板间连接焊缝的计算：由于上弦杆截面由稳定计算确定，因此连接角钢的削弱并不影响其承载能力。

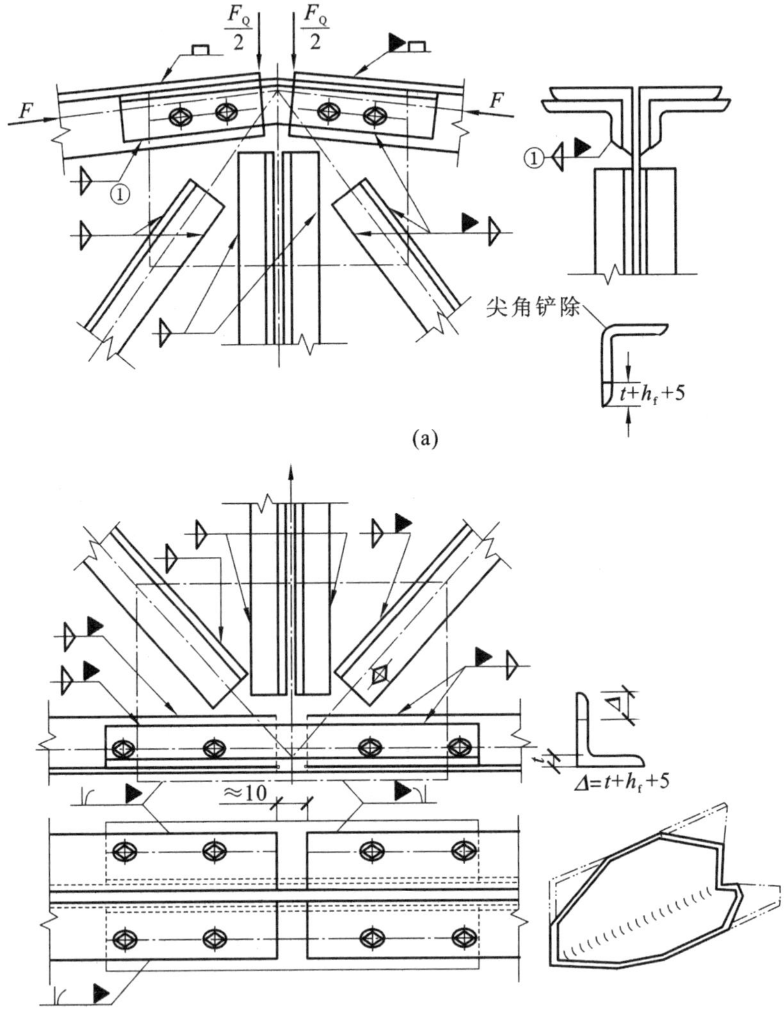

(b)

图 2-25　屋架弦杆的拼接节点

(a) 脊节点;(b) 下弦中央节点

对一般上弦拼接节点,上弦杆与节点板间的连接焊缝可根据集中力 F_Q 计算;对于脊节点处,则需承受接头两侧弦杆的竖向分力及节点荷载的合力 F_Q。节点处上弦杆与节点板间的连接焊缝共有 8 条,每条焊缝的长度可按式(2-16)计算:

$$l_w=\frac{F_Q-2F\sin\alpha}{8\times 0.7h_f f_f^w}+10\ \text{mm} \tag{2-16}$$

式中　α —— 上弦杆水平夹角;

F_Q—— 节点集中荷载。

由脊节点上内力平衡条件可知:

$$F_Q-0.2F\sin\alpha=F_D$$

其中,F_D 为竖杆中内力,故式(2-16)按内力计算更为简便。

上弦杆有水平分力,应由连接角钢传递。连接角钢的长度应为 $l=2l_w+10$ mm,10 mm 为空隙尺寸。考虑到拼接节点的刚度要求,l 应不小于 400～600 mm。如果连接角钢截面的削弱超过受拉下弦截面的15%，宜采用比受拉弦杆厚一级的连接角钢，以免增加节点板的负担。

(d) 支座节点(图2-26)。

支座节点包括节点板、加劲肋、支座底板和锚栓等部件。加劲肋设在支座节点中心处，用来加强支座底板刚度，减小底板弯矩，均匀传递支座反力并增强支座节点板的侧向刚度；支座底板的作用是增加支座节点与混凝土柱顶的接触面积，把节点板和加劲肋传来的支座反力均匀地传递到柱顶上；锚栓应预埋于柱顶，一般取直径 $d=20\sim25$ mm，为了安装时便于调整屋架支座位置，支座底板上的锚栓孔直径取锚栓直径的2.0～2.5倍，并开成椭圆豁孔，垫板厚度与支座底板相同，孔径稍大于锚栓直径，屋架安装就位并经调整正确后，将垫板与支座底板焊牢。

节点板及与其垂直焊接的加劲肋均焊于支座底板上，将支座底板分隔为四个相同的两邻边支撑的区格。

支座节点的传力路线：屋架杆件的内力通过连接焊缝传给节点板，然后经节点板和加劲肋传给支座底板，支座底板最后传给柱子。因此，支座节点的计算应包括支座底板计算、加劲肋及其焊缝计算和支座底板焊缝计算。

支座底板所需净面积为

$$A_n=\frac{R}{f_c} \tag{2-17}$$

式中 R —— 屋架支座反力；

f_c —— 混凝土的抗压强度设计值；

A_n —— 支座底板所需净面积，当锚栓孔实际面积为 ΔA 时，底板所需的毛面积 $A_1=B\times L=A_n+\Delta A$，其中，$B$ 为底板的宽度，L 为底板的长度。

考虑到开锚栓孔的构造需要，支座底板的短边尺寸不得小于200 mm。

支座底板的厚度 t 按式(2-18)计算：

$$t\geqslant\sqrt{\frac{6M}{f}} \tag{2-18}$$

式中 M —— 两边为直角支撑板时，单位板宽的最大弯矩，其值为

$$M=\beta q a_1^2$$

式中 q —— 支座底板单位板宽承受的计算线荷载；

a_1 —— 自由边长度；

β —— 系数，由 b_1/a_1 值查表，其中，b_1 为中点至另一对角点的距离。

支座底板不宜过薄，一般不小于16 mm。

加劲肋的确定：加劲肋的厚度可与节点板相同；梯形屋架支座节点加劲肋的高度由节点板尺寸确定，三角形屋架支座节点加劲肋应紧靠上弦杆角钢水平肢并焊接。

加劲肋可视为支承于节点板的悬臂梁，每个加劲肋近似按承受1/4支座反力考虑，偏心距可近似取支承加劲肋下端 $b/2$ 宽度(b 为加劲肋下端宽度)，则每条加劲肋与节点板的连接焊缝承受的剪力为 $V=R/4$，弯矩为 $M=R/4\cdot b/2=Rb/8$，按角焊缝强度条件验算：

$$\sqrt{\left(\frac{V}{2\times0.7h_f l_w}\right)^2+\left(\frac{6M}{\beta_f\times2\times0.7h_f l_w^2}\right)^2}\leqslant f_f^w \tag{2-19}$$

加劲肋的强度验算按悬臂梁计算，内力为 M、F_V。

节点板、加劲肋和支座底板连接的水平焊缝按全部支承反力 F_R 计算，总焊缝长度应满足下列强度条件：

$$\sigma_f = \frac{R}{\beta_f \times 0.7h_f \sum l_w} \leqslant f_f^w \tag{2-20}$$

式中 $\sum l_w$——水平焊缝总长度，应考虑加劲肋切角及每条焊缝从实际长度中减去 10 mm。

屋架和钢柱的连接多采用刚接形式，其构造如图 2-26 所示。刚接连接除传递屋架的支座反力 F_R 外，还传递弯矩 M，其计算方法可参考梁与柱的刚性连接计算。

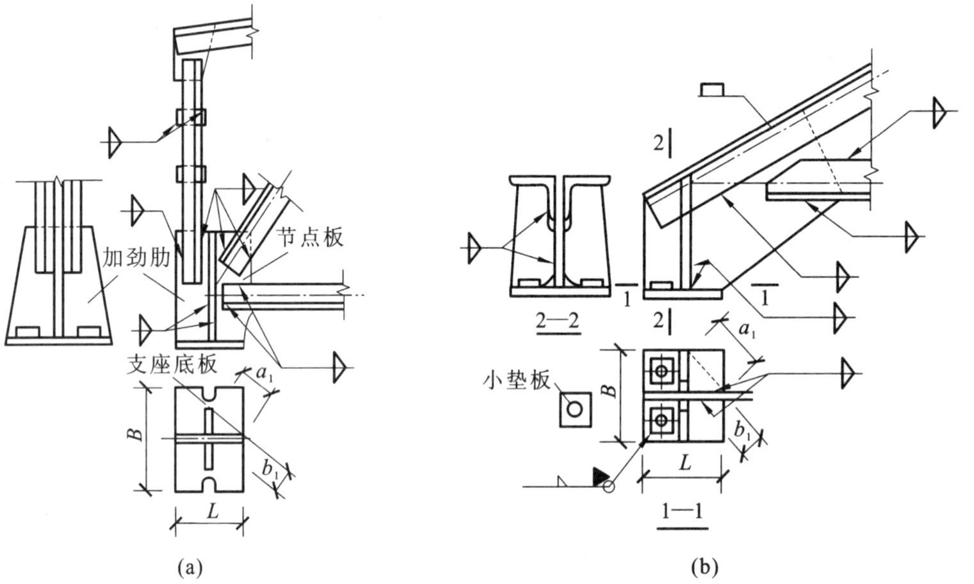

图 2-26　屋架支座节点

2.3.4　刚接屋架(框架横梁)设计

与柱刚接的屋架，其杆件的内力可先按简支桁架分析，再把支座弯矩作用考虑进去。刚接屋架的支座弯矩和相应剪力的最不利组合见 2.2.2 节内力分析部分。屋架杆件的最不利组合支座弯矩作用下的内力，与柱刚接的屋架端部弯矩效应可转化为一对水平力 $H=M/h_0$，见图 2-27，此水平力有可能使屋架端部下弦杆受压。

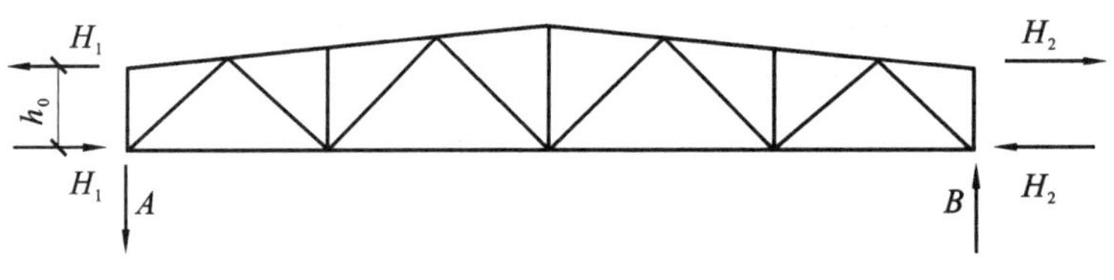

图 2-27　屋架弯矩作用下的支座反力图

当屋架与柱刚接(图 2-28)时，屋架支座处除传递竖向支座反力外，还承受由端弯矩产生的上下弦水平力。所以计算时，认为上弦最大内力由上盖板传递，下弦拉力 H 由连接螺栓承受(偏心受拉)。一个螺栓承受的抗拉承载力极限值计算公式见式(2-21)：

$$N_{max} = \frac{H}{n} + \frac{Hey_1}{2\sum y_i^2} \leqslant N_t^b \tag{2-21}$$

式中 n——螺栓总个数；

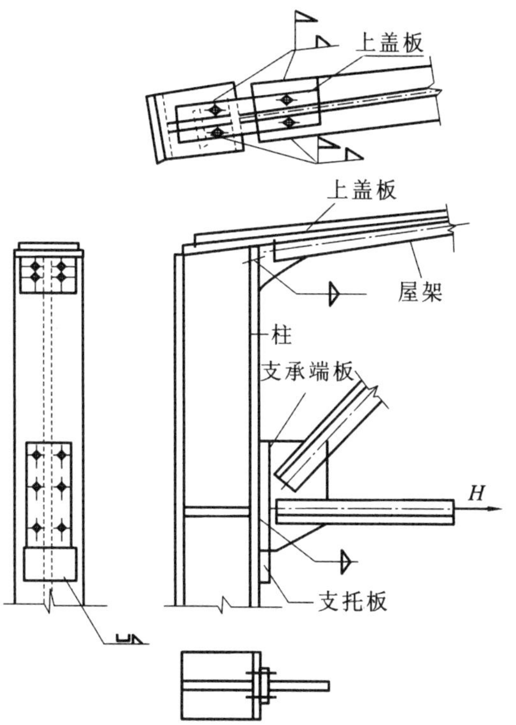

图 2-28 屋架与柱刚接

e——水平拉力 H 到螺栓群中心轴的距离；

y_i——每个螺栓到中心轴的距离；

N_t^b——一个螺栓的抗拉承载力设计值。

屋架下弦支座节点板与端板连接焊缝受支座反力 R 和最大水平力 H_1（拉力或压力）以及偏心弯矩 $M=H_1e_1$，屋架与柱刚接按下式计算：

$$\sqrt{\left(\frac{R}{2\times 0.7h_f l_w}\right)^2+\frac{1}{\beta_f^2}\left(\frac{H_1}{2\times 0.7h_f l_w}+\frac{6H_1e_1}{2\times 0.7h_f l_w^2}\right)^2}\leqslant f_f^w \tag{2-22}$$

式中 β_f——正面角焊缝强度增大系数，当间接承受动力荷载或静荷载时取 1.22，当直接承受动力荷载时取 1.0；

e_1——水平力到焊缝中心的距离。

下弦节点的支承端板在水平拉力 H 作用下受弯，其厚度为：

$$t=\sqrt{\frac{3N_{max}l_1}{2Sf}} \tag{2-23}$$

式中 N_{max}——计算出的一个螺栓所受的最大拉力；

l_1——两竖列螺栓的距离；

S——受力最大的螺栓的端距加螺栓竖向间距的一半。

支托板和柱的连接焊缝按轴心受剪计算。考虑偏心作用，支座反力按加大 25%计算。

2.4 厂房框架柱设计

2.4.1 柱的计算长度

单层钢结构厂房框架柱承受轴向力、弯矩和剪力，易发生整体失稳破坏，要确定柱的稳定承载力则需要对结构进行整体稳定分析。柱本身受力复杂，其内部又存在残余应力，空间其他构件对其的约束也具有很大的不确定性，故为方便计算，目前的做法是将柱从整体结构中分离出来计算，但仍用计算长度来体现结构其他部分对它的约束。目前不论是等截面框架柱还是变截面框架柱，其计算长度均采用弹性理论方法确定。

单层钢结构厂房框架柱的计算长度以荷载集中于柱顶的对称等截面框架为依据。框架失稳分有侧移和无侧移两种形式，单层厂房在其框架平面内无法设置侧向支撑结构，故其失稳形式是有侧移的。

对于单层钢结构厂房等截面柱，其计算长度按单层有侧移框架柱确定。单层钢结构厂房因工艺需要，多设有吊车，从经济角度考虑常采用阶形柱，除少数具有重负荷的厂房因设双层吊车而需采用双阶形柱外，一般采用单阶形柱。对于单阶形柱，其计算长度是分段确定的，上、下段柱的计算长度分别为

$$l_1 = \mu_1 H_1 \tag{2-24a}$$

$$l_2 = \mu_2 H_2 \tag{2-24b}$$

式中 H_1，H_2——框架柱上段柱和下段柱的长度；

μ_1，μ_2——框架柱上段柱和下段柱的计算长度系数，它们之间是有内在联系的。

阶形柱的失稳形式同样是有侧移的，根据阶形柱的上端与屋架梁的连接属铰接还是刚接，其失稳可分为图 2-29(a)、(b)所示的两种形式。

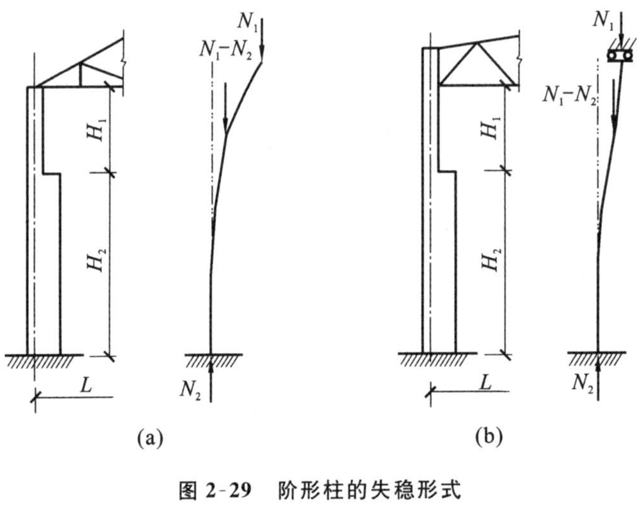

图 2-29 阶形柱的失稳形式

当柱的上端与屋架梁铰接时，计算柱的长度系数时可将柱视为图 2-29(a)所示的悬臂构件；当柱的上端与屋架梁刚接时，计算柱的长度系数时可将柱视为图 2-29(b)所示的上端可以滑动但不能转动的构件。对于这两种形式，下段柱的计算长度系数 μ_2 按下列两个参数查附表 9-1、附表 9-2 确定。

（1）柱上下段的线刚度比 K_1

$$K_1=\frac{I_1H_2}{I_2H_1} \tag{2-25}$$

（2）计算参数 η_1

$$\eta_1=\frac{H_1}{H_2}\sqrt{\frac{N_1I_2}{N_2I_1}} \tag{2-26}$$

式中　I_1，I_2——框架柱上段柱和下段柱的惯性矩；

N_1，N_2——框架柱上段柱和下段柱所能承受的最大轴向压力。

得到 μ_2 后，上段柱的计算长度系数 μ_1 则按式(2-27)计算：

$$\mu_1=\mu_2/\eta_1 \tag{2-27}$$

以上阶形柱的计算长度是用平面对称框架形式得到的，而框架柱在实际厂房结构中受荷也可能对称，并将受到空间其他构件的综合作用。如框架平面内和平面外邻近受荷较小的柱会给所计算的荷载较大的柱提供侧移约束，同时由于纵向构件和纵向支撑的存在，各横向框架之间也会因空间作用而提供约束，故《钢结构设计标准》(GB 50017—2017)根据各类厂房的不同特点，对阶形柱的计算长度系数进行折减，以反映空间作用对柱承载力提高的有利作用。《钢结构设计标准》(GB 50017—2017)对阶形柱计算长度的折减系数见表 2-7。

表 2-7　**单层厂房阶形柱计算长度的折减系数**

<table>
<tr><th colspan="4">厂房类型</th><th rowspan="2">折减系数</th></tr>
<tr><th>单跨或多跨</th><th>纵向温度区段内一个柱列的柱子数</th><th>屋面情况</th><th>厂房两侧是否有通长的屋盖纵向水平支撑</th></tr>
<tr><td rowspan="4">单跨</td><td>≤6 个</td><td>—</td><td>—</td><td rowspan="2">0.9</td></tr>
<tr><td rowspan="3">>6 个</td><td rowspan="2">非大型混凝土屋面板的屋面</td><td>无纵向水平支撑</td></tr>
<tr><td>有纵向水平支撑</td><td rowspan="3">0.8</td></tr>
<tr><td>大型混凝土屋面板的屋面</td><td>—</td></tr>
<tr><td rowspan="3">多跨</td><td rowspan="3">—</td><td rowspan="2">非大型混凝土屋面板的屋面</td><td>无纵向水平支撑</td></tr>
<tr><td>有纵向水平支撑</td><td rowspan="2">0.7</td></tr>
<tr><td>大型混凝土屋面板的屋面</td><td>—</td></tr>
</table>

对于单阶柱下段柱的计算长度系数 μ_2，当柱上端与横梁铰接时，其值等于按《钢结构设计标准》(GB 50017—2017)附录 E 表 E.0.3 的数值乘以表 2-7 中的折减系数；当柱上端与横梁刚接时，其值等于按《钢结构设计标准》(GB 50017—2017)附录 E 表 E.0.4 的数值乘以表 2-7 中的折减系数；当柱上端与实腹梁刚接时，其值等于按《钢结构设计标准》(GB 50017—2017)附表 E.0.5 的数值乘以表 2-7 中的折减系数。

单层钢结构厂房柱在框架平面外(沿厂房纵向)的计算长度，取决于厂房纵向支撑构件的布置。框架柱平面外失稳时，支撑结构是阻止柱平面外位移的可靠支撑点。这些支撑点包括柱间支撑、柱脚以及柱间纵向连系构件，如吊车梁、吊车制动梁或制动桁架、纵梁、托架、刚性系杆等。因柱在平面外的尺寸小，侧向刚度差，包括柱脚和上述支撑的连接节点均可视为铰接点，故柱平面外的计算长度取支撑点间的距离。

得出单层钢结构厂房框架柱的计算长度后，即可根据其受力条件按压弯构件设计。

2.4.2 实腹式柱和格构式柱的设计

当厂房柱内力确定后，即可按《钢结构基本原理》中的压弯构件内容对实腹式柱和格构式柱进行承载力、稳定性和刚度计算。对于实腹式柱，应进行控制截面强度的计算，构件平面内和平面外的稳定计算、局部稳定计算和刚度计算；对于格构式柱，则应进行构件平面内的稳定计算、分肢的稳定计算和缀材的强度与稳定计算。

2.4.3 肩梁的构造和计算

无论是实腹式还是格构式阶形柱，在其上段柱与下段柱连接处需设置肩梁，以保证上段柱的嵌固并承担和传递吊车梁的支反力。肩梁分单壁式和双壁式，边柱单壁式肩梁如图 2-30(a)所示，中柱双壁式肩梁如图 2-31(a)所示。肩梁的高跨比应控制为 0.35～0.5，其惯性矩宜大于上段柱的惯性矩。肩梁可近似地按简支梁形式进行强度验算，根据内力分析得到上段柱根部的轴力 P 和弯矩 M 后，即可按图 2-30(b)和图 2-31(b)所示的简图进行计算。

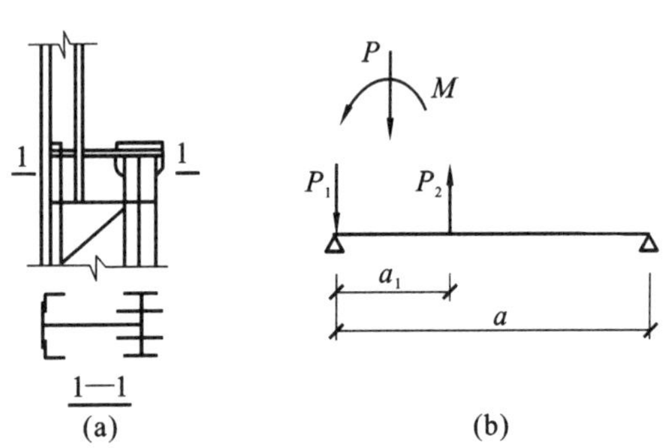

图 2-30　边柱单壁式肩梁的构造与受力

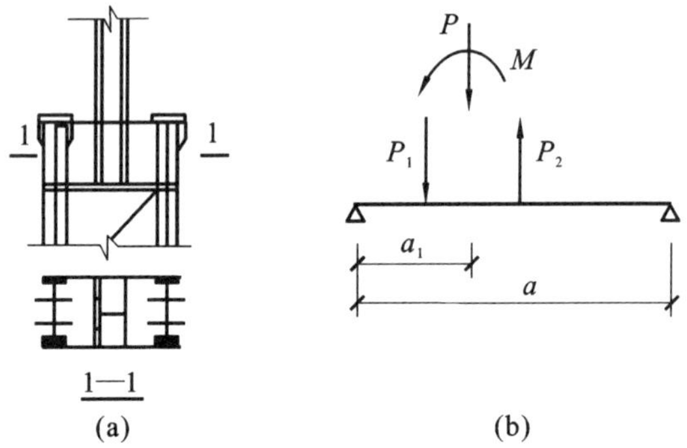

图 2-31　中柱双壁式肩梁的构造与受力

2.4.4 托架与柱的连接

当柱距大于屋架间距时，应沿纵向柱列布置托架或托梁以支承中间屋架。当为桁架时称为托架，当为实腹梁时称为托梁。

(1) 托架与托梁的截面形式

常用的托架与托梁的截面形式分别如图 2-32 和图 2-33 所示。

(2) 托架与托梁的设计要点

① 托架上弦杆在桁架平面外的计算长度等于与之相连接的屋架间距。

② 当屋架与托架平接而屋架下弦与托架下弦距离 h 较大时，与屋架相连的托架竖腹杆宜采用刚度较大的工字形截面。若距离 $h \leqslant 1000$ mm，则中间屋架仍可视为托架下弦的侧向支撑点。

③ 托架一般不必起拱。

④ 托梁一般采用单腹壁截面，其截面尺寸可按下列公式估算。

a. 腹板高度(cm)：$h_w = 3W^{0.4}$。

b. 截面抵抗矩(cm^3)：$W = M_{max}/(1.05f)$。

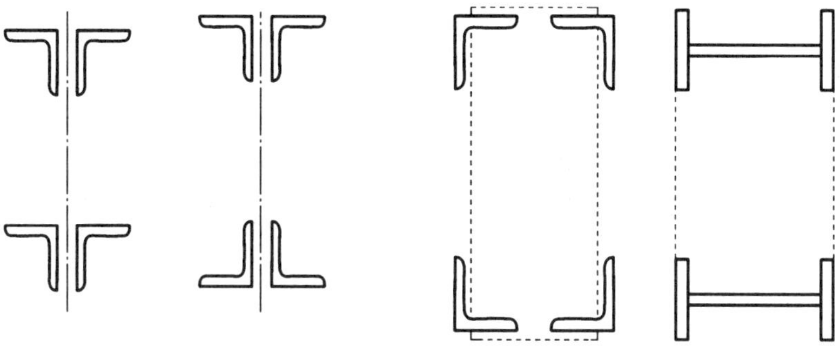

(a) (b)

图 2-32 托架的截面形式

(a) 单壁式托架；(b) 双壁式托架

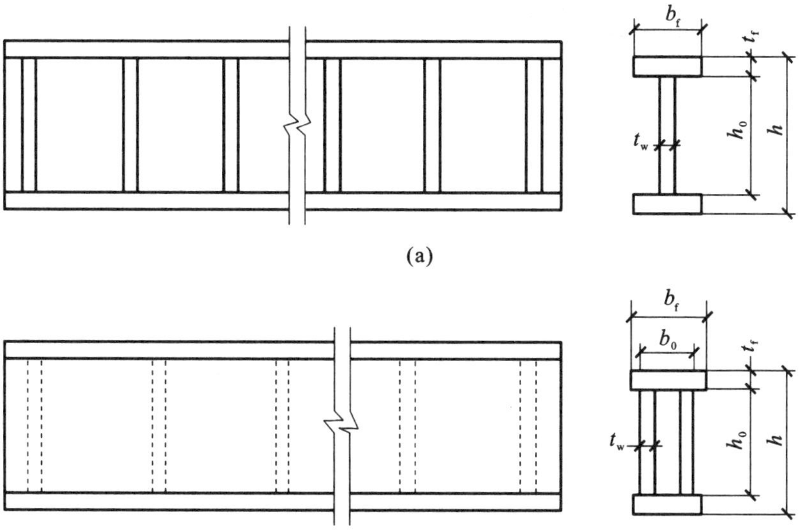

(b)

图 2-33 托梁的截面形式及尺寸

(a) 工字形截面；(b) 箱形截面

c. 腹板厚度(cm)：$t_w = h_w/11$。

d. 翼缘厚度(cm)：$t_f = A_f/b_f$。

e. 翼缘宽度(cm)：$b_f = (1/5 \sim 2/5)h$。

(3) 托架与柱的连接构造

托架与柱的连接构造如图 2-34～图 2-36 所示。

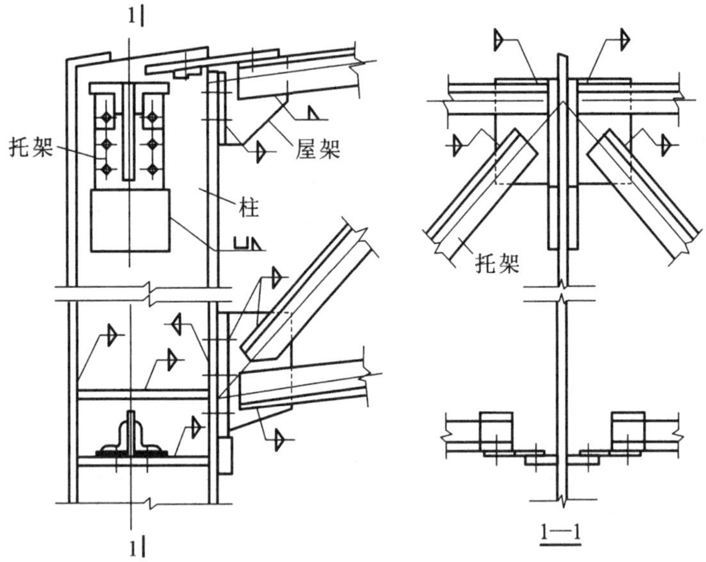

图 2-34　托架、屋架与柱的连接

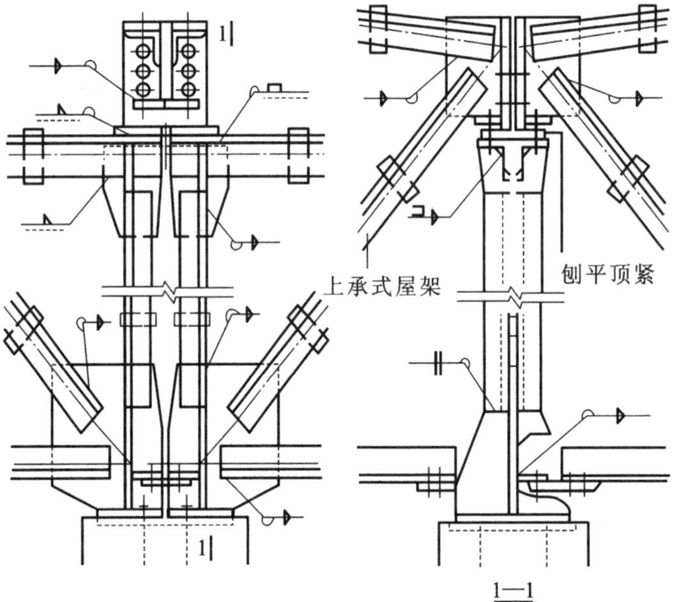

图 2-35　托架与柱的叠接

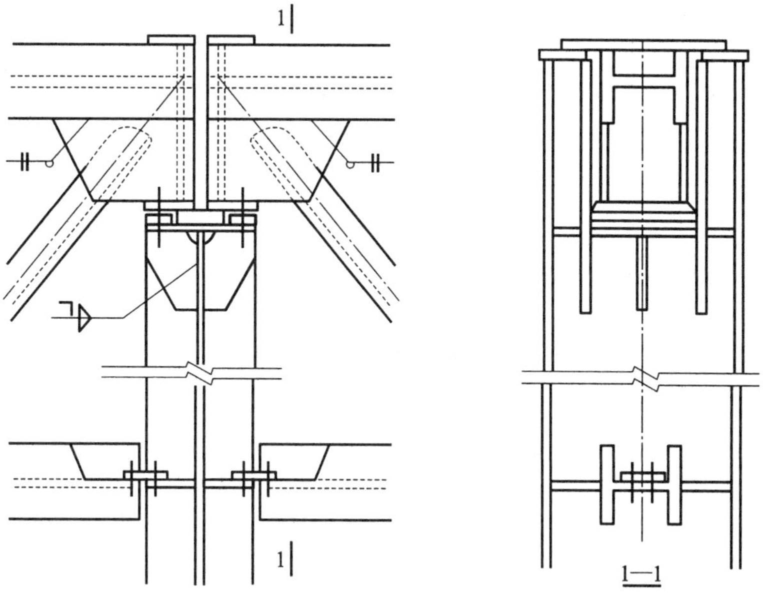

图 2-36　托架与柱的平接

2.5　吊车梁设计

单层钢结构厂房内多因工艺需要须设置梁式或桥式吊车，吊车梁是直接承受吊车上荷载作用的构件。对于中型和重型厂房，多将吊车梁支撑于阶形柱肩梁处；而对于轻型厂房，则将吊车梁支撑于框架柱的牛腿上。阶形柱和肩梁可按本章前述内容进行设计，本节主要讨论吊车梁和牛腿的设计。

2.5.1　吊车梁系统的组成

吊车梁图

吊车梁系统包括吊车梁（或吊车桁架）、制动梁（或制动桁架）以及节点的连接构造。吊车梁或吊车桁架常设计成简支结构，这是因为简支结构传力明确，构造与加工制作简单，且对支座的沉陷不敏感。

吊车梁的截面有型钢梁、组合工字形梁以及箱形梁等形式。对于轻级和中级工作制吊车，当其跨度 $l\leqslant 6$ m 时，吊车梁截面可采用图 2-37(a)所示的加强上翼缘的型钢梁形式，也可采用图 2-37(b)所示的单轴对称焊接工字形梁形式；对于重级和特重级工作制吊车，则可采用图 2-37(c)所示的箱形梁形式。而图 2-37(d)所示的吊车桁架，因其动力反应敏感，故只用于吊车起重量较小但跨度较大的厂房结构。对于一般单层钢结构厂房，图 2-37(b)所示的单轴对称焊接工字形吊车梁是应用最为广泛的一种形式，本节仅讨论这种吊车梁的设计方法。

当吊车梁上翼缘在水平平面内的抗弯强度和刚度不足以抵抗吊车横向水平荷载时，应设置制动梁或制动桁架，以保证吊车梁水平平面内的强度、刚度和整体稳定性。制动梁常以吊车梁的上翼缘为其一翼缘，另一翼缘多采用与吊车梁上翼缘相平行的双角钢、槽钢或工字钢，两者间以兼作走道板结构的钢板和加劲肋连接组成腹板。制动梁的高度一般不小于 0.75 m，当高度大于 1.2 m 时，常采用制动桁架，以节省钢材。为了增强吊车梁和制动结构的整体刚度和抗扭性能，对边列柱上的吊车梁常在外侧设置辅助桁架，同时在吊车梁下翼缘和辅助桁架的下弦之间设置水平支撑，在

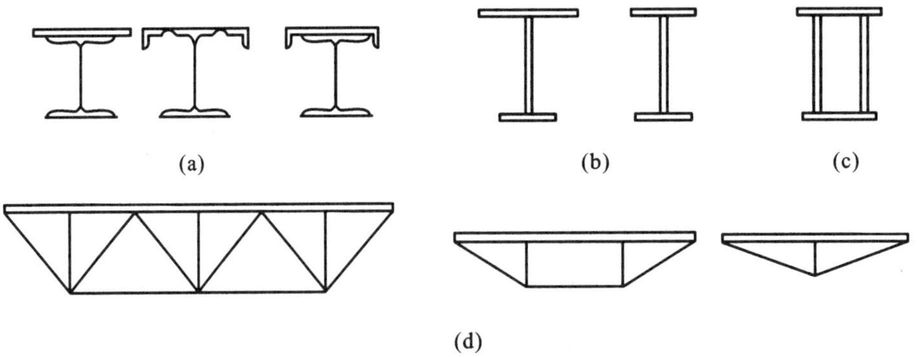

图 2-37 吊车梁和吊车桁架

(a) 型钢吊车梁；(b) 焊接工字形吊车梁；(c) 箱形吊车梁；(d) 吊车桁架

靠近梁端 1/4～1/3 范围内各设置垂直支撑一道。图 2-38 所示为设置制动梁的一边列柱上吊车梁系统的结构形式，而图 2-39 所示为设置制动桁架的一边列柱上吊车梁系统的结构形式。

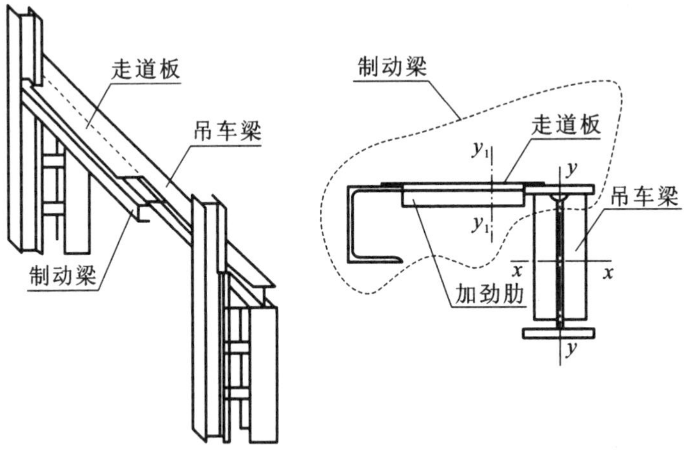

图 2-38 设置制动梁的吊车梁系统结构形式

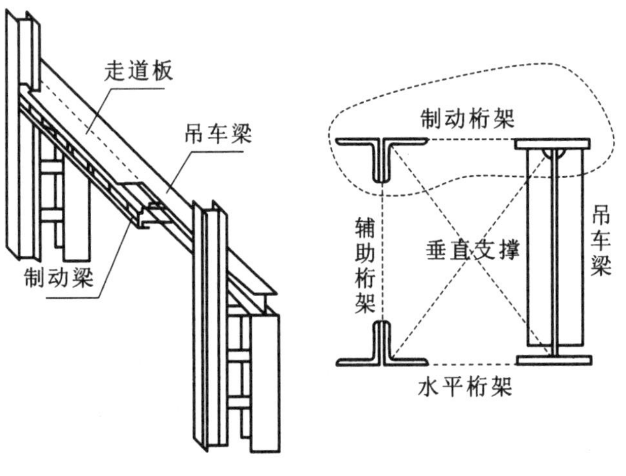

图 2-39 设置制动桁架的吊车梁系统结构形式

吊车梁与柱的连接以及吊车梁与吊车梁的连接，应以能够可靠传递荷载作用但又不改变简支条件为原则。吊车梁下翼缘与框架柱的连接多采用 M20～M26 的普通螺栓连接，并在其间加设

16～18 mm 厚的钢板做垫板。吊车梁端部上翼缘与柱之间则可设连接板或连接角钢，采用普通螺栓连接，也可采用高强度螺栓连接。吊车梁上翼缘与制动梁钢板可采用焊缝连接，吊车梁与制动桁架和辅助桁架之间的支撑杆件也可采用焊缝连接，但因焊接残余应力将降低结构的疲劳强度，故对于重级工作制吊车，吊车梁上翼缘与制动梁钢板的连接宜选用高强度螺栓连接，而吊车梁与制动桁架和辅助桁架之间的支撑杆件宜采用普通螺栓连接。吊车梁与吊车梁的连接采用普通螺栓连接，并在两梁端板间加设钢填板，位置为梁高下部 1/3 范围内，垫板高度满足螺栓布置即可，不宜过长。吊车梁系统端部的连接构造如图 2-40 所示。

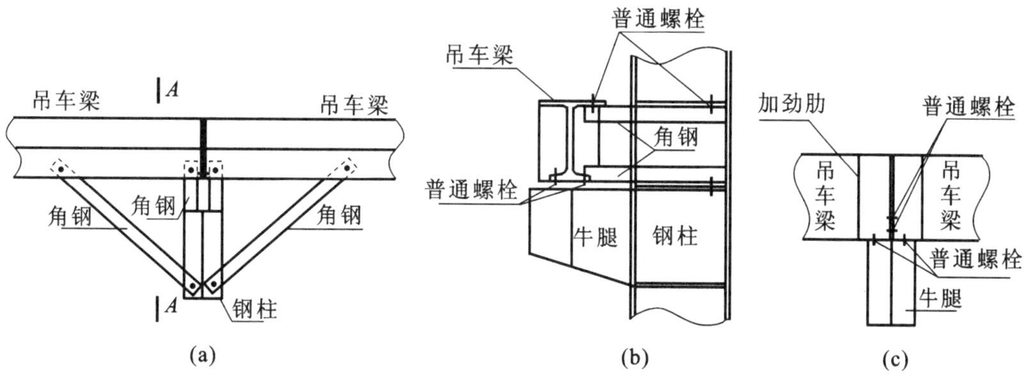

图 2-40 吊车梁系统端部的连接构造

(a) 吊车梁与柱的连接；(b) 吊车梁与柱的连接 A—A 剖面图；(c) 吊车梁与吊车梁的连接

2.5.2 吊车梁的荷载

吊车梁承受吊车所产生的三个方向的荷载作用，即竖向荷载作用、横向水平荷载作用以及纵向水平荷载作用。竖向荷载包括吊车系统、吊车梁系统的自重和起重物的自重，同时还应考虑吊车沿轨道运行、起吊、卸载等情况下引起吊车梁振动时所产生的动力效应。横向水平荷载包括吊车沿横向运行时刹车产生的刹车力和起重物摆动所产生的水平力，以及吊车轨道不完全平行时吊车轮子与轨道之间产生的摩擦力。刹车力和摆动所产生的水平力均由吊车轮子和轨道之间的摩擦力传递给吊车梁，吊车轮子和轨道之间的摩擦力通常称为卡轨力。纵向水平荷载包括吊车纵向运行时刹车产生的刹车力和起重物摆动所产生的水平力。纵向水平荷载通过吊车梁传给了柱间支撑，对吊车梁的截面受力影响很小，故吊车梁设计时不考虑此荷载，只考虑吊车竖向荷载引起的最大轮压和吊车横向水平荷载。

作用在吊车梁上的最大轮压设计值可按式(2-28)进行计算：

$$P_{\max}=1.4\alpha P_{k,\max} \tag{2-28}$$

式中 $P_{k,\max}$—— 吊车最大轮压标准值，可在吊车产品规格中直接查得；

α —— 考虑吊车动力作用的动力系数，对悬挂吊车（包括电动葫芦）以及工作级别为 A1～A5 的软钩吊车，α 取 1.05；对工作级别为 A6～A8 的软钩吊车、硬钩吊车和其他特种吊车，α 取 1.1。作用在吊车梁上的横向水平荷载标准值应取横行小车重量 Q_1 与额定起重量 Q 之和的百分数 η（表 2-8），并乘以重力加速度 g。

表 2-8 **吊车横向水平荷载标准值的百分数 η**

吊车类型	额定起重量 Q/t	百分数 η/%
软钩吊车	≤10	12
	16～50	10
	≥75	8
硬钩吊车	—	20

上述算得的横向水平荷载应等分于吊车桥架的两端，并分别由轨道上的车轮平均传至轨道，其方向与轨道垂直，考虑正反两个方向的刹车情况，得到吊车在每个车轮上的横向水平力设计值的计算公式为

$$H=\frac{1.4(Q+Q_1)\eta g}{n} \tag{2-29}$$

式中 n—— 桥式吊车总轮数。

计算重级工作制吊车梁(或吊车桁架)及其制动结构的强度、稳定性以及连接(吊车梁或吊车桁架、制动结构、柱相互间的连接)强度时，应考虑由吊车摆动引起的横向水平力。此力可能比刹车力更为不利，但此水平力不与前述横向水平力同时考虑。作用在每个轮压处的摆动水平力设计值可按式(2-30)计算：

$$H_1=1.4\alpha_1 P_{k,max} \tag{2-30}$$

式中 α_1—— 系数，对一般软钩吊车，α_1 取 0.1；对抓斗或磁盘吊车，α_1 取 0.15；对硬钩吊车，α_1 宜采用 0.2。

2.5.3 吊车梁的内力计算

计算吊车梁的内力时，由于吊车荷载为移动荷载，应先按结构力学中影响线的方法来确定吊车移动荷载作用在吊车梁上的最不利位置，再求出各控制截面的内力，然后依据内力初选截面，最后进行截面验算。焊接工字形吊车梁设计时，初选截面的方法和普通焊接梁类似，但因其上翼缘同时有吊车横向水平荷载的作用，故可按其承载力值乘以 0.9 后估算初选截面，然后按实际尺寸进行验算。对于焊接工字形吊车梁，应进行强度、整体稳定、刚度和疲劳验算。

如果该跨厂房中有两台吊车，计算吊车梁的强度、稳定时按两台吊车考虑，计算吊车梁的疲劳和变形时按作用在跨间起重量更大的一台吊车考虑。疲劳和变形的计算，采用吊车荷载的标准值，不考虑动力系数。

吊车梁、制动结构、支撑杆自重、轨道等附加杆件自重以及制动结构上的检修荷载等产生的内力，可以近似地取为吊车最大垂直轮压产生的内力乘以表 2-9 中的自重系数。

表 2-9 **自重系数**

吊车梁跨度/m	6	12	≥18
自重系数	0.03	0.05	0.07

2.5.4 吊车梁的截面验算

验算吊车梁的截面时，假定竖向荷载由吊车梁承受，对于无制动结构的吊车梁，横向水平荷载由吊车上翼缘承受，对于有制动结构的吊车梁，横向水平荷载由制动结构承受，验算时忽略横向水

平荷载产生的偏心作用。这样，焊接工字形吊车梁应验算上翼缘在竖向荷载和水平荷载作用下双向受弯时的受压区正应力，和下翼缘在竖向荷载作用下的受拉区正应力，而对于双轴对称截面，则只需验算上翼缘受压区的正应力。

(1) 强度验算

上翼缘的正应力应按下列公式计算：

无制动结构的焊接工字形吊车梁

$$\frac{M_x}{W_{nx1}}+\frac{M_y}{W_{ny}}\leqslant f \tag{2-31}$$

有制动梁的焊接工字形吊车梁

$$\frac{M_x}{W_{nx1}}+\frac{M_y}{W_{ny1}}\leqslant f \tag{2-32}$$

有制动桁架的焊接工字形吊车梁

$$\frac{M_x}{W_{nx1}}+\frac{M}{W_{ny}}+\frac{N}{A_n}\leqslant f \tag{2-33}$$

下翼缘的正应力应按下式计算：

$$\frac{M_x}{W_{nx2}}\leqslant f \tag{2-34}$$

式中 M_x，M_y—— 吊车竖向荷载和横向水平荷载产生的计算弯矩；

W_{nx1}，W_{nx2}—— 吊车梁对 x 轴的上部和下部纤维的净截面模量；

W_{ny}—— 吊车梁上翼缘截面对 y 轴的净截面模量；

W_{ny1}—— 制动结构对 y 轴吊车梁上翼缘外边缘纤维的净截面模量；

M —— 吊车梁上翼缘作为制动桁架的弦杆，由横向水平荷载所产生的局部弯矩可近似取 $M=(1/4\sim1/3)Td$ ，T 为作用于一个吊车车轮上的横向水平力，d 为制动桁架节间长度；

N—— 吊车梁上翼缘作为制动桁架的弦杆由 M_y 作用产生的轴力，可通过公式 $N=M_y/b$ 计算；

A_n—— 吊车梁上翼缘和上翼缘板 $15t_w$ 高度范围内腹板的净截面面积之和；

b- — 吊车梁与制动桁架轴线之间的水平距离。

焊接工字形吊车梁除进行以上几项强度验算外，还应依据《钢结构基本原理》中受弯构件的内容进行梁支座截面抗剪强度验算、腹板计算高度上边缘的局部承压强度验算和腹板与上翼缘交界处的折算应力验算。

(2) 整体稳定验算

具有制动结构的吊车梁侧向刚度较大，整体稳定可得到保证，故不需验算。对于无制动结构的焊接工字形吊车梁，其整体稳定按式(2-35)验算：

$$\frac{M_x}{\varphi_b W_x f}+\frac{M_y}{W_y f}\leqslant 1 \tag{2-35}$$

式中 φ_b—— 吊车梁的整体稳定系数；

W_x—— 吊车梁截面对 x 轴的毛截面模量；

W_y—— 吊车梁截面对 y 轴的毛截面模量。

(3) 刚度验算

验算吊车梁刚度时，应取一台起重量最大吊车的荷载标准值，且不乘以动力系数，按下列近似公式对吊车梁在垂直方向的刚度进行验算：

$$v=\frac{M_{kx}l^2}{10EI_x}\leqslant[v] \tag{2-36}$$

对于重级工作制吊车梁，还应按式(2-37)验算水平方向的刚度：

$$v=\frac{M_{ky}l^2}{10EI_{y1}}\leqslant\frac{l}{2200} \tag{2-37}$$

式中 M_{kx}—— 竖向荷载作用下吊车梁的最大弯矩；

M_{ky}—— 跨内一台起重量最大吊车横向水平荷载标准值作用下所产生的最大弯矩；

I_{y1}—— 制动结构截面对形心轴 y_1 的毛截面惯性矩，对制动桁架应考虑腹杆变形的影响，I_{y1}应乘以 0.7 的折减系数。

（4）疲劳验算

吊车梁在动态荷载的反复作用下可能产生疲劳破坏。在吊车梁设计中，应选用塑性好、冲击韧性符合要求的钢材，且在连接与细部构造方面都应采用有利于提高疲劳强度的方式。焊接对结构的疲劳性能影响很大，且疲劳现象在结构的受拉区特别敏感。故相关规范规定，吊车梁的受拉翼缘除与腹板焊接外，不得焊接其他任何部件，且不得在受拉翼缘处打火。对于重级和特重级工作制吊车，其腹板与翼缘的连接应采用全熔透的 K 形焊缝。

通常对 A6～A8 级吊车梁需进行疲劳验算，验算时应选用起重量最大吊车的荷载标准值，且不乘以动力系数。疲劳验算的部位包括受拉翼缘的连接焊缝、受拉区加劲肋的端部和受拉翼缘与支撑连接处的主体金属。这些部位往往应力集中现象严重，对疲劳强度影响较大。

吊车梁疲劳验算按式(2-38)进行

$$\frac{\alpha_f\Delta\sigma}{\gamma_t}\leqslant[\Delta\sigma] \tag{2-38}$$

式中 α_f——欠载效应的等效系数，与吊车类别有关，按表 2-10 选取；

$\Delta\sigma$ ——应力幅，$\Delta\sigma=\sigma_{max}-\sigma_{min}$；

$[\Delta\sigma]$——循环次数为 2×10^6 的容许应力幅，按附录 10 的连接分类和表 2-11 选取；

γ_t——板厚修正系数，针对横向角焊缝连接和对接焊缝连接，当连接板厚超过 25 mm 时，按下式进行修正，其余情况取为 1.0。

$$\gamma_t=\left(\frac{25}{t}\right)^{0.25}$$

式中 t —— 连接板厚，mm。

表 2-10 **欠载效应的等效系数 α_f**

吊车类别	α_f
A6、A7 工作级别(重级)的硬钩吊车(如均热炉车间夹钳吊车)	1.0
A6、A7 工作级别(重级)的软钩吊车	0.8
A4、A5 工作级别(中级)的吊车	0.5

表 2-11 **循环次数为 2×10^6 的容许应力幅**

类别	参数 C_Z	参数 β	疲劳强度 $\Delta\sigma_{2\times10^6}$ /(N/mm^2)
Z1	1920×10^{12}	4	176
Z2	861×10^{12}	4	144

续表

类别	参数 C_Z	参数 β	疲劳强度 $\Delta\sigma_{2\times10^6}$ /(N/mm²)
Z3	3.91×10^{12}	3	125
Z4	2.81×10^{12}	3	112
Z5	2.00×10^{12}	3	100
Z6	1.46×10^{12}	3	90
Z7	1.02×10^{12}	3	80
Z8	0.72×10^{12}	3	71
Z9	0.50×10^{12}	3	63
Z10	0.35×10^{12}	3	56
Z11	0.25×10^{12}	3	50
Z12	0.18×10^{12}	3	45
Z13	0.13×10^{12}	3	40
Z14	0.09×10^{12}	3	36

(5) 牛腿设计

当单层钢结构厂房内的柱截面采用焊接H型钢，且设置轻级或中级工作制吊车时，可在柱上设牛腿，将吊车梁支撑于牛腿上。

牛腿的构造如图2-41所示。牛腿板件尺寸可根据《钢结构原理》中的受弯构件内容计算得到，并应与柱截面尺寸相协调。牛腿与柱的连接多采用V形熔透或双面角焊缝，这些连接焊缝应通过计算确定。牛腿根部的剪力 V 和弯矩 M 可按式(2-39)确定：

$$\left.\begin{aligned} V&=1.2P_{D1}+1.4P_{D2}\\ M&=Ve \end{aligned}\right\} \tag{2-39}$$

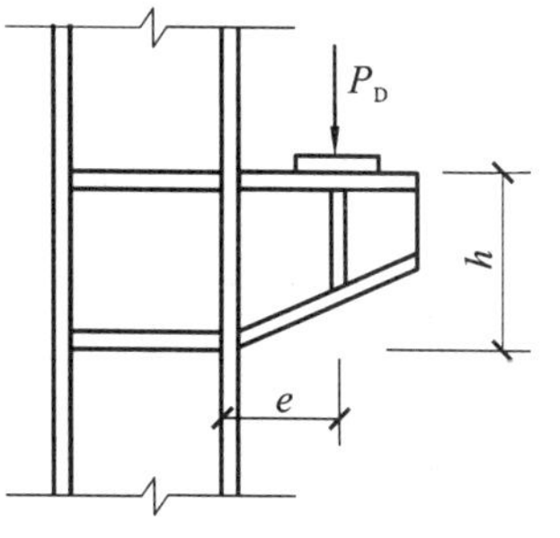

图2-41　牛腿构造

式中　P_{D1}—— 吊车梁、轨道及牛腿的自重；

P_{D2}—— 吊车全部最大轮压通过吊车梁传递给一根柱的最大反力。

2.5.5　吊车梁与柱的连接

吊车梁下翼缘与框架柱的连接，一般采用M20～M26的普通螺栓固定。螺栓上的垫板厚度取16～18 mm。

当吊车梁位于设有柱间支撑的框架柱上时(图2-42)，下翼缘与吊车平台间应另加连接板用焊缝或高强度螺栓连接，按承受吊车纵向水平荷载和山墙传来的风荷载进行计算。

吊车梁上翼缘与柱的连接应能传递全部支座处的水平反力。同时，对重级工作制吊车梁应注意采取适当的构造措施，减少对吊车梁的约束，以保证吊车梁在简支状态下工作。上翼缘与柱宜通过连接板用大直径销钉(图2-42)连接。

吊车梁之间的纵向连接通常在梁端高度下部加设调整垫板，并用普通螺栓连接。

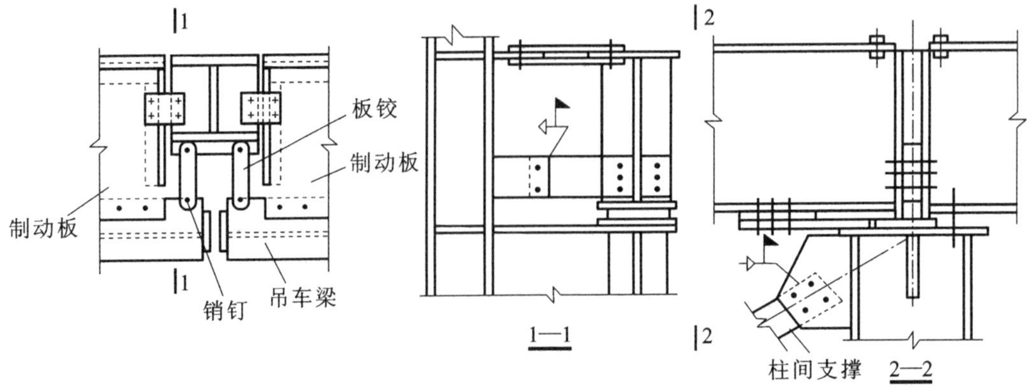

图 2-42　吊车梁与柱的连接

2.6　厂房墙架体系

墙架一般由墙架梁和柱组成。墙架构件除了传递作用在墙面上的风荷载外，还需承受墙身的自重，并将荷载传递至墙架柱或主要横向框架柱中，然后传到基础。

在厂房端墙墙架平面中应布置一些竖向支撑，如图 2-43 所示。这种支撑可作为屋架上下弦纵向支撑的加强支撑，对提高厂房的横向刚度具有很大作用。

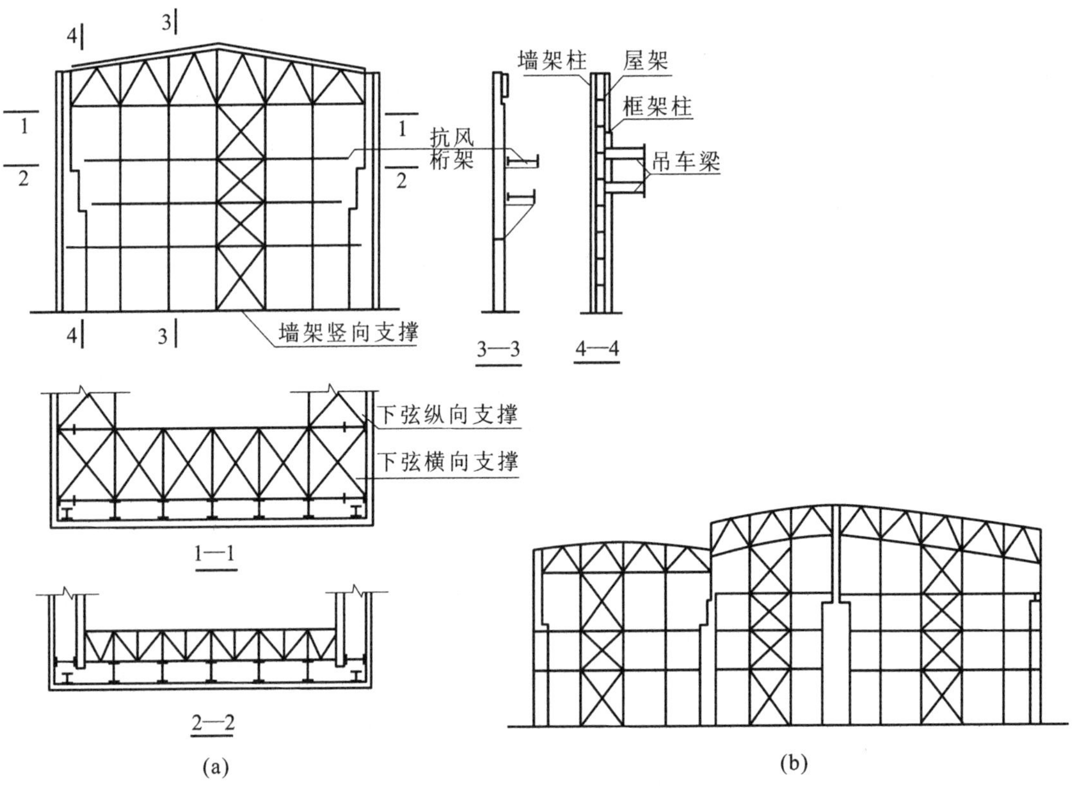

图 2-43　端墙墙架布置

(a) 单跨；(b) 多跨

端墙中墙架柱的位置应与门窗和屋架下弦横向支撑的节点相配合(图 2-44),当有困难时,应采取适当的构造措施,如图 2-44(b)、(c)所示,使墙架组的水平反力直接传到支撑节点上。端墙墙架柱不应承受屋架上的竖向荷载,因此柱上端与屋架应采用只能传递水平力的板铰连接(图 2-44)。同理,在纵墙上墙架柱与托架也采用相似的连接方式。

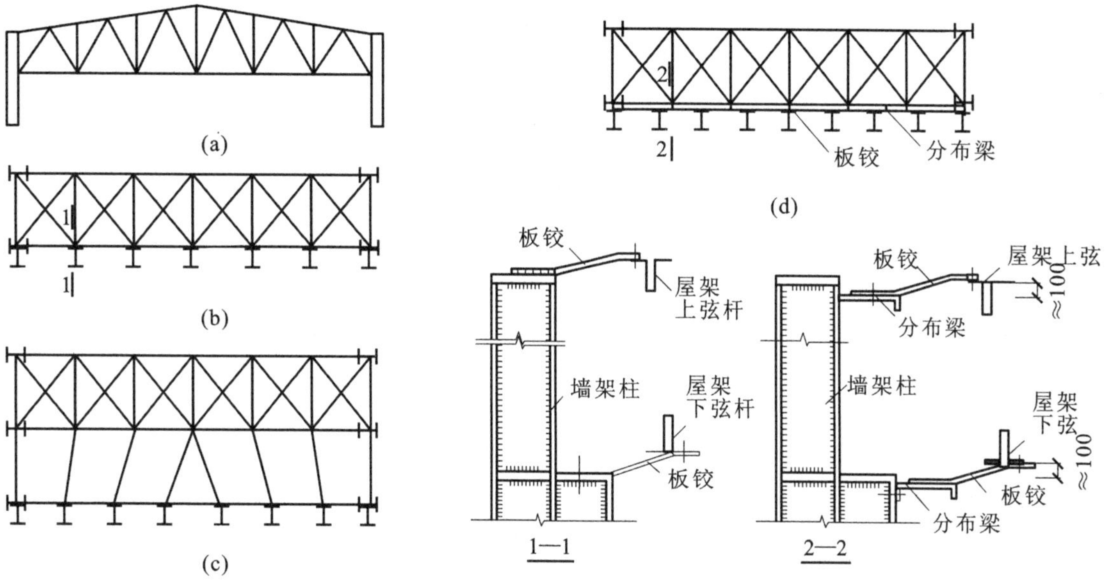

图 2-44　端墙墙架柱与屋面支撑的联系

(a) 屋架形式;(b) 墙架柱连于屋架下弦支撑节点;
(c) 墙架柱通过过渡段与屋架下弦支撑节点相连;(d) 墙架柱通过分布梁与屋架下弦支撑节点相连

当端墙大门的宽度大于墙架柱间距时,被截断的墙架中间柱可支撑在截面特别加强的大门过梁上。

典型例题

习题与思考题

2-1　简述常用钢屋架的形式及其适用范围。

2-2　桁架内力一般考虑哪几种内力组合情况?

2-3　如何选择屋架杆件的截面形式?

2-4　刚性系杆和柔性系杆的主要区别是什么?

2-5　为什么要设屋架支撑? 其主要作用是什么?

2-6　试述单层钢结构厂房中支撑结构的类型和作用。

2-7　上弦节点有集中荷载作用时,其构造及受力情况应如何考虑?

2-8　试绘出屋架和钢柱刚接连接的支座节点构造图。

2-9　试述钢结构阶形柱肩梁的作用。

2-10　试述吊车梁和吊车桁架常设计成简支结构的原因。

2-11　试分析在设计吊车梁结构时,若采用无制动结构双轴对称工字形截面,是否必须对受压翼缘和受拉翼缘均进行验算。

习题与思考题答案

3　多、高层房屋钢结构

【内容提要】

多层和高层房屋建筑之间并没有严格的界限。根据房屋建筑的荷载特点及其力学行为，尤其是对地震作用的反应，大致可以12层、总高度约40 m为两者之界。本章所讨论的多层钢结构一般是指层数不超过10层、房屋总高度小于28 m的住宅建筑以及房屋总高度小于24 m的其他多层民用建筑，超过上述高度的钢结构即定义为高层钢结构。本章内容包括多、高层钢结构体系，多层钢结构分析与计算，钢与混凝土组合板和组合梁，多、高层钢结构连接，高层钢结构的分析和计算，高层钢结构的构件和连接设计。

【能力要求】

通过本章的学习，学生应了解多、高层钢结构的特点；掌握多、高层钢结构主要体系的特点和布置，钢与混凝土组合板、组合梁的设计；熟练掌握多、高层钢结构设计的各个环节，包括内力与位移分析，构件及连接设计等。

近几十年来，由于大城市人口高度密集，生产和生活用房紧张、交通拥挤、地价高昂，因此城市建筑逐渐向高空发展，多层、高层乃至超高层建筑迅速出现，最高的建筑已达百层以上，高度在50层左右的超高层建筑已大规模发展和兴建。

3.1　多、高层钢结构体系

3.1.1　多、高层钢结构的特点和类型

3.1.1.1　多、高层钢结构的特点

高层钢结构图

钢结构多层建筑施工动画

(1) 结构的性能特点

① 自重轻。

以中等高度的高层结构为例，采用钢结构承重骨架，可比钢筋混凝土结构自重减轻1/3以上，因而可显著减轻结构传至基础的竖向荷载与地震作用。

② 抗震性能良好。

钢材良好的弹塑性可使承重骨架及节点等在地震作用下具有良好的延性及抗震效果。

③ 能更充分利用建筑空间。

与同类钢筋混凝土结构相比，由于柱网尺寸可适当加大及承重柱截面尺寸较小，因而可相应地增加2%～4%的建筑使用面积。此外，由于可采用组

合楼盖并利用钢梁腹板穿孔设置管线，因此可适当降低建筑层高。且设计柱网尺寸的选择幅度较大，更有利于满足建筑功能的空间划分。

④ 建造速度快。

可在工厂制造构件，并采用高强度螺栓与焊接连接以及组合楼板等配套技术进行现场装配式施工，与同类钢筋混凝土高层结构相比，一般可缩短 1/4～1/3 的建设周期。

某 43 层结构选用不同类型结构体系方案时的对比结果见表 3-1。

表 3-1　**某 43 层结构选用不同类型结构体系方案时的对比结果**

指标	钢框支撑体系	混凝土-剪力墙框筒体系	钢混组合框筒体系
结构钢材/(kg/m^2)	102.62	0.00	53.75
楼板混凝土/(m^3/m^2)	0.1	0.26	0.1
混凝土柱和墙/(m^3/m^2)	0.00	0.15	0.09
钢筋/(kg/m^2)	2.93	51.31	19.54
模板/(m^2/m^2)	1.0	2.0	0.50
钢楼板/(m^2/m^2)	1.0	0.00	1.0
防火/(m^2/m^2)	0.9	0.00	0.6
工期/a	1	2	1.25
墙皮	金属/玻璃	混凝土或石	混凝土或石

⑤ 防火性能差。

不加耐火防护的钢结构构件，其平均耐火时限约为 15 min，明显低于钢筋混凝土构件。故当有防火要求时，钢构件表面必须用专门的耐火涂层防护，以满足《建筑设计防火规范(2018 年版)》(GB 50016—2014)的要求。

(2) 结构的荷载特点

① 水平荷载是设计控制性荷载。

与其他高层结构一样，由于建筑高度显著增加，风荷载或地震作用等水平荷载成为设计高层钢结构的控制性荷载，对结构材料用量有着极大的影响。结构层数与结构用钢量关系图如图 3-1 所示。

② 风荷载和地震作用。

虽然风荷载和地震作用都是控制水平荷载，但由于二者性质不同，设计时应特别注意其各自的特性与计算要求。

a. 风荷载是直接施加于建筑物表面的风压，其值和建筑物的体型高度以及地形、地貌有关。地震作用是地震时的地面运动迫使上部结构发生振动并产生作用于自身的惯性力，故其与建筑物的质量、自振特性、场地土条件等有关。

b. 高层钢结构属于柔性建筑，自振周期较长，易与风荷载波动中的短周期成分产生共振，因而风荷载对高层建筑有一定的动力作用。但可在风荷载中引入风振系数 β 后按静荷载处理，以便简化计算。而地震作用的波动对结构的动力反应影响很大，必须按考虑动力效应的方法计算。

c. 风荷载作用时间长、频率高，因此在风荷载作用下，要求结构处于弹性阶段时不允许出现较大的变形。而地震作用发生的概率很小，持续时间很短，因此抗震设计允许结构有较大的变形，允许某些结构部位进入塑性状态，从而使周期加长、阻尼加大，以吸收能量，达到“小震不坏，中震可修，大震不倒”的目的。

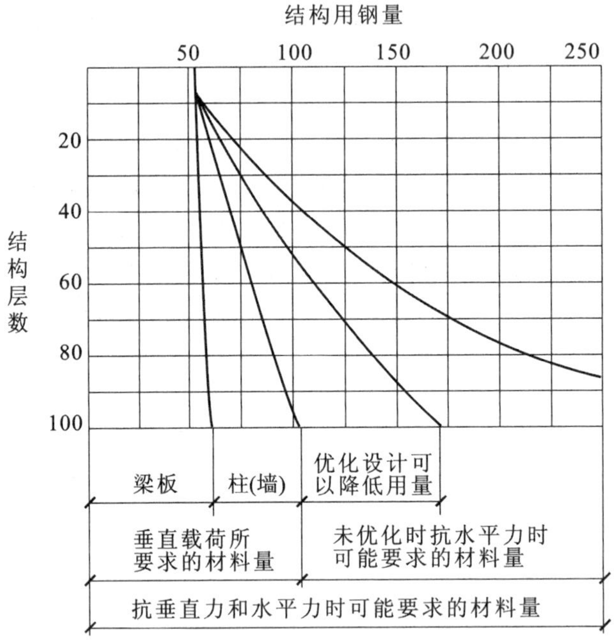

图 3-1　结构层数与结构用钢量关系图

(3) 结构的设计特点

① 要求更加注意对变形的控制。结构的侧向刚度往往是主要的设计控制指标:除了要满足强度可靠的要求外,还应注意按使用要求(如舒适度)的顶点位移限值及保证围护结构不致严重损坏的层间位移限值来设计,必要时还应考虑结构物在局部变形状态下的位移限值。

② 要求采用更加准确与完善的设计方法。在了解高层建筑的重要性及力学特征后,为了较准确地判明其承载能力及适应变形能力,需采用较完善的设计方法。如其体型较特殊,需进行风洞试验以确定其风荷载值。对于抗震设防要求较高的高层结构,需采用直接动力分析方法进行抗震计算分析,以便从强度、刚度和延性三个方面来判别高层结构的各部位是否安全。

(4) 结构的体系特点

根据高层结构的荷载特点,其结构体系必然包括两个抗力体系,即抗重力体系和抗水平侧力体系。后者可按结构高度、建筑形式及水平荷载大小等分别选用框架、框架-抗剪结构(支撑、剪力墙、筒体等)等各类结构体系。其中剪力墙或筒体亦可采用钢筋混凝土结构,其经济效果更好。

为了可靠地协调结构整体工作,在构造上需设置各楼层的水平刚性楼板(一般为压型钢板与现浇混凝土的组合楼板)以及帽带、腰带水平桁架。需将柱的下段可靠且方便地嵌固于地下室或箱基墙中,通常将地下部分及地上若干层做成型钢混凝土结构(也称 SRC 结构)。

3.1.1.2　多层钢结构的类型

多层钢结构的主要类型有柱-支撑体系、纯框架体系及框架-支撑体系等,如图 3-2 所示。

(1) 柱-支撑体系[图 3-2(b)]

多层框架梁、柱节点均为铰接,而在纵向与横向沿柱高方向设置竖向柱间支撑,其空间刚度及抗侧力、承载力均由支撑提供,适用于柱距不大而允许双向设置支撑的建筑物。其特点是设计、制作及安装简单,承载功能明确,侧向刚度较大,用于抵抗侧力的钢耗量较少。

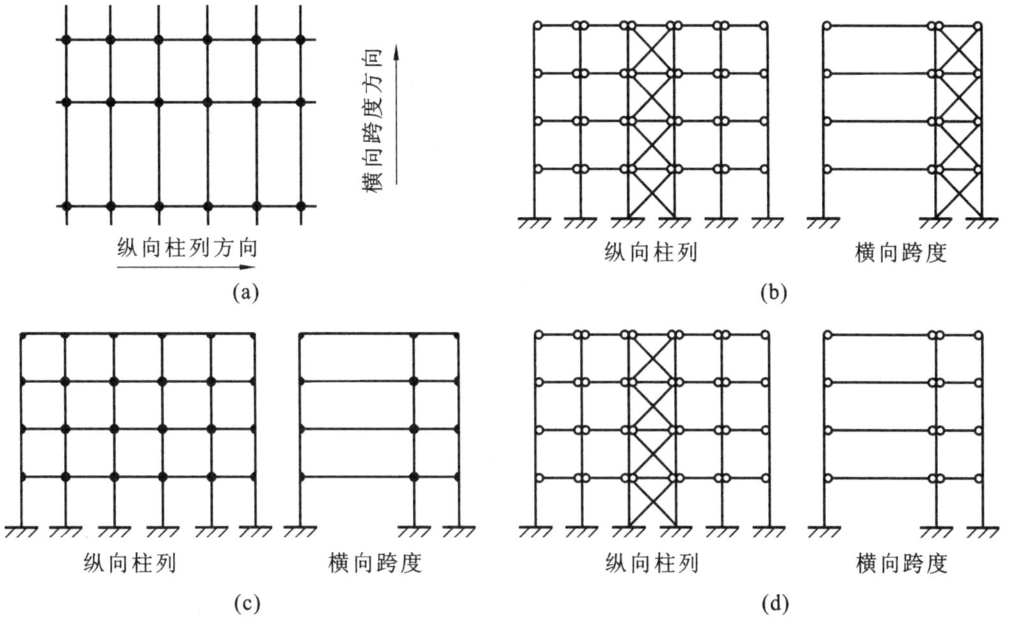

图 3-2　多层钢结构的主要类型

(a) 平面柱网；(b) 柱-支撑体系；(c) 纯框架体系；(d) 框架-支撑体系

(2) 纯框架体系[图 3-2(c)]

多层框架在纵、横两个方向均为多层刚接框架，其承载能力及空间刚度均由刚接框架提供，适用于柱距较大而无法设置支撑的建筑物。其特点为节点构造较复杂，结构用钢量较大，但使用空间较大。

(3) 框架-支撑体系[图 3-2(d)]

框架-支撑体系为多层框架在一个方向(多为纵向)为柱-支撑体系，另一方向(多为横向)为纯框架体系的混合体系。其特点为一个方向无支撑，便于生产或人流、物流等建筑功能的安排，又适当考虑了简化设计、施工及用钢量等要求，为实际工程中应用较多的体系，特别适用于平面纵向较长、横向较短的建筑物。

除上述三类基本体系外，还有在同一建筑物的不同楼层分别采用支撑或刚架的混合体系，以及当侧力很大时在同一柱列(或柱行)同时采用刚架加支撑的框架-支撑组合体系，但实际工程中应用不多。

3.1.1.3　高层钢结构的种类

高层钢结构体系主要有框架结构体系、框架-剪力墙结构体系、外筒式结构体系、筒束结构体系、筒中筒结构体系和钢-混凝土组合结构体系等。

(1) 框架结构体系

框架结构体系由梁、柱通过节点的刚性构造连接而成，它是由多个平面刚接框架结构组成的建筑结构体系。它包括各层楼盖平面内的梁格系统和各竖直平面内的梁、柱组成的平面刚接框架体系。框架结构体系的整体性取决于各柱和梁的刚度、强度以及节点刚接构造的可靠性。层数、层高和柱距是决定结构设计的主要因素。

图 3-3 所示为框架结构体系的几种平面形式。框架结构体系对于 30 层左右的楼房是较为合适的。超过 30 层后，这种体系的刚度不易满足要求，在风荷载和地震荷载等水平力作用下，暴露出明显的缺陷，常需采用剪力墙或筒体结构来加强刚接框架而使之成为别的体系。

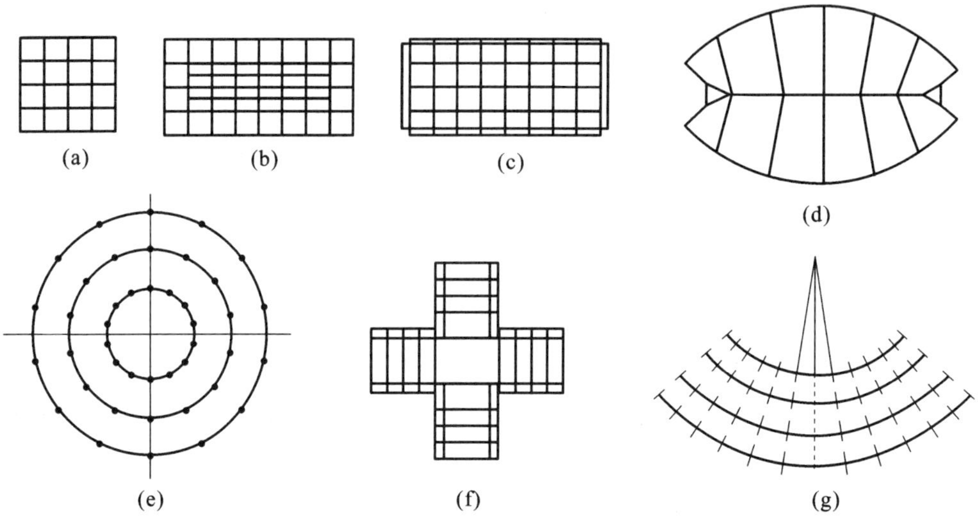

图 3-3　框架结构体系的平面形式

(a) 双向十字交叉框架;(b) 踏步式平行内柱的平行框架;(c) 平行的横向框架;(d) 曲线网格上的横向框架;
(e) 圆弧包络的径向框架;(f) 双轴平行双向框架;(g) 径向网格上的横向框架

框架结构体系在竖向荷载作用下的承载能力取决于梁、柱的强度和稳定性,在这方面的受力情况与其他结构体系基本相同。水平荷载的作用是刚接框架结构体系不能用于层数过高楼房的决定性因素。图 3-4 所示为平面框架结构在水平荷载作用下发生的水平位移[图 3-4(a)中的细双点画线],它包括两部分:一部分是竖向构件(柱)承受轴向压力或拉力引起的水平位移[图 3-4(b)],另一部分为各层梁、柱在剪力作用下的水平位移[图 3-4(c)]。后者可能占总水平位移的 80%左右。

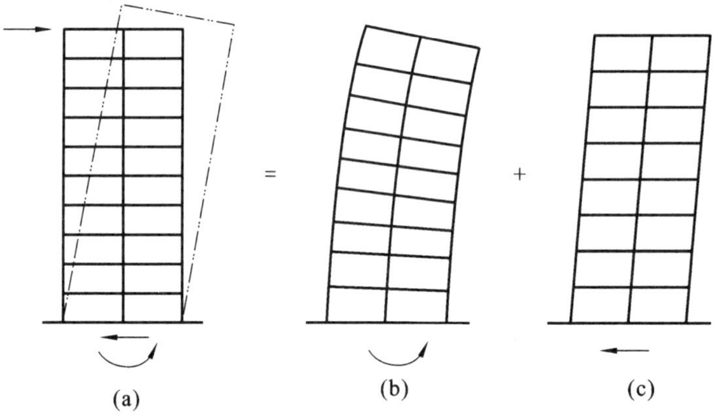

图 3-4　框架结构的水平位移

(a) 平面框架在水平荷载作用下的位移(细双点画线);(b) 竖向构件(柱)承受轴向力引起的位移;
(c) 各层梁、柱在水平剪力作用下的位移

框架结构体系的最大优点是建筑平面布置灵活,适用于各类性质的建筑;缺点是侧向刚度较差,在大风或中等地震荷载作用下层间位移较大,会导致非结构部件破坏。我国上海的金山饭店和金沙江大酒店,均采用钢框架结构体系。

(2) 框架-剪力墙结构体系

高楼建筑结构设计的重要内容之一是将房屋顶点的侧移(水平位移)控制在一定的限度以内,

而刚接框架结构达到一定高度后就难以承受水平荷载作用下的水平剪力。采用剪力墙来承受水平剪力是行之有效的结构措施。所谓剪力墙，不一定都是指钢筋混凝土墙体，在钢结构中也常用钢支撑(交叉支撑或斜型腹杆)把部分框架组成坚固的竖直桁架，以代替笨重的钢筋混凝土墙体。如图 3-5 所示的几种形式，既能有效地提高结构体系的抗剪刚度，又能大大减少水平位移。这种结构形式一般称为框架-剪力墙结构体系。

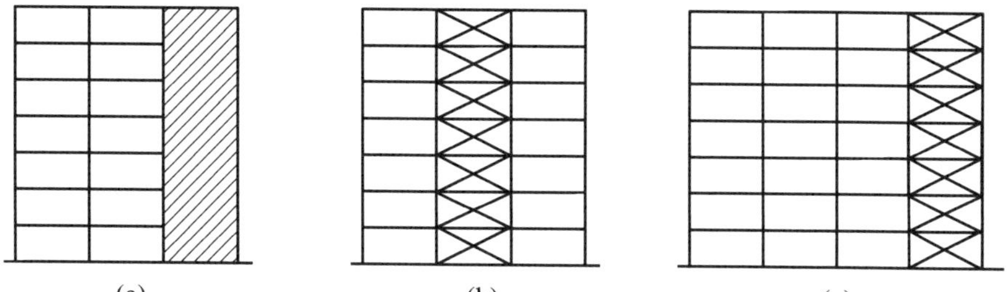

图 3-5　框架-剪力墙结构体系

(a) 实体式剪力墙；(b)、(c) 由交叉支撑组成的桁架式剪力墙

刚接框架在水平荷载作用下的自由位移如图 3-6(a)所示，剪力墙结构的自由位移如图 3-6(b)所示，把二者的某点位移画在同一坐标图上，并将二者共同工作时的位移曲线表示出来，如图 3-6(c)所示。当刚接框架和剪力墙共同工作而成为框架-剪力墙体系时，框架除作为主要承受竖向荷载的结构外，也承受一部分水平荷载(一般占 15%～20%)，大部分水平荷载由剪力墙承受[图 3-6(d)、(e)]。

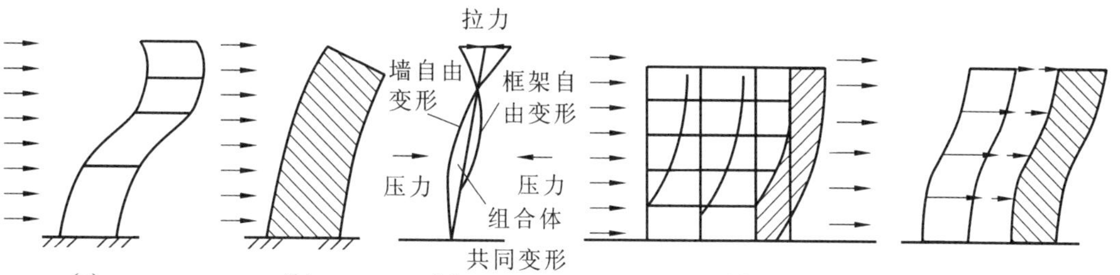

图 3-6　框架-剪力墙结构体系的位移

(a) 刚接框架的自由位移；(b) 剪力墙结构的自由位移；(c) 两种自由位移的合成；
(d) 框架-剪力墙体系的共同位移；(e) 刚接框架与剪力墙之间的内部作用力分布

除图 3-5 所示的典型框架-剪力墙结构体系外，还可以把整个结构体系中的某几榀框架完全做成剪力墙，从而使其具有很大的侧向刚度，其他大部分仍保持刚接框架的形式，二者虽不在同一竖直平面内，但由于各层楼盖都具有巨大的平面内刚度(用预制楼板而刚度不足时，可采用一些构造措施)，故可以把所有的框架和剪力墙联结在一起共同抵抗水平荷载。这样可以多功能、灵活地进行建筑布置，在某些地点设置强大的剪力墙而不影响建筑使用，但对增加结构体系的刚度和承载能力却有显著的效果。框架-剪力墙结构体系用于 40 层左右的高楼比较合适，高于 40 层的建筑物在应用这一体系时，应进行一些加强和改进的措施，在楼高度适当位置上加设一道或几道水平的层桁架(即将上下两层的楼面大梁用交叉支撑或斜腹杆和柱组成一道水平桁架)，

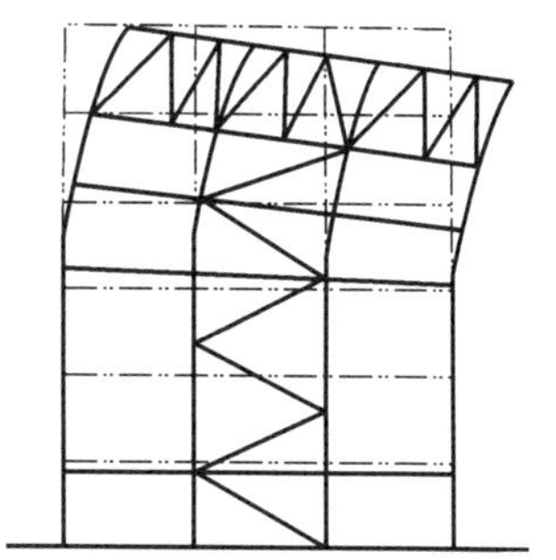

图 3-7　楼层顶端设置层桁架

如图 3-7 所示。层桁架有较大的刚度，当剪力墙产生侧移而旋转时能起阻止和约束的作用。

(3) 外筒式结构体系

当楼房超过 60 层后，水平荷载作用的影响愈来愈严重，结构体系必须具有更强有力的承受水平荷载的有效部分。因此，宜把具有很大平面几何尺寸的外圈柱网组成能够承受水平荷载的外筒体。在结构平面上，除了外筒体的各层梁格和内部承重柱常以框架的形式出现，但相比之下它们的侧向刚度很差，水平荷载不再由它们来承受。

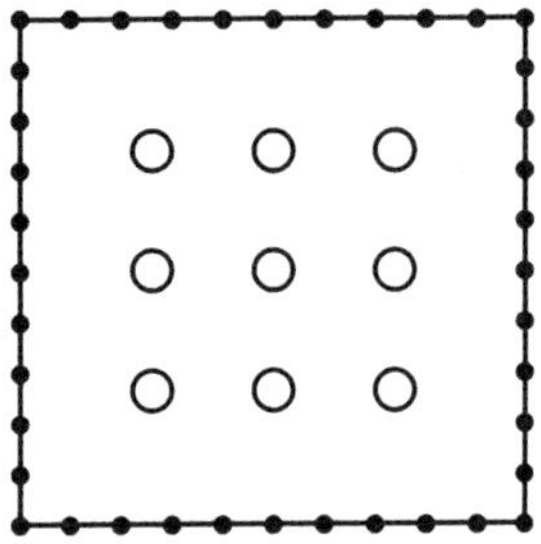

图 3-8　外筒式结构体系

最简单的外筒体是密排的柱和各层楼盖处的横梁(或以窗下墙作为横梁)刚接而成的密间距矩形网络，四周成圈，形成一个悬臂筒(竖直方向)以承受水平荷载，竖向荷载则主要由内部柱来承受。这种体系的建筑平面具有多功能性及很大的灵活性，外圈密排式空腹格网可以直接作为安装玻璃的窗框(图 3-8)。这种外筒结构是由空腹网格组成的框架式结构，故称框架筒，其适用于层数为 80 层左右的楼房。

框架筒结构在水平荷载作用下仍存在一定的缺点，克服此缺点最简单有效的方法是把刚性框架结构(外筒)改成桁架式结构，成为桁架式外筒结构。这一改进使外筒式结构体系对于很高的结构物仍然有效(可达 100 层以上)。图 3-9 所示为美国芝加哥约翰·汉考克中心的桁架式外筒结构，其强大的交叉支撑外露于建筑物的立面上，该楼共 100 层，总高度为 335 m。

(4) 筒束结构体系

筒束结构是从单筒到筒中筒，进而把许多个筒体排列成筒束结构体系的发展过程(图 3-10)。筒束结构在承受水平荷载引起的弯矩时，改善了剪力滞后所引起的外筒式结构体系中各柱内力分布不均匀的缺点。

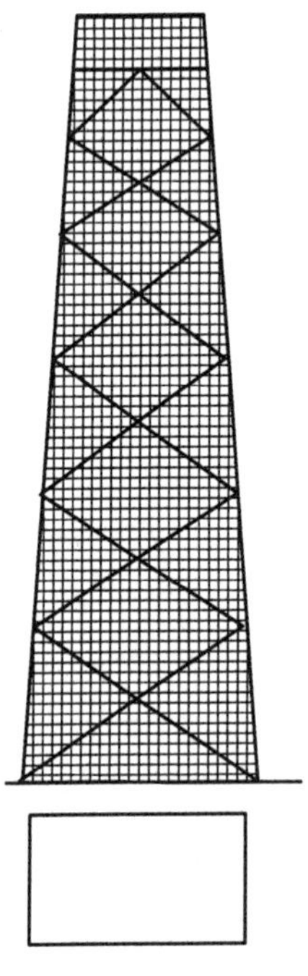

图 3-9　桁架式外筒结构体系

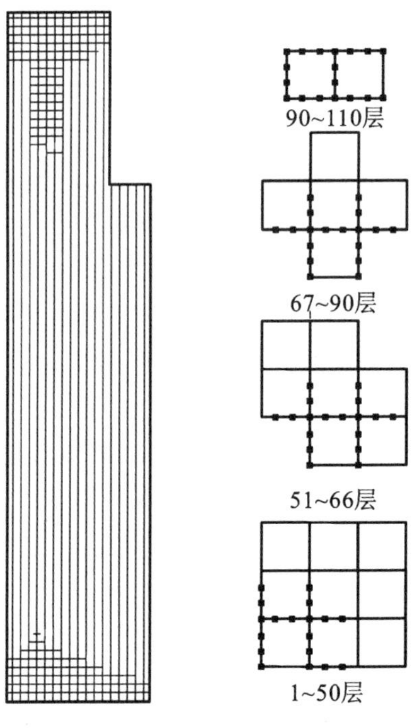

图 3-10　筒束结构体系

美国芝加哥希尔兹大楼是目前国际上采用筒束结构的典型实例。筒束结构体系的合适层数为110～120层。如采用桁架式筒束结构体系，还有可能把有效层数提高到140层以上。

(5) 筒中筒结构体系

加强外筒式结构体系的另一方法是在内部设置强劲的剪力墙式的内筒(核心筒)，从而发展成筒中筒结构体系。楼盖结构把外筒和内筒联合在一起成为一整体，共同承受水平荷载和竖直荷载(常不设其他内柱)。图3-11所示为筒中筒[图3-11(a)]和三重筒[图3-11(b)]结构体系。

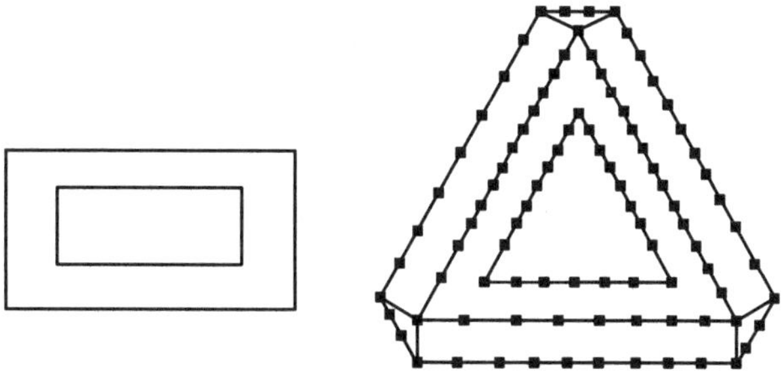

(a) (b)

图3-11 筒中筒结构体系图

(a) 筒中筒；(b) 三重筒

筒中筒结构体系的层高也可以建到100层左右。

(6) 钢-混凝土组合结构体系

高层组合结构体系主要有以下两种。

① 钢外框架-钢筋混凝土核心筒体系。

如图3-12所示，这种体系由钢筋混凝土核心筒承受全部侧向荷载，钢外框架只承受竖向荷载。因为钢外框架不承受侧向荷载，所以其既能更好地发挥高强钢的效能，又能简化钢框架梁柱节点的构造，一般只需做简单的连接即可。此外，钢梁的跨度大，使建筑有较大的空间和使用面积。它的缺点是核心筒布置不够灵活，侧向刚度不够大，且筒身墙也占据了一定的空间。

这种结构体系适用于20～40层的高层建筑，在东欧和西欧采用较多，我国上海的静安希尔顿酒店和瑞金宾馆，都属于这一类体系。

② 钢筋混凝土外框筒-钢内框架体系。

如图3-13所示，这种结构体系由钢筋混凝土外框筒承受全部侧向荷载，而钢内框架仅承受竖向荷载，因此能更好地发挥高强钢的效能，同时梁与柱可采用简单的连接。此外，混凝土的隔热性能好，可降低冷热负荷、节约能源。钢内框架使电梯间等公用设施的布置也十分灵活，不像混凝土核心筒那样，在设计中因受到某些条件的限制而较难处理。

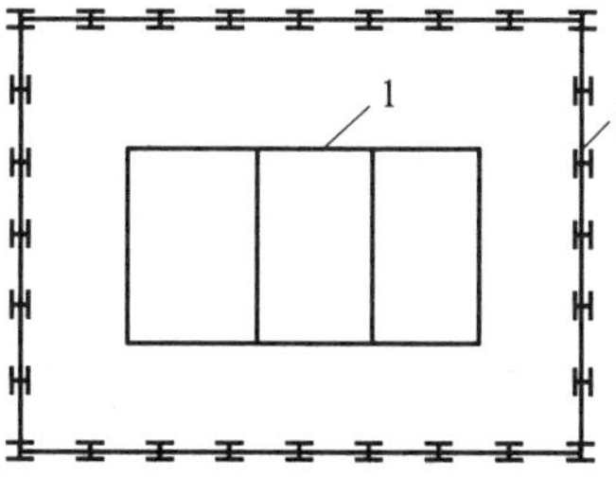

1—钢筋混凝土核心筒；2—钢外框架。

图3-12 钢外框架-钢筋混凝土核心筒体系

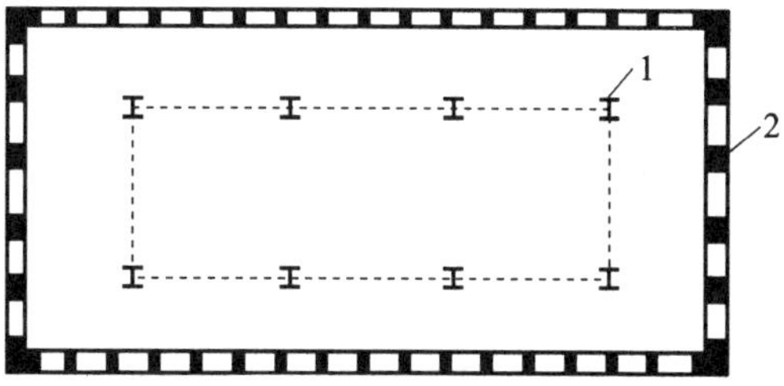

1—钢内框架；2—钢筋混凝土外框筒。

图3-13 钢筋混凝土外框筒-钢内框架体系

此外,这种结构体系的平面形状可以变化,因为外框筒有较大的抗扭刚度,故对其外形不要求完全对称,如图 3-14 所示。同时,钢内框架因不承受侧力,故其平面可以任意布置,因此广受建筑师青睐。这种结构体系适用于 50~80 层的高层建筑。

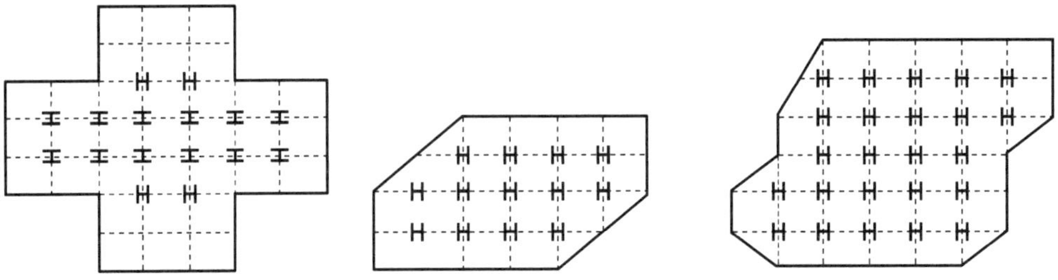

图 3-14 钢筋混凝土外框筒组合结构的不同平面

除上述两种组合结构体系外,值得一提的还有日本高层建筑中颇具特色的一种结构体系。它将地面以上 1~3 层采用劲性钢筋混凝土梁和柱(即在钢筋混凝土梁和柱内埋入型钢)作为过渡段,以增加结构的刚度;3 层以上则全是钢结构,以减轻自重和缩短施工周期。日本东京 47 层的京王广场旅馆和 30 层的太平洋东京旅馆等,均采用这种结构体系。

3.1.2 多、高层钢结构的布置

(1) 多层钢结构的布置

多层钢结构的布置原则主要有以下几点:

① 多层框架的平面布置应考虑柱网及梁系布置合理,纵向及横向刚度可靠、均匀,构件传力明确、类型统一,以及节点构造简化、便于施工等基本要求。

② 与多层框架结构体系相应的各层楼(屋)盖均应采用平面刚性楼盖,如在钢梁上现浇钢筋混凝土板的组合楼盖或在钢梁上铺预制钢筋混凝土板再加现浇整浇层的装配整体式楼盖等,以保证整体空间刚度及空间协调工作;楼盖主次梁的连接宜采用平接连接构造。

③ 当横向框架采用柱-支撑体系并且楼盖为平面刚性楼盖时,其横向柱的柱间支撑宜按不大于 $4l$(l 为支撑跨间的跨度)的距离设置一道;当有抗震设防要求时,此间距应参照抗震要求确定。

④ 多层框架结构沿竖向的布置可以采用分段变截面(柱及支撑)的做法,但应防止楼层间侧向刚度的突然变化。

⑤ 支撑结构体系的特点是用钢量少而刚度大,抗侧力效果明显且构造简单,在条件允许时宜优先选用;在布置支撑时应注意合理及均匀,以尽量避免结构刚度中心的偏移。

(2) 高层钢结构的布置

① 结构平面布置。

高层钢结构在进行结构平面布置时,其建筑平面及体型宜简单、规则。平面布置应力求使结构的抗侧力中心与水平荷载合力中心重合,以减小结构受扭转的影响。

建筑的开间、进深应尽量统一,以减小构件规格,利于制作和安装。

结构平面布置上不宜使钢柱截面尺寸过大,钢板厚度不宜超过 100 mm。

抗震设计的高层建筑,在结构平面布置上具有下列情况之一,则为平面不规则结构。

a. 任一层的偏心率大于 0.15。偏心率和弹性半径按式(3-1)、式(3-2)计算:

$$\varepsilon_x=\frac{e_x}{r_{ex}},\quad \varepsilon_y=\frac{e_y}{r_{ey}} \tag{3-1}$$

$$r_{ex}=\sqrt{\frac{K_T}{\sum K_x}},\quad r_{ey}=\sqrt{\frac{K_T}{\sum K_y}} \tag{3-2}$$

式中　$\varepsilon_x,\varepsilon_y$——该层在 x 和 y 方向的偏心率；

e_x,e_y——x 和 y 方向水平荷载合力作用线到结构刚心的距离；

r_{ex},r_{ey}——x 和 y 方向的弹性半径；

$\sum K_x,\sum K_y$——楼层各抗侧力构件在 x 和 y 方向的侧向刚度之和；

K_T——楼层的扭转刚度，计算公式如下。

$$K_T=\sum(K_x\cdot y^2)+\sum(K_y\cdot x^2) \tag{3-3}$$

式中　x,y——以刚心为原点的抗侧力构件坐标。

b. 结构平面形状有凹角，凹角的伸出部分在两个方向上的长度都超过各自方向建筑物尺寸的 30%。

c. 楼面不连续或刚度突变，例如开洞面积超过该层总面积的 30%。

d. 抗侧力构件既不平行又不对称于抗侧力体系的两个互相垂直的主轴。

高层建筑宜选用风压较小的平面形状，并应考虑邻近高层房屋对该房屋风压的影响，在体型上应尽量避免风荷载作用下的横向振动。

建筑物平面宜优先采用方形、圆形、矩形或其他对称平面形式。抗震设计的常用建筑平面和尺寸关系如图 3-15 所示。筒体结构多采用正方形、圆形、正多边形，当框筒结构采用矩形平面时，其长宽比不宜大于 1.5∶1。

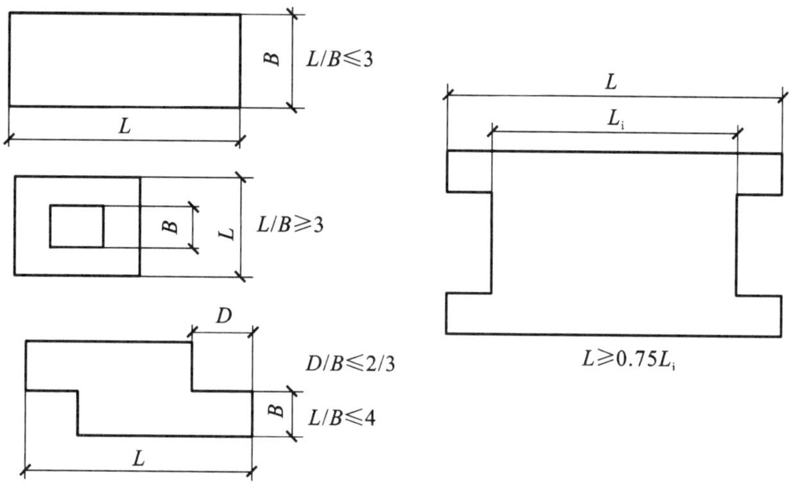

图 3-15　抗震设计的常用建筑平面和尺寸关系

e. 高层建筑钢结构不宜设置防震缝。体型复杂的建筑应建立符合实际结构的计算模型并进行较精确的抗震分析，估计其局部的应力应变集中及扭转影响，判明其易损部位，采取措施提高抗震能力。

高层建筑钢结构可不设温度伸缩缝。

当高层部分与裙房间不设沉降缝时，基础设计时应进行基础整体沉降验算，并采取必要措施减轻差异沉降造成的影响，在施工中宜预留后浇带，连接部位还应加强构造和连接。

f. 高层建筑钢结构的平面布置宜设置中心结构核心，将楼梯、电梯、管道等设置其中。对于抗震设防烈度为 7 度及 7 度以上地区的建筑，在结构单元的端部角区或凹角部位，不宜设置楼梯、电梯，必须设置时应采取加强措施。

② 结构竖向布置。

a. 抗震设计的高层建筑，在结构的竖向布置上具有下列情况之一者，为竖向不规则结构。

(a) 楼层刚度小于其相邻上层刚度的 70%，或小于其上相邻三个楼层侧向刚度平均值的 80%。

(b) 相邻楼层有效质量之比超过 1.5，但轻屋盖与相邻楼层的有效质量之比除外。

(c) 立面收进部分的尺寸比值 $L_1/L<0.75$[图 3-16(a)]；当收进部分位于 $0.15H$ 范围内时，$L_1/L<0.50$[图 3-16(b)]。

(d) 竖向抗侧力构件不连续。

(e) 任一楼层抗侧力构件的总抗剪承载力小于其相邻上层 80%。

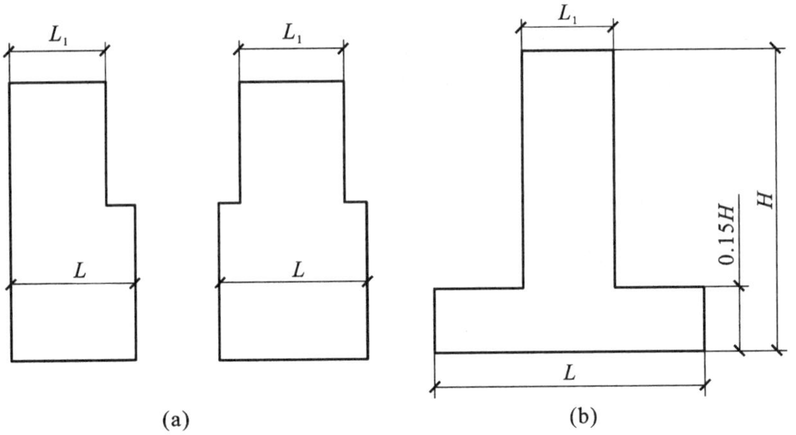

图 3-16 立面收进部分尺寸

b. 抗震设计的框架-支撑结构中，支撑宜在竖向连续布置。除底部较高楼层、水平帽状桁架和带状桁架所在楼层及顶部不规则楼层外，支撑的形式和布置在竖向宜一致。

抗震高层建筑底层在布置大空间时，应使核心筒上下连续，根据分析保留必要数量的支撑、剪力墙和柱，避免刚度突变。抗震设防烈度为 9 度的地区不应采用大梁托柱的结构形式。

③ 结构布置的其他要求。

a. 高层建筑钢结构的楼板，必须有足够的承载力、刚度和整体性。楼板宜采用压型钢板现浇钢筋混凝土板。当采用预应力混凝土薄板加混凝土现浇楼板或一般现浇钢筋混凝土楼板时，应保证楼板与钢梁可靠连接。预制钢筋混凝土楼板不得在抗震设防烈度为 9 度的地区、高度超过 50 m 的建筑以及转换层楼盖中采用。在其余情况下采用时，必须保证楼板与钢梁以及楼板之间的可靠连接，并加铺钢筋混凝土现浇层。

b. 对转换楼层或设备、管道洞口较多的楼层，应采用现浇钢筋混凝土楼板，必要时可设水平刚性支撑。

建筑物上部有较大天井时，可在井口的上下两端楼层用水平桁架将天井开口连接起来，或采取其他有效措施，以增强结构的抗扭刚度。

c. 在抗震设防烈度为 7 度及 7 度以上地区的建筑中，各种幕墙与主体结构的连接应充分考虑主体结构产生层间位移时幕墙的随动性，不因幕墙而增加主体结构的刚度。

d. 暴露在室外的钢结构构件应采取隔热和防火措施，以减少温度应力的影响。

3.2　多层钢结构的分析与计算

3.2.1　一般规定

① 对于平面布置较规则的多层框架，其横向框架的计算宜采用平面计算模型；当平面不规则且楼盖为刚性楼盖时，宜采用空间计算模型。

多层框架的纵向计算一般可按柱列法计算；当各柱列纵向刚度差别较大且楼盖为刚性楼盖时，宜采用空间整体计算模型。

② 进行地震作用效应计算时，宜采用将重量集中于各楼层的计算模型，同时按不同围护结构考虑其自振周期的折减系数 φ。

当为轻质砌块及悬挂预制墙板时，$\varphi=0.9$；当为重砌体墙外包时，$\varphi=0.85$；当为重砌体墙嵌砌时，$\varphi=0.8$。

对所有围护墙体一般只计入质量，不考虑其刚度的影响。

③ 多层框架的横向框架计算一般采用专门软件的机算方法。当对层数不多的框架采用手算方法时，其竖向荷载作用下的内力效应可用近似的分层法计算，水平荷载作用下的内力效应可采用半刚架法、改进反弯点法（D 值法）等近似方法计算。

多层框架纵向为柱-支撑结构体系时，其内力宜用机算方法求解，亦可按悬臂铰接桁架等近似计算。

④ 多层框架柱的计算长度 H_0 取为 μH，其计算长度系数 μ 可按如下确定。

a. 对有侧移框架，在框架平面内的计算长度系数 μ 可按相关规定进行计算。

b. 对无侧移框架（如柱-支撑体系或框架-支撑体系），可取 $\mu=1.0$。当同一抗侧移体系中的竖向支撑的抗剪刚度 S_b 大于框架柱抗剪刚度 S_c 的 5 倍时，则可作为无侧移框架考虑。

⑤ 多层框架在风荷载作用下，顶点的横向水平位移（标准值）不宜大于 $H/500$（H 为框架柱总高），层间相对位移（标准值）不宜大于 $h/400$（h 为层高）。对无隔墙的多层框架，可不验算其层间位移。

按多遇地震进行抗震设计时，多层框架的层间侧移（标准值）不应大于层高的 1/250。

⑥ 多层框架的框架梁上采用压型钢板组合楼板且可靠连接时，在进行框架内力计算的梁截面特性中应计入混凝土楼板的作用，对楼盖主梁可近似取其惯性矩 $I=2I_s$，对其他情况可取 $I=1.5I_s$，I_s 为相应钢梁的惯性矩。

⑦ 对刚度沿高度分布较均匀的框架，其基本自振周期可近似按式(3-4)计算：

$$T_1=0.1\sqrt{\mu} \tag{3-4}$$

式中　μ——全部风荷载集中作用在框架顶部所产生的顶部水平位移，以 cm 计。

3.2.2　计算方法

(1) 半框架法

① 在水平荷载作用下，假定刚架各层横梁的反弯点均位于横梁中点，且该点无竖向位移；利用各跨反对称的原理，将多层多跨平面刚架分解为若干个半刚架。如图 3-17 中 4 层的 3 跨刚架［图 3-17(a)］可分解为 4 个半刚架［图 3-17(b)］，然后将此 4 个半刚架叠加成等效半刚架［图 3-17(c)］。等效半刚架的 j 层柱子的线刚度 i_{cj} 等于第 j 层各列柱线刚度的总和，其 j 层横梁线

刚度 i_{bj} 等于所有被分解成的半刚架在第 j 层横梁线刚度的总和。对柱左右两侧均有横梁的半刚架，其横梁的线刚度为左右两侧横梁线刚度之和。

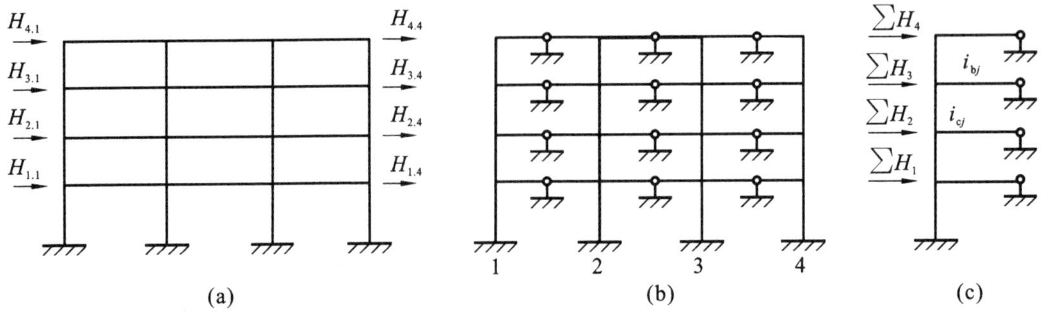

图 3-17　多层多跨刚度计算图

(a) 多层多跨刚架；(b) 半刚架；(c) 等效半刚架

② 将原框架各楼层所受的水平荷载，按楼层叠加后作用于等效刚架的相应楼层上，然后用弯矩分配法计算等效半刚架的内力。

③ 计算出等效半刚架每一楼层标高处在水平荷载作用下的水平位移，并假定此水平位移即为原刚架各相应楼层的水平位移。

④ 根据已知原刚架的水平位移，即可计算出各层柱子的固端弯矩，并假定刚架不再有侧移，因而可用弯矩分配法直接算出水平荷载作用下的弯矩图。

⑤ 在竖向荷载作用下，假定刚架无侧移，即各层横梁的跨中截面无转动，仅有竖向位移，于是可利用各跨对称变形的关系将刚架分解为若干半刚架。

⑥ 先在原框架中计算出各层横梁在竖向荷载作用下的固端弯矩，然后在各半刚架中进行弯矩分配，可求得原刚架在竖向荷载作用下的弯矩图。

⑦ 将上述竖向荷载和水平荷载作用下的弯矩图叠加，即可求得原刚架的最终弯矩图。

用此法求得的弯矩图，当同一层各横梁的线刚度相差不大时，其误差一般为 5%，最大不超过 10%。

(2) 柱-支撑框架体系水平荷载下的近似计算方法

① 求出各柱间支撑在水平力作用下的剪力分配系数。计算在单位水平力作用下的各层剪力，在支撑式多层框架(图 3-18)中取任一层的支撑体系，如图 3-19 所示，该层柱间支撑桁架在水平力 $H=1$ 的作用下，按悬臂求得各柱的轴力为 N_j（N_j 按悬臂桁架的中和轴位置求得），其计算式为

$$N_j=\frac{Mx_jA_j}{I} \tag{3-5}$$

$$I=\sum A_j\cdot x_j \tag{3-6}$$

$$M=Hh$$

式中　A_j——第 j 根柱的截面面积；

I——支撑桁架截面绕 z—z 轴的惯性矩；

x_j——j 柱距中心轴的距离；

M——对悬臂底部截面的力矩。

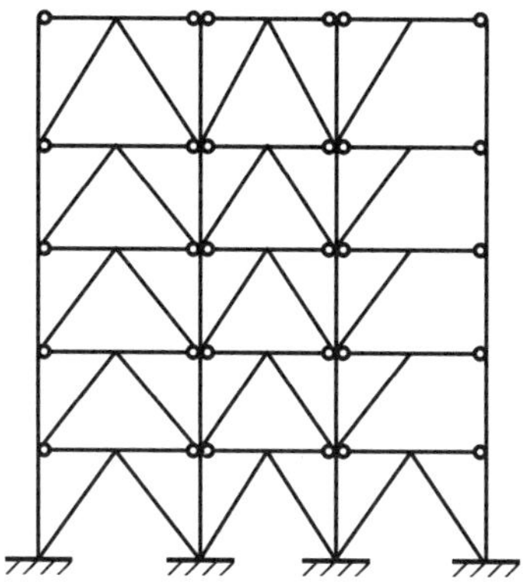

图 3-18　支撑式多层框架图

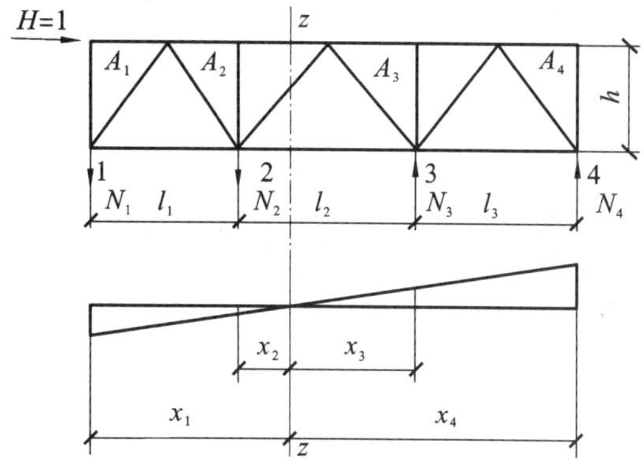

图 3-19　柱间支撑的剪力分配

从图 3-19 中可知，若取 $\sum M_2=0$，$\sum M_3=0$，可知各柱间支撑的剪力与柱中轴力 N_j 有关，即

$$V_{1-2}=\frac{N_1 l_1}{h}=\frac{h x_1 A_1 l_1}{I h}=\frac{x_1 A_1}{I} l_1 \tag{3-7}$$

$$V_{3-4}=\frac{N_4 l_3}{h}=\frac{h x_4 A_4 l_3}{I h}=\frac{x_4 A_4}{I} l_3 \tag{3-8}$$

$$V_{2-3}=1-V_{1-2}-V_{3-4} \tag{3-9}$$

由于 $H=1$，故应用上式求得的剪力即为各柱间支撑的剪力分配系数。此法适用于各种类型的支撑体系，但对 K 形支撑位于框架底层时，用此法计算的 μ 误差较大，此时可用各柱间支撑在水平力作用下的水平位移 μ 相等的原则来求解剪力的分配。如图 3-20 所示的双柱间 K 形支撑桁架底层支撑的剪力分配为

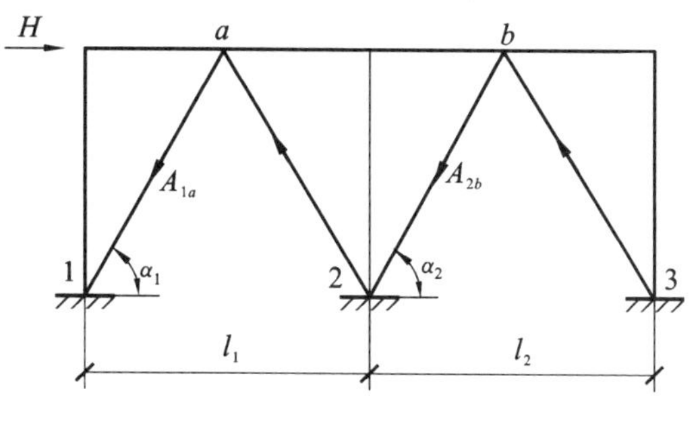

图 3-20　双柱间 K 形支撑桁架底层支撑的剪力分配

$$\mu=\frac{V_{1-2} l_1}{4\cos^3\alpha_1 E A_{1a}}=\frac{V_{2-3} l_2}{4\cos^3\alpha_2 E A_{2b}} \tag{3-10}$$

而

$$V_{1-2}+V_{2-3}=H$$

故

$$V_{1-2}=H\frac{\cos^3\alpha_1 A_{1a}/l_1}{\dfrac{\cos^3\alpha_1 A_{1a}}{l_1}+\dfrac{\cos^3\alpha_2 A_{2b}}{l_2}} \tag{3-11}$$

$$V_{2-3}=H\frac{\cos^3\alpha_2 A_{2b}/l_2}{\dfrac{\cos^3\alpha_1 A_{1a}}{l_1}+\dfrac{\cos^3\alpha_2 A_{2b}}{l_2}} \tag{3-12}$$

② 各楼层所受的水平荷载乘以剪力分配系数，即可求得各楼层各柱间支撑所负担的剪力，并按此计算杆件的内力。

③ 已知支撑杆件的内力后，对每个桁架节点按铰接进行分析，即可求得柱（桁架弦杆）在水平荷载作用下的内力。

多层钢结构的梁图

3.2.3 多层钢结构的梁

（1）多层钢结构梁的截面形式

多层钢结构梁最常用的截面为轧制或焊接的 H 型钢截面[图 3-21(a)]。当为组合楼盖时，为优化截面，减少钢耗，可采用上下翼缘不对称的焊接工字形截面[图 3-21(b)]，亦可采用蜂窝梁截面[图 3-21(c)]。

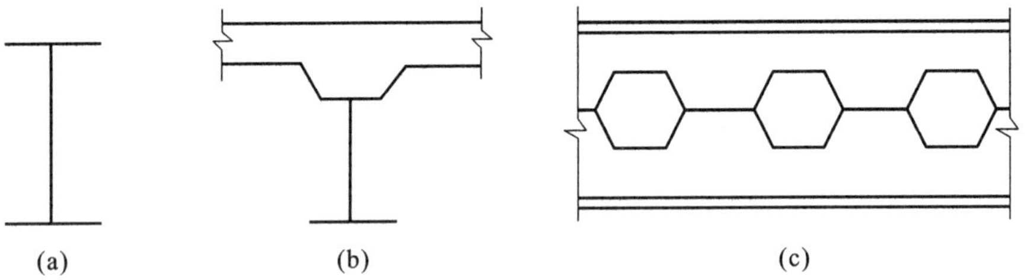

图 3-21 多层钢结构梁的截面形式

(a) H 型钢截面；(b) 上下翼缘不对称的焊接工字形截面；(c) 蜂窝梁截面

（2）多层钢结构梁的计算

多层框架构件的内力组合应按梁、柱两端或最不利截面计算确定，一般可用表格进行计算。

当各截面的最不利内力组合确定后，构件（梁、柱、支撑等）的截面验算可按有关规定及公式进行。

当构件验算后需调整截面，调整后的截面惯性矩与原假定截面的惯性矩差幅大于 30%时，宜对原框架计算内力进行相应修正。

对楼板为钢铺板的框架梁，当不直接承受动力荷载时，可考虑按塑性设计要求验算截面。同时计算梁的挠度时，可将梁上翼缘每侧 $15t$（t 为铺板厚度）宽度的铺板截面计入梁的截面惯性矩。

当楼盖梁为钢-混凝土组合梁时，其设计计算可按钢-混凝土组合楼盖的有关要求进行。

3.2.4 多层钢结构的柱

（1）多层钢结构柱的截面形式

多层钢结构柱最常用的截面为轧制或焊接的 H 型钢截面[图 3-22(a)]；当柱很高或纵向、横向均要求有较大的刚度时（如角柱），宜采用十字形截面[图 3-22(b)]；当荷载及柱高均较大时，可采用方管截面[图 3-22(c)]，但其用钢量较大且制作较困难；当有外观等特别要求时可采用圆管截面[图 3-22(d)]。

（2）多层钢结构柱的计算

框架柱应按两个主轴方向分别进行强度及稳定性的验算。

框架柱截面所用板材若厚度超过 60 mm（Q235 钢）或 36mm（Q355 钢），其材质选用除考虑力学指标外，还应考虑防止分层的要求。

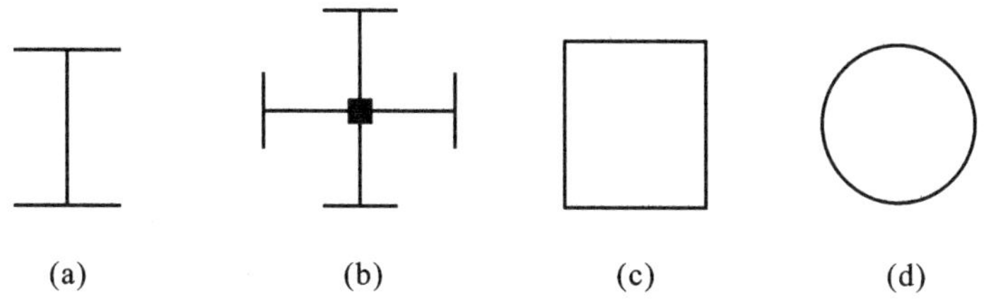

图 3-22　多层钢结构柱的截面形式

(a) H 型钢截面;(b) 十字形截面;(c) 方管截面;(d) 圆管截面

3.2.5　多层钢结构的支撑

(1) 支撑的布置和形式

多层钢结构支撑布置的原则:承受各个方向的水平荷载,保证结构的整体稳定及安装过程中的局部和整体稳定;避免结构出现较大的次应力和温度应力;支撑布置于多层框架的纵向与横向,并最好与框架主轴对称,以便承受任意方向的水平力和扭矩。

当结构平面为正方形时,桁架式支撑可布置在房屋中央和四角[图 3-23(a)];在长方形平面中,桁架式支撑则宜布置在短边两端及中部,以保证短边方向的刚度,在长边方向可布置少量支撑[图 3-23(b)]。

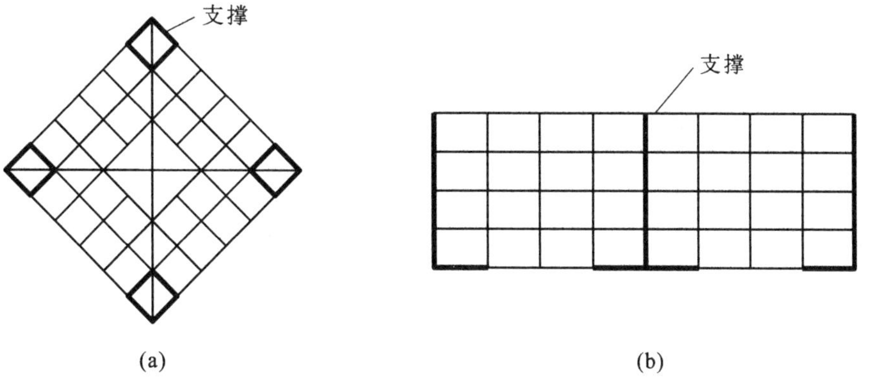

图 3-23　多层钢结构支撑的布置

(a) 正方形平面的支撑;(b) 长方形平面的支撑

沿高度布置支撑时,最好从上到下贯通。如果桁架式支撑不能这样布置,可将支撑移到相邻的区格中,并搭接一层以利于水平力的传递。

桁架式支撑形式基本上有 3 种,即 X 形支撑、K 形支撑和华伦氏支撑(图 3-24)。

X 形支撑是 3 种形式中性能最差的一种,因为两根交叉斜杆都必须承受全部楼层的水平力,材料用量增加,而且还有次应力。K 形支撑抗挠曲比较有效,基本上无次应力。华伦氏支撑最有效,受压斜杆与柱一起承受垂直荷载,但其受力分析比较困难。

(2) 支撑的计算

多层钢结构的支撑一般按拉-压杆设计。考虑斜撑约束了柱子的轴心受压变形时,受压斜撑和横杆应考虑由该影响附加的内力 ΔN。例如,在 X 形支撑和华伦氏支撑的情况下一般应计入 ΔN。

支撑杆件内力应按所在层间的剪力进行计算,此层间剪力可取下列两者中的较大值。

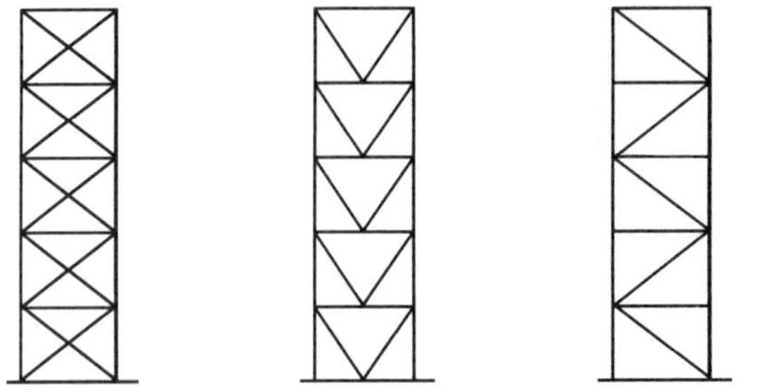

(a)　　(b)　　(c)

图 3-24　支撑形式

(a) X 形支撑；(b) K 形支撑；(c) 华伦氏支撑

① 实际水平荷载产生的层间剪力。

② 层间节点水平荷载：

$$V=\frac{1}{85}Af\sqrt{\frac{f_y}{235}} \tag{3-13}$$

式中　A——框架平面内所验算层间各柱子的总面积，当柱子的总数 n 多于 2 个时，应乘以系数 $(0.35+0.65n)$ 予以折减。

受压交叉斜撑因柱子在垂直荷载下的变形而产生的附加内力 ΔN，可按式(3-14)计算：

$$\Delta N=\frac{\sigma_{c1}+\sigma_{c2}}{2}A_b\cos^2\alpha \tag{3-14}$$

式中　σ_{c1}，σ_{c2}——左右两柱在垂直荷载作用下产生的压应力；

A_b——斜撑的截面积；

α——斜撑与柱之间的交角。

横撑杆中的附加内力为受压斜撑附加内力的水平分力。当交叉斜撑仅考虑拉杆起作用时，可不考虑因柱子压缩而引起的附加内力，此时支撑的连接计算应取下列两者中的较大值：斜撑在荷载作用下的拉力和斜撑的欧拉临界压力。

按内力设计支撑时，支撑端部的连接承载力宜考虑 10%～15%的余量。

3.3　钢与混凝土组合板和组合梁

钢与混凝土组合板图

3.3.1　钢与混凝土组合板

(1) 设计原则

① 组合板的设计应考虑以下两个受力阶段。

a. 施工阶段。此时压型钢板作为浇筑混凝土的底模，应考虑下列荷载，对其强度与变形进行验算。

(a) 永久荷载，包括压型钢板与混凝土自重。

(b) 可变荷载，包括施工荷载与附加荷载。施工荷载的标准值取 1 kN/m²。此外，还应以工地实际荷载为依据，穿过管线等应增加附加荷载。

b. 使用阶段。此时组合板在全部荷载作用下，应对其截面的强度与变形进行计算。若压型钢板仅作为模板，则此时不考虑其承载作用，而对其上浇注的混凝土板可按钢筋混凝土楼板计算，此时的钢筋混凝土楼板厚度仅考虑压型钢板上翼所浇筑的混凝土厚度 h_c(图 3-25)。

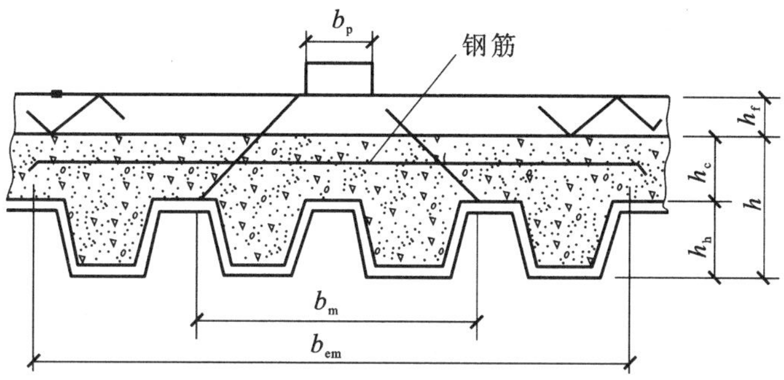

图 3-25 局部荷载分布的有效工作宽度 b_{em}

② 当压型钢板跨中变形时。

当变形量 v 大于 20 mm 时，确定混凝土自重时应考虑“凹坑”效应，在全跨增加混凝土厚度 $0.7v$，或增设支撑。

③ 组合板作用有局部荷载时。

作用有局部荷载时，组合板的有效工作宽度 b_{em} 按下列公式计算：

a. 抗弯计算时：

简支板

$$b_{em}=b_m+2l_p\left(1-\frac{l_p}{l}\right) \tag{3-15}$$

连续板

$$b_{em}=b_m+\frac{4l_p(1-l_p/l)}{3} \tag{3-16}$$

b. 抗剪计算时：

$$b_{em}=b_m+l_p\left(1-\frac{l_p}{l}\right) \tag{3-17}$$

$$b_m=b_p+2(h_c+h_f) \tag{3-18}$$

式中 l——组合板跨度；

l_p——荷载作用点至组合楼板较近支座的距离，当跨度内有多个集中荷载时，l_p 应取较小 b_{em} 值的相应荷载作用点至较近支承点的距离；

b_m——集中荷载在组合板中的分布宽度(图 3-25)；

b_p——荷载宽度；

h_c——压型钢板肋顶上混凝土的厚度；

h_f——地板饰面厚度(若无饰面则 $h_f=0$)。

④ 施工阶段计算时。

作为浇筑混凝土模板的压型钢板，当计算其抗弯承载力时，可采用弹性分析方法，其强边(顺肋)方向的正、负弯矩和挠度均按单向板计算，而不考虑弱边(垂直肋)方向的正、负弯矩。

⑤ 使用阶段计算时。

当压型钢板上浇的混凝土厚度 $h_c=50\sim100$ mm 时，可按以下规定进行使用设计：

a. 组合板强边方向的正弯矩和挠度，均按全部荷载作用的强边方向单向板计算，且不论其实际支承情况如何，均按简支板考虑；

b. 强边方向的负弯矩，按嵌固端考虑；

c. 弱边方向的正、负弯矩均不考虑。

⑥ 对组合板的方向异性时。

根据弹性理论分析，按以下规定考虑：

a. 当 $\lambda_a>0.5$ 时，按双向板计算。

b. 当 $\lambda_a\leqslant0.5$ 或 $\lambda_e>2$ 时，按单向板计算：

$$\lambda_e=\frac{\mu l_x}{l_y} \tag{3-19}$$

式中 μ——板的各向异性系数，$\mu=\sqrt[4]{I_x/I_y}$，其中，I_x，I_y 分别为组合板强、弱边方向的截面惯性矩（计算 I_y 时，只考虑压型钢板肋顶上混凝土厚度 h_c）；

l_x——组合板强边(顺肋)方向的跨度；

l_y——组合板弱边(垂直肋)方向的跨度。

⑦ 双向组合板周边的支承条件。

可按以下情况确定双向组合板周边的支承条件：

a. 当跨度大致相等且相邻跨连续时，则楼板周边可视为固定边；

b. 当组合板上浇筑的混凝土板不连续或相邻跨度相差较大时，应将楼板周边视为简支边。

⑧ 各向异性双向板弯矩。

对于各向异性双向板弯矩，可将板形状按有效边长比 λ_e 加以修正后视作各向同性板弯矩：

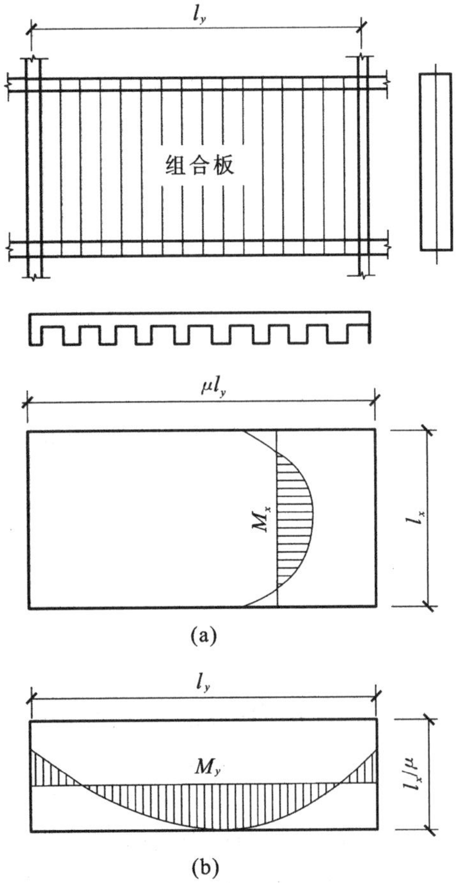

图 3-26 各向异性板的计算简图

(a) 强边方向弯矩；(b) 弱边方向弯矩

a. 强边方向弯矩，取等于弱边方向跨度乘以系数 μ 后所得各向同性板在短边方向的弯矩[图 3-26(a)]。

b. 弱边方向弯矩，取等于强边方向跨度乘以系数 $1/\mu$ 后所得各向同性板在长边方向的弯矩[图 3-26(b)]。

⑨ 设计四边支承双向板。

设计时强边方向按组合板设计，弱边方向只按上浇混凝土板 $h=h_0$ 设计。

(2) 组合板设计

① 组合板施工阶段需验算压型钢板的强度以及其腹板的局部屈曲承载能力和挠度。

② 组合板在使用阶段的截面设计，应保证具有足够抵抗各种极限状态可能出现的破坏模式的能力，应进行正截面抗弯能力、纵向抗剪能力、抗冲剪能力、斜截面抗剪能力等计算。对连续板还应计算负弯矩段的截面强度与裂缝宽度。

③ 组合板正截面抗弯承载力采用塑性设计法计算，假定截面受拉区和受压区的材料均达到强度设计值。组合板正截面抗弯承载力计算的截面应力图见图 3-27。压型钢板钢材强度设计值 f 与混凝土弯曲抗压强度设计值 f_{cm} 均分别乘以折减系数 0.8。

a. 当 $A_s f\leqslant f_{cm}h_c b$ 时，塑性中和轴在压型钢板上翼缘以上的混凝土内[图 3-27(a)]，组合板抗弯承载力按式(3-20)～式(3-22)进行计算：

$$M \leqslant 0.8 f_{cm} x_c b y \tag{3-20}$$

$$x_c = \frac{A_s f}{f_{cm} b} \tag{3-21}$$

$$y = h_0 - \frac{x_c}{2} \tag{3-22}$$

式中 x_c——组合板受压区高度，当 $x_c > 0.55h_0$ 时，取 $x_c = 0.55h_0$；

h_0——组合板有效高度，即从压型钢板截面重心至混凝土受压边缘的距离；

y——压型钢板截面应力合力至混凝土受压区截面应力合力的距离；

b——压型钢板单位宽度；

A_s——压型钢板截面面积(单位宽度内)。

b. 当 $A_s f > f_{cm} h_c b$ 时，塑性中和轴在压型钢板内[图3-27(b)]，组合板正截面抗弯能力按下列公式计算：

$$M \leqslant 0.8(f_{cm} h_c b y_1 + A_{sc} f y_2) \tag{3-23}$$

$$A_{sc} = 0.5\left(A_s - \frac{f_{cm} h_c b}{f}\right) \tag{3-24}$$

式中 A_{sc}——塑性中和轴以上的压型钢板面积；

y_1, y_2——压型钢板受拉区截面拉应力合力分别至受压区混凝土板截面和压型钢板截面压应力合力的距离；

h_c——混凝土最小浇注厚度。

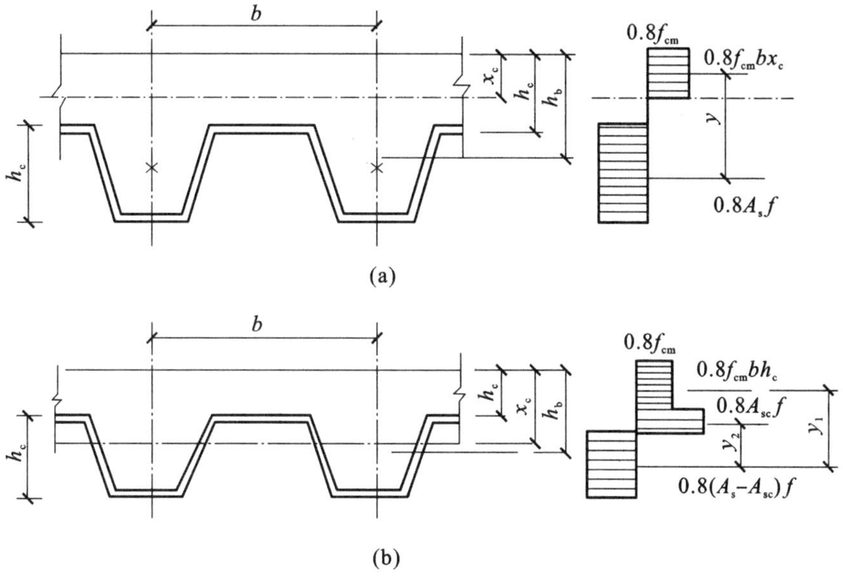

图 3-27 组合板正截面抗弯承载力计算的截面应力图

(a) 塑性中和轴在压型钢板上翼缘以上混凝土内；(b) 塑性中和轴在压型钢板内

④ 组合板的纵向抗剪承载力按式(3-25)计算：

$$V_f \leqslant V_0 = \alpha_0 - \alpha_1 l + \alpha_2 b' h_0 + \alpha_3 t \tag{3-25}$$

式中 V_f——组合板的纵向剪力设计值，kN/m；

V_0——组合板抗剪强度，kN/m；

l——组合板剪跨，mm；

b'——组合板平均肋宽，mm；

t——压型钢板厚度，mm；

$\alpha_0, \alpha_1, \alpha_2, \alpha_3$——剪力黏结系数(由试验确定)；

h_0——组合板的有效高度，等于压型钢板截面重心至混凝土受压边缘的距离，mm。

⑤ 组合板在集中荷载下的抗冲剪能力按下式计算：

$$V_p \leqslant 0.6 f_t c_p h_c \tag{3-26}$$

式中 V_p——组合板的冲剪力设计值；

c_p——临界周界长度(图 3-28)；

f_t——混凝土轴心抗拉强度设计值；

h_c——混凝土最小浇筑厚度。

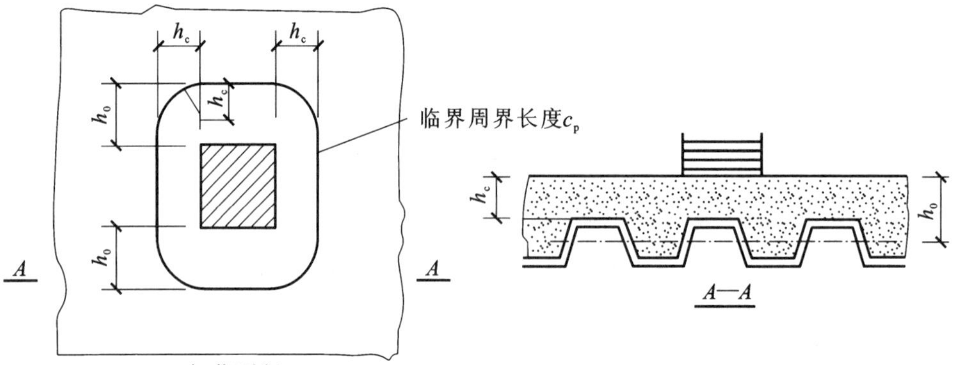

图 3-28 剪力临界周界

⑥ 组合板的斜截面抗剪能力按式(3-27)计算：

$$V_c \leqslant 0.07 f_t b' h_0 \tag{3-27}$$

式中 V_c——组合板斜截面上的最大剪力设计值；

f_t——混凝土轴心抗拉强度设计值；

b'——组合板平均肋宽；

h_0——组合板的有效高度。

⑦ 组合板的挠度分别按荷载短期效应组合和荷载长期效应组合计算。组合板负弯矩区的最大裂缝宽度，按《混凝土结构设计标准(2024 年版)》(GB/T 50010—2010)计算。

⑧ 组合板的自振频率 f 不得小于 15 Hz，可按式(3-28)估算：

$$f = \frac{1}{0.178\sqrt{\nu}} \tag{3-28}$$

式中 ν——永久荷载产生的挠度，以 cm 计。

(3) 组合板的构造要求

① 组合板用的压型钢板净厚度(不包括镀锌保护层或饰面层)不应小于 0.75 mm。

② 组合板用的压型钢板应采用镀锌钢板，其镀锌层厚度应满足在使用期间不致锈蚀的要求，其浇筑混凝土的槽(肋)宽 ω 不应小于 50 mm。对闭合式压型钢板，按上槽口宽度计。当在槽内放置圆柱头焊钉连接件时，压型钢板总高 h(包括压痕)不应超过 80 mm(图 3-29)。

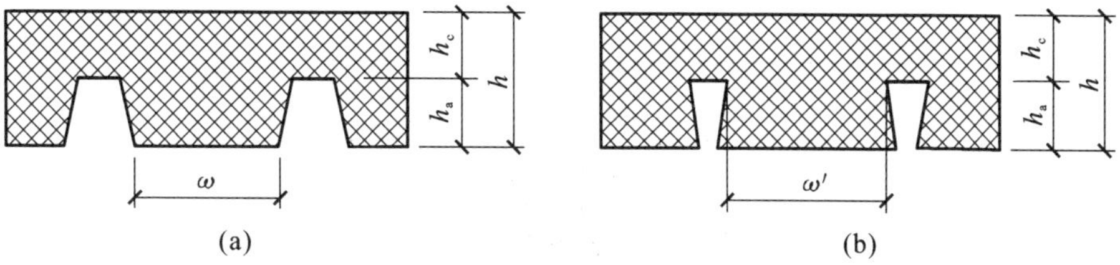

图 3-29　组合板截面

(a) 开口式压型钢板；(b) 闭合式压型钢板

③ 组合板的总厚度不应小于 90 mm，压型钢板板肋顶部以上浇筑的混凝土厚度 h_0 不应小于 50 mm(图 3-28)。浇筑混凝土骨粒的最大直径不应超过下列数值：$0.4h_0$，$\omega/3$，30 mm。

④ 组合板端部必须设置圆柱头焊钉连接件。圆柱头焊钉连接件应在端支座压型钢板凹肋处与钢梁焊牢。圆柱头焊钉直径可按下列规定采用：

a. 跨度在 3 m 以下的板，圆柱头焊钉直径可采用 13～16 mm。

b. 跨度为 3～6 m 的板，圆柱头焊钉直径可采用 16～19 mm。

c. 跨度大于 6 m 的板，圆柱头焊钉直径可采用 19 mm。

⑤ 组合板中的压型钢板在钢梁上的支承长度不应小于 50 mm。

⑥ 组合板在下列情况下应配置钢筋：

a. 为满足组合板储备承载力的要求设置附加抗拉钢筋。

b. 在连续组合板或悬臂组合板的负弯矩区配置连续钢筋。

c. 在集中荷载区段和孔洞周围配置分布钢筋。

d. 为改善防火效果，配置受拉钢筋。

e. 为保证组合作用，将剪力连接钢筋焊于压型钢板上翼缘(剪力筋在剪跨区段内设置，间距 150～300 mm)。

⑦ 连续组合板负弯矩区的裂缝宽度，当处于正常环境时不应超过 0.3 mm；当处于室内高湿度环境或露天时不应超过 0.2 mm。

⑧ 连续组合板按简支板设计时，抗裂钢筋截面不应小于混凝土截面的 0.2%；从支承边缘算起，抗裂钢筋的长度不应小于跨度的 1/6，且必须与不少于 5 根的分布钢筋相交。

⑨ 抗裂钢筋最小直径为 4 mm，最大间距为 150 mm，顺肋方向抗裂钢筋的保护层厚度为 20 mm，与抗裂钢筋垂直的分布钢筋直径不应小于抗裂钢筋直径的 2/3，其间距不应大于抗裂钢筋间距的 1.5 倍。

3.3.2　钢与混凝土组合梁

混凝土具有较好的抗压性能，钢材具有较好的抗拉压性能，把两者合理地结合在一起，就可以充分利用两种材料的性能，扬长避短，使所用材料各尽所能，协同工作，充分发挥材料的作用。钢与混凝土组合梁就是基于这种思想创造出来的一种结构形式。由钢梁部件及支承在其上的钢筋混凝土翼板所构成的钢-混凝土组合楼层梁，称为钢与混凝土组合梁，简称组合梁。

(1) 组合梁的分类

组合梁按混凝土翼板形式，可以分成三类。

① 普通混凝土翼板组合梁。

它是由钢筋混凝土翼板、混凝土板托、抗剪连接件和钢梁四部分组成的，如图 3-30 所示。

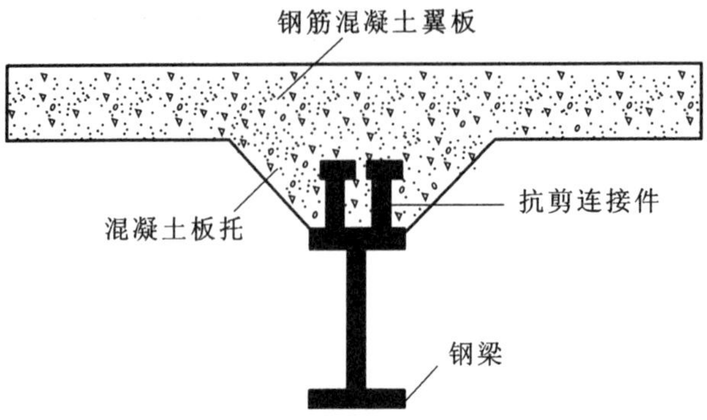

图 3-30　普通混凝土翼板组合梁

② 压型钢板组合梁。

它是由支承在钢梁上的压型钢板组合板与钢梁结合而形成，如图 3-31 所示。它是由后浇混凝土板、压型钢板、抗剪连接件和钢梁四部分组成的。当压型钢板的肋平行于钢梁时，这种梁称为压型钢板组合主梁，如图 3-31(a)所示；当压型钢板的肋垂直于钢梁时，这种梁称为压型钢板组合次梁，如图 3-31(b)所示。由于压型钢板组合梁组合性能好、施工便捷、能加快施工进度，因此在高层建筑中有广泛的应用。

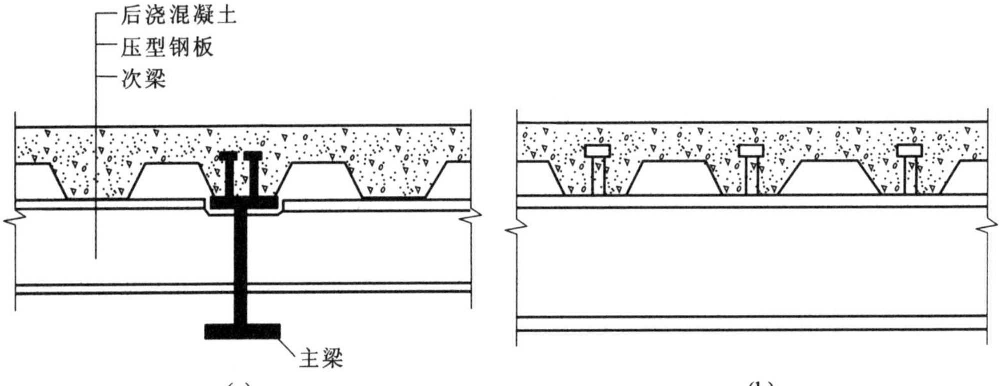

图 3-31　压型钢板组合梁

(a) 压型钢板组合主梁(肋平行于钢梁)；(b) 压型钢板组合次梁(肋垂直于钢梁)

③ 预制装配式钢筋混凝土板组合梁。

它是将预制装配式钢筋混凝土板直接支承在钢梁上，然后浇混凝土形成，如图 3-32 所示。它分为预制混凝土板组合主梁[图 3-32(a)]和预制混凝土板组合次梁[图 3-32(b)]两种。

由于组合梁各部件所处的受力位置较合理，所以能较大限度地发挥钢与混凝土各自的特性，不但满足了结构的功能要求，而且有较好的技术经济效益。概括起来，组合梁有以下优点：

① 实践表明，组合梁方案与钢结构方案相比，可节约钢材 20%～40%，每平方米造价可降低 10%～40%。

② 组合梁方案与钢梁方案相比，截面刚度大，梁的挠度可减小 1/3～1/2，此外还可以提高梁的自振频率。

③ 组合梁刚度大，梁截面高度相对较小，可以减小结构高度。这一点对于高层建筑是很重要的，若每层减少十几厘米，累计数十层将是一个可观的数字。

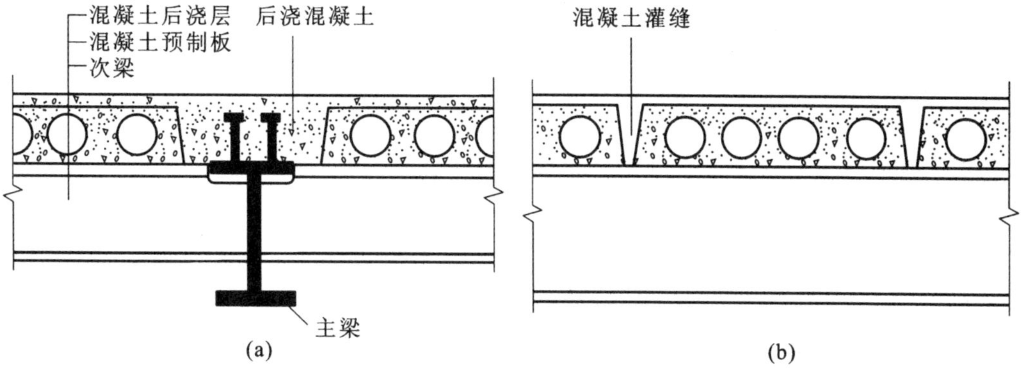

图 3-32　预制装配式钢筋混凝土板组合梁

(a) 预制混凝土板组合主梁；(b) 预制混凝土板组合次梁

④ 组合梁方案整体性能好，抗剪性能好，可以表现出良好的抗震性能。

⑤ 由于可以利用钢梁作为组合板的支撑，故在节约木材的同时（支模用），还加快了施工进度。

组合梁的不足之处主要表现为：

① 耐火等级差，对耐火要求高的结构需要对钢梁涂耐火涂料。

② 在钢梁制作过程中需要增加一道焊接连接件的工序，有的连接件需用专门的焊接工艺。

(2) 组合梁的基本设计原则

组合梁的设计方法应采用近似概率理论为基础的极限状态设计方法，采用实用的分项系数表达式，并分别按正常使用极限状态和承载能力极限状态进行设计。

组合梁的分析方法可分为按弹性理论的分析方法以及考虑截面塑性变化发展的塑性分析方法。

不直接承受动力荷载的组合梁，其承载能力可用塑性分析方法计算，其承载能力极限状态计算式的模式如下：

$$S \leqslant R \tag{3-29}$$

式中　S——荷载效应设计值（此处荷载效应是指弯矩及剪力等）；

R——结构抗力设计值（此处结构抗力是指结构的极限承载能力，它与构件的截面几何特征、材料性能及计算模式等因素有关）。

对于直接承受动力荷载的组合梁，其截面应力（包括温度应力及收缩应力）可用弹性理论分析方法计算，其承载力的极限状态计算式的模式如下：

$$\sigma \leqslant f \tag{3-30}$$

式中　σ——荷载效应设计值在构件截面或连接中产生的应力（如法向应力 σ 及剪应力 τ 等）；

f——材料强度设计值。

在进行组合梁内力分析时，考虑到组合梁中混凝土部分是后浇筑的，钢梁的应力可能超前，故此组合梁的受力状态应根据施工状态的异同而定。当施工阶段钢梁下设置临时支撑时（梁跨度 $l>7$ m 时，设不少于 3 个支承点；$l \leqslant 7$ m 时，设 1～2 个支承点），全部荷载作用由组合梁承受。当钢梁下不设临时支撑时，应分两步考虑：

① 混凝土翼缘板强度达 75％强度设计值之前，组合梁自重与施工荷载由钢梁承受，并按《钢结构设计标准》(GB 50017—2017) 计算；

② 混凝土翼缘板强度达到 75％强度设计值后，用弹性分析方法时，其余荷载作用由组合梁承受，钢梁的应力和挠度应与前一阶段的叠加；用塑性理论分析时，则全部荷载由组合梁承受。

考虑到对组合梁刚度的要求，组合梁截面高度 h 与跨度 l 的高跨比 h/l 不宜小于$\frac{1}{16}\sim\frac{1}{15}$。

虽然组合梁的抗弯承载力很强，但在某些情况下钢梁的抗剪能力相对较弱，故在选取截面时，组合梁截面的总高度不应超过钢梁截面高度的 2.5 倍。混凝土板托两侧斜坡的倾角 α 不宜大于 45°，混凝土板托的高度不应超过混凝土翼板厚度的 1.5 倍，板托顶面宽度不应小于板托高度的 1.5 倍。

对于钢筋混凝土翼板过宽的组合梁，受弯时沿翼板宽度方向的压应力分布是不均匀的，在钢梁竖轴处压应力最大，离钢梁竖轴越远处压应力越小。为了计算方便，一般用翼板的有效宽度 b_e 来代替计算宽度 b（图 3-33）：

$$b_e = b_0 + b_1 + b_2 \tag{3-31}$$

式中 b_1，b_2——钢梁外侧和内侧的一般计算宽度，当塑性中和轴位于混凝土板内时，各取梁等效跨径的 1/6；

b_0——若无板托则为钢梁上翼板缘宽度，若有板托则为板托顶部宽度，板托倾角 $\alpha \geqslant 45°$ 时应按实际角度计算板托顶部宽度，当板托倾角 $\alpha < 45°$ 时应按 $\alpha = 45°$ 计算板托顶部宽度。

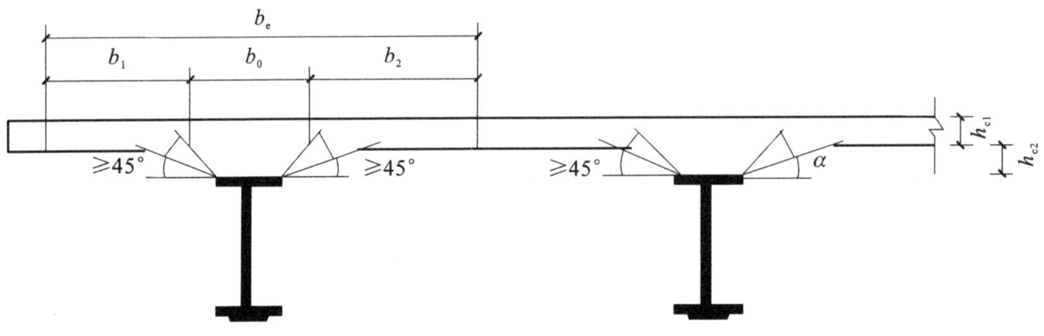

图 3-33　组合梁截面与混凝土翼板计算宽度

组合梁混凝土翼板在有效宽度内受压时，认为压应力沿宽度方向均匀分布。

组合梁上钢筋混凝土板厚一般采用 100 mm、120 mm、140 mm、160 mm；对于承受特大荷载的平台结构，可采用 180 mm、200 mm 甚至 300 mm。

（3）组合梁截面的弹性分析

组合梁截面的弹性分析主要用以计算截面应力及刚度。由于组合梁有钢筋混凝土楼板作横向支撑，故它的整体刚性很好，不致发生整体失稳。但在施工阶段，应考虑钢梁的整体稳定问题。组合梁中，钢梁腹板的局部稳定应得到保证。由《钢结构设计标准》(GB 50017—2017)可知：

当$\frac{h_0}{t_w} \leqslant 80\sqrt{\frac{235}{f_y}}$时，可不设置加劲肋；对有局部压应力的梁，宜按规定配置加劲肋；t_w 为腹板厚度，h_0 为腹板计算高度。

当 $80\sqrt{\frac{235}{f_y}} < \frac{h_0}{t_w} \leqslant 170\sqrt{\frac{235}{f_y}}$时，应配置加劲肋，并应按规定计算。

当$\frac{h_0}{t_w} > 170\sqrt{\frac{235}{f_y}}$时，应配置横向加劲肋和在受压区的纵向加劲肋，必要时还应在受压区配置短加劲肋，且均应按规定计算。

① 组合梁的正应力分析。

在组合梁的弹性分析法中，采用了以下基本假定：

a. 钢材与混凝土均为理想的弹性体。

b. 钢筋混凝土翼板与钢梁之间有可靠的连接，相对滑移很小，可以忽略不计，平截面在弯曲之后仍保持平面。

c. 混凝土翼板按实体面积计算，不扣除其中受拉开裂的部分，但为了简化计算，板托面积有时亦可忽略不计。

d. 不考虑混凝土翼板中的钢筋。

在进行弹性内力分析时，根据应变相同且总内力不变的原则，将混凝土等效换算成钢，即将受压混凝土翼板有效宽度 b_e 折算成与钢材等效的换算截面宽度 b_{es}，其计算如下：

短期荷载作用下的等效截面宽度

$$b_{es}=\frac{b_e}{\alpha_E} \tag{3-32}$$

长期荷载作用下的等效截面宽度

$$b_{es}=\frac{b_e}{2\alpha_E} \tag{3-33}$$

式中 b_e——混凝土翼板有效宽度，按式(3-31)计算；

α_E——钢材与混凝土弹性模量之比。

将混凝土等效换算成钢以后，即可认为梁的截面是由单一材料组成的，则组合截面的法向应力可用材料力学公式进行计算。

对钢梁部分：

$$\alpha_s=\frac{My}{I_{sc}} \tag{3-34}$$

对于混凝土部分：

短期荷载作用下

$$\alpha_c=\frac{My}{\alpha_E I_{sc}} \tag{3-35}$$

长期荷载作用下

$$\alpha_c=\frac{My}{2\alpha_E I_{sc}} \tag{3-36}$$

式中 α_s——钢梁应力，受拉为正；

α_c——混凝土应力，受拉为正；

M——弯矩设计值；

I_{sc}——换算截面惯性矩；

y——所求应力点到换算截面形心轴的距离，在形心轴以下时为正。

② 组合梁的剪应力分析。

组合梁的剪应力分析，也采用本节所述的基本假定并换算截面，按照材料力学的公式进行分析。

对于钢材：

$$\tau_b=\frac{VS}{I_{sc}t} \tag{3-37}$$

对于混凝土：

短期荷载作用下

$$\tau_c=\frac{VS}{\alpha_E I_{sc} t} \tag{3-38}$$

长期荷载作用下

$$\tau_c=\frac{VS}{2\alpha_E I_{sc} t} \tag{3-39}$$

式中 V——竖向剪力设计值；

S——剪应力计算点以上的换算截面对总换算截面中和轴的面积矩；

t——换算截面的腹板厚度，在混凝土区等于该处的混凝土换算厚度，在钢梁区等于钢梁腹板厚度。

在进行抗剪承载能力计算时，应分别取钢梁和混凝土最大剪应力点的剪应力进行验算。当换算截面中和轴位于钢梁腹板内时，钢梁的剪应力计算点取换算截面中和轴处；混凝土部件的剪应力计算点取混凝土部件与钢梁上翼缘衔接处；当换算截面中和轴位于钢梁以上时，钢梁的剪应力计算点取钢梁腹板计算高度上边缘处，混凝土部件剪应力计算点取换算截面中和轴处。

(4) 组合梁截面的塑性分析

除了直接承受动力荷载作用的组合梁以及钢梁板件宽厚比较大的组合梁以外，一般均应用塑性分析方法来计算组合梁的承载力。由于塑性分析方法考虑了材料塑性阶段的性质，使材料的强度得到了充分的发挥，因而是一种更经济的方法。由于塑性阶段工作不存在应力叠加问题，而且初应力的存在也不影响构件的最终承载力，因而计算公式简明。对于组合梁来说，当考虑材料的塑性发展时，无论施工时梁下有无临时支撑，都可认为其最终承载力是相同的。

① 组合梁抗弯承载力的计算。

a. 基本假定。在确定组合梁截面抗弯承载力时，采用以下基本假定：

(a) 混凝土翼板与钢梁有可靠的相互连接，能保证抗弯能力得到充分的发挥。

(b) 位于塑性中和轴一侧的受拉混凝土，因为开裂而不参加工作；混凝土的受压区为均匀受压，混凝土达到弯曲抗压强度设计值；钢梁的受压区为均匀受压，钢梁的受拉区为均匀受拉，并分别达到塑性设计抗压及抗拉强度 f_p($f_p=0.9f$，f 为钢材强度设计值)。

此外，为了简化计算，可将混凝土板托及钢筋混凝土翼板内的受压钢筋忽略不计。

b. 组合梁的截面分类。在进行组合梁正截面抗弯能力分析时，梁截面可能受到正、负弯矩的作用。在负弯矩(如连续组合梁的支座处)的作用下，混凝土的翼板处于受拉区，钢梁则一部分受拉一部分受压。在正弯矩的作用下，按组合梁塑性中和轴所在位置的不同，将组合梁截面分成两种类型。

第一类截面：塑性中和轴位于混凝土翼板内(包括板托)，钢梁全部处于受拉状态，钢梁的板件无局部失稳问题，如图 3-34(a)所示。

第二类截面：塑性中和轴位于钢梁内，钢梁部分受压部分受拉，如图 3-34(b)所示。

对于负弯矩作用下的组合梁及正弯矩作用下的第二类截面组合梁，为了保证钢梁受压区塑性变形能充分发展，钢梁板件的宽厚比应满足相应的规定。

c. 抗弯承载力计算公式有多个，它们分别考虑了弯矩的正负和截面类型。

(a) 正弯矩作用时。当 $Af_p \leqslant b_e h_{c1} f_{cm}$ 时，则塑性中和轴位于混凝土受压翼缘内，为第一类截面，计算简图如图 3-35 所示。建立平衡方程如下：

$$M \leqslant b_e x f_{cm} y \tag{3-40}$$

式中 M——全部荷载产生的弯矩设计值；

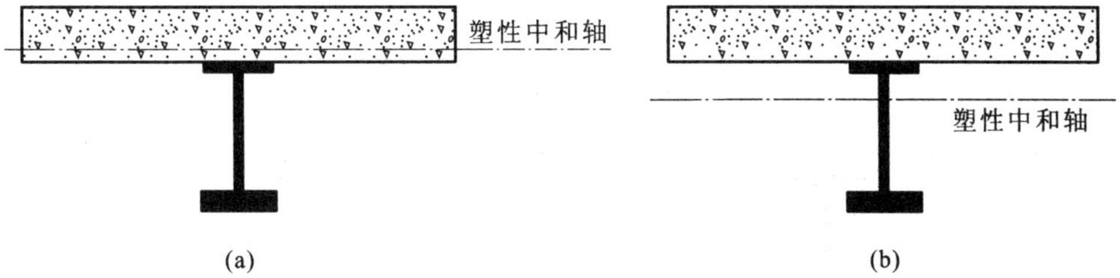

图 3-34　组合梁截面类型

(a) 第一类；(b) 第二类

y——钢梁截面应力合力至混凝土受压区截面应力合力之间的距离；

f_{cm}——混凝土弯曲抗压强度设计值；

x——组合梁截面塑性中和轴至混凝土翼板顶面的距离。

$$x=\frac{Af_p}{b_e f_{cm}} \tag{3-41}$$

式中　A——钢梁截面面积；

b_e——混凝土翼缘有效宽度。

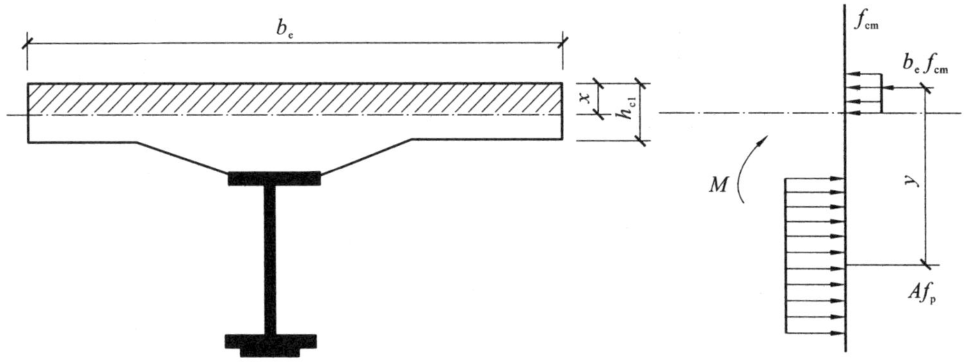

图 3-35　第一类截面和计算简图

当 $Af_p>b_e h_{c1} f_{cm}$ 时，塑性中和轴在钢梁截面内，为第二类截面。计算简图如图 3-36 所示。建立平衡方程如下：

$$M\leqslant b_e h_{c1} f_{cm} y_1+A_s f_p y_2 \tag{3-42}$$

式中　y_1——钢梁受拉区截面应力合力至混凝土翼板截面应力合力之间的距离；

y_2——钢梁受拉区截面应力合力至钢梁受压区截面应力合力之间的距离；

A_s——钢梁受压区截面面积。

$$A_s=0.5(A-b_e h_{c1} f_{cm}/f_p) \tag{3-43}$$

(b) 负弯矩作用时。在负弯矩作用下，因混凝土翼板处于受拉区而退出工作。截面的计算简图如图 3-37 所示。

对钢梁形心轴取矩，建立平衡方程如下：

$$M\leqslant M_p+A_{st} f_{st}(d_{sc}-d_r) \tag{3-44}$$

$$d_{sc}=d-\frac{d_{wc}}{2}\geqslant h_{c1}+t_f \tag{3-45}$$

$$d_{wc}=\frac{A_{st} f_{st}}{2t_w f_p} \tag{3-46}$$

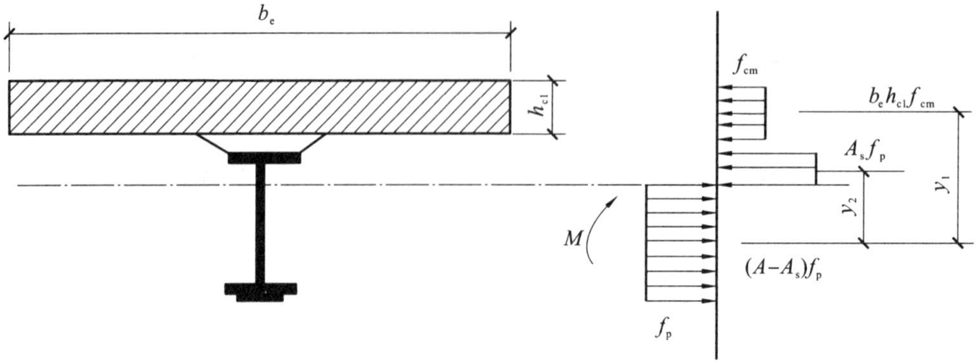

图 3-36　第二类截面和计算简图

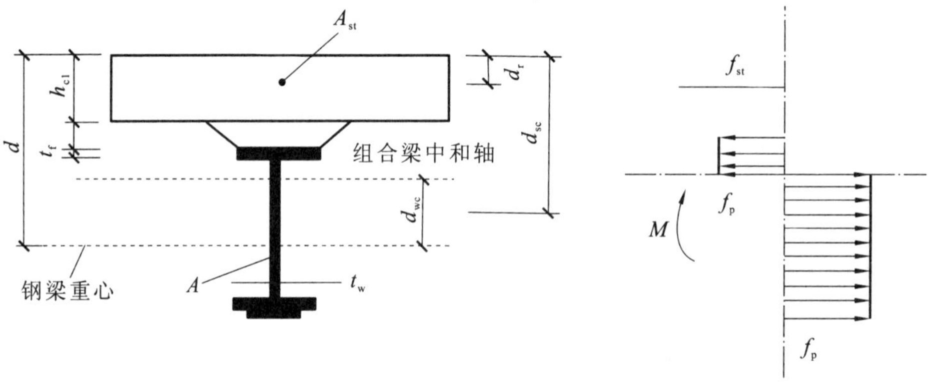

图 3-37　负弯矩组合梁截面和计算简图

式中　M_p——钢梁对自身塑性中和轴的抗弯能力；

d——钢梁截面重心至混凝土翼板顶端的距离；

d_{wc}——钢梁截面重心至组合梁截面塑性中和轴的距离；

d_r——混凝土截面重心至混凝土翼板顶端的距离；

t_f——钢梁上翼缘板的厚度；

t_w——钢梁腹板厚度；

d_{sc}——d 与 $d_{wc}/2$ 的差值；

A_{st}——位于混凝土板计算宽度内纵向钢筋的截面面积；

f_{st}——纵向钢筋的受拉承载力设计强度。

② 组合梁抗剪承载力的计算。

其按钢梁腹板承受剪力来计算。

3.4　多、高层钢结构连接

3.4.1　一般规定

① 多、高层框架主要构件及节点的连接应采用焊接、摩擦型高强度螺栓连接或栓-焊组合连接。栓-焊组合连接是指在同一受力连接的不同部位分别采用高强度螺栓及焊接的方式连接，如

同一梁与柱连接时，其腹板与翼缘分别采用栓、焊连接等，此时栓接部分的承载力应考虑先栓后焊的温度影响，需乘以折减系数 0.9。

② 在节点连接中，将同一力传至同一连接件上时，不允许同时采用两种方法连接(如又焊又栓等)。

③ 节点焊接连接需符合下列要求：

a. 下列部位应采用全熔透焊缝，其焊缝质量检验要求应符合一级或二级质量等级要求：与母材等强的焊接连接或拼接，框架节点塑性区段的焊接连接。

b. 焊缝金属应与母材强度相匹配：Q235 钢应选用 E43 型焊条或相应的焊丝；Q355 钢应选用 E50 型焊条或相应的焊丝；不同强度钢材焊接时，焊接材料应按强度较低的钢材选用。

焊接连接视频

螺栓连接视频

c. 设计中应考虑安装及施焊的净空或条件，以方便施工。对高空施工条件困难的现场焊缝，其承载力应乘以折减系数 0.9。

④ 对较重要的或受力较复杂的节点，当按所传内力(不是按与母材等强)进行连接设计时，宜使连接的承载力留有 10%～15%的裕度。

⑤ 多、高层框架结构体系中的梁柱连接节点及柱脚节点均应设计为刚接节点；柱-支撑结构体系中的梁柱连接节点可设计为铰接节点，而其柱脚节点则应考虑安装时的稳定且应具有一定的刚接抗弯性能。

⑥ 所有框架承重构件的现场拼接均应为等强拼接(用摩擦型高强度螺栓连接或焊接连接)。多、高层框架梁柱及支撑的安装单元划分，一般宜按图 3-38 所示进行分段。

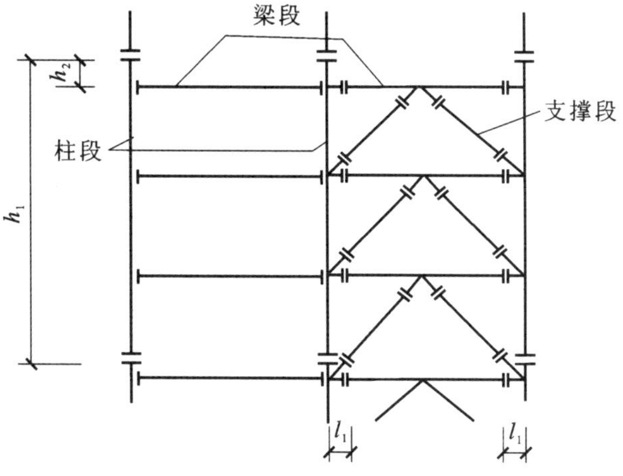

图 3-38　多、高层框架构件安装分段示意图

柱段高度 h_1 一般可按 3 层一段考虑，拼接点高 h_2 宜按主梁顶面以上 1.0～1.3 m 考虑。

⑦ 对 8 度及 9 度抗震设防烈度地区的多、高层框架，其梁、柱节点的连接还应进行如下述的节点塑性区段(梁端或柱端由构件端面算起 1 /10 跨长或 2 倍截面高度的范围)验算校核：

a. 节点连接的极限承载力应不小于所连接构件(包括梁、柱、支撑)截面塑性承载力的 1.2 倍(抗弯承载力)及 1.3 倍(抗剪承载力)。

b. 塑性区段内构件截面的宽厚比及受弯构件侧向支承点区段的长细比均应符合《钢结构设计标准》(GB 50017—2017)中“塑性及弯矩调幅设计”一节中的有关规定。

3.4.2 梁柱节点连接

梁柱节点连接图

梁与柱的连接可以设计成铰接、半刚性连接或刚性连接。铰接节点一般是将梁的腹板与柱用螺栓相连构成，半刚性节点在多、高层钢结构中的应用还不多，但已经有一些研究成果。工程实践中，除了铰接节点外，大多采用刚接节点。

梁与柱的刚性连接有下列几种构造形式：

① 梁与柱丁字形连接（图 3-39）。柱上焊有安装用支托，柱的腹板用横向加劲肋加强。这种连接刚度较大，但梁的长度必须制造精确，安装时有仰焊缝。

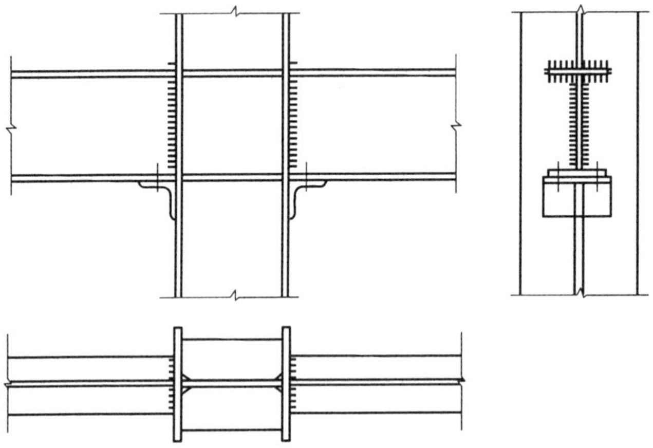

图 3-39　梁与柱丁字形连接

② 梁与柱通过宽翼缘 T 型钢连接（图 3-40）。T 型钢起竖向加劲肋作用，特别适用于十字形横梁的连接。T 型钢可将工字钢在腹板上裁开而得，其接头长度大于横梁高度，可使柱的抗扭刚度得到加强。图 3-40 中，与柱翼缘直接焊接的东西向横梁，要比通过 T 形加劲肋连接的南北向横梁刚度大一些。

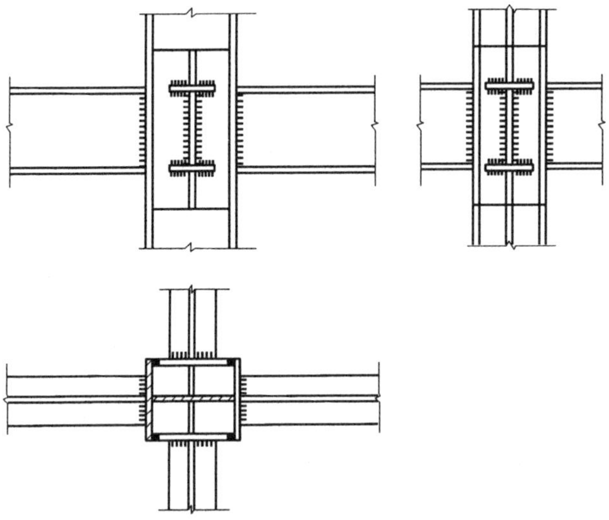

图 3-40　梁与柱通过宽翼缘 T 形钢连接

③ 梁与柱通过盖板和角钢连接（图 3-41）。在柱的东西方向，通过盖板与梁翼缘连接，以传递弯矩；通过竖直角钢与梁腹板连接，以传递剪力。柱上焊有安装用支托。为避免仰焊，上部盖板应小于梁翼缘，下部盖板应大于梁翼缘。在柱的南北方向，盖板兼肋板与柱翼缘和腹板焊接，为避免

仰焊，可在上部盖板中间开槽进行焊接。下部盖板下有竖向肋板作为支托，承受剪力。梁与柱焊接前均安装螺栓定位。

④ 对于十字形截面柱，亦可用盖板与竖向板和梁连接：水平板传递弯矩，竖向板传递剪力。下部盖板与竖向板先焊在柱上起支托作用，上部盖板做成楔形与梁柱连接。十字形截面柱完全对称，因此四个方向构造完全相同(图 3-42)。

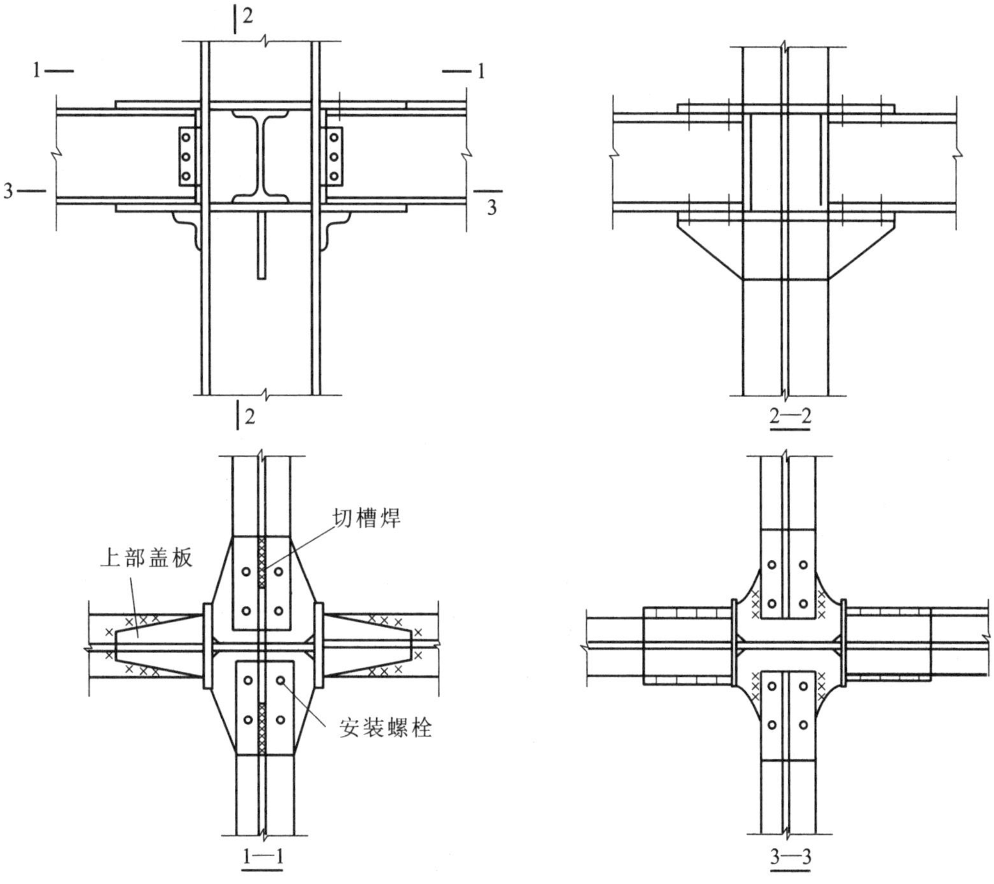

图 3-41　梁与柱通过盖板和角钢连接

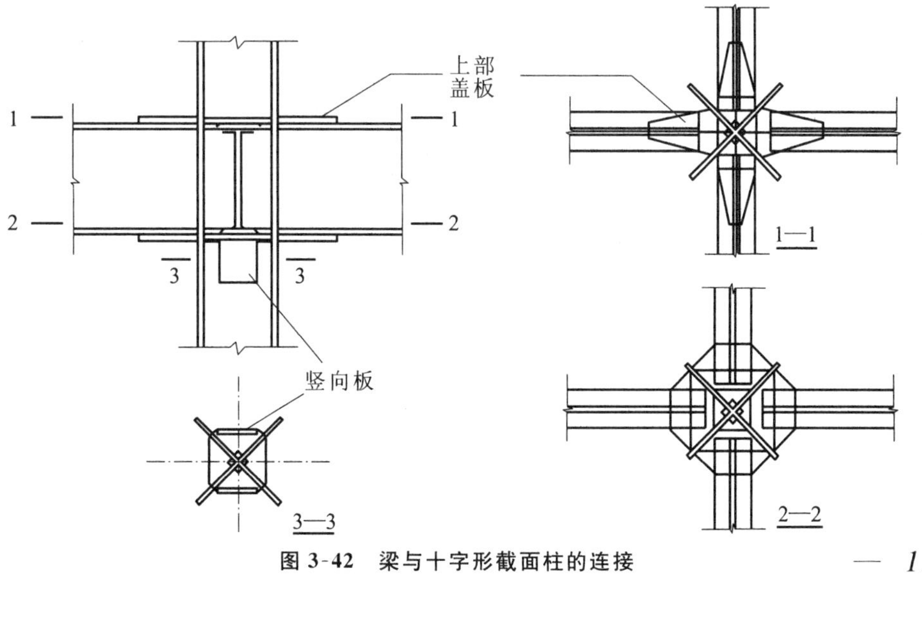

图 3-42　梁与十字形截面柱的连接

⑤ 方钢管柱与梁的连接节点如图 3-43 所示。

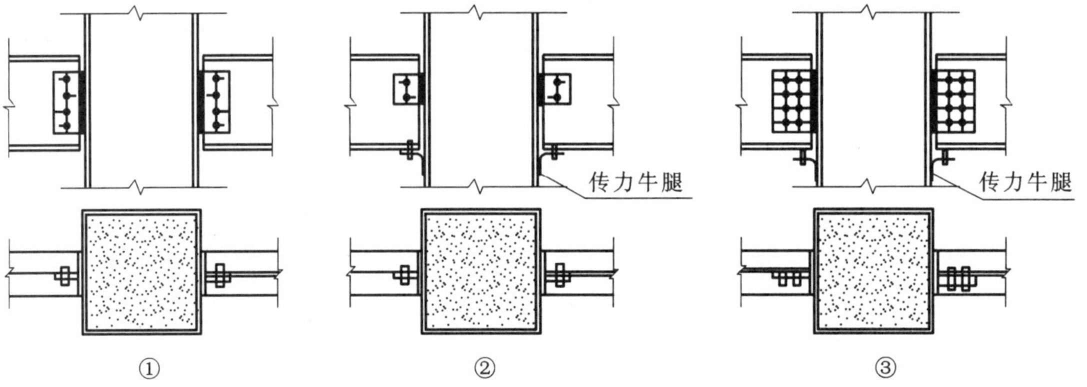

(a)

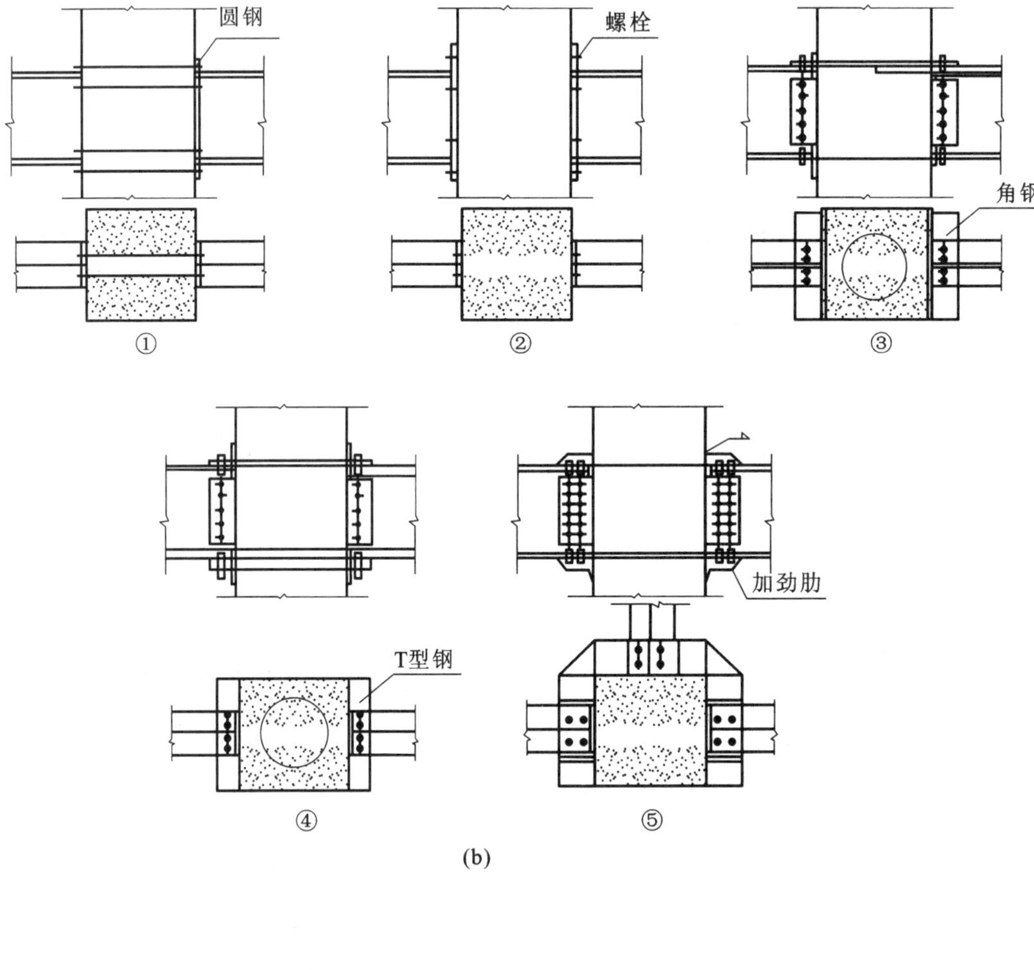

(b)

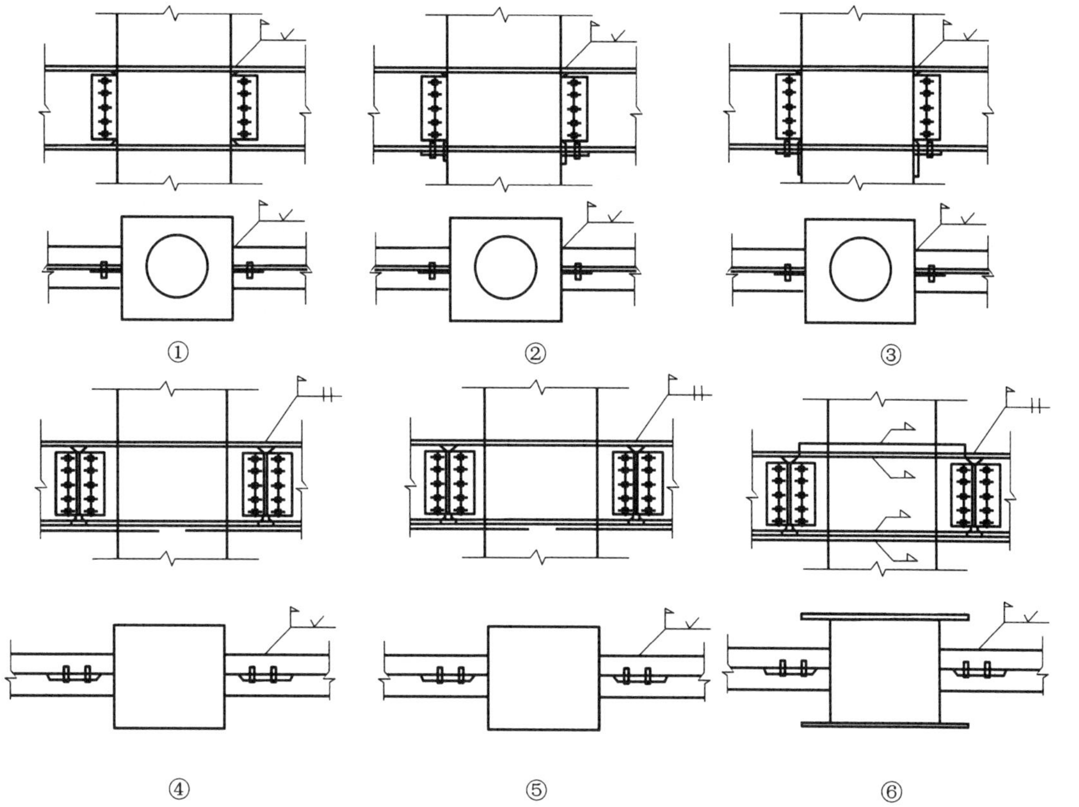

(c)

图 3-43　方钢管柱与梁的连接节点

(a) 铰接节点；(b) 半刚性节点；(c) 刚接节点

3.4.3　柱的拼接连接

多、高层框架结构中，上、下层的柱总是要做拼接连接的。柱的拼接有时放在楼层半高的地方，以避开风载下的大弯矩区。柱拼接的传力方式有焊缝传力、端部铣平传力、竖向连接板传力或横向填板传力。

图 3-44 所示为上下柱用焊缝传力。施焊前先用定位角钢安装螺栓定位，施焊后割去引弧板和定位角钢，再补焊撤除定位角钢的焊缝。此法用于上下柱同型号或翼缘不等厚的柱。

图 3-45 所示为端部铣平柱拼接。此种拼接方式需上下柱截面相等，首先将柱端磨平，上柱剖口做成平整支承面，用定位角钢连接，再对上柱下翼缘剖口处焊接，最后去掉定位角钢补焊。

当上下柱截面或宽度不相等时，可用竖向连接板传力(图 3-46)或横向填板传力(图 3-47)。

当上柱宽度与下柱腹板宽度相等时，可将下柱翼缘板向上伸出，以便上柱插入焊接，腹板则另加连接板。若板厚不等，则填以垫板变成横向填板拼接，此时需在下柱加肋板来传递上柱的压力。

3.4.4　柱脚设计

柱脚有两种静力体系，即铰接框架脚和刚接框架脚。铰接框架脚(图 3-48)构造比较简单，实腹式框架柱直接搁在底板上，周边焊接，并用锚栓与基础连接。这种框架脚不能完全转动，只用于轻型框架中。

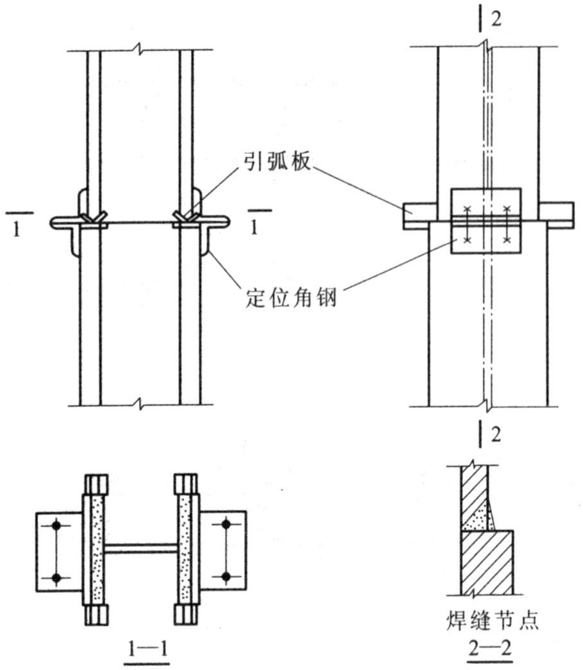

图 3-44　柱的焊缝拼接

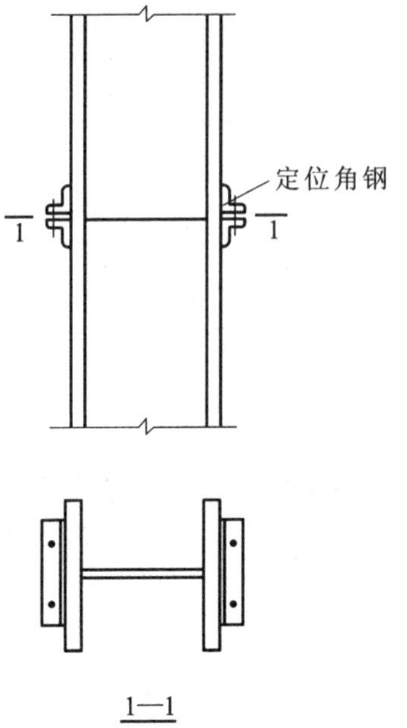

图 3-45　端部铣平柱拼接

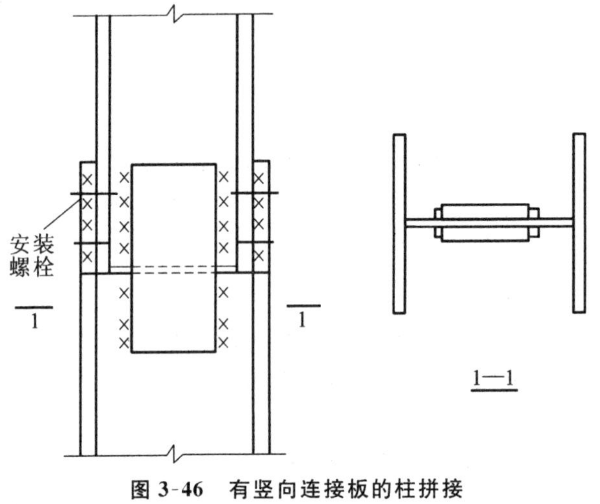

图 3-46　有竖向连接板的柱拼接

一种近似于完全铰接的框架脚如图 3-49 所示，框架柱下有一承台梁完全固定于基础上，承台梁上布置固定底板和圆柱面中心导板，使框架柱可以自由转动，而不致滑脱。

在重型格构框架脚中，有时做成滚轴式铰接支座（图 3-50），上下两个轴承间的滚轴可以承受框架脚的压力与剪力。

刚接框架脚要传递很大的轴向力、弯矩和剪力，因此框架脚构造要求有足够的刚度并保证其受力性能。

最简单的实腹式框架脚（图 3-51）由两块靴梁和底板构成：4 个底脚螺栓（销栓）可承受弯矩，框架柱的内力通过焊缝传给靴梁，靴梁再通过 4 个螺栓传给基础。柱脚内力传给基础时，框架脚各部分有所分工，轴向压力是由底板直接传给基础，剪力则由底板下的剪力块传递，弯矩则由螺栓（销栓）和底板共同传递。

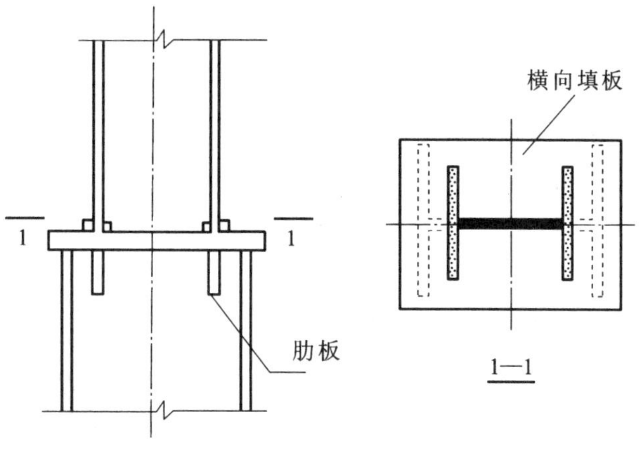

图 3-47　有横向填板的柱拼接

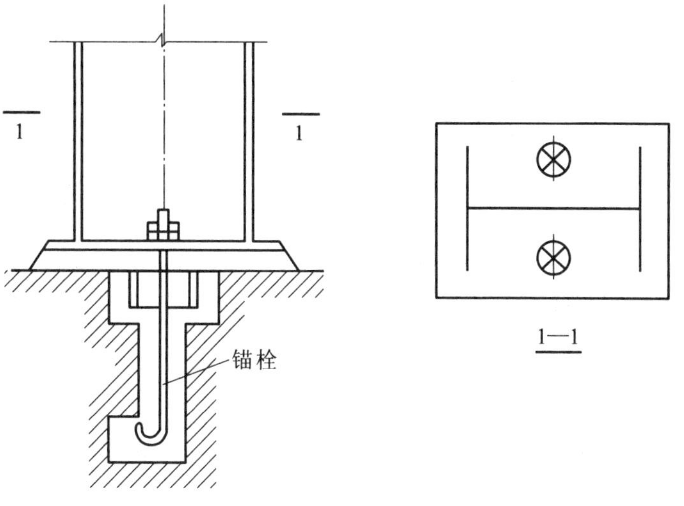

图 3-48　铰接框架脚

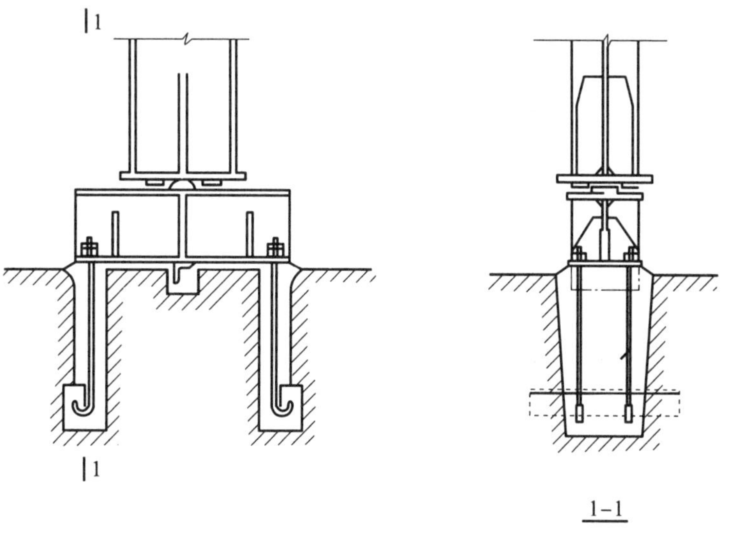

图 3-49　实腹式框架脚完全铰接构造

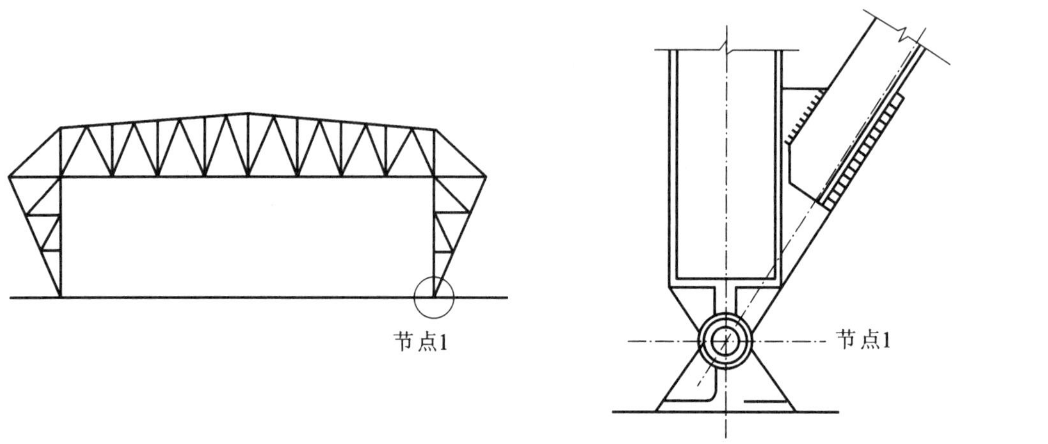

图 3-50 格构框架脚构造

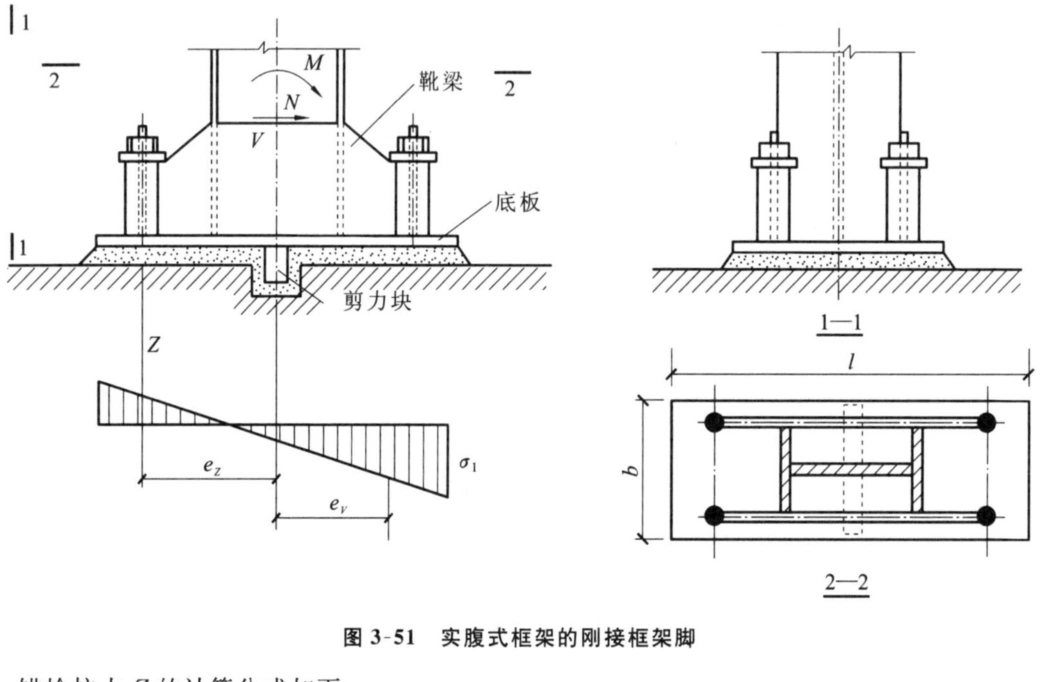

图 3-51 实腹式框架的刚接框架脚

锚栓拉力 Z 的计算公式如下：

$$Z=\frac{M-Ne_V}{e_Z+e_V} \tag{3-47}$$

式中 M,N——锚栓受最大拉力时的内力组合；

e_V——柱截面形心轴到基础受压区合力点的距离；

e_Z——锚栓拉力到柱中心轴的距离。

基础混凝土所承受的最大压、拉应力为

$$\sigma_{\max}=\frac{N}{bl}+\frac{6M}{bl^2} \tag{3-48}$$

$$\sigma_{\min}=\frac{N}{bl}-\frac{6M}{bl^2} \tag{3-49}$$

式中 b,l——基础底板的宽度、长度。

对于重型刚接框架脚，可用单壁式靴梁。它由 4 个锚栓与基础连接，承受弯矩。柱的压力仍由底板直接传给基础，剪力则由底板下的剪力块来传递。为了稳定靴梁腹板，必须加加劲肋。

格构式框架的框架脚可做成分离式（图 3-52）。分离式框架脚中各个单独柱脚的构造与中心受压柱柱脚相同，框架柱的弯矩由锚栓来传递，压力分别由柱肢通过靴梁和底板传给基础，剪力可由底板下的剪力块来传递。为了保证框架脚在运输过程中不致产生变形，常在两柱脚间用一些角钢构件连接起来。

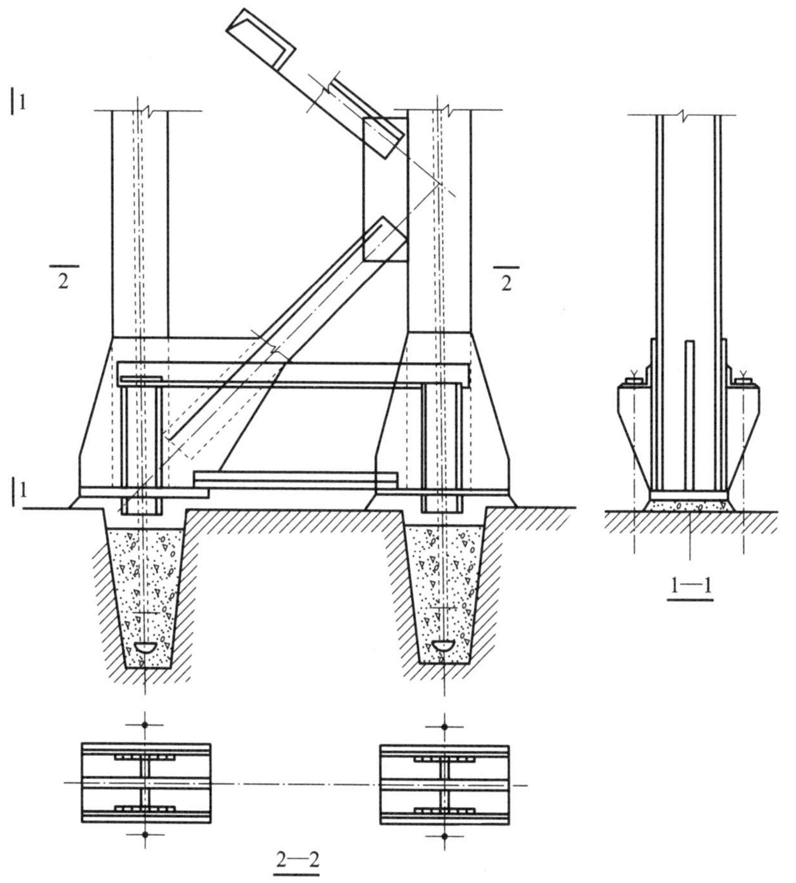

图 3-52　格构式框架的分离式框架脚

多层钢结构设计实例

3.5　高层钢结构的分析和计算

3.5.1　一般原则和基本假定

高层钢结构的内力与位移一般采用弹性分析方法计算，并考虑各种抗侧力结构的协同工作。当有抗震设防烈度要求时，应考虑在罕遇烈度地震作用下结构可能进入弹塑性状态的情况，此时应采用弹塑性方法计算。

高层建筑钢结构通常采用现浇组合楼盖，因此在进行高层钢结构内力和位移计算时，一般可假定楼面在自身平面内为绝对刚性，相应地，在设计中应采取构造措施（设置板梁抗剪件、非刚性楼面加设现浇层等）保证楼面的整体刚度。当楼面整体性较差、楼面有大开孔、楼面外伸段较长或相邻层刚度有突变时，应采用楼板在自身平面内的实际刚度，或按刚性楼面计算所得结果进行调整。

由于楼板与钢梁连接在一起，故进行高层钢结构弹性分析时，宜考虑现浇钢筋混凝土楼板与钢梁的共同工作，此时在设计中应保证楼板与钢梁间有抗剪件等可靠的连接。当按弹塑性分析时，楼板可能严重开裂，故此时不宜考虑楼板与梁的共同工作。

在进行框架弹性分析时，压型钢板组合楼盖组合梁的惯性矩可取为：对楼板的主要支承梁 $I=2I_s$，对其他情况 $I=1.5I_s$（I_s 为钢梁惯性矩）。

高层建筑钢结构的计算模型，应视具体结构形式和计算内容确定：

① 一般情况下，可采用平面抗侧力结构的空间协同计算模型。

② 结构布置规则、质量及刚度沿高度均匀分布、可以忽略扭转效应的结构，允许采用平面结构的计算模型。

③ 结构平面或立面布置不规则、体型复杂、无法划分成平面抗侧力单元的结构以及空间筒体结构等，应采用空间结构计算模型。

高层钢结构梁柱构件的长度一般较小，因此在内力与位移计算中，除考虑梁、柱的弯曲变形和柱的轴向变形外，还应考虑梁、柱的剪切变形。由于梁的轴力很小，故一般可不考虑梁的轴向变形。此外，还应考虑梁柱节点域剪切变形对侧移的影响。

高层钢结构梁、柱节点域剪切变形对结构内力影响较小，一般在10%以内，因而不需对结构内力进行修正。但此剪切变形对结构水平位移的影响较大，必须考虑其影响。影响程度主要取决于梁的弯曲刚度、节点域的剪切刚度、梁腹板高度以及梁与柱的刚度之比。在设计中，可将高层钢结构的梁柱节点域当作一个单独的剪切单元进行结构分析，并用下述两种方法作近似考虑：

① 对于箱形截面柱框架，可将节点域当作刚域，刚域的尺寸取节点域尺寸的一半。

② 对于H形截面柱框架，若结构的$\frac{EI_b}{kh_b}>1$或$\eta\leqslant5$，可不考虑梁柱节点域剪切变形的影响，按结构轴线尺寸进行分析时，η值按式(3-50)计算：

$$\eta=\left[17.5\frac{EI_b}{kh_b}-1.8\left(\frac{EI_b}{kh_b}\right)^2-10.7\right]\sqrt[4]{\frac{I_c h_b}{I_b h_c}} \tag{3-50}$$

式中 I_c，I_b——结构中柱和梁截面惯性矩的平均值；

h_b，h_c——结构中柱和梁腹板高度的平均值；

E——钢材的弹性模量；

k——节点域剪切刚度的平均值

$$k=h_c h_b tG$$

式中 t——节点域腹板厚度；

G——钢材的剪切模量。

若不满足上述条件，即$\frac{EI_b}{kh_b}>1$或$\eta>5$，可按式(3-51)修正结构楼层的水平位移，内力可不必修正，仍按结构轴线尺寸进行分析。

修正后的水平位移值公式如下：

$$\mu_i'=\left(1+\frac{\eta}{100-0.5\eta}\right)\mu_i \tag{3-51}$$

式中 μ_i'——修正后的第i层楼层的水平位移；

μ_i——忽略节点域剪切变形并按结构轴线尺寸分析所得的第i层楼层的水平位移。

一般情况下，柱间支撑构件可按两端铰接考虑，偏心支撑中的耗能梁段应取为单独单元。

对钢框架-剪力墙体系，现浇竖向连续钢筋混凝土剪力墙的计算，宜考虑墙的弯曲变形、剪切变形和轴向变形，剪力墙可作为独立竖向悬臂弯曲构件考虑。

当钢筋混凝土剪力墙具有比较规则的开孔时，可按带钢域的框架计算；当具有复杂开孔时，宜采用平面有限元法计算。

对于嵌入式剪力墙，可按相同水平力作用下产生相同侧移的原则，将其折算成等效支撑或等效剪切板。

除蒙皮结构外，结构计算中不考虑非结构构件对结构承载力和刚度的有利作用。

如有条件，计算结构内力和位移时可考虑结构与地基的相互作用。

进行结构内力分析时，应考虑重力荷载引起的竖向构件差异缩小所产生的影响。

荷载效应和地震作用效应组合的设计值应按下列公式确定：

无地震作用时

$$S=\gamma_G G_G G_K+\gamma_{Q1} C_{Q1} Q_{1K}+\gamma_{Q2} C_{Q2} Q_{2K}+\psi_W \gamma_W C_W \omega_K \tag{3-52}$$

有地震作用时的第一阶段

$$S=\gamma_G C_G G_E+\gamma_{Eh} C_{Eh} F_{EhK}+\gamma_{Ev} C_{Ev} F_{EvK}+\psi_W \gamma_W C_W \omega_K \tag{3-53}$$

式中 G_K, Q_{1K}, Q_{2K}——永久荷载、楼面活荷载、雪荷载等竖向荷载标准值；

$F_{EhK}, F_{EvK}, \omega_K$——水平地震作用、竖向地震作用和风荷载的标准值；

G_E——考虑地震作用时的重力荷载代表值，按相关规定计算；

$C_G G_K, C_{Q1} Q_{1K}, C_{Q2} Q_{2K}, C_W \omega_K, C_G G_E, C_{Eh} F_{EhK}, C_{Ev} F_{EvK}$——永久荷载、楼面活荷载、雪荷载、风荷载、重力荷载代表值、水平地震作用标准值和竖向地震作用标准值产生的荷载和作用效应标准值，由力学计算求得；

$\gamma_G, \gamma_{Q1}, \gamma_{Q2}, \gamma_W, \gamma_{Eh}, \gamma_{Ev}$——永久荷载、楼面活荷载、风荷载、水平地震作用和竖向地震作用的分项系数，各种情况下的分项系数值见表 3-2；

ψ_W——风荷载组合系数，在无地震作用的组合中取 1.0，在有地震作用的组合中取 0.2。

表 3-2 **荷载与作用组合的分项系数**

序号	组合情况	重力荷载分项系数（γ_G）	活荷载分项系数（γ_{Q1}, γ_{Q2}）	水平地震作用分项系数（γ_{Eh}）	竖向地震作用分项系数（γ_{Ev}）	风荷载分项系数（γ_W）	备注
1	考虑重力荷载、楼面活荷载及风荷载	1.30	1.50	—	—	1.50	
2	考虑重力荷载及水平地震作用	1.30	—	1.40	—	—	
3	考虑重力荷载、水平地震作用及风荷载	1.30	—	1.40	—	1.50	用于 60 m 以上建筑

续表

序号	组合情况	重力荷载分项系数（γ_G）	活荷载分项系数（γ_{Q1}，γ_{Q2}）	水平地震作用分项系数（γ_{Eh}）	竖向地震作用分项系数（γ_{Ev}）	风荷载分项系数（γ_W）	备注
4	考虑重力荷载及竖向地震作用	1.30	—	—	1.40	—	在下列情况下使用：① 9度抗震设防烈度；② 8、9度抗震设防烈度的大跨度和长悬臂结构
5	考虑重力荷载、水平及竖向地震作用（水平地震为主）	1.30	—	1.40	0.50	—	
6	考虑重力荷载、水平及竖向地震作用（竖向地震为主）	1.30	—	0.50	1.50	1.50	在下列情况下使用：① 9度抗震设防烈度；② 8、9度抗震设防烈度的大跨度和长悬臂结构，并用于60 m以上建筑

注：无地震作用组合中，重力荷载即永久荷载。当重力荷载效应对构件承载能力有利时，取 $\gamma_G=1.0$。

无地震作用组合式(3-52)中，考虑高层建筑荷载特点（高层钢结构主要用于办公室、公寓、饭店），只列入了永久荷载、楼面使用荷载及雪荷载3项竖向荷载，水平荷载只有风荷载。如果建筑物上还有其他活荷载，可参照荷载规范要求进行组合。

表3-2给出了高层钢结构各种可能的荷载效应组合情况。在高度很大的高层钢结构中，只有竖向荷载组合不可能成为最不利组合，因此未包括无风荷载的组合情况。第一阶段抗震设计进行构件承载力验算时，应从表3-2中选择出可能出现的组合情况及相应的荷载和作用分项系数，分别进行内力设计值组合，取各构件的最不利组合进行截面设计。

第一阶段抗震设计进行高层钢结构位移计算时，应取与内力组合相同的情况进行组合，但各荷载和作用的分项系数均取1.0，取结构最不利位移标准进行位移限值验算。

第二阶段抗震设计时，采用时程分析法进行抗震验算，不考虑风荷载，竖向荷载取重力荷载代表值，同时考虑的荷载和作用均取标准值。此时，因为结构处于弹塑性阶段，叠加原理已不适用，故应将考虑的荷载和作用事先施加到结构模型上再进行时程分析。

3.5.2 内力和位移的计算方法

(1) 一般规定

高层建筑钢结构由于功能复杂，体型多样，且高度较大，杆件较多，受力也比较复杂，因此在进行结构的静力、动力分析时，一般都应借助电子计算机，采用专用设计计算软件进行工程设计。

对于结构布置不规则、体型复杂以及空间作用明显的结构，宜采用空间分析方法。此时，梁柱构件按空间杆件计算单元考虑，每端有6个自由度；剪力墙按薄壁空间杆件计算单元考虑，每端有7个自由度。

空间分析按如下步骤进行：

① 形成梁、柱、墙的单元刚度矩阵。

② 进行坐标变换，用整体坐标位移代换局部坐标位移。

③ 引入楼板刚性的条件，用楼层的公共位移代换杆端相应位移。

④ 求解方程，得杆端位移，进而计算杆件内力。

结构分析中某些技术问题按以下原则处理：

① 形状复杂的剪力墙可采用平面有限元法进行应力计算，所采用的平面单元应具有较高的精度，如采用完全三次式位移函数的单元。

② 沿竖向基本均匀的结构，可采用有限条法进行内力与位移分析。有限条的类型可根据结构类型确定。

③ 有必要并有条件时，可以将更复杂的高层建筑结构划分为各种单元的组合，采用更详细的计算机程序进行三维空间分析。

④ 在计算机弹性分析程序编制中宜采用子结构方法以节省内存。首先消去子结构中的内部自由度形成总刚度矩阵，然后解方程求得总体未知量，再代回求出其他位移和相应的内力。

(2) 高层建筑钢结构的近似分析法

在实际工程中，对于高度小于 60 m 的建筑或在方案设计阶段预估截面时，为了迅速、有效地评价结构体系的性能及确定结构与构件的主要尺寸指标，可以采用一些简化的计算模型进行分析计算。

① 框架结构的简化计算。

a. 竖向荷载作用下的简化计算。

在竖向荷载作用下，纯框架结构的框架内力可采用分层法进行简化计算。此时框架梁与上、下层柱组成基本计算单元，不考虑横梁的侧移，竖向荷载产生的梁固端弯矩只在本单元内进行弯矩分配，单元之间不传递。计算所得的梁弯矩作为最终弯矩，柱端弯矩取相邻单元对应柱端弯矩(即上、下两层计算所得弯矩)之和。柱中轴力可通过梁端剪力和逐层叠加柱内的竖向荷载求出。

b. 水平荷载作用下的简化计算。

在水平荷载作用下，框架的内力和位移可采用 D 值法进行简化计算。层数少于 20 层、斜撑或剪力墙较少的带斜撑或带嵌入剪力墙的钢框架结构，也可作为剪切型体系，近似采用 D 值法。计算时，斜撑、剪力墙的等效 D 值可按下列方法计算。

(a) 带十字形支撑的框架(图 3-53)中，十字形支撑的等效值

$$D_b=\frac{2E_bA_b\cos^3\theta}{l} \tag{3-54}$$

式中　E_b，A_b——支撑的弹性模量和截面面积；

θ——支撑的水平倾角；

l——支撑的跨度。

(b) 其他形式的支撑[如 K 形支撑(图 3-54)、偏心支撑等]，可按产生单位水平位移所需的水平力确定 D_b，即

$$D_b=\frac{P}{\delta}$$

式中　P——施加的水平力；

δ——由于 P 力作用于支撑上产生的水平位移。

(c) 在钢框架中填充的钢筋混凝土剪力墙的等效值为

$$D_w=\frac{\mu G_W t_w l_0}{h} \tag{3-55}$$

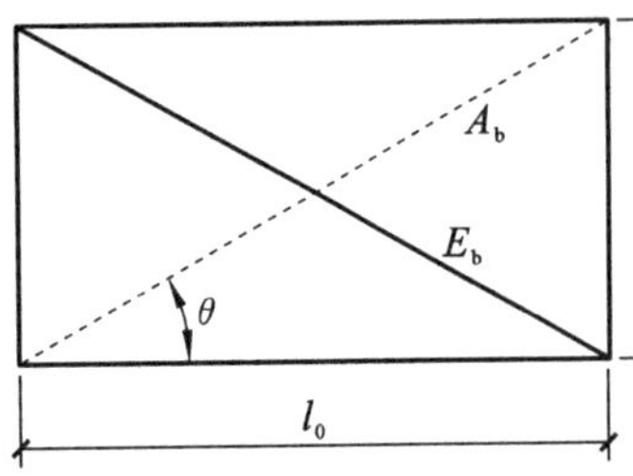

图 3-53　十字形支撑

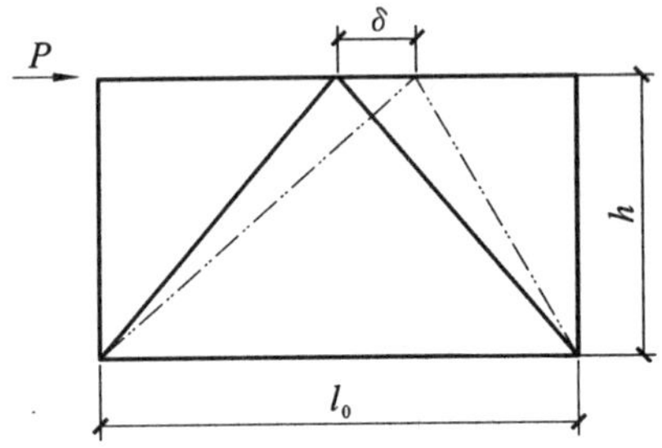

图 3-54　K 形支撑

式中　μ ——剪应力不均匀系数，对于矩形截面，$\mu=1.2$，对于工字形截面，$\mu=\dfrac{A}{A'}$（A 为全截面面积，A'为腹板面积）；

G_W——墙的剪切模量；

t_w——墙厚；

l_0——墙宽；

h——层高。

c. 节点半刚性时的修正。

在钢框架设计中，通常假定梁、柱节点完全刚接或完全铰接。但研究表明，一般构造的刚节点或铰节点，其弯矩和相对转角的关系既非完全刚接也非完全铰接，这种节点的半刚性特征将明显影响结构分析的结果。因此，需对结构内力与位移作修正。但研究同时表明，当满足下述条件时，可以忽略节点半刚性的影响。

(a) 对于满焊节点，其性能基本上符合节点刚性的假定，可不考虑节点半刚性对内力和位移的影响。

(b) 当结构中梁的线刚度$\dfrac{EI}{l}$和节点初始刚度k 之比的平均值$\dfrac{EI}{kl}\geqslant 0.02$ 时，可不考虑节点半刚性对结构水平位移的影响。

(c) 当$\dfrac{\sqrt{n}EI}{kl}\leqslant 0.1$ 时（n 为结构层数），可不考虑节点半刚性对结构内力的影响。

当不满足上述条件时，须按下述情况将按节点刚性假定所得的结果作适当修正，修正前后所得值的变化范围一般约 5%。

$$\Delta_{si}=\left(4.3\frac{EI}{kl}+1\right)(0.66\sigma^3+0.86\sigma^2+1)\Delta_{ri} \tag{3-56}$$

式中　Δ_{si}——第 i 层楼水平位移的修正值；

Δ_{ri}——按节点刚性假定计算所得第 i 层楼水平位移值；

σ ——其值为$\dfrac{n-i}{n}$，其中 n 为结构总层数，i 为第 i 层楼层数。

结构的层间位移按式(3-57)修正：

$$\delta_{si}=\left(2\frac{EI}{kl}+1\right)(0.66\sigma^3+0.86\sigma^2+1)\delta_{ri} \tag{3-57}$$

式中　δ_{si}——第 i 层层间位移修正值；

δ_{ri}——按节点刚性计算所得第 i 层层间位移值。

一般情况下，除底层柱外，按节点刚性计算所得弯矩值比按节点半刚性计算所得弯矩值大，因

此只对底层柱靠基础端的弯矩值进行修正，公式为

$$M_s = \left(0.56\sqrt{n\frac{EI}{kl}} + 1\right)M_r \tag{3-58}$$

式中 M_s——底层柱端弯矩修正值；

M_r——按节点刚性计算所得的底层柱端弯矩值。

② 框架-剪力墙结构体系空间分析的近似方法。

平面布置规则的框架-剪力墙结构体系（框支体系和框-剪体系），在水平荷载作用下，可以简化为平面抗侧力体系进行分析，其基本方法如下。

将高层建筑钢结构沿两个主轴划分为若干平面抗侧力结构。每一个方向上作用的水平荷载由该方向上的平面抗侧力结构承受，垂直于荷载方向的抗侧力结构不参加工作，并由同一楼层上水平位移相等的部件进行水平力分配。如抗侧力结构与主轴方向斜交，可由转轴公式计算该抗侧力结构在两个主轴方向上的作用力。

将所有竖向支撑（或剪力墙）并联为总支撑（或总剪力墙），所有框架也并联为总框架。总框架和总支撑（或总剪力墙）之间用一刚性水平铰接连杆串联起来形成最终计算模型，再进行协同工作分析。

总支撑可当作一个弯曲杆，其等效弯曲刚度

$$EI_b = E\mu\sum_{i=1,j=1}^{n} A_{ij}b_{ij}^2 \tag{3-59}$$

式中 μ——折减系数，对于中心支撑，可取 0.8～0.9；

A_{ij}——第 j 片竖向支撑和第 i 根柱的截面面积；

b_{ij}——第 i 根柱到第 j 片竖向支撑的柱截面总形心轴的距离；

n——每一片竖向支撑中的柱子数；

E——钢材的弹性模量。

总剪力墙的等效抗弯刚度可由式(3-60)计算：

$$EI_d = \sum_{i=1}^{n} EI_{di} \tag{3-60}$$

式中 I_d——总剪力墙的等效惯性矩；

I_{di}——各片剪力墙的等效惯性矩。

框架与抗剪结构体系协同工作的计算，宜用电子计算机求解的精确计算方法。国内已有许多这种方法的计算机软件，设计人员可根据情况选用。

对规则但有偏心的结构作近似分析时，可先按无偏心结构进行分析，然后将内力乘以如下修正系数：

$$\psi_i = 1 + \frac{e_d r_i \sum k_i}{\sum k_i r_i^2} \tag{3-61}$$

式中 ψ_i——第 i 片抗侧力结构的内力修正系数；

e_d——偏心距设计值，非地震作用时 $e_d = e_0$，地震作用时 $e_d = e_0 + 0.05L$，e_0 为楼层水平荷载合力中心与刚度中心之间的距离，L 为垂直于楼层剪力方向的结构平面尺寸；

r_i——第 i 片抗侧力结构至刚度中心的距离；

k_i——第 i 片抗侧力结构的侧向刚度。

当扭矩对计算构件的内力起有利作用时，应忽略扭矩的作用。

③ 高层钢柱架的底部剪力法。

用底部剪力法估算高层钢柱架结构的构件截面时，水平地震作用下倾覆力矩引起的柱轴力，对体型较规则的丙类建筑可考虑折减。折减系数 k 的取值，根据所考虑截面位置的不同来选取。对体型不规则或体型有规则但基本周期 $T\leqslant1.5$ s 的结构，倾覆力矩不折减。

④ 筒体结构的近似计算法。

筒体结构的计算方法应反映其空间工作特点，并考虑所有抗侧力构件的共同工作。平面为矩形或其他规则的筒体结构可采用等效角柱法、展开平面框架法、等效截面法等方法，转化为平面框架进行近似计算。

a. 展开平面框架法。如果筒体结构是双轴对称的，则可以取 1/4 结构来分析。与侧向力作用方向垂直的框架称为翼缘框架，与侧向力作用方向平行的框架称为腹板框架。

由于侧向力主要由腹板框架承受，腹板框架又通过竖向剪力将荷载传递到翼缘框架上，因此，可以设想将这 1/4 的空间框架展开成一个平面框架，腹板框架与翼缘框架之间通过能传递竖向剪力的虚拟构件连接。虚拟构件只能传递剪力而不能传递弯矩和轴力，即虚拟构件的剪切刚度无限大而弯曲和轴向刚度为零，在展开的等效平面框架的边界上，则代之以相应的约束条件。

由于角柱为翼缘框架和腹板框架所共有，故计算时将角柱分为两个：计算角柱的轴向刚度时，所用截面面积取实际角柱截面面积的一半；在计算弯曲刚度时，惯性矩可取角柱各自方向上的惯性矩。内力计算完成后，将翼缘框架和腹板框架角柱的轴力相叠加，作为原角柱的轴力。

根据计算模型，即可按框架-剪力墙结构体系中矩阵位移法计算框筒在侧向力作用下的侧移和内力。

b. 等效截面法。对于钢-混凝土组合结构体系，在侧向力作用下，由于剪力滞后效应，使得与侧向力作用方向垂直的翼缘框架中部的柱子轴向应力减少，因此可假设这部分框架对结构抗侧力影响不大，此时可将外框筒简化为平行于荷载方向的两个等效槽形截面构件，其翼缘有效宽度 b 按下列三者的最小值采用：

$$b\leqslant\frac{L}{3},\quad b\leqslant\frac{B}{2},\quad b\leqslant\frac{H}{10}$$

式中 H,L,B——筒体的高度、长度和宽度。

这样，可将此双槽形截面作为悬臂构件来抵抗侧向力的作用。等效双槽形截面中的密排柱产生轴向力，连接密排柱的横梁则产生剪力，柱内轴力和梁内剪力可通过悬臂梁的计算方法分别求得。

$$N_c=\frac{My_c}{I_e}A_c \tag{3-62}$$

$$Q_b=\frac{QS}{I_e}h \tag{3-63}$$

式中 N_c——水平侧向力作用下所计算的柱内轴力；

M——水平侧向力作用下等效双槽形截面框架整体弯曲时的弯矩；

I_e——等效双槽形截面的惯性矩；

A_c——所计算柱的截面面积；

y_c——所计算柱的形心至框架筒中性轴的距离；

Q_b——横梁的剪力；

Q——水平侧向力引起的楼层剪力；

S——等效双槽形截面中框筒中性轴一侧的所有柱对框筒中性轴的面积矩之和；

h——计算梁所在高度处的楼层层高，如果梁的上下层层高不同，则取平均值。

梁的剪力求出后，假定梁的反弯点在梁净跨度的中点上，则可求得梁端处的弯矩。

框筒结构（无论是平面框架还是空间框架）简化计算的另一种方法是按位移等效的原则将实际的杆系折合为等效的连续体，然后用计算连续体的有效方法（即有限元法、有限条法等）进行计算。

简体-框架结构可近似作为框架-剪力墙结构计算：内简体作为剪力墙考虑，外框架只考虑平行于外荷载方向的框架。

（3）地震作用下内力及位移的计算

高层钢结构在地震作用下的内力及位移计算，除符合本节规定外，还应按《建筑抗震设计标准（2024 年版）》（GB/T 50011—2010）及其他有关条文进行。

高层钢结构的抗震设计采用两阶段设计法。第一阶段进行多遇地震作用下的弹性分析，验算构件的承载力和稳定以及结构的层间位移；第二阶段进行罕遇地震作用下的弹塑性分析，验算结构的层间弹性位移和层间位移延性比。

高层建筑钢结构的第一阶段抗震设计可分别采用下列方法：

① 高度不超过 60 m 且平面和竖向布置较规则的结构及预估截面，可采用底部剪力法。

② 高度超过 60 m 的建筑，应采用振型分解反应谱法。

③ 竖向特别不规则的建筑，宜采用时程分析法进行补充计算。设计时，应取按该法求得的层剪力分布和按振型分解反应谱法求得的层剪力分布之外包线，作为计算采用的层剪力分布。

在第一阶段抗震设计中，确定框架-支撑（剪力墙）结构体系中总框架承担的地震剪力时，应考虑支撑（剪力墙）刚度退化的影响。总框架任一层所承担的地震剪力，不得小于结构底部总剪力的 25%。

在结构平面的两个主轴方向分别计算水平地震效应时，角柱和两个方向的支撑或剪力墙所共有的柱构件，其水平地震作用效应应在上条规定调整的基础上提高 30%。

高层建筑钢结构应按下列规定验算倾覆力矩对地基的作用：

① 核算在多遇地震作用下整体基础（箱形或筏式基础）对地基的作用时，可用底部剪力法求作用于地基的倾覆力矩，考虑折减系数 0.8。

② 计算倾覆力矩对地基的作用时，不考虑基础侧面回填土的约束作用。

高层钢结构的第二阶段抗震设计，应采用时程分析法。采用时程分析法时，时间步长不宜超过输入地震波卓越周期的 1/10，也不宜大于 0.02 s。必要时，可以按时间步长减半计算后结构反应无明显变化的原则确定。第二阶段抗震设计时，钢结构阻尼比可取 0.05。

在第二阶段抗震设计中进行结构的弹性地震反应分析时，可采用杆系模型，也可采用剪切型层间模型或剪-弯协同工作层间模型。恢复力模型一般可参考已有资料确定，对新型、特殊的杆件和结构，宜进行恢复力特性的试验。

钢柱及梁的恢复力模型可采用二折线型，其滞回模型可不考虑刚度退化。钢支撑和耗能连梁等构件的恢复力模型，应按杆件特性确定。钢筋混凝土剪力墙、剪力墙板和核心筒，应选用考虑钢筋混凝土结构特点的二折线或三折线模型，并考虑刚度退化。

采用层间模型进行高层钢结构的弹塑性地震反应分析时，应综合有关构件的弯曲、轴向、剪切变形的等效剪切刚度，恢复力模型的骨架线可近似地用静力弹塑性法计算。此时作用于结构的水平荷载沿结构高度的分布，应与水平地震力沿高度的分布一致或接近，并应同时作用重力荷载。计算中材料的屈服强度和极限强度按标准值采用。骨架线可简化为二折线或三折线，但尽量与计算所得的骨架线接近。

进行高层建筑钢结构的弹塑性时程反应分析时，应考虑效应对侧移的影响。

进行高层建筑钢结构在罕遇地震作用下的抗震设计时，各层的抗剪承载力均应满足：

$$V \leqslant V_R \tag{3-64}$$

式中 V——结构在罕遇地震作用下由时程分析法求得的层剪力；

V_R——结构的层极限剪力标准值，取下列两种情况下结构层剪力的最小值：结构整体或某层（顶层屋盖除外）中出现足够多的塑性铰并形成倒塌机构时，结构层间位移达到层高的 1/70 时。

3.5.3 整体稳定的验算

(1) 高层钢结构同时符合以下两个条件时，可不进行结构的整体稳定验算

① 结构各楼层的柱子平均长细比和平均轴压比应满足式(3-65)的要求。

$$\frac{N}{N_y}+\frac{\lambda}{80}\leqslant 1 \tag{3-65}$$

式中 λ——楼层柱的平均长细比；

N——楼层柱的平均轴压力；

N_y——楼层柱的平均全塑性轴压力，$N_y=Af_y$，其中 A 为柱截面积的平均值；

f_y——钢材屈服强度。

② 结构按一阶线性弹性计算所得的各楼层层间相对位移值应满足式(3-66)的要求。

$$\frac{\Delta\mu}{h}\leqslant 0.12\frac{\sum F_b}{\sum F_v} \tag{3-66}$$

式中 $\Delta\mu$——按一阶线性弹性计算所得的质心处层间位移；

h——楼层层高；

$\sum F_b$——计算楼层以上全部水平荷载之和；

$\sum F_v$——计算楼层以上全部竖向荷载之和。

(2) 整体稳定的验算方法

对于有支撑且$\frac{\mu}{h}\leqslant\frac{1}{1000}$的结构，可按有效长度法验算。柱的计算长度系数可按无侧移柱的计算长度系数采用。支撑体系可以是钢支撑、剪力墙和核心筒体等。

对于无支撑的结构和$\frac{\mu}{h}>\frac{1}{1000}$的有支撑结构，应按能反映 P-Δ 效应的二阶分析方法验算结构的整体稳定。

(3) 有效长度设计法

有效长度设计法建立在第一类平衡分枝型稳定分析模型上，它把对框架结构整体稳定的计算转换成对单柱的计算。其基本思路是把每根柱与在其两端同柱连接的各杆件作为单元分离出来，计算它的弹性分枝荷载，并使其和另一有效长度为 l_0 的铰接轴心压杆的压屈荷载相同。对每一根长度为 l_0 的柱，按原柱实际受的力，用压弯构件计算的相关公式进行该柱截面的验算，以保证各单柱不失稳定来避免结构的整体失稳。

(4) $P\text{-}\Delta$ 设计法

$P\text{-}\Delta$ 设计法是二阶分析法，可以采用电子计算机求出其精确解，也可以采用一些简化计算方法。下面介绍一种 $P\text{-}\Delta$ 设计的计算步骤，供设计人员参考。其基本思路是把 $P\text{-}\Delta$ 效应等效为节点的横向荷载，用数学上的迭代法求得非线性问题的解。设计步骤如下：

① 计算在使用荷载作用下每一楼层水平面上各柱轴向荷载的总和 $\sum F$。

② 按一阶分析所得的每层楼层处的水平位移或按预先确定的楼层水平位移 μ_i，确定由楼层柱子的轴力作用于变形结构上而产生的附加水平力(图 3-55)，公式为

$$V_i = a\frac{\sum F_i}{h_i}(\mu_{i+1} - \mu_i) \tag{3-67}$$

式中 V_i——由侧移引起的第 i 层处的附加水平力；

$\sum F_i$—— 所有柱子轴向力之和；

a——放大系数，取 1.05～1.2；

h_i——第 i 层的楼层高度；

μ_{i+1}，μ_i——第 $i+1$ 层和第 i 层楼盖的水平位移，不得大于规定限值。

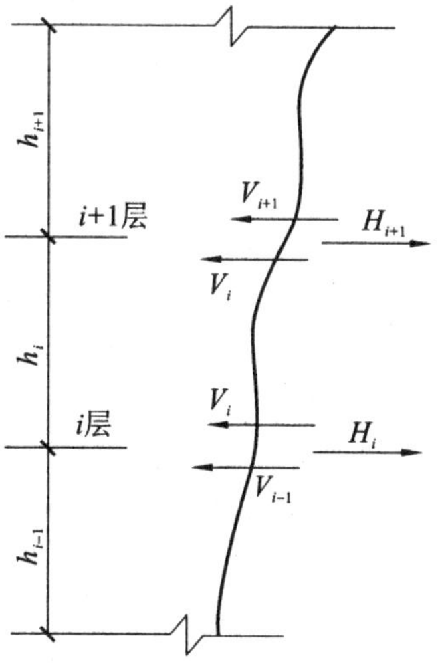

图 3-55 二阶分析法

③ 取每一楼层的附加水平力的代数和作为楼层水平面上的侧向力，公式为 $H_i = V_i - V_{i+1}$。

④ 把侧向力 H_i 和其他水平荷载相加，按合并后的水平力连同竖向荷载进行一阶弹性分析，得出各节点的位移量。

⑤ 验算在步骤②中所有楼层水平位移的精度，即验算在迭代过程前后两次所得的楼层水平位移误差是否在容许范围内。如果计算精度不满足要求，按步骤②～④继续迭代。如果计算精度满足要求，用迭代后所得截面验算，此时柱的有效长度系数取 $\mu=1$。

在侧向刚度较大的结构中，楼层水平位移收敛较快，只需迭代 2～3 次。假如上述计算在迭代 5～6次后仍不收敛，说明结构的抗侧刚度很可能不够，需重新选择截面。

3.5.4 位移限制和舒适感验算

(1) 位移限制

高层建筑钢结构不考虑地震作用时，结构在风荷载作用下的顶点质心位置的侧移不宜超过建筑高度的 1/500，质心层间侧移不宜超过楼层高度的 1/400。

结构平面端部构件最大侧移不得超过质心侧移的 1.2 倍。

在常遇地震作用下，高层钢结构的层间侧移标准值不应超过层高的 1/250。以钢筋混凝土结构为主要抗侧力构件的高层钢-混凝土组合结构的侧移限值，应按钢筋混凝土高层建筑的设计规定采用。

在罕遇地震作用下，高层钢结构的最大层间侧移不得超过该层层高的 1/70，结构层间侧移延性比不应超过表 3-3 中规定的限值。

表 3-3　**结构层间侧移延性比限值**

结构类别	层间侧移延性比限值
钢框架	3.5
偏心支撑框架	3.0
中心支撑框架	2.5
型钢混凝土框架	2.5
钢混结构	2.0

(2) 舒适感验算

高层建筑钢结构在水平脉动风作用下，其水平运动加速度应满足居住者舒适感的要求，即在风荷载作用下结构的顺风向和横风向顶点最大加速度应小于下列加速度限值：对于公寓建筑，为 0.20 m/s^2；对于公共建筑，为 0.30 m/s^2。

顺风向和横风向顶点最大加速度(m/s^2)按下列公式计算：

① 顺风向顶点最大加速度：

$$a_d = \xi v \frac{\mu_s \mu_r \omega_0 A}{M} \tag{3-68}$$

式中　μ_s——风载体型系数；

μ_r——重现期调整系数，一般取重现期为 10 年，$\mu_r = 0.83$；

ω_0——高层建筑基本风压，kN/m^2，按《建筑结构荷载规范》(GB 50009—2012)的规定采用；

ξ，v——脉动增大系数和脉动影响系数，按《建筑结构荷载规范》(GB 50009—2012)的规定采用；

A——建筑物总迎风面积，m^2；

M——建筑物总质量，t。

② 横风向顶点最大加速度：

$$a_w = \frac{b_r \sqrt{BL}}{T_w^2 \gamma_B \sqrt{\xi_n}} \tag{3-69}$$

式中　γ_B——建筑物平均质量，kN/m^3；

ξ_n——建筑物横风向的临界阻尼比值，一般可取 0.01～0.02；

T_w——建筑物横风向第一自振周期，s；

B，L——建筑物平面的宽度和长度，m；

b_r——折算质量。

$$b_r = 2.05 \times 10^{-4} \left(\frac{\overline{V_H} T_w}{\sqrt{BL}} \right)^{3.3}$$

式中　$\overline{V_H}$——建筑物顶点平均风速，m/s。

$$\overline{V_H} = 40 \sqrt{\mu_z \mu_r \omega_0}$$

式中　μ_z——风压高度变化系数；

μ_r——重现期调整系数，$\mu_r = 0.83$。

若遇体型较为复杂的建筑物，应参照一般高层建筑物的做法，将式(3-68)中的 $\mu_s A$ 换成 $\sum \mu_{si} A_i$ 进行计算，并取绝对值之和。这里，μ_{si} 代表迎风面或背风面第 i 部分的体型系数，A_i 代表与之对应的迎风面或背风面面积。

3.6　高层钢结构的构件和连接设计

3.6.1　梁的设计

① 梁的抗弯强度计算。

非抗震设计

$$\frac{M_x}{\gamma_x W_{nx}} \leqslant f \tag{3-70}$$

抗震设计

$$\frac{M_x}{\gamma_x W_{nx}} \leqslant \frac{f}{\gamma_{RE}} \tag{3-71}$$

式中　M_x—— 梁绕形心轴的弯矩设计值；

W_{nx}——梁对 x 轴的净截面抵抗矩；

γ_x——截面塑性发展系数，非抗震设计按《钢结构设计标准》(GB 50017—2017)的规定采用，抗震设计取 $\gamma_x=1.0$；

f——钢材强度设计值；

γ_{RE}——承载力抗震调整系数，按《建筑抗震设计标准(2024 年版)》(GB/T 50011—2010)的规定选用。

② 梁的稳定性计算。

非抗震设计

$$\frac{M_x}{\varphi_b W_x} \leqslant f \tag{3-72}$$

抗震设计

$$\frac{M_x}{\varphi_b W_x} \leqslant \frac{f}{\gamma_{RE}} \tag{3-73}$$

式中　W_x——梁的毛截面抵抗矩(单轴对称者以受压翼缘为准)；

φ_b——梁的整体稳定系数，按与梁墩处相同截面的当量实腹梁由《钢结构设计标准》(GB 50017—2017)附录 C 确定，当梁在端部仅以腹板与柱(或主梁)相连时，φ_b(或当 $\varphi_b>0.6$ 时的 φ_b)应按照标准推荐公式予以调整。

③ 当梁上设有符合《钢结构设计标准》(GB 50017—2017)第 6.2.1 条规定的密铺刚性铺板时，可不计算整体稳定性。

④ 梁设有侧向支撑体系并符合《钢结构设计标准》(GB 50017—2017)第 6.2.4 条规定的 l_1/b_1 限值时，一般可不计算整体稳定。

⑤ 梁的板件宽厚比在一般情况下应符合《建筑抗震设计标准(2024 年版)》(GB/T 50010—2010)第 8.3 节的有关规定，但处于抗震设防烈度大于等于 7 度地区的抗侧力框架的梁可能出现塑性铰的区段，以及非地震区和抗震设防烈度为 6 度的地区，当侧力框架的梁中可能出现塑性铰时，

板件宽厚比不应超过规定的限值。

⑥ 在进行多遇地震作用下的构件承载力计算时，托柱梁的内力应乘以不小于1.5的增大系数。

3.6.2 柱的设计

(1) 轴心柱的设计

轴心受压柱稳定性计算：

非抗震设计

$$\frac{N}{\varphi A} \leqslant f \tag{3-74}$$

抗震设计

$$\frac{N}{\varphi A} \leqslant \frac{f}{\gamma_{RE}} \tag{3-75}$$

式中 N——压力的设计值；

A——柱的毛截面面积；

φ——轴心受压稳定系数，当柱的板件厚度<40 mm时，按《钢结构设计标准》(GB 50017—2017)表7.2.1-1采用，当板件厚度≥40 mm时，按该标准表7.2.1-2采用。

轴心受压柱板件厚度超过40 mm时，轴心受压稳定系数按相应的类别取值。轴心受压柱的板件宽厚比应符合《建筑抗震设计标准(2024年版)》(GB/T 50010—2010)中第8章的规定。轴心受压柱的长细比不宜大于120 $\sqrt{235/f_y}$。

(2) 框架柱

与梁刚性连接并参与承受水平荷载作用的框架柱，依本章算得的内力按《钢结构设计标准》(GB 50017—2017)第5章的有关规定及本节的各项规定计算其强度和稳定性。

框架柱的计算长度视其荷载组合和结构组成的具体情况按下列规定计算。

① 当计算框架柱在重力荷载作用下的稳定性时，纯框架体系柱的计算长度按《钢结构设计标准》(GB 50017—2017)附录E表E.0.2(有侧移)的系数μ确定；有支撑和(或)剪力墙的体系，符合$\Delta\mu/h \leqslant 1/1000$条件时($\Delta\mu$为一阶线性弹性计算所得的层间位移，$h$为楼层层高)，框架柱的计算长度按《钢结构设计标准》(GB 50017—2017)附录E表E.0.1(无侧移)的系数μ确定。

上述计算长度系数μ也可用下列近似公式计算：

有侧移时

$$\mu = \sqrt{\frac{1.6 + 4(k_1 + k_2) + 7.5k_1k_2}{k_1k_2 + 7.5k_1k_2}} \tag{3-76}$$

无侧移时

$$\mu = \frac{3 + 1.4(k_1 + k_2) + 0.64k_1k_2}{3 + 2(k_1 + k_2) + 1.28k_1k_2} \tag{3-77}$$

式中 k_1、k_2——交于柱上端、下端横梁线刚度之和的比值。

② 当框架或框筒体系和两端铰接柱共同使用时，框架(筒)柱的计算长度系数应按式(3-76)、式(3-77)算得的值乘以式(3-78)所示的放大系数：

$$\alpha_\mu = \sqrt{1 + \frac{\sum N_h}{\sum N_t}} \tag{3-78}$$

式中 $\sum N_t$——计算层框架(筒)柱所受轴力之和；

$\sum N_h$—— 计算层铰接柱所受轴力之和。

③ 当计算框架柱在重力和风力或常遇烈度地震力组合作用下的稳定时，有支撑和（或）剪力墙的体系且在层间位移不超过层高的 1/25（包括必要时计 P-Δ 效应）时，柱的计算长度系数可取 $\mu=1$。若纯框架体系且层间位移小于 $0.001h$（h 为层间高度）时，也可考虑按式（3-77）确定 μ 值。

抗震设计的框架柱在框架的任一节点处，柱截面的塑性抵抗矩和梁截面的塑性抵抗矩应满足式（3-79）所示的关系：

$$\sum W_{pc}(f_{yc}-\sigma_a)\leqslant W_{pb}f_{yb} \tag{3-79}$$

式中　W_{pc}，W_{pb}——交汇于节点的柱和梁的截面塑性抵抗矩；

f_{yc}，f_{yb}——柱和梁材料的屈服强度；

σ_a——轴力引起的柱平均轴向应力，$\sigma_a=N/A$，其中 N 按多遇地震作用的荷载组合计算。

当式（3-79）不能满足时，该处框架柱轴力不得超过 $0.8A_nf_y$，其中 A_n 为柱截面的净面积，f_y 为柱材料的屈服强度。

处于抗震设防烈度不小于 7 度地区的框架柱板件宽厚比，应不超过表 3-4 所列限值。

表 3-4　**框架柱板件宽厚比**

抗震设防烈度	7 度		8、9 度	
所用钢材	Q235	Q355	Q235	Q355
H 形柱翼缘悬伸部分	11	9	10	8
H 形柱腹板	43	37	43	37
箱形柱壁板	37	30	33	27

非地震区及抗震设防烈度为 6 度的地震区，柱板件宽厚比按《钢结构设计标准》（GB 50017—2017）的规定采用。

柱与梁连接处应设置和梁上下翼缘相对应的加劲肋。处于抗震设防烈度 7 度及 7 度以上地区的 H 形截面柱和箱形截面柱的腹板在和梁相连的范围，其厚度应满足式（3-80）的要求：

$$t_{wc}\leqslant\frac{h_{0b}+h_{0c}}{70} \tag{3-80}$$

式中　t_{wc}——柱在连接区的腹板厚度，不包括焊于其上的补强板厚度（若补强板和腹板用塞焊紧密连接，则可以包括在内）；

h_{0b}，h_{0c}——梁腹板高度和柱腹板高度。

抗震设防烈度大于等于 7 度的地震区，柱长细比不宜超过 60～80；非地震区和抗震设防烈度为 6 度的地区，柱长细比不宜超过 120。

在进行多遇地震作用下的构件承载力计算时，承载抗震墙的框架柱内力应乘以不小于 1.5 的增大系数。

3.6.3　抗侧力结构设计

（1）中心支撑

中心支撑构件可用单斜杆、十字交叉斜杆、人字形或 V 形斜杆体系，常见形式如图 3-56 所示。当采用只能受拉的单斜杆体系时，应同时设置不同倾斜方向的两组，且每层中不同方向斜杆的截面积在水平方向的投影面积相差不应超过 10%。

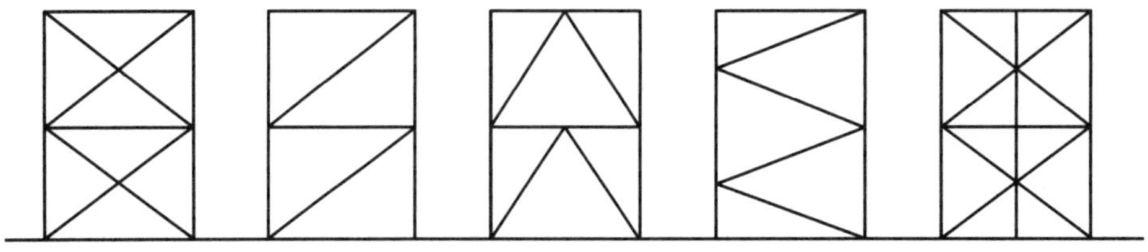

图 3-56　中心支撑布置

对于非抗震设计的中心支撑，当采用交叉斜杆或两组不同方向的单斜杆体系时，可近似为拉杆设计，也可按既能抗拉又能抗压设计，这两种情况的支撑斜杆长细比分别不超过 300 和 150。

抗震设防烈度为 7 度的地区，支撑斜杆一边为简支一边为自由板件的宽厚比应不超过 $6\sqrt{235/f_y}$，两边简支板件的宽厚比应不超过 $23\sqrt{235/f_y}$。支撑斜杆宜采用双轴对称截面；当采用单轴对称截面时，应防止出现绕截面对称轴屈曲的情况。

计算支撑斜杆所受的内力时，应考虑施工过程逐层加载时各受力构件的变形对支撑内力的影响。

在初步设计阶段，支撑斜杆所受的内力可按下述近似方法确定。

① 在重力和水平力(风荷载或常遇地震)作用下，支撑斜杆除作为竖向桁架承受水平荷载引起的剪力外，还应承受水平位移和重力荷载产生的附加弯矩效应。楼层附加剪力按式(3-81)计算

$$V_i = 1.2\frac{\Delta u_i}{h_i}\sum G_i \tag{3-81}$$

式中　h_i——计算楼层的高度；

$\sum G_i$—— 计算楼层以上的全部重力荷载；

$\Delta\mu_i$——计算楼层的层间位移。

人字形支撑和 V 形支撑还应考虑支撑跨梁所传下的楼面荷载的作用。

② 对于十字交叉支撑、人字形支撑和 V 形支撑的斜杆，除按式(3-81)计算外，还应计入柱在重力荷载作用下压缩变形在斜杆中引起的附加压应力。

对于十字交叉支撑的斜杆

$$\Delta\delta=\frac{\sigma_c}{\left(\frac{l_d}{h}\right)^2+\frac{h}{l_d}\frac{A_d}{A_c}+2\frac{b^3}{l_d h^2}\frac{A_d}{A_c}} \tag{3-82}$$

对于人字形支撑和 V 形支撑的斜杆

$$\Delta\delta_a=\frac{\sigma_c}{\left(\frac{l_d}{h}\right)^2+\frac{b^3}{24 l_d}\frac{A_d}{I_b}} \tag{3-83}$$

式中　σ_c——斜杆端部连接固定后，在计算楼层以上各层增加的恒载或楼层活载引起的柱压应力；

l_d——支撑斜杆长度；

b, I_b, h——支撑跨梁的长度、绕水平主轴的惯性矩以及楼层高度；

A_c, A_d——计算楼层支撑斜杆、支撑跨的柱和梁的截面积。

为了减小斜杆的附加压应力，应在大部分永久荷载加上后再固定斜杆端部的连接。有条件时，还可考虑对斜杆施加预拉力以抵消附加应力的不利影响。

在计算中心支撑斜杆内力时，地震力应乘以增大系数：单斜杆支撑和十字交叉支撑乘以 1.3，人字形支撑和 V 形支撑乘以 1.5。

在多遇烈度地震作用效应组合下，支撑斜杆的抗压验算按式(3-84)进行：

$$\frac{N}{\varphi A_{\mathrm{br}}} \leqslant \frac{\phi f}{\gamma_{\mathrm{RE}}} \tag{3-84}$$

式中 φ——轴压稳定系数；

ϕ——循环荷载作用下强度设计值降低系数，其值为$\frac{1}{1+0.35\bar{\lambda}}$，其中$\bar{\lambda}$为支撑斜杆的正则化长细比；

A_{br}——支撑斜杆的截面面积；

γ_{RE}——支撑稳定破坏承载力抗震调整系数。

与支撑一起组成支撑系统的横梁和柱及其连接应具有承受支撑斜杆传来的内力的能力：与人字形支撑和 V 形支撑相交的横梁，在柱间的支撑连接处应保持连续。在确定人字形支撑体系中的横梁截面时，不考虑重力荷载作用下支撑的支点作用。

抗震设防烈度大于等于 7 度的地区，当支撑为填板式双肢组合构件时，肢件的长细比不应大于构件最大长细比的一半，且不大于 40。

对于抗震设防烈度为 8 度和 8 度以下的地震区，可以采用带有消能装置的中心支撑体系。此时，支撑斜杆的承载力应是消能装置滑动时承载力的 1.5 倍。

(2) 偏心支撑

偏心支撑框架的每根支撑应至少在一端与梁连接，其连接点应偏离梁柱节点或相对方向的另一支撑与梁连接的节点，从而在支撑与柱之间或在支撑与支撑之间形成耗能梁段。其基本形式如图 3-57 所示。偏心支撑框架的设计必须满足本节的要求。

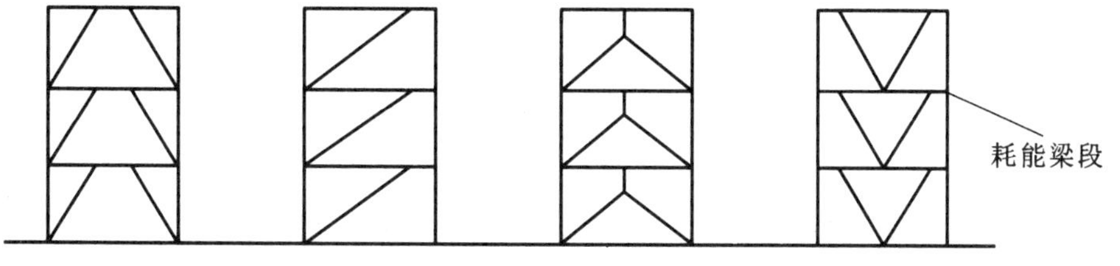

图 3-57 偏心支撑框架

耗能梁段的塑性抗剪承载力 V_s 和塑性抗弯承载力 M_s，分别按下列公式计算：

$$V_s = 0.58 f_y h_0 t_w \tag{3-85}$$

$$M_s = W_p f_y \tag{3-86}$$

耗能梁段中作用轴力时，塑性抗弯承载力有所下降，按式(3-87)计算：

$$M_{rs} = W_p (f_y - \sigma_y) \tag{3-87}$$

式中 f_y——钢材的屈服强度；

h_0——耗能梁段腹板计算高度；

t_w——耗能梁段腹板厚度；

W_p——耗能梁段截面塑性抵抗矩；

σ_y——轴力引起的耗能梁段翼缘平均正应力。

净长 $e \leqslant 1.6M_s/V_s$ 和 $e \geqslant 2.2M_s/V_s$ 的耗能梁段，σ_a 分别按下列公式计算($\sigma < 0.15f_y$ 时，取 $\sigma_a = 0$)：

$$\sigma_a = \frac{V_s}{V_{1b}} \frac{N_{1b}}{2b_f t_f} \tag{3-88}$$

$$\sigma_a=\frac{N_{1b}}{A_{1b}} \tag{3-89}$$

式中 V_{1b},N_{1b}——耗能梁段的剪力设计值和轴力设计值；

t_f——耗能梁段翼缘宽度；

A_{1b}——耗能梁段截面面积。

耗能梁段的净长 e 符合式(3-90)者为剪切屈服型,否则为弯曲屈服型。

$$e<1.6\frac{M_s}{V_s} \tag{3-90}$$

耗能梁段宜设计成剪切屈服型,与柱连接的耗能梁段不宜设计成弯曲屈服型。

净长 $e<2.2M_s/V_s$ 的耗能梁段,腹板和翼缘的强度分别按下列公式计算：

$$\frac{V_{1b}}{0.8\times0.5h_0t_w}\leqslant f_p \tag{3-91}$$

$$\left(\frac{M_{1b}}{h_1}+\frac{N_{1b}}{2}\right)\frac{1}{b_ft_f}\leqslant f_p \tag{3-92}$$

偏心支撑斜杆的强度按式(3-93)计算：

$$\frac{N_{br}}{\varphi A_{br}}\leqslant f_p \tag{3-93}$$

式中 A_{br}——支撑截面面积；

φ——由支撑长细比确定的轴心受压构件稳定系数；

f_p——塑性设计时钢材的强度设计值；

N_{br}——支撑轴力设计值,取下列公式中的较小值：

$$N_{br}=1.6\frac{V_s}{V_{1b}}N_{br}^c \tag{3-94}$$

$$N_{br}=1.6\frac{M_{rs}}{M_{1b}}N_{br}^c \tag{3-95}$$

式中 N_{br}^c——在重力荷载和水平荷载最不利组合作用下支撑的轴力。

偏心支撑框架柱的强度按《钢结构设计标准》(GB 50017—2017)第 7 章的有关规定计算,抗震调整系数取 0.9。弯矩设计值 M_c 取下列公式中的较小值：

$$M_c=2.0\frac{V_{rs}}{V_{1b}}M_c^c \tag{3-96}$$

$$M_c=2.0\frac{M_{rs}}{M_{1b}}M_c^c \tag{3-97}$$

轴力设计值 N_c 取下列公式中的较小值：

$$N_c=2.0\frac{V_s}{V_{1b}}N_c^c \tag{3-98}$$

$$N_c=2.0\frac{M_{rs}}{M_{1b}}N_c^c \tag{3-99}$$

式中 M_c^c,N_c^c——在重力荷载和水平荷载最不利组合下柱的弯矩和轴力。

耗能梁段腹板不得加焊贴板提高强度,也不得在腹板上开洞。

剪切屈服型耗能梁段与柱翼缘连接的节点可参照图 3-58 设计。梁翼缘与柱翼缘之间应用坡口全焊透对接焊缝;梁腹板与柱之间应用角焊缝、螺栓连接,焊缝强度应满足腹板的抗剪强度要求,耗能梁段不宜与柱腹板连接。

支撑与耗能梁段连接的节点可参照图3-58和图3-59设置。支撑轴线与梁轴线的交点应在耗能梁段内，不应在耗能梁段外。

耗能梁段腹板的加劲肋可参照图3-58设置。

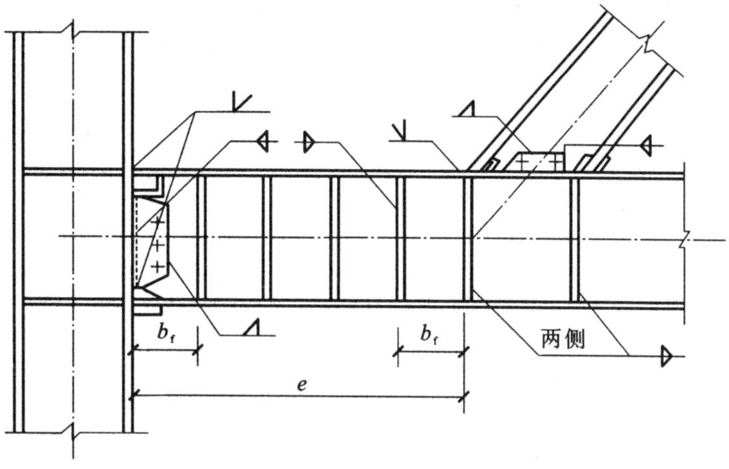

图3-58　耗能梁连接节点

耗能梁段与支撑连接的一端应在两侧加肋；净长 $e<2.6M_s/V_s$ 的耗能梁段，应在距两端 b_f 的位置两侧加肋。加劲肋总宽度不小于 b_f-2t_n（t_n 为加劲肋的厚度），厚度不小于 $0.75t_w$ 或 100 mm。

净长 $e<2.2M_s/V_s$，或净长 $e\geqslant2.2M_s/V_s$，但截面弯矩为 M_{rs} 时剪力大于 $0.47fh_0t_w$ 的耗能梁段，还应设置中间肋，间距根据其净长 e 确定；$e\leqslant1.6M_s/V_s$ 时，间距不得超过 $38t_w-h_0/5$；$e\leqslant2.6M_s/V_s$ 时，间距不得超过 $56t_w-h_0/5$；e 介于两者之间时，用线性插值确定。高度不超过 600 mm 的耗能梁段可单侧加肋，高度等于或超过 600 mm 的应两侧加肋。一侧加劲肋的宽度不小于 $b/2-t_w$（b 为梁的宽度），厚度不小于 10 mm。

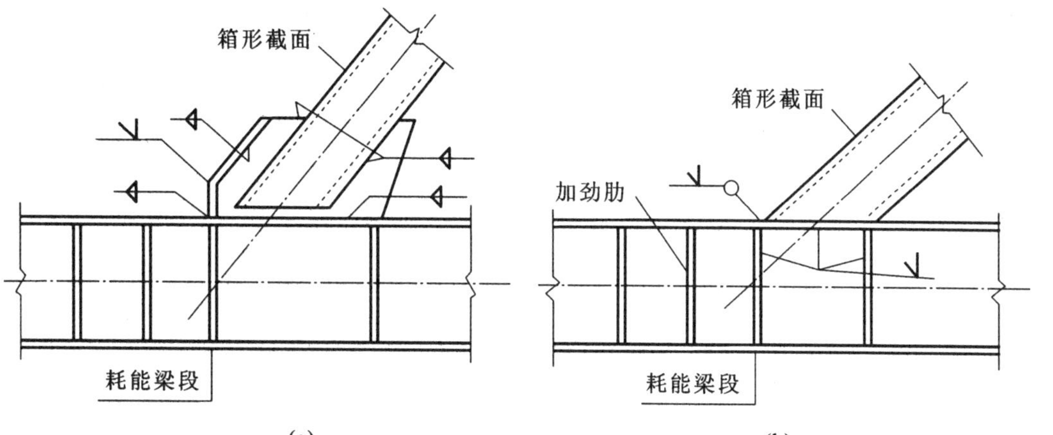

图3-59　耗能梁段与支撑连接节点

(a) 有节点板的耗能梁段；(b) 无节点板的耗能梁段

耗能梁段加劲肋应三面与梁用角焊缝连接。与腹板连接焊缝的承载力不应低于 $A_{st}f$，与翼缘连接焊缝的承载力不低于 $A_{st}f/4$。此时，$A_{st}=b_{st}t_{st}$，b_{st} 为加劲肋的宽度，t_{st} 为加劲肋的厚度。

耗能梁段两段上下翼缘应设置水平侧向支撑，其轴力设计值应至少为 $0.015fb_ft_f$；在耗能梁段同一跨内，框架梁的上下翼缘也应设置水平侧向支撑，其间距不超过 $13b_f\sqrt{235/f_y}$，轴力设计值应至少为 $0.012fb_ft_f$。侧向支撑的长细比应符合《建筑抗震设计标准(2024 年版)》(GB/T 50010—2010)的有关规定。

高层钢结构使用偏心支撑框架时，顶层可以不设耗能梁段。在设置偏心支撑的框架跨中，首层的弹性承载力为其余各层承载力的 1.5 倍以上时，首层可以采用中心支撑。

习题与思考题答案

习题与思考题

3-1 简述多、高层钢结构的结构性能特点。

3-2 多、高层钢结构体系可分成哪几类？

3-3 进行多层钢结构分析时，可采用哪些方法？简述它们的适用范围。

3-4 简述高层钢结构内力与位移分析时的一般原则。

3-5 高层钢结构采用简化计算方法时基本假定的思路是什么？

3-6 简述钢与混凝土组合板的构造要求。

3-7 简述对组合梁应进行哪些方面的验算。

3-8 试述不验算高层钢结构整体稳定的条件及验算整体稳定的方法。

3-9 简述框架柱计算长度的定义及其计算方法。

3-10 试说明 P-Δ 设计法的基本思路。

3-11 高层钢结构的支撑分为几种类型？应如何布置？

3-12 偏心支撑的作用是什么？

3-13 框架梁与柱的刚性连接应遵循哪些原则？

3-14 简述高层钢结构节点设计的基本原则。

4 大跨度房屋钢结构

【内容提要】

本章全面、系统地介绍了大跨度房屋钢结构体系特点，重点介绍了平板网架结构的设计原理与具体要求。具体内容有：大跨度房屋钢结构概述；平面型大跨度屋盖结构，包括梁式大跨结构、单层大跨度框架结构和拱式结构；网架结构，包括网架的形式、网架结构的选型、网架结构的计算要点、网架杆件设计和网架节点设计；网壳结构，包括网壳结构常用形式、网壳结构的选型、网壳结构的内力分析和网壳结构的设计；悬索结构，包括悬索结构的体系和悬索结构的受力特点；膜结构，包括膜结构用膜材及其特性、膜结构的分类和膜结构的受力分析。

【能力要求】

通过本章的学习，学生应了解大跨度屋盖结构的形式；熟悉网架结构的形式、计算要点；掌握网架杆件设计、节点设计；了解网壳结构、悬索结构、膜结构等其他大跨度结构形式。

4.1 概　　述

大跨度房屋钢结构主要用于公共建筑，如体育场馆、会展中心、大会堂、影剧院、展览馆、音乐厅、航空港、火车站、机场航站楼等。大跨度结构也用于工业建筑，如飞机制造厂的总装配车间、飞机库、造船厂的船体结构车间等。这些建筑采用大跨结构是由装配机器（如船舶、飞机）的大型尺寸或工艺要求所决定的。

大跨度结构的跨度没有统一的衡量标准，《空间网格结构技术规程》(JGJ 7—2010)将跨度在 60 m 以上的结构定义为大跨度结构，计算和构造均有特殊规定。大跨度结构主要是在自重荷载下工作，主要矛盾是减轻结构自重，故最适宜采用钢结构。在大跨度屋盖中应尽可能使用轻质屋面结构及轻质屋面材料，如彩色涂层压型钢板、压型铝合金板等。

近些年，随着我国经济实力的增强和社会发展的需要，新建了一系列具有世界影响力的大跨度钢结构。2008 年完工的国家体育场“鸟巢”，南北长 333 m、东西宽 296 m，是国内首次使用国产 Q460 钢材的建筑结构。2019 年竣工的北京大兴国际机场航站楼，主航站楼屋盖钢结构投影面积 18 万 m^2，屋盖最大跨度达 180 m。2022 年建设的国家速滑馆“冰丝带”，屋盖结构由 49 对承重索和 30 对稳定索编织而成，长跨 198 m、短跨 124 m，也是目前世界上跨度最大的单层双向正交马鞍形索网屋面体育馆。

大跨度结构可以分为两大类：平面结构体系和空间结构体系。实际上任何工程结构都是三维的，但从结构受力分析的角度，一些结构可以分解成一片片的平面结构进行计算，比如梁式结构（平面桁架、空间桁架）、平面刚架和拱式结构等，均属于平面结构体系。空间结构体系则无法简单地分解为平面结构，其包括平板网架结构、网壳结构、悬索结构、斜拉结构和张拉整体结构等。

4.2 平面型大跨度屋盖结构

4.2.1 梁式大跨结构

梁式大跨结构体系一般采用简支桁架的形式。桁架的优点是制作与安装都比较简单，其上、下弦及腹杆仅承受拉力或压力，对支座也没有横推力。适用跨度为 6～60 m，更大的跨度由于耗钢量过大而不经济。

梁式大跨结构建筑图

根据受力特点，桁架可分为平面桁架、立体桁架和空腹桁架。通常所指的桁架是平面桁架，只在强调其与立体桁架或空腹桁架的区别时，才称之为平面桁架。桁架结构设计重点是支撑系统的布置，应在屋盖体系中设置纵、横向水平支撑，保证桁架的平面外稳定。当跨度大于 35～40 m 时，梁式结构的支座之一必须设计为可移动支座，以减小对支承墙体或支柱传递的横向反力，横向反力一般由屋架下弦的弹性变形产生。

梁式大跨结构的外形及腹杆体系，取决于跨度、屋面形式及吊天棚结构的形式，常用的有梯形和拱形桁架（图 4-1）。按重量最优确定的桁架的高跨比一般为 1/8～1/6。

桁架杆件常用形式有角钢（或 T 型钢）桁架、H 型钢重型桁架和钢管桁架（圆钢管或矩形管）。代表建筑有上海证券大厦（图 4-2），连接两幢主楼的天桥桁架跨度 63 m，支承着 17～26 层，采用了 H 型钢重型桁架。上海浦东国际机场候机楼（图 4-3）屋架梁跨度 83 m，跨中高度超过 11 m，单榀屋架梁重 55 t。上弦由三根平行方管组成，腹杆采用圆钢管，为了增加屋架结构的刚度，同时为保证屋架梁在风吸力作用下始终处于受拉状态，下弦布置了一根预应力钢索，以便对下弦施加足够的预应力。

角钢（或 T 型钢）桁架，一般用节点板连接。《钢结构设计标准》（GB 50017—2017）12.2 节建议采用撕裂面法进行节点板强度验算，或采用有效宽度法进行承载力计算。随着热轧 H 型钢在我国投产，剖分 T 型钢用于桁架弦杆或腹杆的情况越来越多。T 型钢桁架的优点是无离缝、防腐易处理、用钢量省。缺点是节点施工不方便、板件的局部稳定难以满足《钢结构设计标准》（GB 50017—2017）的规定。

H 型钢重型桁架是以 H 型钢作弦杆或腹杆的重型桁架，设计时应注意节点的次应力，或按刚接节点设计，对重要的节点还应进行有限元分析。

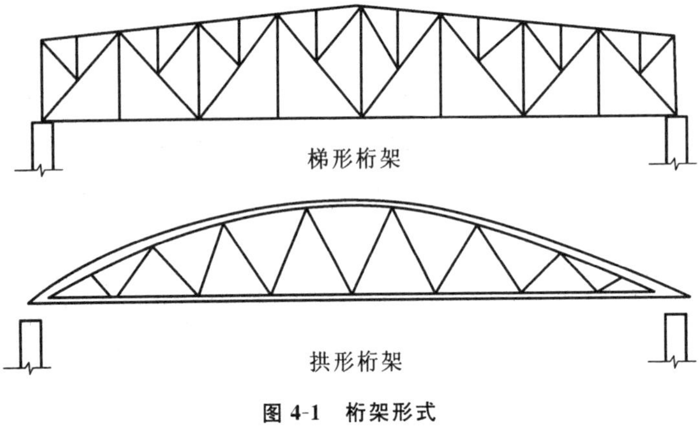

图 4-1　桁架形式

图 4-2　上海证券大厦

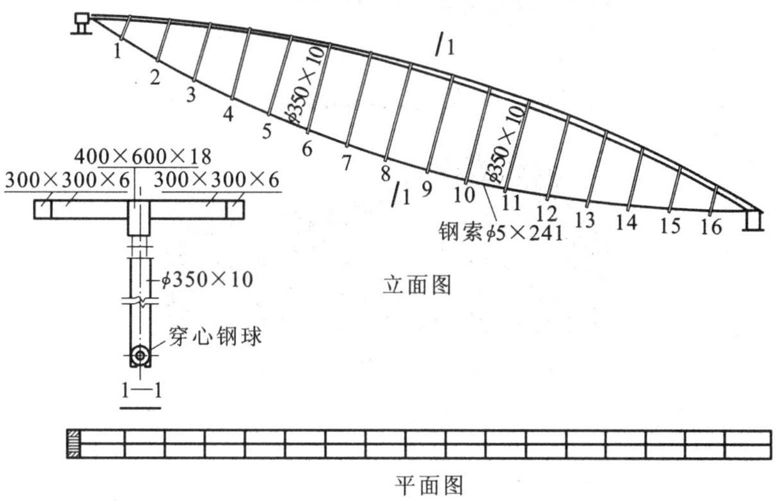

图 4-3 上海浦东国际机场候机楼

钢管桁架(圆钢管或矩形管),桁架节点受力复杂,《钢结构设计标准》(GB 50017—2017)中第13章对不直接承受动力荷载的钢管桁架连接节点的构造要求和计算方法进行了规定,相比《钢结构设计规范》(GB 50017—2003),丰富了计算的节点连接形式,增加了节点刚度判定的内容。

4.2.2 单层大跨度框架结构

与梁式结构体系相比,框架式体系比较经济,且横梁高度可以比梁式结构的高度小,刚度也较大,常用于工业建筑。

框架结构形式主要有实腹式和格构式两大类。

实腹式框架适用于跨度不太大(跨度为18～60 m)的框架结构。它的优点是制作简单、便于运输,还能降低房屋高度。实腹式框架常设计成铰接柱脚。由于支座弯矩的卸载作用,实腹式框架的横梁高度可取跨度的1/40～1/30。在我国得到大力发展的轻型门式刚架结构,是实腹式框架结构体系的一种,其特点是屋盖及墙体均采用压型钢板,结构主要承受自身的重量。

当跨度大于60 m时,实腹式框架不太经济,此时可采用格构式框架结构体系,最大可做到150 m。格构式框架结构的优点是刚度大、自重轻、用钢量省。通常设计成变截面,框架横梁的高跨比在1/20～1/12范围内选取。格构式框架的柱脚可以做成铰接,也可以做成刚接。刚接柱脚的格构式框架刚度更大、用钢量省、便于安装,但这种框架对温度作用比较敏感,对基础及地基的要求较高。

4.2.3 拱式结构

拱式结构外形美观，体现了结构受力与建筑造型的完美结合，是大跨度钢结构中一种重要的形式，如图 4-4 所示。

图 4-4 重庆市武警总队训练场的拱(跨度 61.4 m)

拱式结构主要承受轴力，当跨度较大(如超过 80～100 m)时，较梁式结构和框架式结构更经济。拱的结构形式有双铰拱、三铰拱和无铰拱，如图 4-5 所示。使用最多的是双铰拱，优点是安装和制造较简单，铰可自由转动，温度应力也较低。无铰拱跨中弯矩分布最有利，但对基础的要求较高，温度应力也较大。三铰拱是静定结构，受力比较明确，但由于顶铰的存在，构造比较复杂，结构也容易变形，因此三铰拱的应用并不广泛。

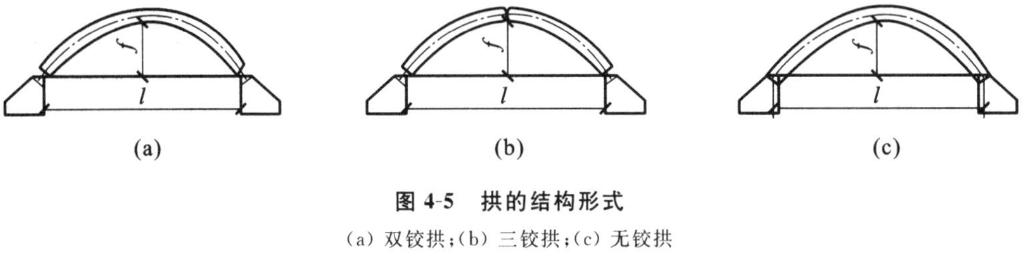

图 4-5 拱的结构形式

(a) 双铰拱；(b) 三铰拱；(c) 无铰拱

拱的水平推力较大，对支座的要求较高。为减轻水平推力，可设置水平拉杆或采用橡胶支座。在加盖的体育场、展览馆以及飞机库里，拱的支座常常是房屋的墙体、看台等。没有横墙或看台的情况下则要求设置拱扶壁以承受拱的水平推力。

拱截面分实腹式和桁架式两种，一般为等截面。拱身所受弯矩较小，因而截面高度不大，实腹式截面高度可取跨度的 1/80～1/50，桁架式截面高度可取跨度的 1/60～1/30。

拱截面可采用 H 型钢、双角钢、T 型钢、槽钢、圆钢管和方钢管等。

设计时，拱轴线的形状应尽可能与压力曲线接近，常用的拱轴线线型有抛物线、悬链线和圆弧线。对称并沿拱弦线均布的荷载起主要作用时，宜采用二次抛物线(与弯矩图接近)。为简化拱的设计与制造，也可用圆弧代替，对扁平拱不会引起内力实质性的变化。对于自重很大的高拱，宜采用悬链线外形。在风荷载作用下，由于压力线变化较大，拱的外形宜取两极限压力线的中间线，如图 4-6 所示。

风荷载是拱结构计算中一项非常重要的荷载，应特别注意风吸力对拱结构的影响，还应考虑侧风压或端风压作用在建筑物上的情况。

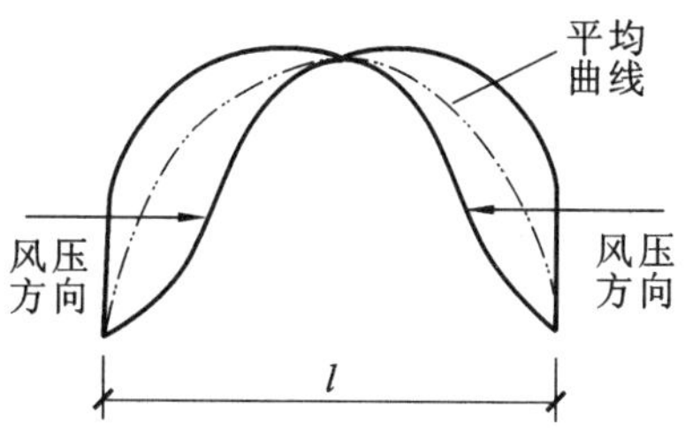

图 4-6　拱的外形曲线

平面的拱式结构为一受压曲杆，应按压弯杆件设计，拱在弯矩作用平面内需要验算强度和稳定性。因曲杆平衡微分方程的求解比较困难，目前只能按弹性方法近似求解杆件的临界力，现行规范暂时还没有曲杆计算长度取值的规定。拱的计算长度系数与拱的形状、拱的矢高 f 与拱跨 l 的比值有关。

拱在弯矩作用平面外的刚度如果与平面内相差很大，受压时容易产生平面外的失稳，应利用沿房屋长度方向设置的横向支撑系统及檩条体系作为平面外的支撑点。同时，还应按压弯杆件验算平面外的稳定。

拱脚构造可以有不同的形式，如图 4-7 所示。

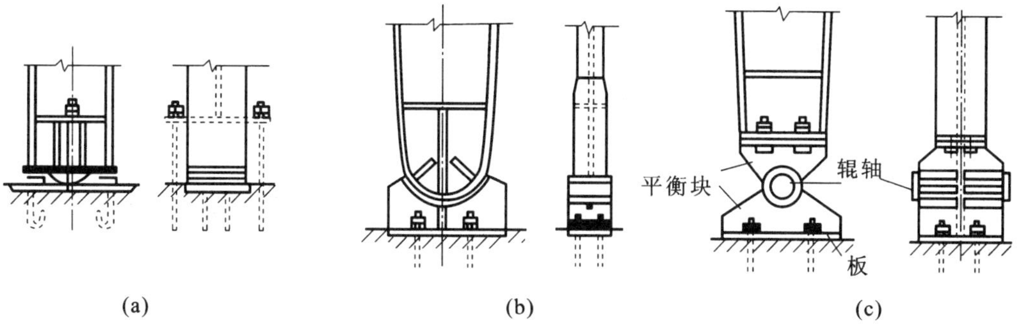

图 4-7　拱脚构造

(a) 臼式铰；(b) 平衡式铰；(c) 板式铰

三铰拱中的拱顶铰是构造设计的难点，桁架式拱在支座铰和拱顶铰等部位的截面需改变为实腹式，同时还需设置适当的加劲肋，以传递较大的集中反力。拱顶铰构造如图 4-8 所示。

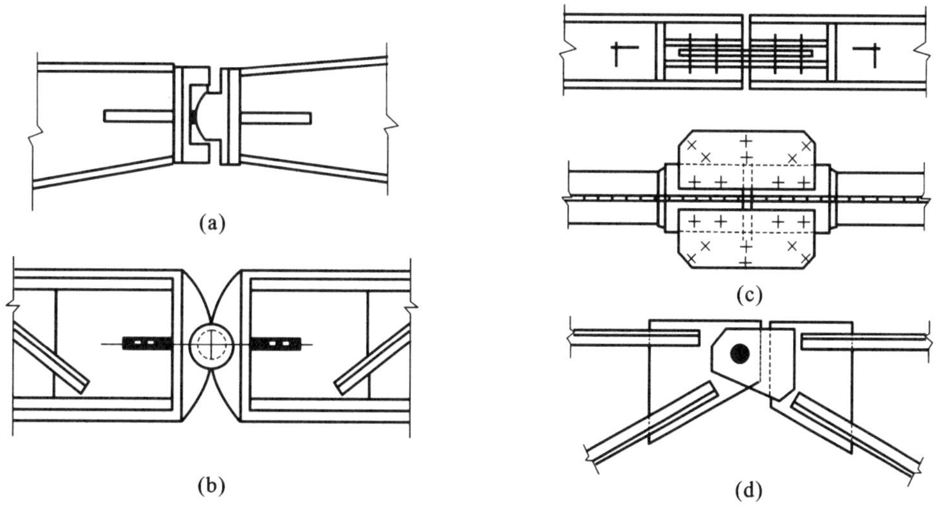

图 4-8　拱顶铰构造

(a) 方块式；(b) 平衡式；(c) 钢板式；(d) 螺栓式

压型钢板波纹拱屋盖也是拱式结构的一种，最大跨度可做到 60 m，造价极低，且施工速度快。缺点是保温隔热效果差，在不对称荷载和集中荷载作用下宜丧失整体稳定。压型钢板波纹拱屋盖如图 4-9 所示。

图 4-9 压型钢板波纹拱屋盖

4.3 网架结构

网架是按一定规律布置的杆件通过节点连接而形成的平板型或微曲面型空间网格结构，主要承受整体弯曲内力。通常将平板型空间网格结构称为网架，微曲面型空间网格结构称为网壳。

网架是一个铰接的空间结构，其任意一个节点有三个自由度。对于一个具有 J 个节点，m 个杆件的网架，支撑于具有 r 根约束链杆的支座上时，其几何不变的必要条件是：

$$W = 3J - m - r \leqslant 0 \tag{4-1}$$

如果将网架作为刚体考虑，则最少的支座约束链杆数为 6，故 $r \geqslant 6$。

由此可知，当 $m > 3J - r$ 时，为超静定结构的必要条件；当 $m = 3J - r$ 时，为静定结构的必要条件；当 $m < 3J - r$ 时，为几何可变体系。

分析网架几何不变的充分条件时，应先对组成网架的基本单元进行分析，进而对网架的整体作出评价。

三角形是几何不变的。如果网架基本单元的外表面是由三角形组成，则此基本单元也将是几何不变的。在对组成网架的基本单元进行分析时，一般有以下两种类型和两种分析方法。

(1) 两种类型

① 自约结构体系：自身就为几何不变体系。

② 它约结构体系：需要加设支承链杆，才能成为几何不变体系。

(2) 两种分析方法

① 以一个几何不变的单元为基础，通过三根不共面的杆件交出一个新节点所构成的网架也为几何不变，如此延伸。

② 列出考虑了边界约束条件的结构总刚度矩阵 $\boldsymbol{K}$；如果 $|\boldsymbol{K}| \neq 0$，$\boldsymbol{K}$ 为非奇异矩阵，网架位移和杆力有唯一解，网架为几何不变体系；如果 $|\boldsymbol{K}| = 0$，$\boldsymbol{K}$ 为奇异矩阵，网架位移和杆力没有唯一解，网架为几何可变体系。

4.3.1　网架的形式

4.3.1.1　按结构组成分类

按弦杆层数不同可分为双层网架和三(多)层网架，如图 4-10 所示。当网架因跨度较大需要较大的高度而网格尺寸与杆件长细比又受限时，可采用三(多)层形式。

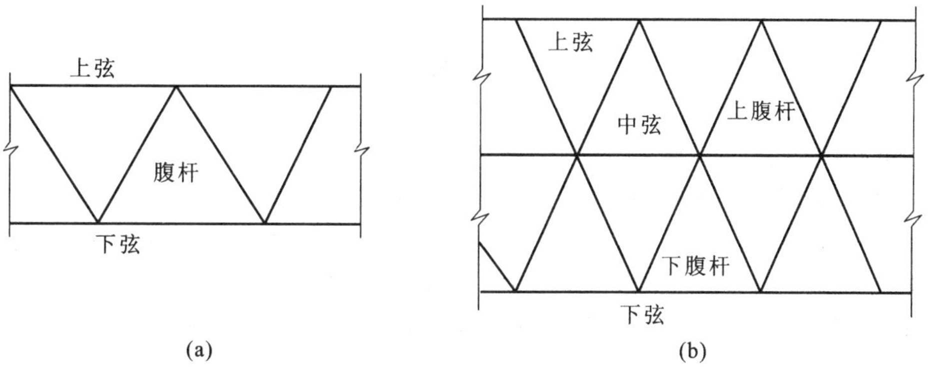

图 4-10　网架形式

(a) 双层网架；(b) 三层网架

4.3.1.2　按支承情况分类

(1) 周边支承网架

周边支承网架是目前采用较多的一种形式，所有边界节点都搁置在柱或梁上，传力直接，网架受力均匀，如图 4-11 所示。当网架周边支承于柱顶时，网格宽度可与柱距一致；当网架支承于圈梁时，网格的划分比较灵活，可不受柱距影响。

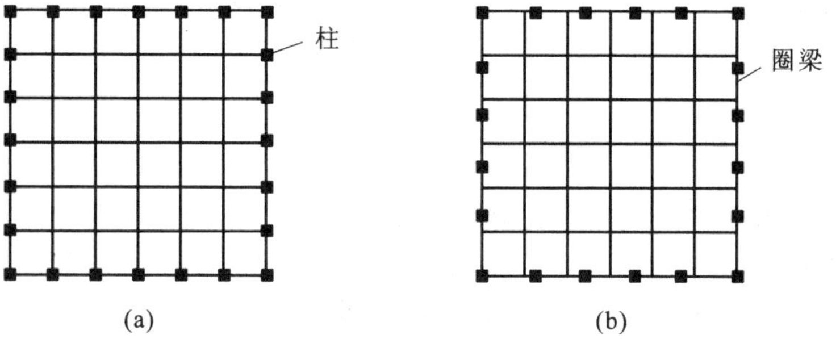

图 4-11　周边支承网架

(a) 柱支承；(b) 圈梁支承

(2) 点支承网架

点支承网架一般有四点支承和多点支承两种情形。由于支承点处集中受力较大，宜在周边设置悬挑，以减小网架跨中杆件的内力和挠度，如图 4-12 所示。

(3) 周边与点相结合支承的网架

在点支承网架中，当周边没有围护支承相结合的形式时，可采用点支承与周边支承相结合的形式。这种支承方法适用于工业厂房和展览厅等公共建筑，如图 4-13 所示。

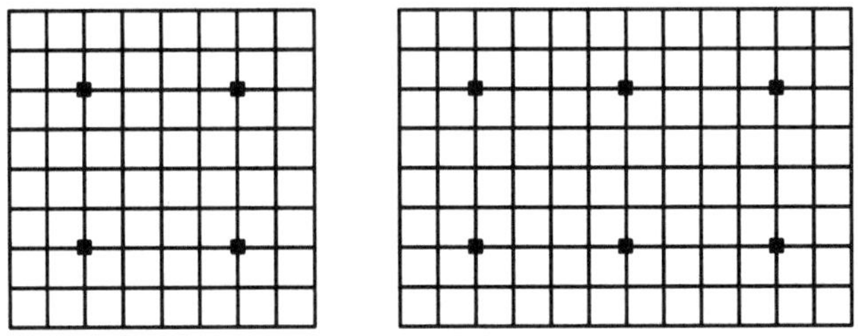

(a) (b)

图 4-12 点支承网架

(a) 四点支承;(b) 多点支承

(4) 三边支承或两边支承网架

在矩形平面的建筑中,考虑扩建的可能性或建筑功能的要求,需要在一边或两对边上开口,因而使网架仅在三边或两对边上支承,另一边或两对边为自由边(图 4-14)。自由边的存在对网架的受力是不利的,为此应对自由边做出特殊处理。一般的做法是在自由边附近增加网架层数或在自由边加设托梁或托架。对中、小型网架,亦可采用增加网架高度或局部加大杆件截面的办法予以加强。

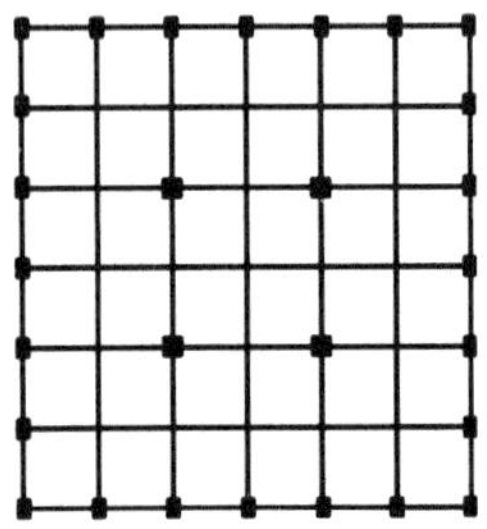

图 4-13 周边与点相结合支承的网架

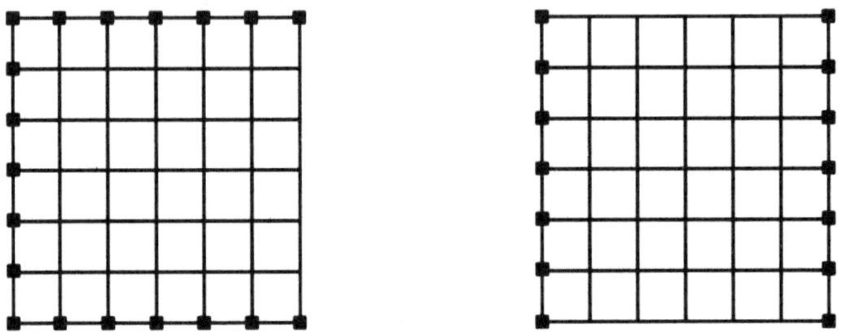

(a) (b)

图 4-14 三边支承或两边支承网架

(a) 三边支承;(b) 两边支承

4.3.1.3 按网格形式分类

网架结构按网格形式可分为下列常用的 13 种形式:由平面桁架体系组成的两向正交正放网架、两向正交斜放网架、两向斜交斜放网架、三向网架、单向折线形网架;由四角锥体系组成的正放四角锥网架、正放抽空四角锥网架、斜放四角锥网架、棋盘形四角锥网架、星形四角锥网架;由三角锥体系组成的三角锥网架、抽空三角锥网架、蜂窝形三角锥网架。

(1) 平面桁架体系网架

平面桁架体系网架由平面桁架相互交叉所组成,其上、下弦杆长度相等,杆件类型少,且上、下弦杆和腹杆在同一平面内。一般应使斜腹杆受拉,竖杆受压。斜腹杆与弦杆间的夹角宜为 40°~60°。其主要包括两向正交正放网架、两向正交斜放网架、两向斜交斜放网架、三向网架和单向折线形网架等形式。

① 两向正交正放网架。

两向正交正放网架由两组分别与边界平行的平面桁架互成 90°交叉组成,即上、下弦杆均为正放,同一方向的各平面桁架长度一致,且上下弦杆和腹杆位于同一垂直平面内,在两向平面桁架的交点处有一根公用的竖杆，如图 4-15 所示。

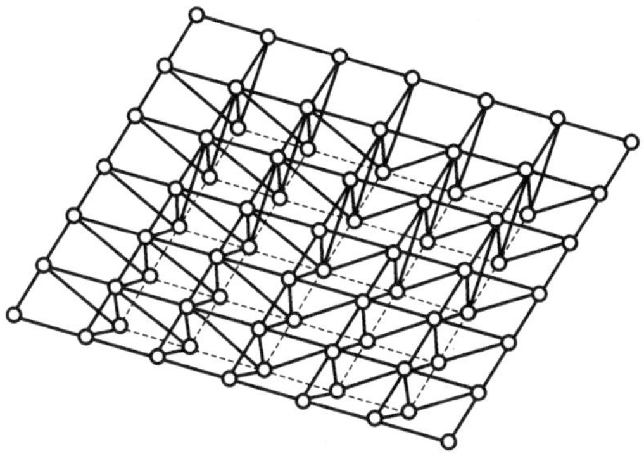

图 4-15 两向正交正放网架

两向正交正放网架平面内为几何可变，为增加其空间刚度并有效地传递水平荷载，应沿网架支承周边的上(下)弦平面内设置附加斜杆。

两向正交正放网架的受力状况受平面尺寸及支承情况的影响。对于周边支承且平面接近正方形的网架，受力均匀，两个方向的杆件内力差别不大。但随着边长比加大，单向受力特征明显，两个方向的杆件内力差别也增大。对于点支承网架，支承附近的杆件及主桁架跨中弦杆内力大，其他部位内力小。

两向正交正放网架适用于建筑平面为正方形或接近正方形，且跨度较小的结构。上海黄浦区体育馆(45 m×45 m)和保定体育馆(55.34 m×68.42 m)采用了这种网架结构形式。

② 两向正交斜放网架。

两向正交斜放网架的几何特征同两向正交正放网架，只是将它在建筑平面上放置时转动 45°，即上、下弦杆均斜放，如图 4-16 所示。

两向正交斜放网架各片桁架跨度不同，但高度基本相同，故角部的短桁架刚度较大，并对与它垂直的长桁架起一定的弹性支承作用，从而减少了桁架中部的弯矩。因此，其比正交正放网架空间刚度大，受力均匀，用钢省。

在周边支承情况下，长桁架直通角部时，角部支座会产生上拔力，设计时应予以注意，或可采用长桁架不通过角部的方式，在角部设置两个边角柱。

两向正交斜放网架适用于正方形或长方形建筑平面的结构，首都体育馆(99 m×112.2 m)和山东体育馆(62.7 m×74.1 m)采用了这种网架结构形式。

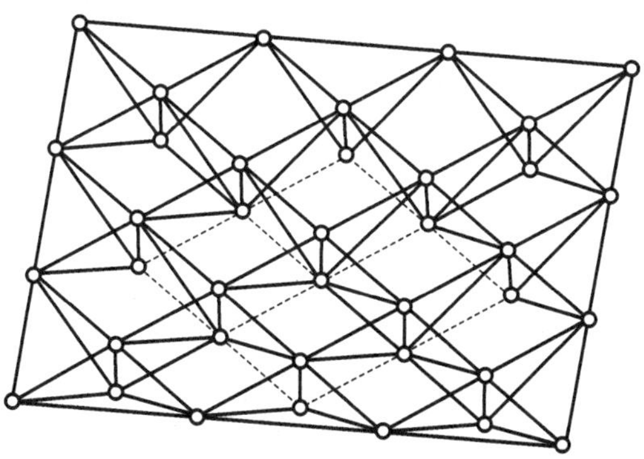

图 4-16 两向正交斜放网架

③ 两向斜交斜放网架。

两向斜交斜放网架由两个方向的平面桁架交叉组成。但其交角不是直角，而是根据下部两个方向支承结构间距变化而成任意夹角 α，即上、下弦杆均斜放，形成菱形网格，如图 4-17 所示。

两向斜交斜放网架适用于梯形或扇形建筑平面，但这类网架节点构造较复杂，受力性能欠佳，一般只在建筑有特殊要求时才选用。

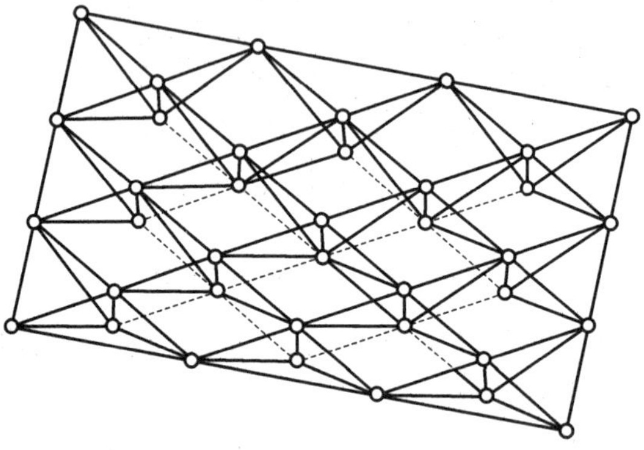

图 4-17　两向斜交斜放网架

④ 三向网架。

三向网架由三个方向的平面桁架交叉组成，其交角为 60°，即上、下弦杆有正放和斜放，网架的网格一般是正三角形，如图 4-18 所示。

三向网架的基本单元为几何不变体系，整个网架的空间刚度大于两向网架，能均匀地把力传至支承系统，受力性能较好。但其杆件数和节点数多，节点构造复杂，一个节点最多汇交 13 根杆件。

三向网架适用于圆形或多边形建筑平面的结构。上海体育馆（直径 110 m 圆形）和江苏体育馆（76.8 m×88.681 m 八边形）均较早采用了这种网架结构形式。

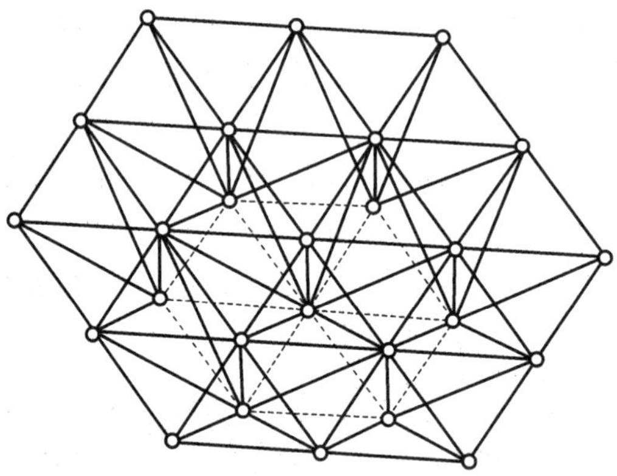

图 4-18　三向网架

⑤ 单向折线形网架。

单向折线形网架也称折板形网架，由一系列平面桁架互相斜交成“V”形而成，即上、下弦杆均正放，也可看成无上、下弦杆的正放四角锥，如图 4-19 所示。

单向折线形网架类似于立体桁架，但无需布置支撑体系，只需有沿跨度方向的上、下弦杆。单向折线形网架呈单向受力状态，为加强其空间刚度，应在其周边增设部分上弦杆件。

单向折线形网架适用于杆件类型较少，狭长矩形平面的结构。山西大同矿务局机电修配厂下料车间(21 m×78 m)和石家庄体育运动委员会水上游乐中心(30 m×120 m)采用了这种网架结构形式。

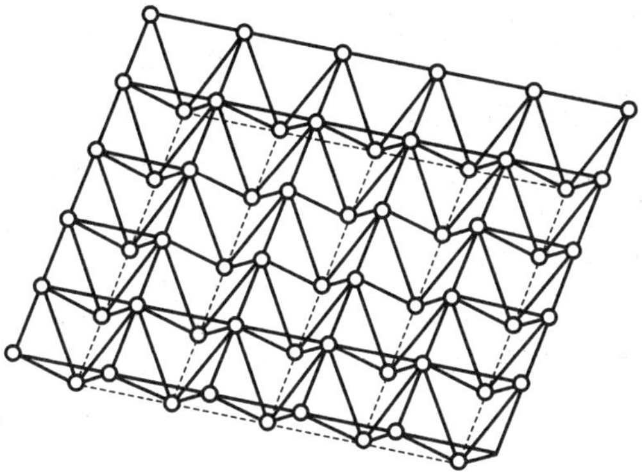

图 4-19　单向折线形网架

(2) 四角锥体系网架

四角锥体系网架由四角锥按一定规律组成,网架的上、下弦平面均为正方形网格。通过改变上、下弦网格错开的平行移动量或相对地旋转上、下弦(一般为 45°),并适当地抽去一些腹杆和弦杆,即可获得各种形式的四角锥体系网架,主要包括正放四角锥网架、正放抽空四角锥网架、斜放四角锥网架、棋盘形四角锥网架和星形四角锥网架。

① 正放四角锥网架。

正放四角锥网架以倒置四角锥为组成单元,锥体的四边为上弦杆,锥顶相连为下弦杆,上、下弦杆均与边界平行(或垂直)。上、下弦平面内的网格均呈正方形,上弦网格的形心与下弦网格的角点投影重合,并且没有垂直腹杆,如图 4-20 所示。

正放四角锥网架杆件受力较均匀,空间刚度比其他类型的四角锥网架及两向网架好。且正放四角锥网架上、下弦杆等长,如果腹杆与上、下弦平面为 45°,则杆件全部等长,有利于定型化生产,屋面规格少,应用范围广。

正放四角锥网架适用于建筑平面接近正方形的周边支承及点支承的结构,较为典型的工程实例有上海市静安区体育馆(40 m×40 m)和杭州市歌剧院(31.5 m×36 m)。

② 正放抽空四角锥网架。

正放抽空四角锥网架的构成特点是在正放四角锥网架的基础上,除周边网格锥体不动外,跳格地抽掉一些四角锥单元中的腹杆和下弦杆,使下弦网格尺寸扩大 1 倍,如图 4-21 所示。

正放抽空四角锥网架空间刚度较正放四角锥网架小,下弦杆内力增大。抽空可减少杆件与节点数量,节省用钢量,经济效果好,但会降低结构的整体刚度与超静定次数。

正放抽空四角锥网架适用于中、小跨度或屋面荷载较轻的周边支承、点支承以及周边支承与点支承相结合的结构。石家庄铁路枢纽南站货棚(132 m×132 m,柱网 24 m×24 m,多点支承)和唐山齿轮集团有限公司联合厂房(84 m×156.9 m,柱网 12 m×12 m,周边支承与多点支承相结合)是较早采用这种网架形式的典型实例。

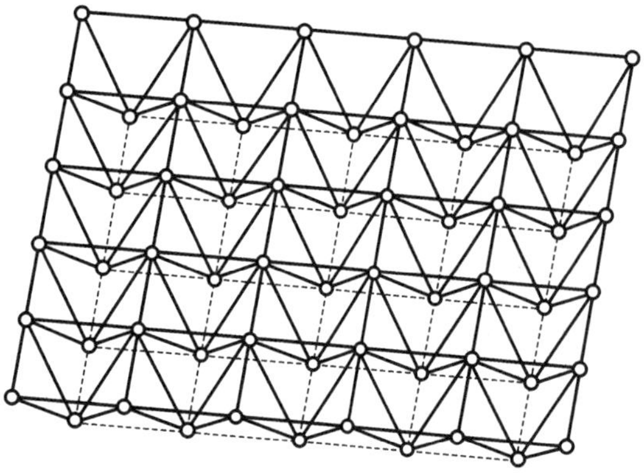

图 4-20 正放四角锥网架

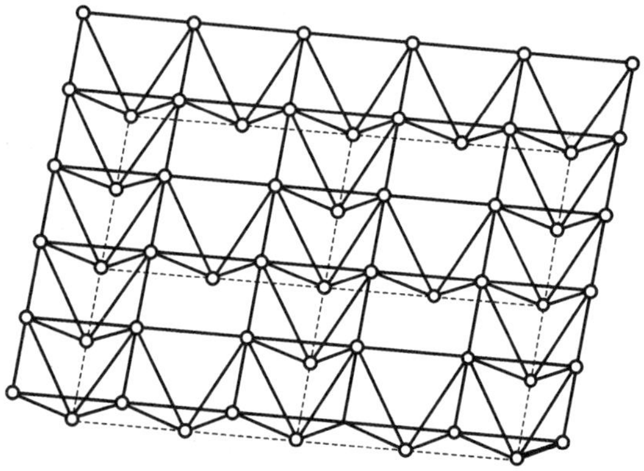

图 4-21 正放抽空四角锥网架

③ 斜放四角锥网架。

斜放四角锥网架以倒置四角锥为组成单元，上弦网格正交斜放，上弦杆与边界成 45°；而下弦网格正交正放，下弦杆与边界平行(或垂直)，如图 4-22 所示。

斜放四角锥网架的空间刚度较正放四角锥网架小，当周边无刚性连系杆时，会出现锥体绕 Z 轴旋转不稳定的情况。这种网架受压上弦杆短、受拉下弦杆长，能充分发挥杆件截面的作用，受力合理。节点汇交杆件少，上弦节点 6 根，下弦节点 8 根，节点构造简单。屋面板类型多、屋面组织排水较困难。

斜放四角锥网架适用于中、小跨度周边支承，或周边支承与点支承相结合的矩形平面结构。上海体育馆练习馆(35×35 m，周边支承)和北京市某机库(48×54 m，三边支承，开口)均采用了这种网架结构形式。

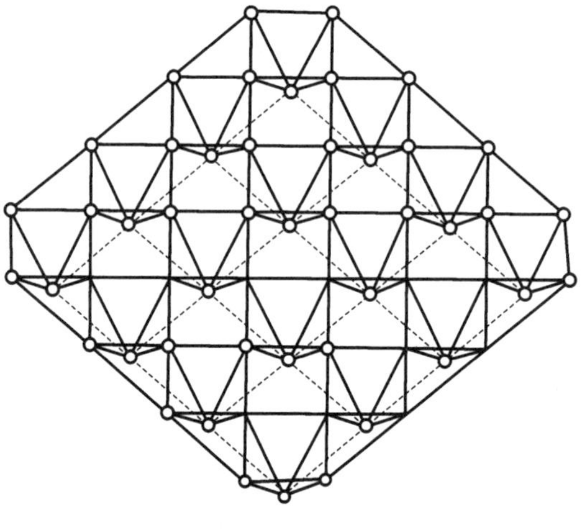

图 4-22 斜放四角锥网架

④ 棋盘形四角锥网架。

棋盘形四角锥网架保持正放四角锥网架周边四角锥不变，中间四角锥间隔抽空，上弦杆正放与边界平行(或垂直)，下弦杆斜放与边界成 45°。上弦网格正交正放，下弦网格正交斜放，上下弦的网格形心投影重合，如图 4-23 所示。

棋盘形四角锥网架的空间刚度较正放四角锥网架小，下弦杆内力增大，当周边布置成满锥时，刚度较好。这种网架也具有受压上弦杆短、受拉下弦杆长的优点。而且，该种网架克服了斜放四角锥网架屋面板类型多、屋面组织排水较困难的缺点。

棋盘形四角锥网架适用于中、小跨度周边支承方形或接近方形平面的结构。大同市同煤集团云岗矿井食堂(28 m×18 m)采用了这种网架结构形式。

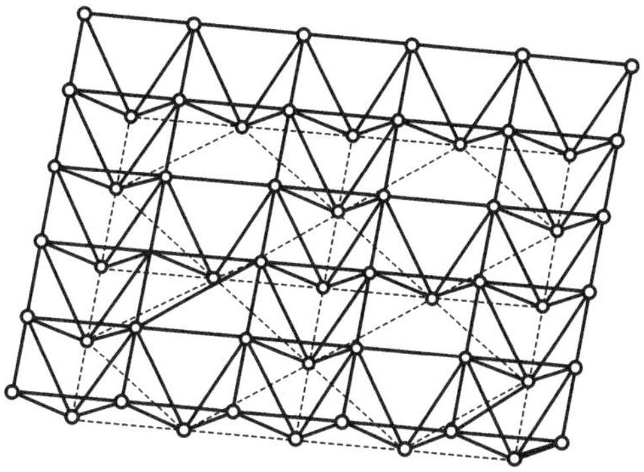

图 4-23　棋盘形四角锥网架

⑤ 星形四角锥网架。

星形四角锥网架的组成单元由两个倒置的三角形小桁架正交而成，在节点处有一根公用的竖杆，上弦杆为倒三角形的底边，下弦杆为倒三角形顶点的连线，网架的斜腹杆均与上弦杆位于同一垂直平面内，如图 4-24 所示。

星形四角锥网架的刚度较差，不如正放四角锥网架。其竖杆受压，内力等于上弦节点荷载。节点汇交杆件少，上、下弦节点处各 5 根，节点构造简单。

星形四角锥网架适用于中、小跨度周边支承方形或接近方形平面的结构。杭州起重机械有限公司食堂(28 m×36 m)和中国计量学院风雨操场(27 m×36 m)均采用了这种网架结构形式。

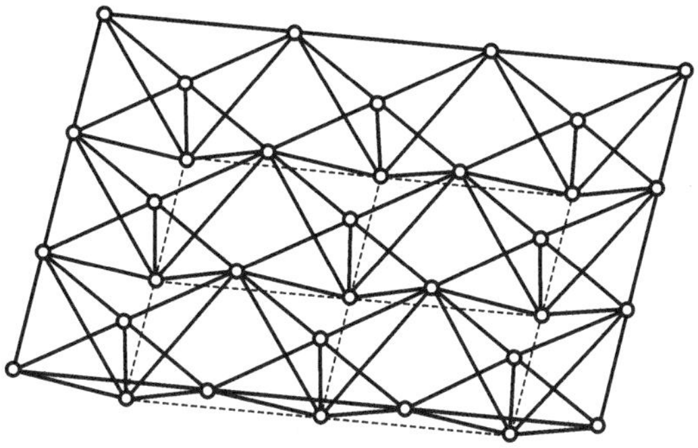

图 4-24　星形四角锥网架

(3) 三角锥体系网架

三角锥体系网架的基本组成单元为倒置的三角锥。锥底的三条边为网架上弦杆，棱边为网架腹杆，锥顶用杆件相连，为网架下弦杆。通过改变三角锥布置，可获得不同类型三角锥体系网架，主要有三角锥网架、抽空三角锥网架、蜂窝形三角锥网架。

① 三角锥网架。

三角锥网架以倒置三角锥为组成单元，其上、下弦平面均为三角形网格。倒置三角形的锥顶与上弦三角形的形心投影重合，平面为六边形，如图 4-25 所示。

三角锥网架基本单元为几何不变体系，杆件受力均匀，本身为几何不变体，整体抗扭、抗弯刚度好。如果网架高度 $h=\sqrt{2/3}S$，S 为弦杆长度，则网架的上、下弦和腹杆等长。上、下弦节点汇交的杆件均为 9 根，可统一节点构造。

三角锥网架适用于大中跨度及重屋盖建筑物，当建筑平面为三角形、六边形和圆形时最为适宜。上海徐汇区工人俱乐部剧场(六边形，外接圆直径 24 m)采用了这种网架结构形式。

② 抽空三角锥网架。

抽空三角锥网架是在三角锥网架的基础上，适当抽去部分三角锥单元的腹杆和下弦杆，上弦网格为正三角形，下弦网格为正三角形及正六边形，平面为六边形，如图 4-26 所示。

抽空三角锥网架下弦杆内力较大，空间刚度较三角锥网架小，为增加刚度，其周边布置成满锥。这种网架节点和杆件数量比三角锥网架少，上弦网格与三角锥网架一样密，下弦杆稀疏，有利于减少用钢量及施工。

抽空三角锥网架适用于中、小跨度的三角形、六边形和圆形等平面的建筑。天津塘沽车站候车室(直径 47.18 m，周边支承)较早采用了这种网架结构形式。

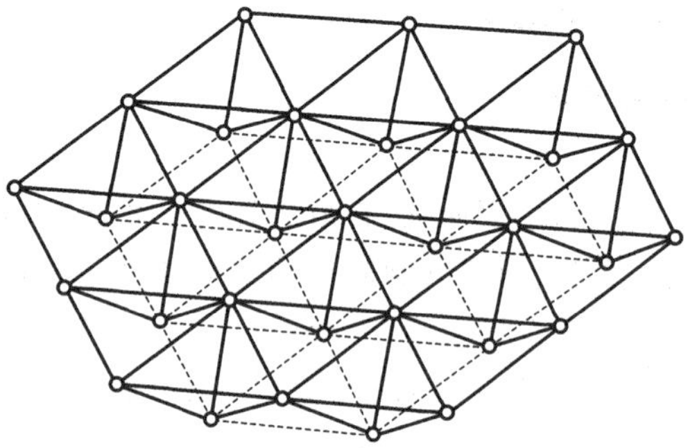

图 4-25　三角锥网架

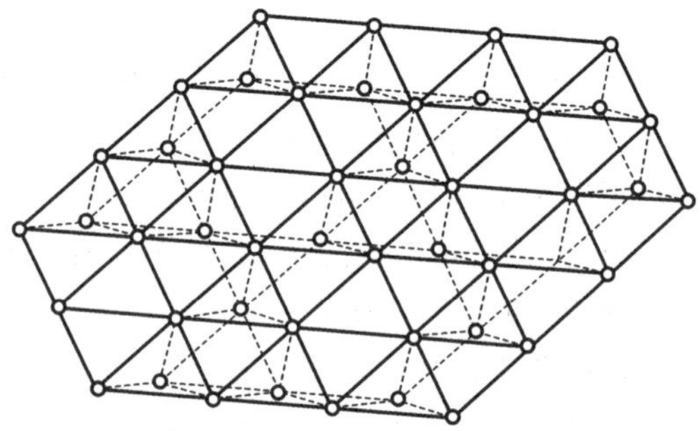

图 4-26　抽空三角锥网架

③ 蜂窝形三角锥网架。

蜂窝形三角锥网架由一系列的三角锥组成。上弦平面为正三角形和正六边形网格，下弦平面为正六边形网格，腹杆与下弦杆在同一垂直平面内，如图 4-27 所示。其上弦杆短、下弦杆长，受力合理，每个节点只汇交 6 根杆件，是常用网架中杆件数和节点数最少的一种。但是，上弦平面的六边形网格增加了屋面板布置与屋面找坡的难度。

蜂窝形三角锥网架适用于中、小跨度周边支承的结构，可用于六边形、圆形或矩形平面。天津石化住宅区影剧院(44.4 m×38.45 m)和开滦林西矿会议室(14.4 m×20.79 m)均较早采用了这种网架结构形式。

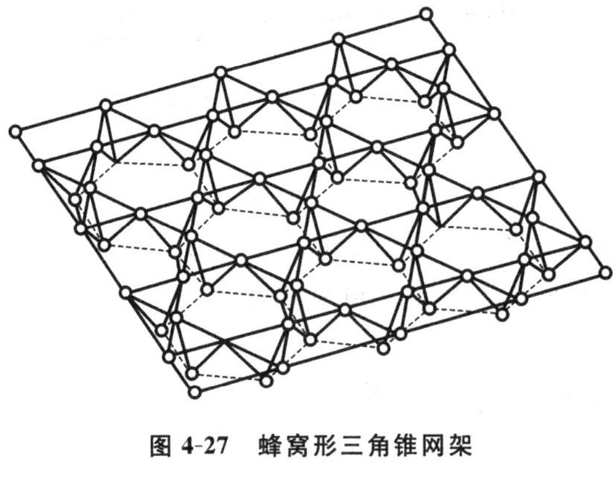

图 4-27　蜂窝形三角锥网架

4.3.2　网架结构的选型

网架结构的选型应结合工程的平面形状、跨度大小、支承情况、荷载条件、屋面构造、建筑设计等要求综合分析确定。杆件布置及支承设置应保证结构体系几何不变。网架结构可采用双层或多层形式。

平面形状为矩形的周边支承网架,当其边长比(长边与短边之比)小于等于 1.5 时,宜选用正放四角锥网架、斜放四角锥网架、棋盘形四角锥网架、正放抽空四角锥网架、两向正交斜放网架、两向正交正放网架。当其边长比大于 1.5 时,宜选用两向正交正放网架、正放四角锥网架或正放抽空四角锥网架。

平面形状为矩形、三边支承一边开口的网架可按上述进行选型,开口边必须具有足够的刚度并形成完整的边桁架,当刚度不满足要求时,可采用增加网架高度、网架层数等办法加强。通常有两种处理方法:一种是在网架的开口边局部增加层数(图 4-28),通常称为加反梁;另一种方法是将整体网架的高度较周边支承时的高度适当加高,开口边杆件适当加大。根据 48 m×48 m 平面三边支承一边开口的两向正交正放网架、两向正交斜放网架、斜向四角锥网架、正放四角锥和正放抽空四角锥网架等五种网架的计算结果可知,加反梁和不加反梁两种方法的用钢量及挠度都相差不多,故对于满足上述支承条件的中、小跨度网架,两种方法都可采用。当跨度较大或平面形状比较狭长时,则在开口边加反梁的方法较为有利。设计时应注意在开口边要形成边桁架,以加强整体性。

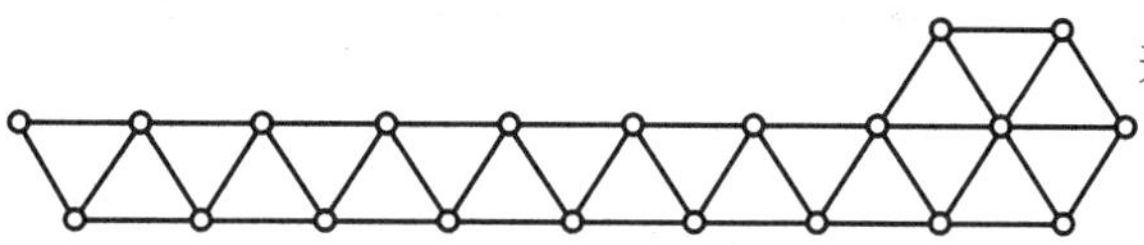

图 4-28 网架开口边加反梁示意图

平面形状为矩形、多点支承的网架可根据具体情况选用正放四角锥网架、正放抽空四角锥网架、两向正交正放网架。因为多点支承时,这种正放类型网架的受力性能比斜放类型合理,挠度也小。对四点支承网架的计算表明,正向正交正放网架与两向正交斜放网架的内力比为 5∶7,挠度比为 6∶7。

平面形状为圆形、正六边形和接近正六边形的多边形且周边支承的网架,大多应用于大、中跨度的公共建筑中。从平面布置及建筑造型看,比较适宜选用三向网架、三角锥网架和抽空三角锥网架。特别是当平面形状为正六边形时,这种网架的网格布置规整,杆件种类少,施工较方便。经计算表明,三向网架、三角锥和抽空三角锥网架的用钢量和挠度较为接近。

网架的网格高度与网格尺寸应根据跨度大小、荷载条件、柱网尺寸、支承情况、网格形式以及构造要求和建筑功能等因素确定,网架的高跨比可取 1/18~1/10。网架在短向跨度的网格数不宜小于 5。确定网格尺寸时宜使相邻杆件间的夹角大于 45°,且不宜小于 30°。高跨比是根据网架优化结果通过回归分析而得,优化时以造价为目标函数,综合考虑了杆件、节点、屋面与墙面的影响。相邻杆件间夹角 30°是考虑网架的制作与构造要求的需要,以免杆件相碰或节点尺寸过大。

网架可采用上弦或下弦支承方式,当采用下弦支承时,应在支座边形成竖直或倾斜的边桁架。当采用两向正交正放网架,应沿网架周边网格设置封闭的水平支撑。多点支承的网架有条件时宜设柱帽。柱帽宜设置于下弦平面之下[图 4-29(a)],也可设置于上弦平面之上[图 4-29(b)]或采用伞形柱帽[图 4-29(c)]。

对跨度不大于 40 m 的多层建筑的楼盖及跨度不大于 60 m 的屋盖,可采用以钢筋混凝土板代替上弦的组合网架结构。组合网架宜选用正放四角锥网架、正放抽空四角锥网架、两向正交正放网架、斜放四角锥网架和蜂窝形三角锥网架。

网架屋面排水找坡可采用下列方式:① 上弦节点上设置小立柱找坡(当小立柱较高时,应注意

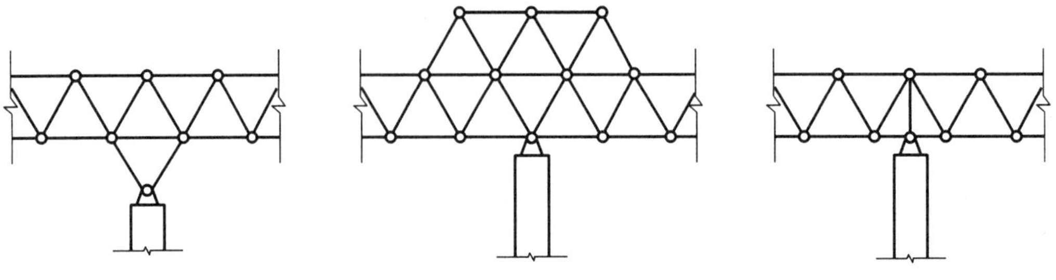
(a) (b) (c)

图 4-29　柱帽形式

小立柱自身的稳定性并布置支撑)。② 网架变高度。③ 网架结构起坡。如图 4-30 所示。

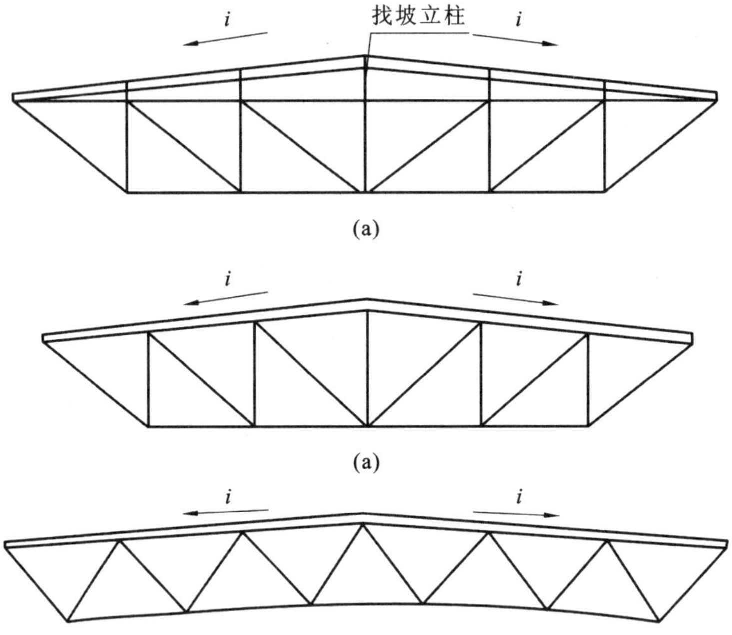

(c)

图 4-30　屋面排水找坡

(a) 设置小立柱;(b) 变高度;(c) 起坡

4.3.3　网架结构的计算要点

4.3.3.1　一般计算原则

网架结构应进行重力荷载及风荷载作用下的位移、内力计算,并应根据具体情况对地震、温度变化、支座沉降及施工安装荷载等作用下的位移、内力进行计算。

对非抗震设计,荷载及荷载效应组合应按《建筑结构荷载规范》(GB 50009—2012)进行计算,在杆件截面及节点设计中,应按照荷载效应的基本组合确定内力设计值;在位移计算中应按照荷载效应的标准组合确定其挠度。对抗震设计,荷载及荷载效应组合应按《建筑抗震设计标准(2024 年版)》(GB/T 50011—2010)确定内力设计值。网架结构的内力和位移可按弹性理论进行计算。

各种复杂形体的网架结构,当跨度较大时,应通过风洞试验或专门研究确定风荷载体型系数。对于基本自振周期大于 0.25s 的网架结构,宜按随机振动理论进行风振计算。

分析网架结构时，可假定节点为铰接，杆件只承受轴向力。

网架结构的外荷载可按静力等效原则将节点所辖区域内的荷载集中作用在该节点上。当杆件上作用有局部荷载时，应另行考虑局部弯曲内力的影响。

网架结构分析时，应考虑上部网架结构与下部支承结构的相互影响。网架结构的协同分析可把下部支承结构折算的等效刚度和等效质量作为上部网架结构分析时的条件；也可把上部网架结构折算的等效刚度和等效质量作为下部支承结构分析时的条件；还可以将上、下部结构作整体分析。

分析网架结构时，应根据结构形式、支座节点的位置、数量和构造情况以及支承结构的刚度，确定合理的边界约束条件。对于网架结构，支承节点的边界约束条件应按实际构造假定为两向或一向可侧移、无侧移的铰接支座或弹性支座。

网架结构的支承必须保证在任意荷载作用下结构体系的几何不变性，并满足各种结构形式及其计算模型对支承条件的要求。

网架结构支座的边界约束条件分别沿结构整体坐标系的三个方向根据具体情况确定。如果支承结构对空间网格结构支座的约束与结构整体坐标系不一致，则应作为斜边界约束处理。

网架结构施工安装阶段与使用阶段支承情况不一致时，应区别不同支承条件分析计算施工安装阶段和使用阶段在相应荷载作用下的结构位移和内力。

网架结构根据结构类型、平面形状、荷载形式、节点构造、边界约束条件及不同设计阶段等可采用有限元法或基于连续化假定的方法进行计算。选用分析方法应考虑分析方法的适用范围和条件，宜采用空间杆系有限元法进行计算。拟夹层板分析法和拟壳分析法物理概念清晰，有时计算也很方便，常与有限元法互为补充，但计算精度和适用性不如有限元法，故《空间网格结构技术规程》(JGJ 7—2010)建议仅在结构方案选择和初步设计时采用。

网架结构在恒荷载与活荷载标准值作用下的最大挠度值不宜超过表 4-1 中的容许挠度值。

表 4-1 **网架结构的容许挠度值**

结构体系	屋盖结构(短向跨度)	楼盖结构(短向跨度)	悬挑结构(悬挑跨度)
网架	1/250	1/300	1/125

注：对于设有起重设备的屋盖结构，其最大挠度值不宜大于结构跨度的 1/400。

网架可预先起拱，其起拱值可取不大于短向跨度的 1/300。当仅为满足改善外观要求时，最大挠度可取恒荷载与活荷载标准值作用下挠度减去起拱值。

4.3.3.2 静力计算

(1) 荷载计算

网架的永久荷载有网架自重、屋面材料的重力、吊顶材料的重力、设备管道的重力等。

网架的可变荷载有屋面活荷载、雪荷载、风荷载、积灰荷载、悬挂吊车荷载等。

网架自重荷载标准值 g_{0k}(kN/m^2)可按下式估算：

$$g_{0k} = \sqrt{q_w} L_2 / 150 \tag{4-2}$$

式中 q_w——除网架自重以外的屋面荷载或楼面荷载的标准值，kN/m^2；

L_2——网架的短向跨度，m。

分析网架因温度变化而产生的内力，可将温差引起的杆件固端反力作为等效荷载反向作用在杆件两端节点上，然后按有限元法分析。

网架结构如符合下列条件之一者,可不考虑由于温度变化而引起的内力:① 支座节点的构造允许网架侧移,且允许侧移值等于或大于网架结构的温度变形值;② 网架周边支承、网架验算方向跨度小于 40 m,且支承结构为独立柱或砖壁柱;③ 在单位力作用下,柱顶水平位移 u 大于或等于式(4-3)的计算值。

$$u=\frac{L}{2\xi EA_{\mathrm{m}}}\left(\frac{E\alpha\Delta t}{0.038f}-1\right) \tag{4-3}$$

式中 f ——钢材的抗拉强度设计值;

E ——材料的弹性模量;

α ——材料的线膨胀系数;

Δt ——温差;

L ——网架在验算方向的跨度;

A_{m}——支承(上承或下承)平面弦杆截面积的算术平均值;

ξ ——系数,支承平面弦杆为正交正放时 $\xi=1.0$,正交斜放时 $\xi=\sqrt{2}$,三向时 $\xi=2.0$。

空间网架结构经过位移、内力计算后进行杆件截面设计,如杆件截面需要调整应重新进行分析,使其满足设计要求为止。空间网架结构设计后,杆件不宜替换,如必须替换时,应根据截面及刚度等效的原则进行。

(2) 计算方法

按有限元法进行网架结构静力计算时,可采用下列统一的基本方程:

$$\boldsymbol{KU}=\boldsymbol{F} \tag{4-4}$$

式中 $\boldsymbol{K}$——网架结构总弹性刚度矩阵;

$\boldsymbol{U}$——网架结构节点位移向量;

$\boldsymbol{F}$——网架结构节点荷载向量。

由平面桁架体系或角锥体系组成的矩形平面、周边支承网架结构,可简化为正交异性或各向同性的平板,按拟夹层板法进行位移、内力计算。

组合网架结构可按有限元法进行位移、内力计算。分析时应将组合网架的带肋平板离散成能承受轴力、膜力和弯矩的梁元和板壳元,将腹杆和下弦作为承受轴力的杆元,并应考虑两种不同材料的材性。

组合网架结构也可采用空间杆系有限元法作简化计算。分析时将组合网架的带肋平板等代为仅能承受轴力的上弦,并与腹杆和下弦构成两种不同材料的等代网架,按空间杆系有限元法进行位移、内力计算。等代上弦截面及带肋平板中内力可按《空间网格结构技术规程》(JGJ 7—2010)的相关规定确定。

4.3.3.3 抗震验算

对用作屋盖的网架结构,其抗震验算应符合下列要求:① 在抗震设防烈度为 8 度的地区,对于周边支承的中小跨度网架结构应进行竖向抗震验算,对于其他网架结构均应进行竖向和水平抗震验算;② 在抗震设防烈度为 9 度的地区,对各种网架结构应进行水平和竖向抗震验算。

在单维地震作用下,对空间网架结构进行多遇地震作用下的效应计算时,可采用振型分解反应谱法;对于体型复杂或重要的大跨度结构,应采用时程分析法进行补充计算。

按时程分析法计算网架结构地震效应时,其动力平衡方程为:

$$\boldsymbol{M\ddot{U}}+\boldsymbol{C\dot{U}}+\boldsymbol{KU}=-\boldsymbol{M\ddot{U}}_{\mathrm{g}} \tag{4-5}$$

式中 $\boldsymbol{M}$——结构质量矩阵；

$\boldsymbol{C}$——结构阻尼矩阵；

$\boldsymbol{K}$——结构刚度矩阵；

$\ddot{\boldsymbol{U}},\dot{\boldsymbol{U}},\boldsymbol{U}$——结构节点相对加速度向量、相对速度向量和相对位移向量；

$\ddot{\boldsymbol{U}}_g$——地面运动加速度向量。

采用时程分析法时，应按建筑场地类别和设计地震分组选用不少于 2 组的实际强震记录和 1 组人工模拟的加速度时程曲线，其平均地震影响系数曲线应与振型分解反应谱法所采用的地震影响系数曲线在统计意义上相符。加速度曲线峰值应根据与抗震设防烈度相应的多遇地震的加速度时程曲线最大值进行调整，并应选择足够长的地震动持续时间。

采用振型分解反应谱法进行单维地震效应分析时，空间网格结构振型、节点的水平或竖向地震作用标准值应按下式确定：

$$\left.\begin{aligned} F_{\mathrm{E}xji} &= \alpha_j \gamma_j X_{ji} G_i \\ F_{\mathrm{E}yji} &= \alpha_j \gamma_j Y_{ji} G_i \\ F_{\mathrm{E}zji} &= \alpha_j \gamma_j Z_{ji} G_i \end{aligned}\right\} \tag{4-6}$$

式中 $F_{\mathrm{E}xji},F_{\mathrm{E}yji},F_{\mathrm{E}zji}$——$j$ 振型、i 节点分别沿 x、y、z 方向的地震作用标准值；

α_j——相应于 j 振型自振周期的水平地震影响系数，按《建筑抗震设计标准（2024 年版）》(GB/T 50011—2010)确定。当仅有 z 方向竖向地震作用时，竖向地震影响系数取 $0.65\alpha_j$；

X_{ji},Y_{ji},Z_{ji}——j 振型、i 节点沿 x、y、z 方向的相对位移；

G_i——空间网格结构第 i 节点的重力荷载代表值，其中恒载取结构自重标准值；可变荷载取屋面雪荷载或积灰荷载标准值，组合值系数取 0.5。

γ_j——j 振型参与系数，按下列公式确定。

当仅有 x 方向水平地震作用时，j 振型参与系数按下式计算：

$$\gamma_j = \frac{\sum_{i=1}^{m} X_{ji} G_i}{\sum_{i=1}^{n} (X_{ji}^2 + Y_{ji}^2 + Z_{ji}^2) G_i} \tag{4-7}$$

当仅有 y 方向水平地震作用时，j 振型参与系数按下式计算：

$$\gamma_j = \frac{\sum_{i=1}^{m} Y_{ji} G_i}{\sum_{i=1}^{n} (X_{ji}^2 + Y_{ji}^2 + Z_{ji}^2) G_i} \tag{4-8}$$

当仅有 z 方向竖向地震作用时，j 振型参与系数按下式计算：

$$\gamma_j = \frac{\sum_{i=1}^{m} Z_{ji} G_i}{\sum_{i=1}^{n} (X_{ji}^2 + Y_{ji}^2 + Z_{ji}^2) G_i} \tag{4-9}$$

按振型分解反应谱法进行在多遇地震作用下单维地震作用效应分析时，网壳结构杆件地震作用效应宜按下式确定：

$$S_{\mathrm{Ek}} = \sqrt{\sum_{j=1}^{m} S_j^2} \tag{4-10}$$

式中 S_{Ek}——杆件地震作用标准值的效应；

S_j——分别为 j 振型地震作用标准值的效应。

当采用振型分解反应谱法进行空间网格结构地震效应分析时，宜取振型参与质量达到总质量90%所需的振型数进行效应组合，对于网架结构宜至少取前10～15个振型，以进行效应组合；对于体型复杂或重要的大跨度空间网格结构宜取更多振型进行效应组合。

在进行抗震分析时，应考虑支承体系对网架结构受力的影响。此时宜将网架结构与支承体系共同考虑，按整体分析模型进行计算；亦可把支承体系简化为网架结构的弹性支座，按弹性支承模型进行计算。支承结构应按有关规范进行抗震验算。

在进行结构地震效应分析时，应考虑不同构件材料对结构阻尼比的影响。对于周边落地的网架结构，阻尼比值可取0.02；对设有混凝土结构支承体系的网架结构，阻尼比值可取0.03。对由复杂的混凝土结构体系支承的空间网格结构，宜采用位能加权平均的方法计算整体结构阻尼比。

对于体型复杂或较大跨度的网架结构，宜进行多维地震作用下的效应分析。进行多维地震效应计算时，可采用多维随机振动分析方法、多维反应谱法或时程分析法。当按多维反应谱法进行网架结构三维地震效应分析时，结构各节点最大位移响应与各杆件最大内力响应可按《空间网格结构技术规程》(JGJ 7—2010)进行组合计算。

周边支承或多点支承与周边支承相结合的用于屋盖的网架结构，其竖向地震作用效应可按《空间网格结构技术规程》(JGJ 7—2010)附录G进行简化计算。

4.3.4 网架杆件设计

网架的杆件可采用普通型钢或薄壁型钢、焊接H型钢与焊接箱型截面。管材可采用焊接钢管或无缝钢管。杆件采用的钢材牌号和质量等级应按《钢结构设计标准》(GB 50017—2017)的规定执行。杆件截面应按《钢结构设计标准》(GB 50017—2017)根据强度和稳定性的要求计算确定。

确定杆件的长细比时，其计算长度应按表4-2采用。

表4-2 **杆件的计算长度**

结构体系	杆件形式	节点形式		
		螺栓球	焊接空心球	板节点
网架	弦杆及支座腹杆	$1.0l$	$0.9l$	$1.0l$
	腹杆	$1.0l$	$0.8l$	$0.8l$

注：l 为杆件的几何长度(节点中心间距离)。

杆件的长细比不宜超过表4-3中规定的数值。

表4-3 **杆件的容许长细比**

结构体系	杆件形式	杆件受拉	杆件受压
网架	一般杆件	300	180
	支座附近杆件	250	
	直接承受动力荷载杆件	250	

杆件截面的最小尺寸应根据结构的跨度与网格大小计算确定，普通型钢不宜小于∠50×3，钢管不宜小于ϕ48×3。对大、中跨度空间网格结构，钢管不宜小于ϕ60×3.5。

网架的杆件分布应保证刚度的连续性，相邻的两弦杆的杆件截面面积之比不宜超过1.8，多点支承的网架结构其反弯点处的上、下弦杆宜按构造加大截面。

对于低应力、小规格的受拉杆件，其长细比宜按受压杆件控制。在杆件与节点构造设计时，应考虑便于检查、清刷与涂装，避免易于积留湿气或灰尘的死角与凹槽，对钢管端部应进行封闭。

4.3.5 网架节点设计

按照《空间网格结构技术规程》(JGJ 7—2010)的规定，主要以钢杆件组成的网架、单层或双层网壳及立体桁架等结构都属于空间网格结构，因此，若网架和网壳节点形式相同，统一在此解释。节点按照不同的分类方式可以分出不同的类型，主要有：

① 按节点在网架中的位置可分为中间节点(网架杆件交汇的一般节点)、再分杆节点、屋脊节点和支座节点。

② 按节点连接方式可以分为焊接连接节点、高强度连接节点、焊接和高强度螺栓混合连接节点。

③ 按节点的构造形式可分为板节点、半球节点、球节点、钢管圆筒节点、钢管鼓节点等。我国最常用的是钢板节点、焊接空心球节点、螺栓球节点等。

网架节点设计的要求是：受力合理，传力明确，便于制造、安装，节省钢材。从受力性能来看，合理的节点构造应尽量使杆件轴线交会于节点中心，以避免在杆件中出现偏心力矩；同时应尽量使节点构造与计算假定相符，以减小和避免网架杆件产生次生应力及引起杆件内力变号。应特别注意支座节点的构造，若同计算假定的条件不符，将造成相当大的计算误差，甚至影响结构的安全。

网架节点形式的选择要根据网架类型、受力性质、杆件截面形状、制造工艺和安装方法等条件而定。例如：对于交叉平面桁架体系中的两向网架，用角钢作杆件时，一般多采用钢板节点；对于空间桁架体系(四角锥、三角锥体系等)网架，用圆钢管作杆件时，若杆件内力不是非常大(一般不大于750 kN)，可采用螺栓球节点，若杆件内力非常大，一般应采用焊接空心球节点。

4.3.5.1 螺栓球节点

螺栓球节点是指通过螺栓将圆钢管杆件和钢球连接起来的一种节点形式，指由高强度螺栓、钢球、紧固螺钉、套筒和锥头或封板等零件组成的节点，如图 4-31 所示。这些零件多由高强度钢材制成，其所用材料、加工成型方法、性能要求参见表 4-4，并应符合相应标准的技术条件。产品质量应符合《钢网架螺栓球节点》(JG/T 10—2009)的规定。这种节点对空间汇交的圆钢管杆件适应性强，杆件连接不会产生偏心，没有现场焊接作业，运输、安装方便。

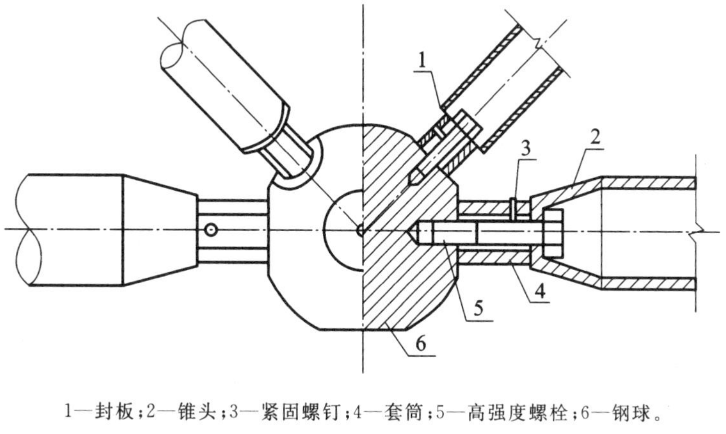

1—封板；2—锥头；3—紧固螺钉；4—套筒；5—高强度螺栓；6—钢球。

图 4-31 螺栓球节点

表 4-4　**螺栓球节点零件推荐材料**

零件名称	推荐材料	材料标准编号	备注
钢球	45# 钢	《优质碳素结构钢》(GB/T 699—2015)	毛坯钢球锻造成形
锥头或封板	Q235B	《碳素结构钢》(GB/T 700—2006)	钢号宜与杆件一致
	Q355	《低合金高强度结构钢(GB/T 1591—2018)	
套筒	Q235B	《碳素结构钢》(GB/T 700—2006)	套筒内孔径为 13～34 mm
	Q355	《低合金高强度结构钢》(GB/T 1591—2018)	套筒内孔径为 37～65 mm
	45# 钢	《优质碳素结构钢》(GB/T 699—2015)	
紧固螺钉	20MnTiB	《合金结构钢》(GB/T 3077—2015)	螺钉直径宜尽量小
	40Cr		
高强度螺栓	20MnTiB,40Cr 35CrMo	《合金结构钢》(GB/T 3077—2015)	螺纹规格 M12～M24
	35VB,40Cr,35CrMo		螺纹规格 M27～M36
	35CrMo,40Cr		螺纹规格 M39～M64×4

螺栓球节点的优点是节点小、重量轻，节点用钢量约占网架用钢量的 10%，可用于任何形式的网架，特别适用于四角锥或三角锥体系的网架。这种节点安装极为方便，可拆卸，安装质量易得到保证，可以根据网架具体情况采用散装、分条拼装和整体拼装等安装方法。螺栓球节点的缺点是球体加工复杂、零部件多、加工精度高、价格贵、所需钢号不一、工序复杂。

螺栓球节点的连接构造原理为，先将置有高强度螺栓的锥头或封板焊在钢管杆件的两端，在伸出锥头或封板的螺杆上套上带有紧固螺钉孔的套筒(又称六角无纹螺母)，拧入紧固螺钉使其端部进入位于高强度螺栓无螺纹段上的滑槽内。拼装时，拧转套筒，通过紧固螺钉带动高强度螺栓转动，使其旋入钢球体。在拧紧过程中，紧固螺钉沿高强度螺栓上的滑槽移动，当高强度螺栓紧至设计位置时，紧固螺钉也到达滑槽端头的深槽，将螺钉旋入深槽固定，就完成了拼装过程。

拧紧高强度螺栓的过程相当于对节点施加预应力的过程。预应力的大小与拧紧程度成正比。此时高强度螺栓受预拉力，套筒受预压力；在节点上形成自相平衡的内力，而杆件不受力。当杆件受拉时，传力路线为拉力→钢管→锥头或封板→高强度螺栓→钢球，此时套筒不受力；当杆件受压时，传力路线为压力→钢管→锥头或封板→套筒→钢球，此时高强度螺栓不受力，压力通过零件之间的接触面来传递。

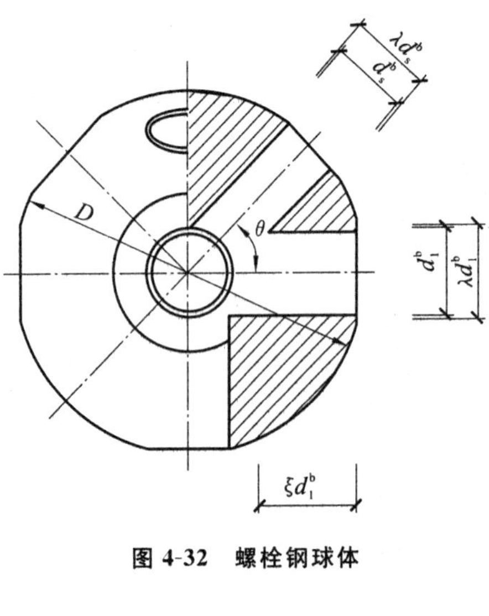

图 4-32　螺栓钢球体

(1) 螺栓钢球体的设计

螺栓钢球体直径的大小主要取决于高强度螺栓的直径，高强度螺栓拧入球体的长度及相邻两杆件轴线之间的夹角。螺栓钢球体如图 4-32 所示。

当网架中各杆件所需高强度螺栓直径确定以后，螺栓钢球直径的大小应同时满足两个条件：

① 保证相邻两螺栓在球体内不相碰。

② 保证套筒与钢球之间有足够的接触面。

为此，可按以下公式确定钢球直径 D。

$$D \geqslant \sqrt{\left(\frac{d_s^b}{\sin\theta}+d_1^b\cot\theta+2\xi d_1^b\right)^2+\lambda^2 d_1^{b^2}} \tag{4-11}$$

$$D \geqslant \sqrt{\left(\frac{\lambda d_s^b}{\sin\theta}+\lambda d_1^b\cot\theta\right)^2+\lambda^2 d_1^{b^2}} \tag{4-12}$$

式中　D——钢球直径，mm；

θ——两相邻螺栓之间的最小夹角，rad；

d_1^b——两相邻螺栓的较大直径，mm；

d_s^b——两相邻螺栓的较小直径，mm；

ξ——螺栓拧入球体长度与螺栓直径的比值，可取 1.1；

λ——套筒外接圆直径与螺栓直径的比值，可取 1.8。

当相邻杆件夹角 θ 较小时，应根据相邻杆件及相关封板、锥头、套筒等零部件不相碰的要求核算螺栓球直径。此时可通过可能相碰点至球心的连线与相邻杆件轴线间的夹角不大于 θ 的条件进行核算。网架跨度、荷载较小时，钢球直径 D 不大，整个网架的钢球可只用一个直径，但钢球加工费用高，当网架跨度、荷载较大时，会使用钢量增加，工程成本加大，因此，可根据计算结果选择不同的钢球直径，但种类不宜过多。

(2) 高强度螺栓的设计

高强度螺栓的性能等级应按螺纹规格分别选用。对于 M12～M36 的高强度螺栓，其强度等级按 10.9 级选用；对于 M39～M64 的高强度螺栓，其强度等级按 9.8 级选用。螺栓的形式与尺寸应符合《钢网架螺栓球节点用高强度螺栓》(GB/T 16939—2016)的要求。

一般情况下，根据网架中最大受拉弦杆内力和最大受拉腹杆内力各选定一个螺栓直径，若这两个螺栓直径相差太大，可以在这两者之间再选一种螺栓直径。即使网架跨度、荷载较大时，选用高强度螺栓直径种类不宜过多，以免造成设计、制造、安装过于麻烦。

每个高强度螺栓的受拉承载力设计值按下式计算：

$$N_t^b = A_{eff} f_t^b \tag{4-13}$$

式中　f_t^b——高强度螺栓经热处理后的抗拉强度设计值，对 10.9 级，取 430 N/mm²，对 9.8 级，取 385 N/mm²；

A_{eff}——高强度螺栓的有效截面积，可按表 4-5 选取。当螺栓上钻有键槽或钻孔时，A_{eff} 值取螺纹处或键槽、钻孔处二者中的较小值。

表 4-5　**常用螺栓在螺纹处的有效截面积 A_{eff} 和承载力设计值 N_t^b**

性能等级	10.9 级									
螺纹规格	M12	M14	M16	M20	M22	M24	M27	M30	M33	M36
螺距 p/mm	1.75	2	2	2.5	2.5	3	3	3.5	3.5	4
A_{eff}/mm²	84	115	157	245	303	353	459	561	694	817
N_t^b/kN	36.2	49.5	67.5	105.3	130.5	151.5	197.5	241.2	298.4	351.3

续表

性能等级	9.8 级							
螺纹规格	M39	M42	M45	M48	M52	M56×4	M60×4	M64×4
螺距 p/mm	4	4.5	4.5	5	5	4	4	4
A_{eff}/mm^2	976	1120	1310	1470	1760	2144	2485	2851
N_t^b/kN	375.6	431.5	502.8	567.1	676.7	825.4	956.6	1097.6

注：螺栓在螺纹处的有效截面积 $A_{\text{eff}}=\pi(d-0.9382p)^2/4$。

受压杆件的连接螺栓直径，可按其内力设计值绝对值求得螺栓直径计算值后，按表 4-5 的螺栓直径系列减少 1～3 个级差，但必须保证套筒任何截面均具有足够的抗压强度。

高强度螺栓的栓杆长度 L_b 由构造确定，见图 4-33。

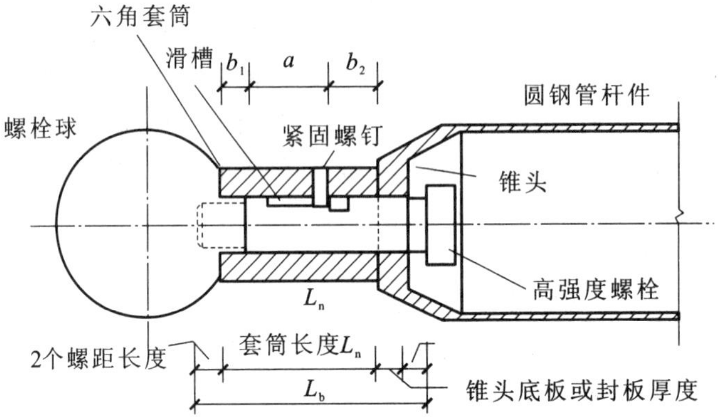

未拧紧时的状态

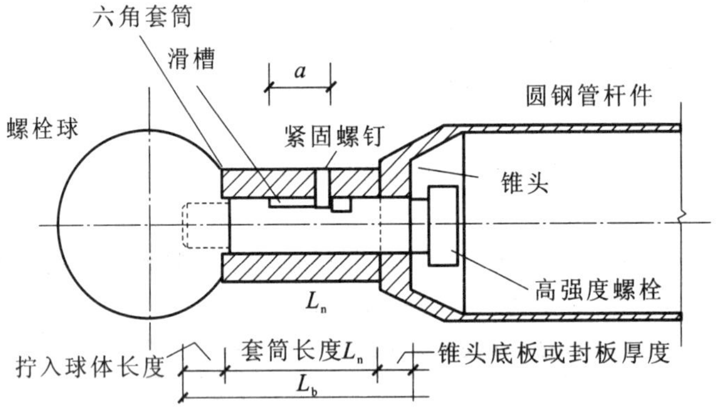

拧紧后的状态

图 4-33　高强度螺栓与螺栓球和圆钢管杆件的连接

$$L_b = \xi d + L_n + \delta \tag{4-14}$$

式中　L_b——高强度螺栓的栓杆长度，mm；

ξd——高强度螺栓伸入钢球长度，mm，$\xi=1.1$，d 为高强度螺栓直径；

L_n——套筒（无纹螺母）的长度，mm；

δ——锥头底板或封板的厚度，mm。

高强度螺栓上的滑槽应设在无螺纹的光杆处，浅槽深度一般为 3～4 mm，深槽深度一般为 6～7 mm，滑槽长度可按下式计算：

$$a = \xi d - c + d_s + 4 \tag{4-15}$$

式中　a——滑槽深度，mm；

c——高强度螺栓露出套筒外的长度，一般为 4～6 mm，且不应少于两个螺距；

d_s——紧固螺钉的直径，一般采用 M4、M5、M6、M8、M10。

（3）套筒的设计

套筒外形尺寸应符合扳手开口系列，端部要求平整，内孔径可比螺栓直径大 1 mm。套筒可按《钢网架螺栓球节点用高强度螺栓》(GB/T 16939—2016)附录 A 与高强度螺栓配套采用，对于受压杆件的套筒应根据其传递的最大压力值验算其端部有效承压面积。对于开设滑槽的套筒尚需验算套筒端部到滑槽端部的距离，应使该处有效截面的抗剪力不低于紧固螺钉的抗剪力，且不小于 1.5 倍滑槽宽度。

套筒主要传递压力，因此对于与较小直径高强度螺栓（不大于 M33）相应的套筒，可选取 Q235 钢。对于与较大直径高强度螺栓（不小于 M36）相应的套筒，为避免由于套筒承压面积的增大而加大钢球直径，宜选用 Q345 钢或 45 号钢。

对承受圆钢管杆件传来轴心压力的套筒，应验算紧固螺钉处抗压强度：

$$\sigma_c = \frac{N}{A_n} \leqslant f \tag{4-16}$$

式中　N——圆钢管杆件传来的轴心压力设计值；

A_n——套筒在紧固螺钉孔处的净截面面积，可按下式计算；

$$A_n = \left[\frac{3\sqrt{3}}{2}R^2 - \frac{\pi(d+1)^2}{4}\right] - \left[\frac{\sqrt{3}}{2}R - \frac{(d+1)}{2}\right]d_s \tag{4-17}$$

式中　R——套筒的外接圆半径，可取 $R \approx 0.9d$；

f——套筒所用钢材的抗压强度设计值。

对于承受圆钢管杆件传来轴心压力的套筒，还应验算套筒端部的承压强度：

$$\sigma_{ce} = \frac{N}{A_{ce}} \leqslant f_{ce} \tag{4-18}$$

式中　A_{ce}——套筒端部的实际承压面积，可按下式计算；

$$A_{ce} = \frac{\pi}{4}[d_w^2 - (d+1)^2] \tag{4-19}$$

f_{ce}——套筒所用钢材的端面承压强度设计值；

d_w——套筒两对边间的距离，$d_w \approx 1.8d \times \sin 60°$。

（4）紧固螺钉的设计

紧固螺钉宜采用高强度钢材，其直径可取高强度螺栓直径的 16%～18%，且不宜小于 3 mm。紧固螺钉可采用 M5～M10。

紧固螺钉的尺寸应根据套筒的厚度和高强度螺栓杆上的浅槽深度、深槽深度及其构造要求来确定。

套筒的长度按下式计算：

$$l_s = m + B + n \tag{4-20}$$

式中　B——滑槽长度，$B = \xi d - K$，mm；

K——螺纹根部到滑槽附加余量，一般取 4～5 mm，且不应少于 2 个丝扣；

m——滑槽端部紧固螺钉中心到套筒端部的距离，mm；

n——滑槽顶部紧固螺钉中心至套筒顶部的距离，mm。

（5）锥头和封板的设计

钢管端部的锥头或封板以及它们与钢管间的连接焊缝均为杆件的重要组成部分。一般锥头用于连接直径大于或等于 76 mm 的钢管[图 4-34(a)]，封板用于连接直径小于 76 mm 的钢管[图 4-34(b)]。其连接焊缝以及锥头任何截面的强度必须不低于连接钢管，焊缝底部宽度 b 可根据连接钢管壁厚取 2～5 mm。封板厚度应按实际受力大小计算决定。封板及锥头底部厚度不应小于表 4-6 中数值。锥头底板外径宜较套筒外接圆直径或螺栓头直径大 1～2 mm，锥头内平台直径宜比螺栓头直径大 2 mm，锥头倾角应小于 40°。

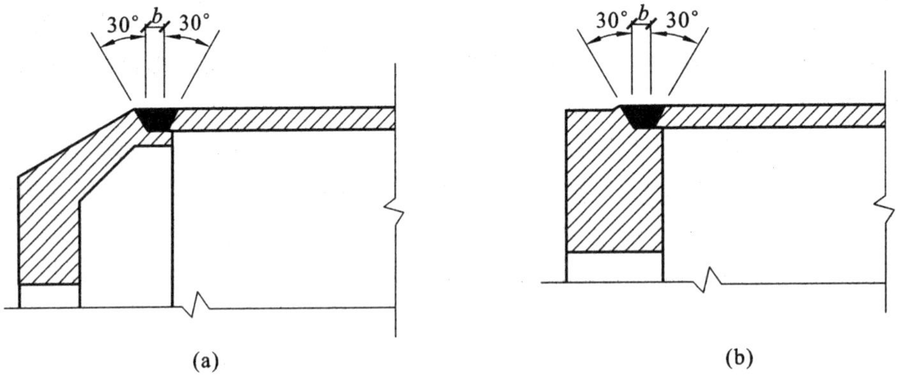

图 4-34　杆件端部连接焊缝

(a) 锥头连接；(b) 封板连接

表 4-6　**封板及锥头底部厚度**

高强度螺栓螺纹规格	封板及锥头底厚度/mm	高强度螺栓螺纹规格	封板及锥头底厚度/mm
M12、M14	12	M36～M42	30
M16	14	M45～M52	35
M20～M24	16	M56×4～M60×4	40
M27～M33	20	M64×4	45

4.3.5.2　焊接空心球节点

焊接空心球节点由两个空心半球焊接而成，可根据受力大小分别采用不加肋(图 4-35)和加肋(图 4-36)两种形式，适用于连接圆钢管杆件。空心球的钢材宜采用《碳素结构钢》(GB/T 700—2006)规定的 Q235B 钢或《低合金高强度结构钢》(GB/T 1591—2018)规定的 Q355B、Q355C 钢。产品质量应符合《钢网架焊接空心球节点》(JG/T 11—2009)的规定。

焊接空心球节点的优点是传力明确、构造简单、造型美观、连接方便、适应性强。这种球节点适用于连接圆钢管，只要钢管切割面垂直于杆件轴线，杆件就能在空心球体上自然对中而不产生偏心。由于球体没有方向性，可与任意方向的杆件相连，当汇交杆件较多时，其优点更为突出。因此，它的适应性强，可用于各种形式的网架结构。

焊接空心球节点的缺点是用钢量较大，节点用钢量占网架总用钢量 20%～25%；冲压焊接费工，焊接质量要求高，现场仰焊、立焊占很大比重；杆件下料要求准确；当焊接工艺不当造成焊接变形过大后难以处理。

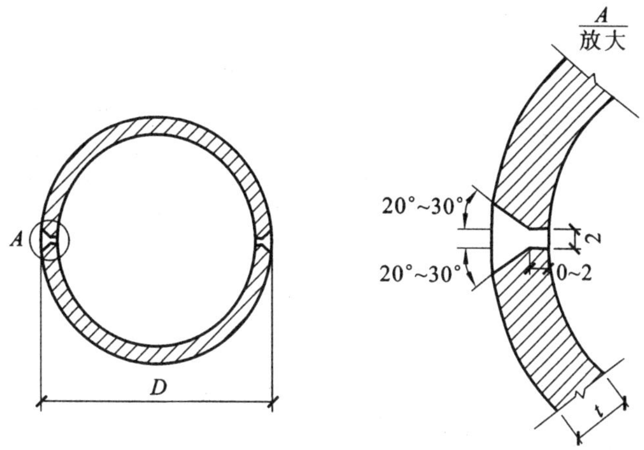

图 4-35　不加肋的空心球

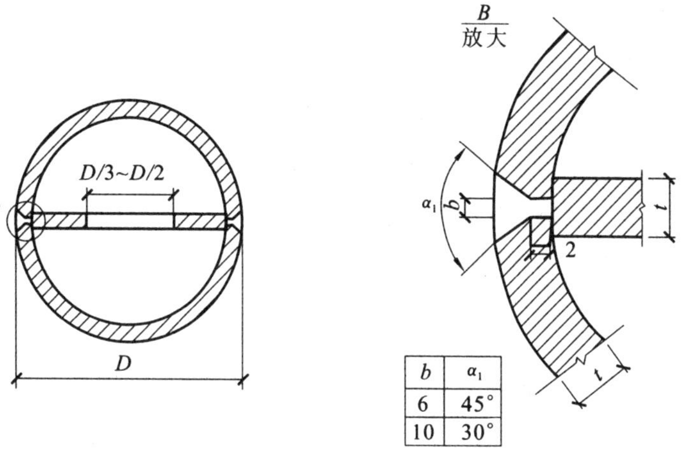

图 4-36　加肋的空心球

当空心球直径为 120～900 mm 时，其受压和受拉承载力设计值 N_R(N)可按下式计算：

$$N_R = \eta_0\left(0.29 + 0.54\frac{d}{D}\right)\pi t d f \tag{4-21}$$

式中　D——空心球外径，mm；

t——空心球壁厚，mm；

d——与空心球相连的主钢管杆件的外径，mm；

f——钢材的抗拉强度设计值，N/mm^2；

η_0——大直径空心球节点承载力调整系数，当空心球直径≤500 mm 时，$\eta_0=1.0$；当空心球直径>500 mm 时，$\eta_0=0.9$。

网架和双层网壳的空心球的外径与壁厚之比宜取 25～45；单层网壳的空心球的外径与壁厚之比宜取 20～35。空心球外径与主钢管外径之比宜取 2.4～3.0，空心球壁厚与主钢管的壁厚之比宜取1.5～2.0，空心球壁厚不宜小于 4 mm。

不加肋空心球和加肋空心球的成形对接焊接，应分别满足图 4-35 和图 4-36 的要求。加肋空心球的肋板可用平台或凸台，采用凸台时，其高度不得大于 1 mm；钢管杆件与空心球连接，钢管应开坡口，在钢管与空心球之间应留有一定缝隙并焊透，以实现焊缝与钢管等强，否则应按角焊缝计算。钢管端头可加套管与空心球焊接，如图 4-37 所示。套管壁厚不小于 3 mm，长度可为30～50 mm。

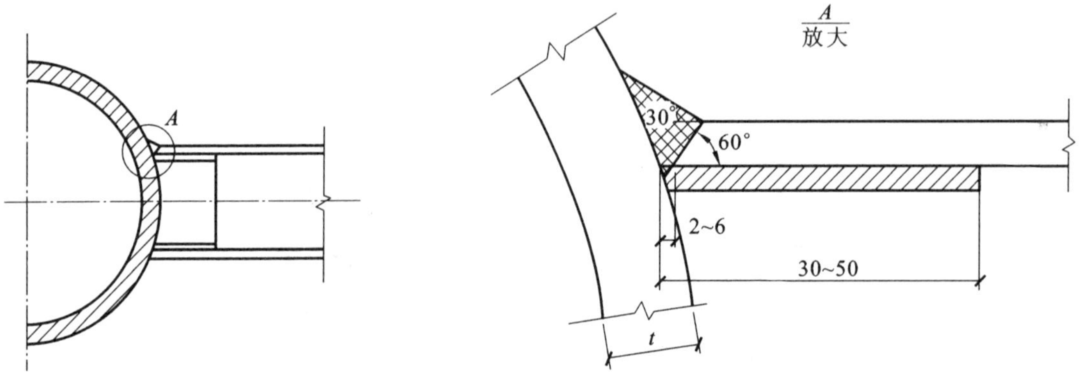

图 4-37　钢管加套管的连接

角焊缝的焊脚尺寸 h_f 应符合下列要求：当钢管壁厚 $t_c \leqslant 4$ mm 时，$1.5t_c \geqslant h_f > t_c$；当 $t_c > 4$ mm 时，$1.2t_c \geqslant h_f > t_c$。

在确定空心球外径时，球面上相邻杆件之间的净距 a 不宜小于 10 mm(图 4-38)，空心球直径可初步按下式估算：

$$D = \frac{d_1 + 2a + d_2}{\theta} \tag{4-22}$$

式中　θ——汇集于球节点任意两相邻钢管杆件间的夹角，rad；

d_1, d_2——组成 θ 角的钢管外径，mm；

a——球面上相邻杆件之间的净距，mm。

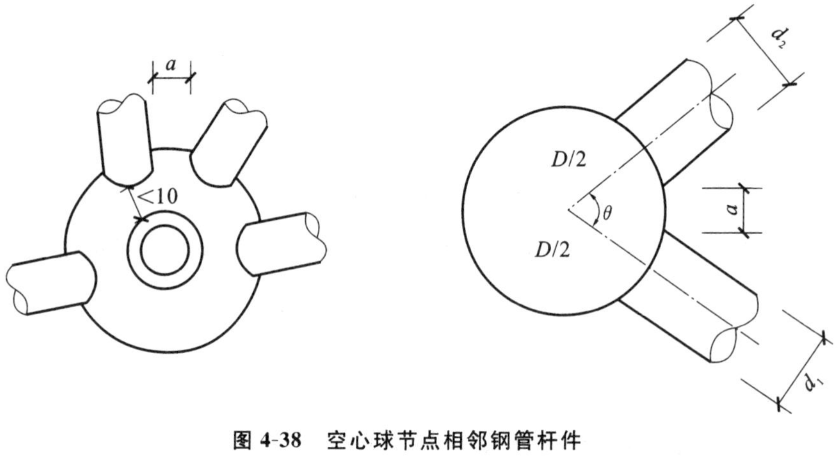

图 4-38　空心球节点相邻钢管杆件

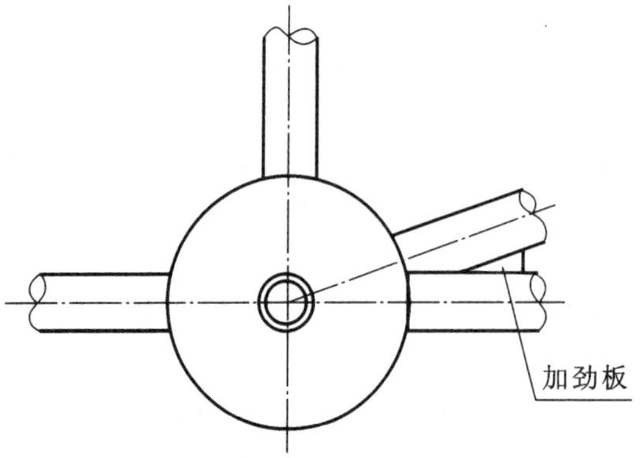

图 4-39　汇交杆件连接

当空心球直径过大且连接杆件又较多时，为了减少空心球节点直径，允许部分腹杆与腹杆或腹杆与弦杆相互汇交，但必须满足以下构造要求：所有汇交杆件的轴线必须通过球中心线；汇交两杆中，截面面积大的杆件必须全截面焊在球上(当两杆截面面积相等时，取受拉杆)，另一杆坡口焊在汇交杆上，但必须保证有 3/4 截面焊在球上，并用加劲板加强；受力大的杆件，可按图 4-39 设置加劲板，或按图 4-40 增设支托板。

当空心球外径大于 300 mm 且杆件内力较大

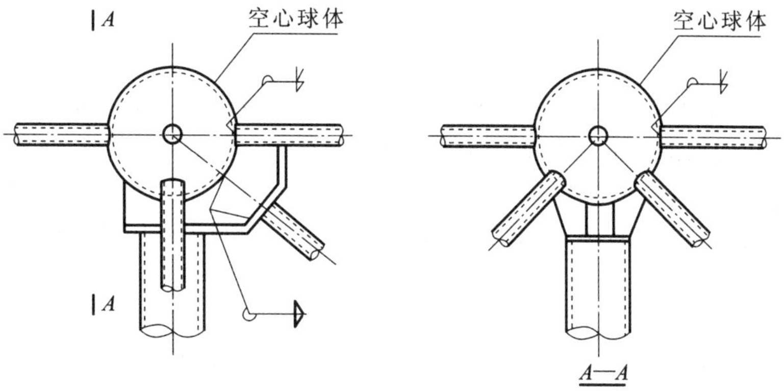

图 4-40 汇交杆件连接增设支托板

需要提高承载能力时,可在球内加肋;当空心球外径大于或等于 500 mm 时,应在球内加肋。肋板必须设在轴力最大杆件的轴线平面内,且其厚度不应小于球壁的厚度。

4.3.5.3 焊接钢板节点

当网架杆件采用角钢或薄壁型钢时,应采用焊接钢板节点。焊接钢板节点的形式主要有十字形板节点和管筒米字形板节点两种。焊接钢板节点的主要特点是刚度较大,造价较低,构造尚简单,制作时不需大量机械加工。但现场焊接工作量较大,且仰焊、立焊比例也较大。当网架杆件为钢管时,节点构造过于复杂,采用焊接钢板节点就很不合理。

十字形板节点(图 4-41)是由空间正交的十字形节点板和根据需要在节点板顶部或底部设置的水平盖板组成,十字形节点板宜用两块带企口的钢板对插焊接而成,也可以用一块贯通钢板加两块肋板焊接而成。这种节点主要适用于角钢杆件的两向正交网架。在小跨度网架中,杆件内力不大的受拉节点可不设置盖板。

管筒米字形板节点(图 4-42)由一根短钢管和八块钢板及上、下盖板焊接而成。它适用于中小跨度用角钢作杆件的四角锥网架。由于这种节点在中部设置了一根短钢管,改善了节点的焊接条件,因而可保证节点板与钢管之间的焊缝质量。

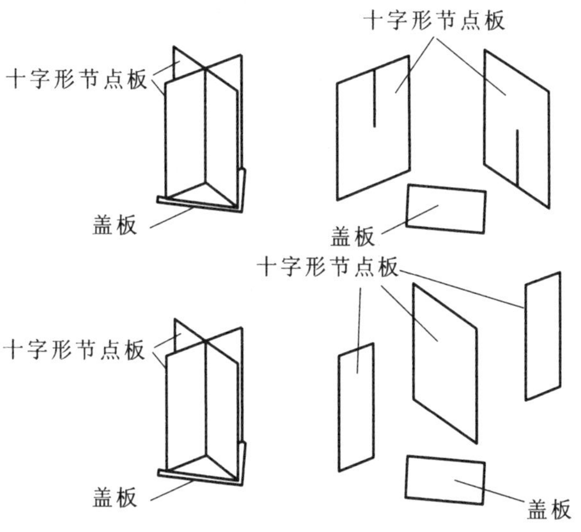

图 4-41 十字形板节点

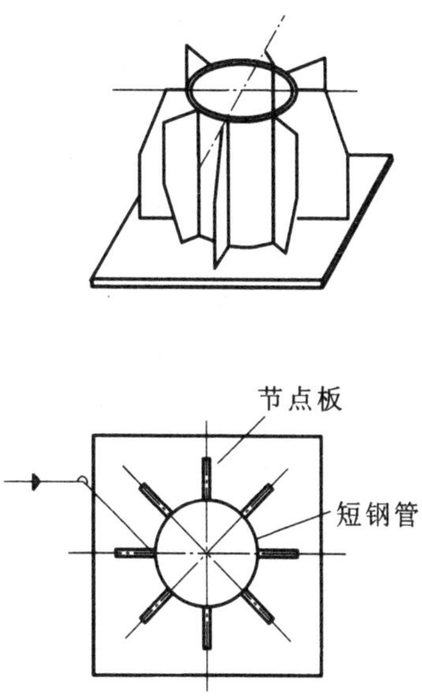

图 4-42 管筒米字形板节点

4.3.5.4 支座节点

网架结构的支座节点必须具有足够的强度和刚度，在荷载作用下不应先于杆件和其他节点破坏，也不得产生不可忽略的变形。支座节点构造形式应传力可靠、连接简单，并符合计算假定。网架结构的支座节点根据结构的形式及支座节点主要受力特点，可分别选用压力支座节点、拉力支座节点、可滑移与转动的弹性支座节点，兼受轴力、弯矩与剪力的刚接支座节点以及立体管桁架支座节点。

(1) 常用压力支座节点

① 平板压力支座节点(图 4-43)，适用于较小跨度的空间网格结构。

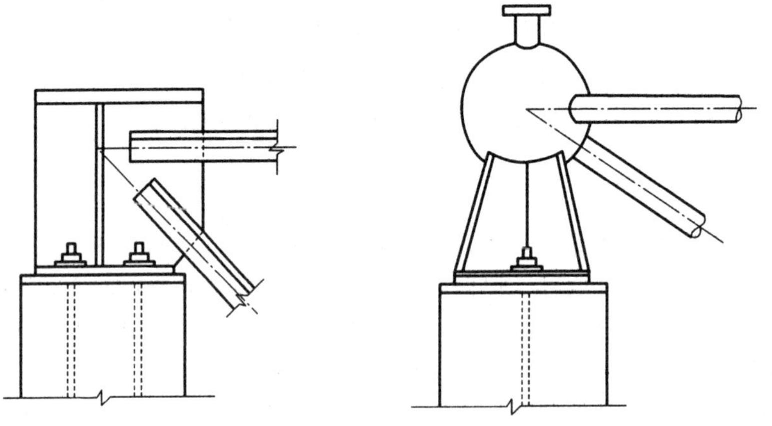

(a) (b)

图 4-43 平板压力支座节点

(a) 角钢杆件；(b) 钢管杆件

② 单面弧形压力支座节点(图 4-44)，适用于要求沿单方向转动的中小跨度空间网格结构，支座反力较大时可采用图 4-44(b)所示支座。

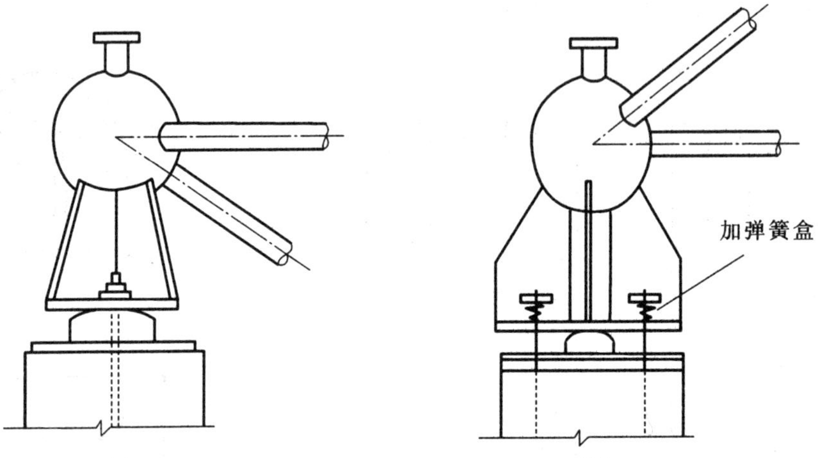

(a) (b)

图 4-44 单面弧形压力支座节点

(a) 两个螺栓连接；(b) 四个螺栓连接

③ 双面弧形压力支座节点(图 4-45),适用于温度应力变化较大且下部支承结构刚度较大的大跨度空间网格结构。

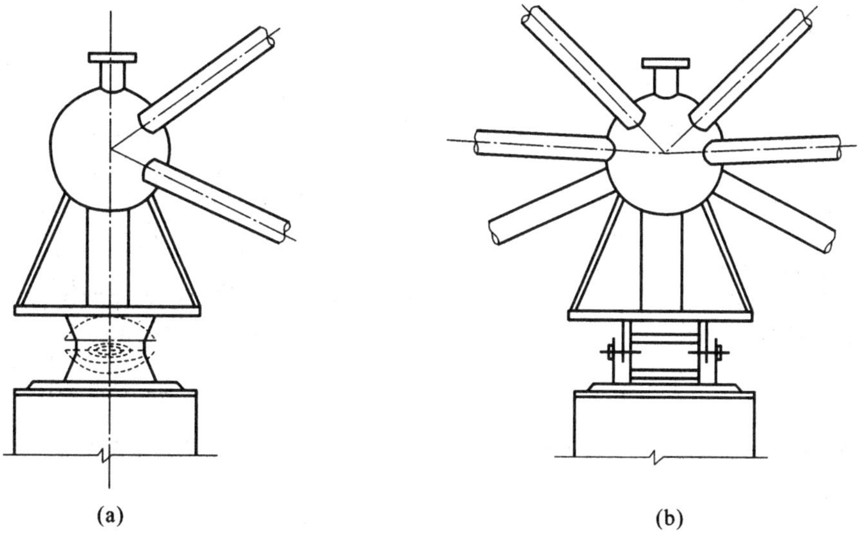

图 4-45 双面弧形压力支座节点

(a) 侧视图;(b) 主视图

④ 球铰压力支座节点(图 4-46),适用于有抗震要求、多支点的大跨度空间网格结构。

(2) 常用拉力支座节点

对于某些矩形平面周边支承的网架,如两向正交斜放网架,在竖向荷载作用下网架角隅支座上常出现拉力,因此应根据传递支座拉力的要求来设计拉力支座节点。常用拉力支座节点主要有平板拉力支座节点、单面弧形拉力支座节点以及球铰拉力支座节点。它们共同的特点都是利用连接支座节点与下部支承结构的锚栓来传递拉力,此时锚栓应有足够的埋固深度,且锚栓应设置双螺母,并将锚栓上的垫板焊于相应的支座底板上。

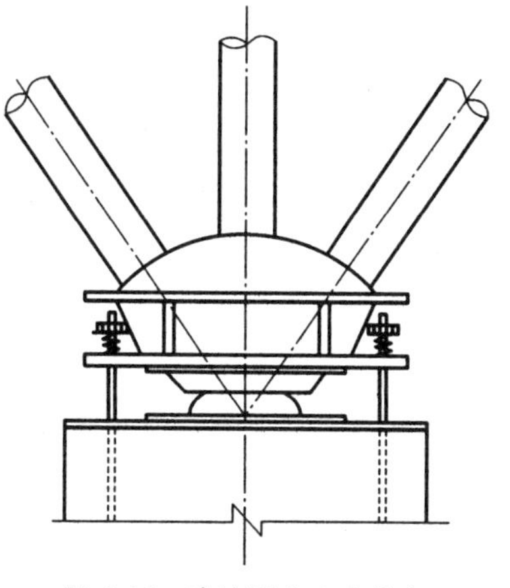

图 4-46 球铰压力支座节点

常用拉力支座节点(锚栓需按抗拉设置)可按下列构造形式选用:

① 平板拉力支座节点(同图 4-43),适用于较小跨度的空间网格结构。

对于较小跨度网架,支座小,可采用与平板压力支座节点相同的构造,利用连接支座与支承板的锚栓来承受拉力。锚栓的直径按计算确定,一般锚栓直径不小于 20 mm。锚栓的位置应尽可能靠近节点的中心线。

② 单面弧形拉力支座节点(图 4-47),适用于要求沿单方向转动的中小跨度空间网格结构。

单面弧形拉力支座的构造与单面弧形压力支座节点相似。支承平面做成弧形,以利于转动。为了更好地将拉力传递到支座上,在承受拉力的锚栓附近的节点板应加肋以增强节点刚度。弧形支承板的材料一般用铸钢或厚钢板加工而成。为了转动方便,最好将螺栓布置在或尽量靠近节点中心位置。同时不要将螺母拧得太紧,以便网架产生位移或转角时支座板可以比较自由地沿弧面移动或转动。

③ 球铰拉力支座节点(图 4-48),适用于有抗震需求、多支点的大跨度空间网格结构。

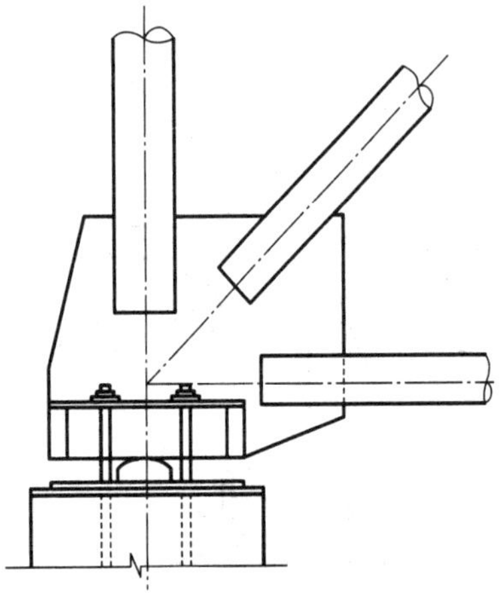

图 4-47 单面弧形拉力支座节点

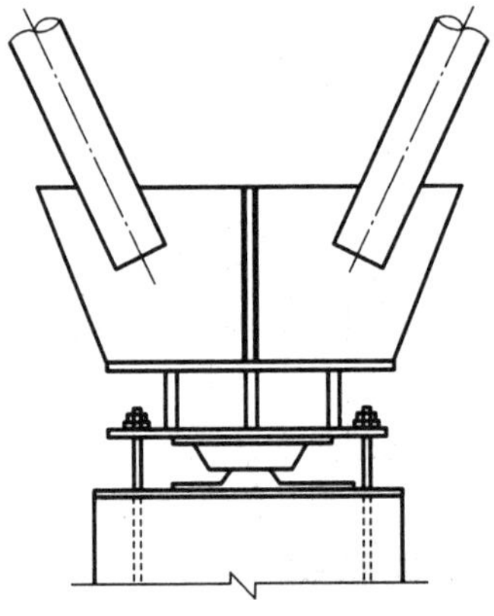

图 4-48 球铰拉力支座节点

(3) 可滑动铰支座节点

可滑动铰支座节点(图 4-49),适用于中、小跨度的空间网格结构。

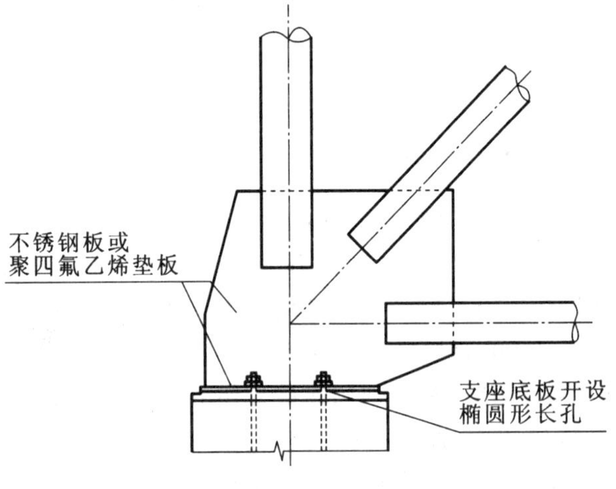

图 4-49 可滑动铰支座节点

(4) 橡胶板式支座节点(图 4-50),适用于支座反力较大、有抗震要求、有温度影响、水平位移较大与有转动要求的大、中跨度空间网格结构。

橡胶板式支座节点是在支座底板与支承面顶板或过渡钢板间加设橡胶垫板的一种支座节点。由于橡胶垫板具有良好的弹性和较大的剪切变位能力,因而支座既可微量转动,又可在水平方向产生一定的弹性变位。为防止橡胶垫板产生过大的水平变位,可将支座底板与支承面顶板或过渡钢板加工成"盆"形,或在节点周边设置其他限位装置(可在橡胶垫板外围设如图 4-50 所示由钢板或角钢构成的方框,橡胶垫板与方框间应留有足够空隙)。支座底板与支承面顶板或过渡钢板由贯穿橡胶垫板的锚栓连成整体。锚栓的螺母下也应设置压力弹簧以适应支座的转动。支座底板与橡胶垫板上应开设相应的圆形或椭圆形锚孔,以适应支座的水平变位。橡胶板式支座节点在我国网格结构中已得到普遍应用,效果良好。

橡胶垫板的设计计算要求如下:

① 橡胶垫板的底面面积 A 可根据承压条件按有水平弹性刚度二向可动铰接支座计算。

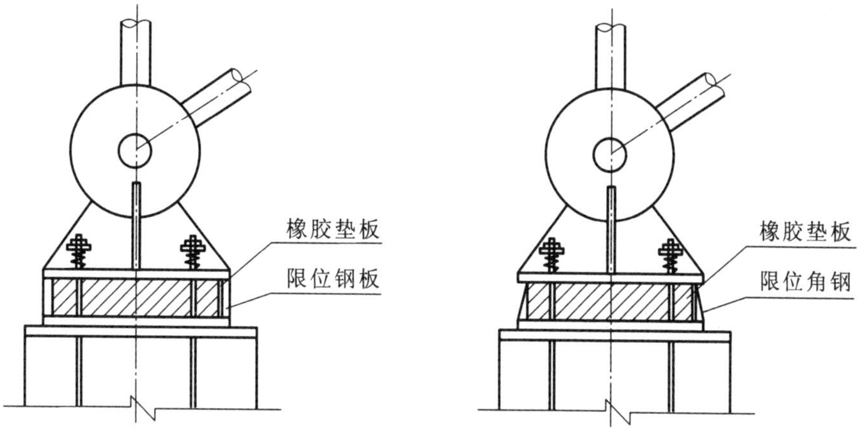

图 4-50 橡胶板式支座节点

$$A \geqslant \frac{R_{max}}{[\sigma]} \tag{4-23}$$

式中 A——橡胶垫板承压面积，即 $A=a\times b$(如橡胶垫板开有螺孔，则应减去开孔面积)，其中 a，b 分别为支座的短边与长边的边长；

R_{max}——网架全部荷载标准值作用下引起的支座反力；

$[\sigma]$——橡胶垫板的允许抗压强度，按表 4-7 采用。

② 橡胶垫板厚度 d 应根据橡胶层厚度 d_0 与中间各层钢板厚度 d_s 确定(图 4-51)。

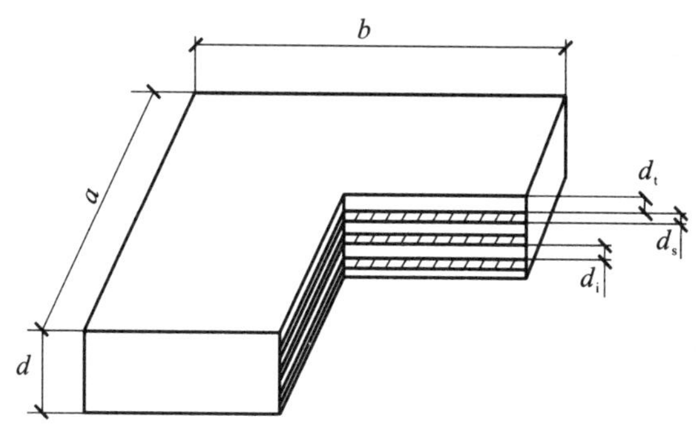

图 4-51 橡胶垫板的构造

橡胶层厚度可由上、下表层及各钢板间的橡胶片厚度之和确定：

$$d_0 = 2d_t + nd_i \tag{4-24}$$

式中 d_0——橡胶层厚度；

d_t，d_i——上(下)表层及中间各层橡胶片厚度；

n——中间橡胶片的层数。

根据橡胶剪切变形条件，橡胶层厚度应同时满足下列两式的要求：

$$d_0 \geqslant 1.43u \tag{4-25}$$

$$d_0 \leqslant 0.2a \tag{4-26}$$

式中 u——由于温度变化等原因在网架支座处引起的水平位移。

上(下)表层橡胶片厚度宜取 2.5 mm，中间橡胶层常用厚度宜取 5 mm、8 mm、11 mm，钢板厚度宜取用 2～3 mm。

③ 橡胶垫板平均压缩变形 w_m 可按下式计算：

$$w_m = \frac{s_m d_0}{E} \tag{4-27}$$

式中 s_m—— 平均压应力，$s_m = \frac{R_{max}}{A}$。

橡胶垫板的平均压缩变形应满足下列条件：

$$0.05 d_0 \geqslant w_m \geqslant \frac{1}{2}\theta_{max} a \tag{4-28}$$

式中 θ_{max}—— 结构在支座处的最大转角，rad。

④ 在水平力作用下橡胶垫板应按下式进行抗滑移验算：

$$\mu R_g \geqslant GA \frac{u}{d_0} \tag{4-29}$$

式中 μ—— 橡胶垫板与混凝土或钢板间的摩擦系数，按表 4-7 采用；

R_g—— 乘以荷载分项系数 0.9 的永久荷载标准值作用下的支座反力；

G—— 橡胶垫板的抗剪弹性模量，按表 4-7 采用。

橡胶垫板胶料的物理性能与力学性能见表 4-7、表 4-8。“E-β”关系见表 4-9。

表 4-7 **橡胶垫板的力学性能**

允许抗压强度 [σ]/MPa	极限破坏强度/MPa	抗压弹性模量 E/MPa	抗剪弹性模量 G/MPa	摩擦系数 μ
7.84～9.80	>58.82	根据支座形状系数 β 由表 4-9 查得	0.98～1.47	(与钢)0.2 (与混凝土)0.3

表 4-8 **橡胶垫板胶料的物理性能**

胶料类型	硬度（邵氏）	扯断力/MPa	伸长率/%	300%定伸强度/MPa	扯断永久变形/%	适用温度不低于
氯丁橡胶	60±5	≥18.63	≥4.50	≥7.84	≤25	−25 ℃
天然橡胶	60±5	≥18.63	≥5.00	≥8.82	≤20	−40 ℃

表 4-9 **“E-β”关系**

β	4	5	6	7	8	9	10	11	12
E/MPa	196	265	333	412	490	579	657	745	843
β	13	14	15	16	17	18	19	20	
E/MPa	932	1040	1157	1285	1422	1559	1706	1863	

注：支座形状系数 $\beta = \frac{ab}{2(a+b)d_i}$，$a$、$b$ 为支座短边及长边长度；d_i 为中间橡胶层厚度。

橡胶垫板的构造要求如下：

① 气温不低于−25 ℃ 地区可采用氯丁橡胶垫板；气温不低于−30 ℃地区可采用耐寒氯丁橡胶垫板；气温不低于−40 ℃地区可采用天然橡胶垫板。

② 橡胶垫板的长边应顺网架支座切线方向平行放置，与支柱或基座的钢板或混凝土间可用 502 胶等胶结剂黏结固定。

③ 橡胶垫板上的螺孔直径应比螺栓直径大 10～20 mm，并应与支座可能产生的水平位移相适应。

④ 橡胶垫板外宜设限位装置,防止发生超限位移。

⑤ 设计时宜考虑长期使用后因橡胶老化而需更换的条件,在橡胶垫板四周可涂以防止老化的酚醛树脂,并黏结泡沫塑料。

⑥ 橡胶垫板在安装、使用过程中,应避免与油脂等油类物质以及其他对橡胶有害的物质接触。

橡胶垫板的弹性刚度计算如下:

① 分析计算时应把橡胶垫板看作为一个弹性元件,其竖向刚度 K_{z0} 和两个水平方向的侧向刚度 K_{n0} 和 K_{s0} 分别可取为:

$$K_{z0}=\frac{EA}{d_0},\quad K_{s0}=K_{n0}=\frac{GA}{d_0} \tag{4-30}$$

② 当橡胶垫板搁置在网架支承结构上,尚应计算橡胶垫板与支承结构的组合刚度。如支承结构为独立柱时,悬臂独立柱的竖向刚度 K_{z1} 和两个水平方向的侧向刚度 K_{n1}、K_{s1} 分别为:

$$K_{z1}=\frac{E_1A_1}{l},\quad K_{n1}=\frac{3E_1I_{n1}}{l^3},\quad K_{s1}=\frac{3E_1I_{s1}}{l^3} \tag{4-31}$$

式中 E_1—— 支承柱的弹性模量;

I_{n1},I_{s1}—— 支承柱截面两个方向的惯性矩;

l——支承柱的高度。

橡胶垫板与支承结构的组合刚度,可根据串联弹性元件的原理,分别求得相应的组合竖向与侧向刚度 K_z、K_n、K_s,即:

$$K_z=\frac{K_{z0}K_{z1}}{K_{z0}+K_{z1}},\quad K_n=\frac{K_{n0}K_{n1}}{K_{n0}+K_{n1}},\quad K_s=\frac{K_{s0}K_{s1}}{K_{s0}+K_{s1}} \tag{4-32}$$

(5) 刚接支座节点

刚接支座节点(图 4-52)适用于中、小跨度空间网格结构中承受轴力、弯矩与剪力的支座节点。支座节点竖向支承板厚度应大于焊接空心球节点球壁厚度 2 mm,球体置入深度应大于 2/3 球径。

刚接支座节点应能可靠地传递轴向力、弯矩与剪力,因此这种支座节点除本身应具有足够刚度外,支座的下部支承结构也应具有较大刚度,使下部结构在支座反力作用下所产生的位移和转动都能控制在设计允许范围内。图 4-52 表示空心球节点刚接支座,它是将刚度较大的支座节点板直接焊于支承顶面的预埋钢板上,并将十字形节点板与节点球体焊成整体,利用焊缝传力。锚栓设计时应考虑支座节点弯矩的影响。

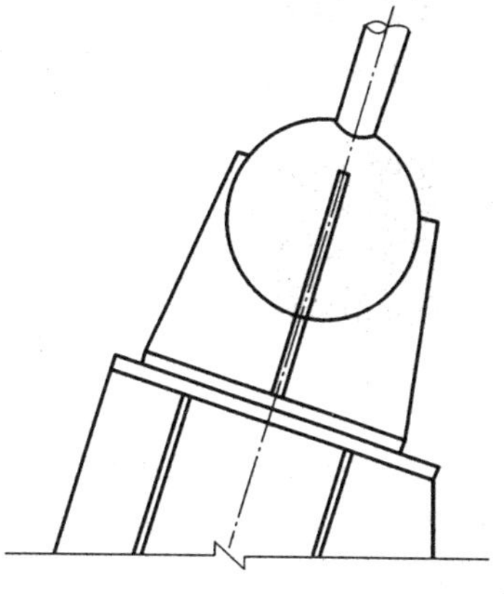

图 4-52 空心球节点刚接支座

(6) 立体管桁架支座节点

当立体管桁架支座反力较小时,可采用图 4-53(a)所示构造。但对于支座反力较大的立体管桁架节点宜在立体管桁架管件底部加设弧形垫板[图 4-53(b)],通过弧形垫板使杆件与支座竖向支承板相连,既可使钢管杆件截面得到加强,同时也可避免主要连接焊缝横切钢管杆件截面,改善支座节点附近杆件的受力状况。

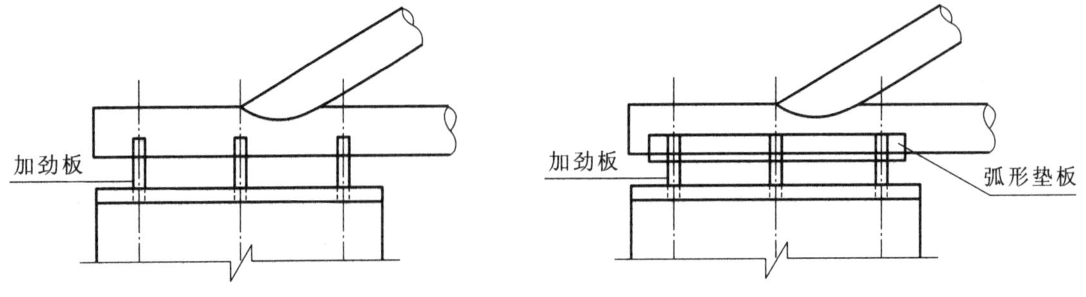

图 4-53 立体管桁架支座节点

(a) 加劲板；(b) 加设弧形垫板

4.4 网壳结构

网壳结构属于曲面形空间网格结构，兼有杆系结构制造、安装简便和薄壳结构受力合理、自然的特点。其跨越能力强、刚度好、材料省、杆件单一、制造安装方便，是大跨度和特大跨度空间结构中一种具有广阔的应用和发展前景的结构形式，也是近半个世纪以来发展最快的一种空间结构。

网壳结构图

顶壳吊装动画

网壳结构在 20 世纪 50 年代初期就有所应用，典型的建筑有扬州农学院网状柱面筒壳（$L=30$ m）、东南大学礼堂（穹顶）和天津体育馆屋盖（53 m×68 m，矢高 8.7 m，1956 年建设，1973 年失火重建）。

20 世纪 80 年代，网壳结构应用进入小高潮，全国建造网壳结构建筑近百个。典型的有北京奥林匹克体育中心综合馆（70 m×83.2 m）、英东游泳馆（人字形双层圆柱面斜拉网壳）、中原化肥厂仓库（正方四角锥双层筒壳，58 m×135 m）、郑州体育馆（肋环形穹顶，$D=64$ m，矢高 9.14 m，是当时国内最大的单层球面网壳）。

21 世纪以来，网壳结构得到了突飞猛进的发展，建成了北京国家大剧院（212 m×144 m、矢高 45 m 的椭圆形空腹网格的球形网壳）、深圳湾体育中心（530 m×240 m，单层网壳为复杂的空间曲面网格结构，网壳的最大悬挑跨度约为 38.71 m）、京津城际天津滨海站（纵向跨度 143 m、横向跨度 80 m、矢高 24 m 的贝壳形单层网壳结构）等大跨度网壳结构。

4.4.1 网壳结构常用形式

网壳结构按照层数可分为单层或双层，按曲面类型可分为圆柱面网壳、球面网壳、椭圆抛物面网壳（双曲扁壳）及双曲抛物面网壳（鞍形网壳、扭网壳）等形式，也可分为各种组合曲面形式。

4.4.1.1 单层圆柱面网壳

单层圆柱面网壳常用网格形式有以下四种：单向斜杆正交正放网格[图 4-54(a)]、交叉斜杆正交正放网格[图 4-54(b)]、联方网格[图 4-54(c)]、三向网格[图 4-54(d)]。

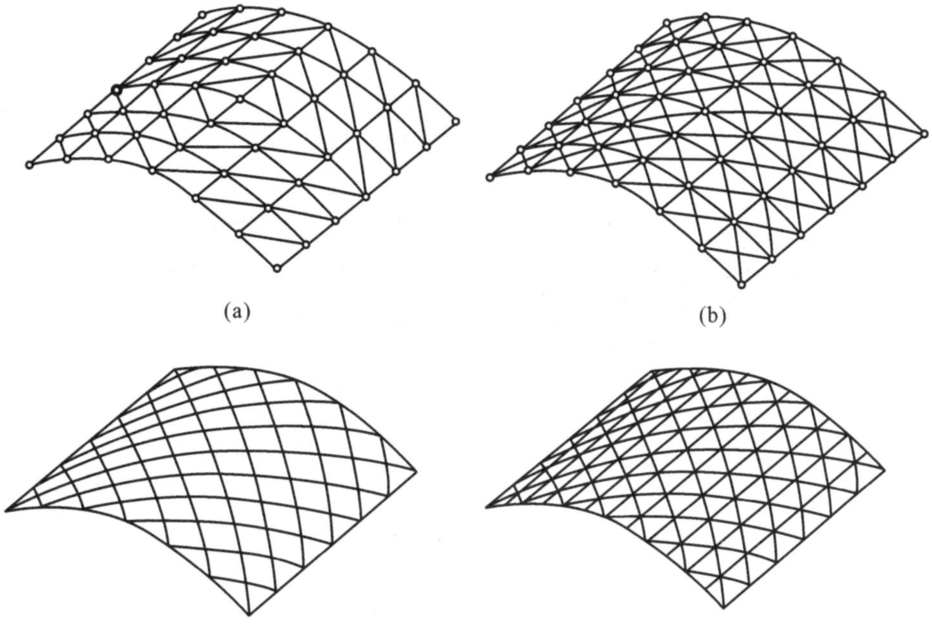

(a) (b) (c) (d)

图 4-54 单层圆柱面网壳网格形式

(a) 单向斜杆正交正放网格;(b) 交叉斜杆正交正放网格;(c) 联方网格;(d) 三向网格(其网格也可转 90°度方向布置)

4.4.1.2 单层球面网壳

单层球面网壳常用网格形式有以下六种:肋环型[图 4-55(a)]、肋环斜杆型[图 4-55(b)]、三向网格[图 4-55(c)]、扇形三向网格[图 4-55(d)]、葵花形三向网格[图 4-55(e)]、短程线型[图 4-55(f)]。

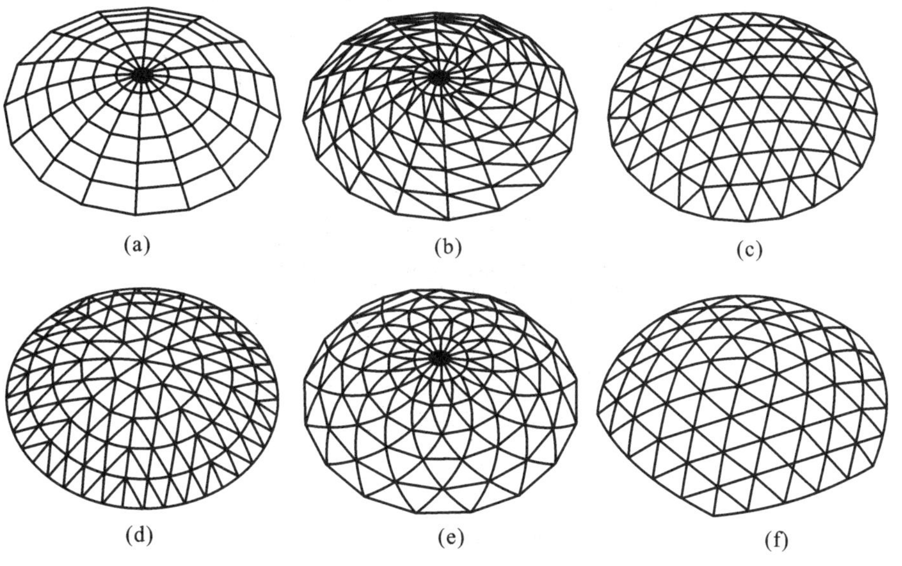

(a) (b) (c) (d) (e) (f)

图 4-55 单层球面网网壳网格形式

(a) 肋环型;(b) 肋环斜杆型;(c) 三向网格;(d) 扇形三向网格;(e) 葵花形三向网格;(f) 短程线型

4.4.1.3 单层双曲抛物面网壳

单层双曲抛物面网壳宜采用三向网格，其中两个方向杆件沿直纹布置[图 4-56(a)]；也可采用两向正交网格，杆件沿主曲率方向布置[图 4-56(b)]，局部区域可加设斜杆。

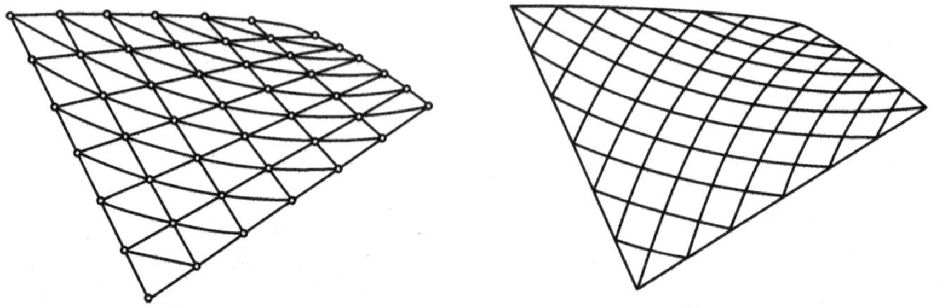

(a) (b)

图 4-56 单层双曲抛物面网壳网格形式

(a) 杆件沿直纹布置；(b) 杆件沿主曲率方向布置

4.4.1.4 单层椭圆抛物面网壳

单层椭圆抛物面网壳网格形式有以下三种：三向网格[图 4-57(a)]、单向斜杆正交正放网格[图 4-57(b)]、椭圆底面网格[图 4-57(c)]。

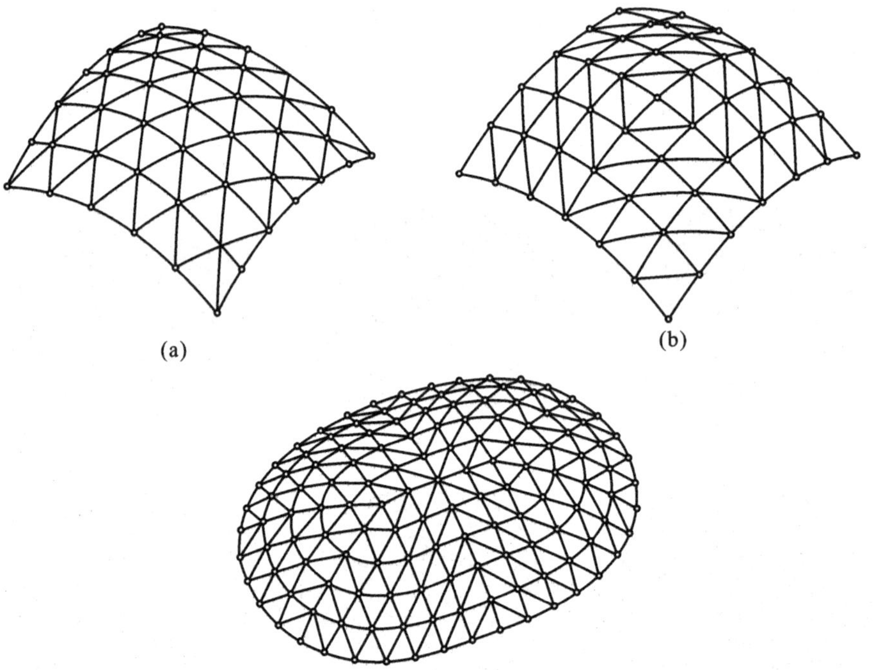

(a) (b) (c)

图 4-57 单层椭圆抛物面网壳网格形式

(a) 三向网格；(b) 单向斜杆正交正放网格；(c) 椭圆底面网格

4.4.1.5 双层网壳

双层网壳可由两向、三向交叉的桁架体系或四角锥体系、三角锥体系等组成，其上、下弦网格可采用单层网壳的网格方式布置。

4.4.2 网壳结构的选型

网壳结构的选型时选择面广，影响因素多，要考虑适用性、可靠性和经济性，还应综合考虑使用功能、建筑美学、空间声学、平面形状、荷载大小及分布、边界条件、屋面构造与材料、节点体系及制作安装方法等。因此，应根据工程的实际情况，通过技术、经济比较，合理确定网壳的结构形式。

高、大跨度网壳设计：应与建筑师密切配合，在满足功能的前提下，使结构与周围环境协调、整体比例恰当。空间大时选择矢高大的球壳、柱面网壳；空间小时选择双曲扁壳或落地双曲抛物面壳。当为圆形平面时可选择球面网壳、组合柱面网壳或组合双曲抛物面壳；方形或矩形平面时可选择柱面网壳、双曲抛物面网壳或双曲扁网壳；狭长矩形平面时可选择柱面网壳；菱形平面时可选择双曲抛物面网壳；三角形、多边形平面时对球面网壳、柱面网壳进行切割、组合。

球面网壳结构的设计：球面网壳的矢跨比不宜小于 1/7。双层球面网壳的厚度可取跨度（平面直径）的 1/60～1/30。单层球面网壳的跨度（平面直径）不宜大于 80 m。

圆柱面网壳结构设计：两端边支承的圆柱面网壳，其宽度 B 与跨度 L 之比宜小于 1（图 4-58），壳体的矢高可取宽度 B 的 1/6～1/3。沿两纵向边支承或四边支承的圆柱面网壳，壳体的矢高可取跨度 L（宽度 B）的 1/5～1/2。双层圆柱面网壳的厚度可取宽度 B 的 1/50～1/20。两端边支承的单层圆柱面网壳，其跨度 L 不宜大于 35 m。沿两纵向边支承的单层圆柱面网壳，其跨度（此时为宽度 B）不宜大于 30 m。

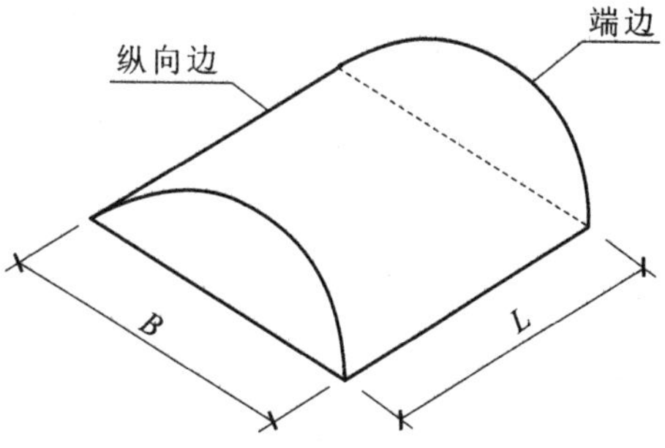

图 4-58 圆柱面网壳宽度、跨度与支承边示意图

双曲抛物面网壳结构设计：双曲抛物面网壳底面对角线长度之比不宜大于 2，单块双曲抛物面壳体的矢高可取跨度 1/4～1/2（跨度为两个对角支承点之间的距离）。四块组合双曲抛物面壳体每个方向的矢高可取相应跨度的 1/8～1/4。双层双曲抛物面网壳的厚度可取短向跨度的 1/50～1/20。单层双曲抛物面网壳的跨度不宜大于 60 m。

椭圆抛物面网壳底边边长比不宜大于 1.5，壳体每个方向的矢高可取短向跨度的 1/9～1/6。双层椭圆抛物面网壳的厚度可取短向跨度的 1/50～1/20。单层椭圆抛物面网壳的跨度不宜大于 50 m。

网壳的支承构造应可靠传递竖向反力，同时应满足不同网壳结构形式所必需的边缘约束条件；边缘约束构件应满足刚度要求，并应与网壳结构一起进行整体计算。球面网壳的支承点应保证抵抗水平位移的约束条件。当圆柱面网壳沿两纵向边支承时，支承点应保证抵抗侧向水平位移的约束条件。双曲抛物面网壳应通过边缘构件将荷载传递给支座或下部结构。椭圆抛物面网壳及四块组合双曲抛物面网壳应通过边缘构件沿周边支承。

4.4.3 网壳结构的内力分析

网壳结构主要应进行使用阶段荷载作用下的内力、位移计算，还应根据具体情况对地震、温度变化、支座沉降及施工安装荷载等作用下的内力、位移进行计算。网壳结构的内力和位移可按弹性理论计算。单层网壳通常要进行整体稳定性计算，整体稳定性计算应考虑结构的非线性影响。

4.4.3.1 荷载作用

网壳结构的永久荷载有网壳和节点自重，屋面和吊顶材料的重力，设备管道等重力。

网壳结构的可变荷载有屋面活荷载、雪荷载、风荷载、温度作用、地震作用等。

对于单个球面网壳、圆柱面网壳和双曲抛物面网壳的风荷载体型系数，可按《建筑结构荷载规范》(GB 50009—2012)取值；对于多个连接的球面网壳、圆柱面网壳和双曲抛物面网壳，以及各种复杂形体的网壳结构，应根据模型风洞试验确定风荷载体型系数。

网壳结构具有很强的非线性性能，抗震分析宜采用时程分析法。

双层网壳符合下列条件之一者可不考虑温度应力的影响：支座节点的构造允许网壳侧移且其侧移值大于或等于式(4-3)的计算值；周边支承于独立柱，且网壳在验算方向跨度小于 40 m；支承网壳的柱在单位水平力作用于柱顶时，柱顶位移大于或等于式(4-3)的计算值。

不符合上述条件时，网壳应考虑温度应力的影响。设计中考虑的温度应力情况一般有两种：整个网壳有温度变化，双层网壳上下层有温度差 Δt。

网壳应按最不利的荷载效应组合进行设计。对于非抗震设计荷载效应组合应按《建筑结构荷载规范》(GB 50009—2012)进行计算。

对抗震设计，荷载效应组合应按《建筑抗震设计标准(2024 年版)》(GB/T 50011—2010)确定内力设计值。

4.4.3.2 强度和刚度分析

在网壳杆件截面及节点设计中，应按照荷载的基本组合确定内力设计值；在位移计算中应按照短期效应组合确定其挠度。

目前网壳静力计算主要是采用有限单元法，平衡方程同式(4-4)。网壳结构的外荷载可按静力等效原则，将节点所辖区域内的荷载集中作用在该节点上。分析单层网壳结构时，采用空间梁系有限元法计算节点位移和杆件内力，结构的每个杆件作为一个单元，杆件除承受轴向力外，还承受弯矩、剪力等。单层网壳的节点假设为刚节点，即每个节点有三个线位移和三个角位移。分析双层网壳结构时，采用空间杆系有限元法计算节点位移和杆件内力，杆件只承受轴向力，节点假设为铰接，即每个节点有三个线位移。当杆件上作用有局部荷载时，必须另行考虑局部弯曲内力的影响。

网壳结构采用拟壳法分析时可根据壳面形式、网格布置和构件截面把网壳等代为一个当量的薄壳结构，在由相应边界条件求得拟壳的位移和内力后，可按几何和平衡条件返回计算网壳杆件的内力。

4.4.3.3 网壳的稳定性

单层网壳以及厚度小于跨度 1/50 的双层网壳均应进行稳定性计算。网壳的稳定性可按考虑几何非线性的有限元法(荷载-位移全过程分析)进行计算，考虑与不考虑几何非线性的有限元法的区别在于前者考虑网壳变形对内力的影响。分析中可假定材料保持为弹性，也可考虑材料的弹塑性。对于大型和形状复杂的网壳结构宜采用考虑弹塑性的全过程分析方法。

全过程分析采用的迭代方程为：

$$\boldsymbol{K}_t \Delta U^{(i)} = \boldsymbol{F}_{t+\Delta t} - \boldsymbol{N}_{t+\Delta t}^{(i-1)} \tag{4-33}$$

式中 $\boldsymbol{K}_t$——t 时刻结构的切线刚度矩阵；

$\Delta U^{(i)}$——当前位移的迭代增量；

$\boldsymbol{F}_{t+\Delta t}$——$t+\Delta t$ 时刻外部所施加的节点荷载向量；

$\boldsymbol{N}_{t+\Delta t}^{(i-1)}$——$t+\Delta t$ 时刻相应的杆件节点内力向量。

球面网壳的全过程分析可按满跨均布荷载进行，圆柱面网壳和椭圆抛物面网壳除考虑满跨均布荷载外，宜补充考虑半跨活荷载分布的情况。进行网壳全过程分析时应考虑初始曲面形状的安装偏差的影响，可采用结构的最低阶屈曲模态作为初始几何缺陷分布模态，其缺陷最大计算值可按网壳跨度的 1/300 取值。

按上述方法进行网壳结构全过程分析求得的第一个临界点处的荷载值，可作为该网壳的极限承载力。将极限承载力除以系数 K 后，即为按网壳稳定性确定的容许承载力(标准值)。对于按弹塑性全过程分析求得的极限承载力，系数 K 可取 2.0。对于常见的单层球面网壳、柱面网壳和椭圆抛物面网壳按弹性全过程分析求得的极限承载力，系数 K 可取 4.2。

当单层球面网壳跨度小于 50 m，单层圆柱面网壳拱向跨度小于 25 m，单层椭圆抛物面网壳跨度小于 30 m，或对网壳稳定性进行初步计算时，其容许承载力可按《空间网格结构技术规程》(JGJ 7—2010)中网壳结构稳定承载力计算公式进行计算。

4.4.3.4 地震作用下的内力计算

对于网壳结构，其抗震验算应符合下列要求：

① 在抗震设防烈度为 7 度的地区，当网壳结构的矢跨比大于等于 1/5 时，应进行水平抗震验算；当矢跨比小于 1/5 时，应进行竖向和水平抗震验算。

② 在抗震设防烈度为 8 度或 9 度的地区，应对各种网壳结构进行水平和竖向抗震验算。

在单维地震作用下，对空间网壳结构进行多遇地震作用下的效应计算时，可采用振型分解反应谱法；对于体型复杂或重要的大跨度结构，应采用时程分析法进行补充计算。

按时程分析法计算空间网壳结构地震效应时，其动力平衡方程与网架结构动力平衡方程相同，见式(4-5)。加速度时程曲线的选取要求也同网架结构一致。

按振型分解反应谱法对多遇地震作用下的单维地震作用效应进行分析时，网壳结构杆件地震作用效应宜按下式确定：

$$S_{\mathrm{Ek}}=\sqrt{\sum_{j=1}^{m}\sum_{k=1}^{m}\rho_{jk}S_jS_k} \tag{4-34}$$

$$\rho_{jk}=\frac{8\zeta_j\zeta_k(1+\lambda_T)\lambda_T^{1.5}}{(1-\lambda_T^2)+4\zeta_j\zeta_k(1+\lambda_T)^2\lambda_T} \tag{4-35}$$

式中 S_{Ek}——杆件地震作用标准值的效应；

S_j，S_k——j、k 振型地震作用标准值的效应；

ρ_{jk}——j 振型与 k 振型的耦联系数；

ζ_j，ζ_k——j、k 振型的阻尼比；

λ_T——k 振型与 j 振型的自振周期比；

m——计算中考虑的振型数。

当采用振型分解反应谱法进行空间网格结构地震效应分析时，宜取振型参与质量达到总质量 90%所需的振型数进行效应组合，对于网壳结构宜至少取前 25～30 个振型，以进行效应组合；对于体型复杂或重要的大跨度空间网格结构宜取更多振型进行效应组合。

4.4.4 网壳结构的设计

网壳结构的杆件可采用普通型钢或薄壁型钢。管材宜采用高频焊管或无缝钢管，当有条件时应采用薄壁管型截面。杆件采用的钢材牌号和质量等级应按《钢结构设计标准》(GB 50017—2017)的规定执行。杆件截面应按《钢结构设计标准》(GB 50017—2017)规定的强度和稳定性的要求计算确定。网壳的结构设计包括网壳杆件及节点设计。

确定杆件的长细比时，其计算长度应按表 4-10 采用。杆件的容许长细比按表 4-11 采用。

表 4-10　**杆件的计算长度**

结构体系	杆件形式	节点形式				
		螺栓球	焊接空心球	板节点	毂节点	相贯节点
双层网壳	弦杆及支座腹杆	$1.0l$	$1.0l$	$1.0l$	—	—
	腹杆	$1.0l$	$0.9l$	$0.9l$		
单层网壳	壳体曲面内	—	$0.9l$	—	$1.0l$	$0.9l$
	壳体曲面外		$1.6l$		$1.6l$	$1.6l$

注：l 为杆件的几何长度(节点中心间距离)。

表 4-11　**杆件的容许长细比**

结构体系	杆件形式	杆件受拉	杆件受压	杆件受压与压弯	杆件受拉与拉弯
双层网壳	一般杆件	300	180	—	—
	支座附近杆件	250			
	直接承受动力荷载杆件	250			
单层网壳	一般杆件	—	—	150	250

网壳中轴心受力杆件，压弯、拉弯杆件应按《钢结构设计标准》(GB 50017—2017)验算其强度和稳定性。

网壳杆件采用圆钢管时，铰接节点可采用螺栓球节点，刚接节点可采用焊接空心球节点。杆件采用角钢组合截面时，可采用钢板节点，计算与网架节点相同。

4.5 悬索结构

悬索结构以一系列受拉的索作为主要承重构件，这些索按一定规律组成各种不同形式的体系，悬挂在相应的支承结构上，如图 4-59 所示。由于受拉构件的承载能力取决于强度而不是稳定性，因而能充分发挥钢索受拉时强度高、自重轻的特点。同时，由于覆盖材料自重轻，使承重结构的重量较小，因而悬索结构更适合在大跨度结构中使用。索一般采用由高强度材料组成的钢铰线、钢丝绳或钢丝束。

悬索作为承重结构历史悠久。它最早应用于桥梁工程中，如 1705 年建造的四川泸定桥，13 根铁索横跨大渡河。近代悬索桥采用钢丝作缆索，1937 年通车的美国旧金山金门大桥，主跨 1280 m，横跨金门海峡的南北两岸。1998 年通车的日本明石海峡大桥，主跨 1991 m。

悬索结构图

现代大跨度悬索屋盖结构，20 世纪 50 年代以来开始广泛应用。世界最早的现代悬索屋盖是美国于 1953 年建成的 Releigh 体育馆，采用两个斜放的抛物线拱支承的鞍形索网。目前，美国、日本、加拿大等国家已建造了许多代表性悬索屋盖，例如日本代代木体育馆、加拿大卡尔加里体育馆等。

我国现代悬索结构发展于 20 世纪 50 年代末、60 年代初，代表有北京工人体育馆和浙江人民体育馆。北京工人体育馆建成于 1961 年，圆形平面，直径 94 m，采用车辐式双层索网体系。浙江人民体育馆建于 1966 年，屋盖平面为椭圆平面，长径 80 m，短径 60 m，采用双曲抛物面正交索网结构。

20 世纪 80 年代开始，我国悬索结构的应用进入了新的发展阶段，相继建成了成都城北体育馆、安徽省体育馆、北京朝阳体育馆、冬奥会国家速滑馆等悬索屋盖结构，积累了一定的经验。

20 世纪 90 年代以来，我国悬索桥建设开始快速发展，建造了一批如香港青马大桥（主跨 1377 m）、江阴长江公路大桥（主跨 1385 m）、舟山西堠门大桥（主跨 1650 m）、武汉杨泗港长江大桥（主跨 1700 m）等大跨径悬索桥。

悬索结构具有如下特点：

① 通过索的轴向拉伸来抵抗外荷载（作用），可以最充分地利用高强度钢材的承载能力，大大减轻结构的自重，可跨越很大的跨度，是大跨度结构的主要结构形式。

② 用钢量少。对于悬挂屋盖，当结构跨度小于 150 m 时，屋盖悬索的用钢量一般小于 10 kg/m^2；但下部支承结构材料用量加大。

③ 悬索结构施工比较方便。结构自重小，屋面轻，安装时无需大型起重设备和模板、脚手架等，施工费用相对较低。

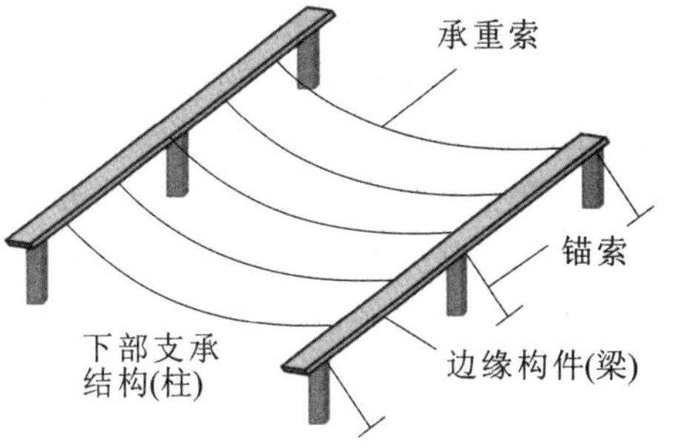

图 4-59 悬索结构

④ 悬索结构便于创造优美的建筑造型，适应多种平面形状和外形轮廓，能较好地满足建筑表达和功能的要求。

⑤ 火灾后的破坏后果比普通钢结构小。

⑥ 动力特性比较复杂，在风荷载和地震作用下的结构分析和稳定性计算难度较大。

⑦ 结构初始形状、预应力的建立及正常使用阶段的工作特性属于几何非线性问题。

⑧ 施工技术要求较高，需要配合施工进行多工况、多阶段的分析计算。

⑨ 结构变形较大，对屋面材料的变形性能要求高。

4.5.1 悬索结构的体系

悬索结构的形式很多，根据索网、边缘构件和下部支承结构的不同，可以配置一系列形式各异的悬索结构。如果将悬索结构和其他结构形式结合，又可以进一步派生出许多形式新颖的结构体系。

按拉索布置方式可分三类：单层悬索结构、双层悬索结构和交叉索网结构。

4.5.1.1　单层悬索结构

单层悬索结构包括单层单向悬索结构、单层辐射状悬索结构和单层网状悬索结构。单层悬索结构的形状稳定性不好，是一种可变体系，其平衡形状随荷载分布方式而变。在永久荷载作用下呈悬链线形式，在不对称荷载或局部荷载作用下产生大的位移（机构性位移），在风吸力作用下悬索内的拉力下降，稳定性进一步降低。单层悬索结构稳定性（抵抗机构位移的能力）受索垂跨比（索的垂度与跨度之比）影响，垂跨比大，索拉力小，稳定性和刚度好，但占用空间，经济性不好。合理垂跨比通常取 1/20～1/10。单层悬索结构可采取一些措施增加稳定性：设置重屋面，如装配式钢筋混凝土板；采用预应力钢筋混凝土悬挂薄壳；设置横向加劲构件，加劲梁或桁架分配局部荷载，将索连成整体。

单层单向悬索结构由许多平行的单根拉索组成，构成单曲下凹屋面，拉索两端悬挂在稳定的支承结构上，如图 4-60 所示。拉索可以是单跨，也可以是多跨。索的水平拉力不能在上部结构实现自平衡，必须通过适当的形式传至基础。拉索水平力传递一般有三种形式：通过竖向承重构件传至基础，通过拉锚传至基础，通过刚性水平构件集中传至抗侧力墙。

单层辐射状悬索结构适用于圆形、椭圆形平面，其拉索按辐射状布置，受拉内环采用钢制，受压外环采用钢筋混凝土制作，如图 4-61 所示。单层辐射状悬索结构有蝶形和伞形两种，蝶形悬索结构拉索一端支承在周边柱顶环梁上，另一端支承在中心内环梁上，其特点是雨水集中于屋盖中部，屋面排水处理较为复杂。伞形悬索结构一端支承在周边柱顶环梁上，另一端支承在中心立柱上，其圆锥状屋顶排水通畅，但中间有立柱限制了建筑的使用功能。

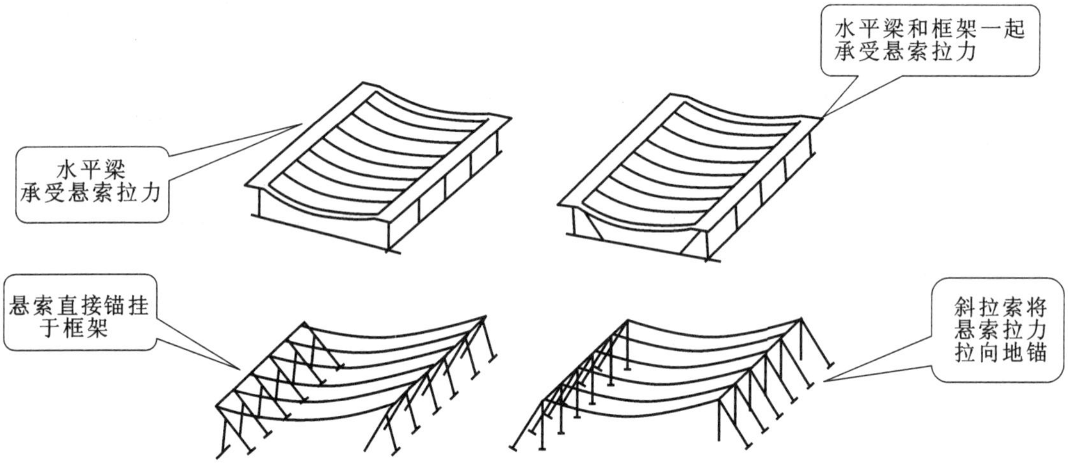

图 4-60　单层单向悬索结构

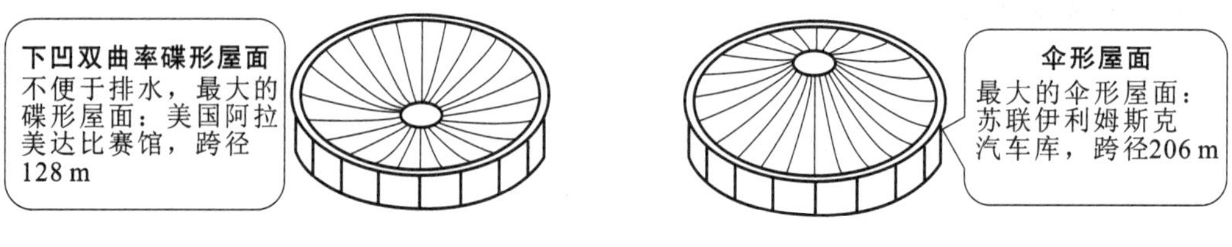

图 4-61　单层辐射状悬索结构

单层网状悬索结构适用于圆形、矩形等各种平面，如图 4-62 所示，两向索正交布置，屋面板规格统一，边缘构件弯矩大于辐射状布置。

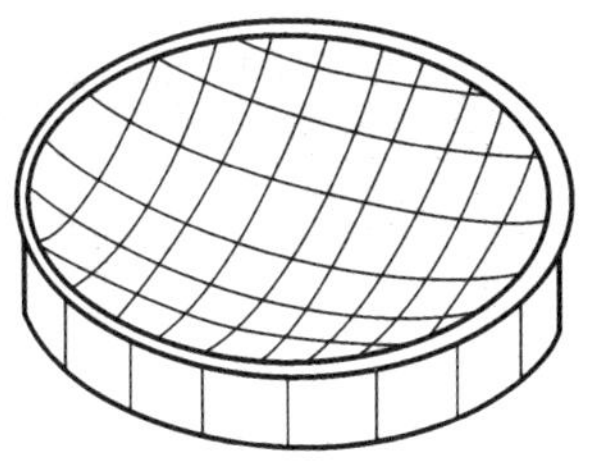

图 4-62 单层网状悬索结构

4.5.1.2 双层悬索结构

双层悬索结构稳定性好，整体刚度大，由一系列下凹的承重索和相反曲率的稳定索组成。每对索之间通过受拉钢索或受压撑杆联系，联系杆可以斜向或竖向布置，构成如桁架形式的平面体系，称索桁架，如图 4-63 所示。稳定索可以抵抗风吸力的作用，同时，相反曲率的稳定索和相应的索杆能对体系施加预应力，使每对索均保持足够大的张紧力，提高了整个结构的稳定性与刚度。

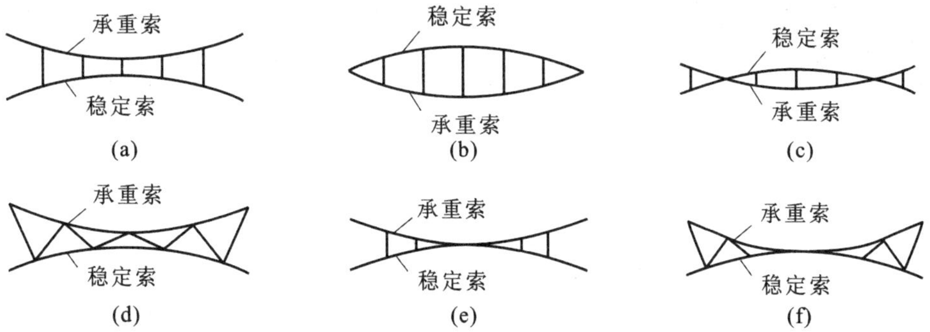

图 4-63 双层悬索体系的一般形式

双层悬索结构按屋面几何形状可分为单曲面双层拉索结构和双曲面双层拉索结构。

单曲面双层拉索结构由下凹的承重索，上凸的稳定索及它们之间的连系杆组成，常用于矩形平面的单跨或多跨建筑。承重索垂跨比一般取 1/20～1/15，稳定索拱跨比一般取 1/25～1/20。与单层悬索体系一样，双层索系两端也必须锚固在侧边构件上，或通过锚索固定在基础上，如图 4-64 所示。

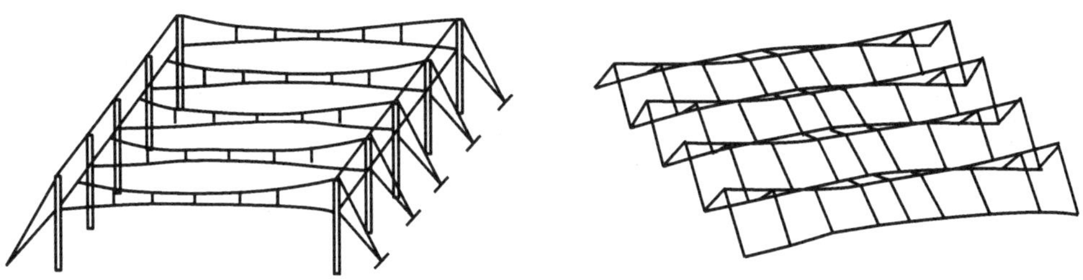

图 4-64 单曲面双层拉索结构(索桁架的平面布置与交错布置)

双曲面双层拉索结构的承重索和稳定索均沿辐射方向布置，周围支承在周边柱顶的受压环梁上，中心则设置受拉内环梁。整个屋盖支承于外墙或周边柱上，根据承重索和受拉索的关系所形成的屋面可为上凸、下凹或交叉形，相应地在周边柱顶设置一道或两道受压环梁，可分为双层辐射式布置和双层双向布置，如图 4-65 和图 4-66 所示。双曲面双层拉索结构经常用于圆形建筑平面，也可应用于椭圆形、正多边形或扁多边形平面。

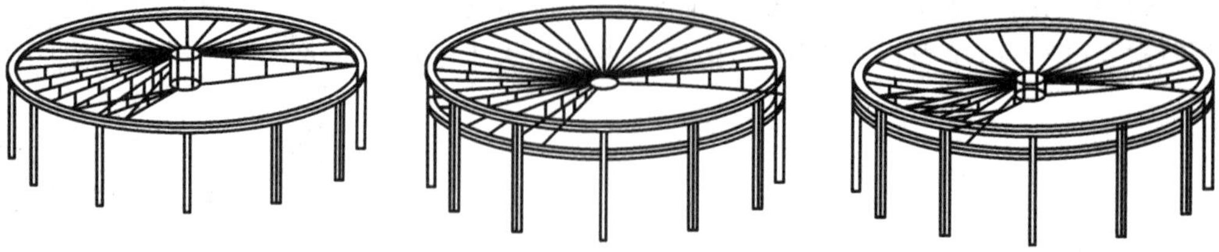

（a）　　　　（b）　　　　（c）

图 4-65　双层辐射式布置

（a）凸形布置；（b）凹形布置；（c）凹凸形布置

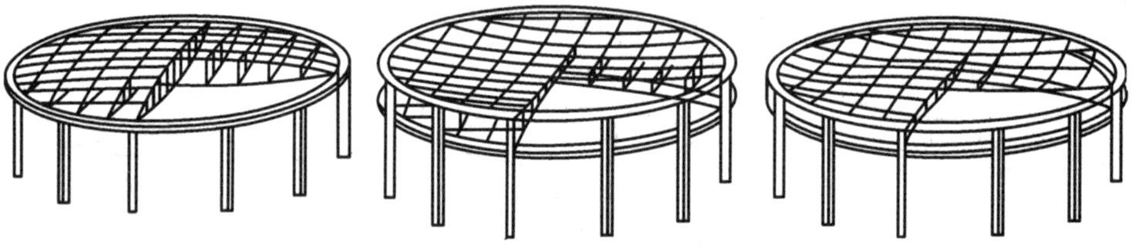

（a）　　　　（b）　　　　（c）

图 4-66　双层双向布置

（a）凸形索网布置；（b）凹形索网布置；（c）凹凸形索网布置

4.5.1.3　交叉索网结构

交叉索网结构由两组相互正交的、曲率相反的拉索直接交叠组成，形成负高斯曲率的双曲抛物面，如图 4-67 所示。两组拉索中，上凸为稳定索，下凹为承重索。该结构通常施加预应力，以增强屋盖的稳定性和刚度。由于存在曲率相反的两组索，对其中任意一组或同时对两组进行张拉，即可实现预应力。

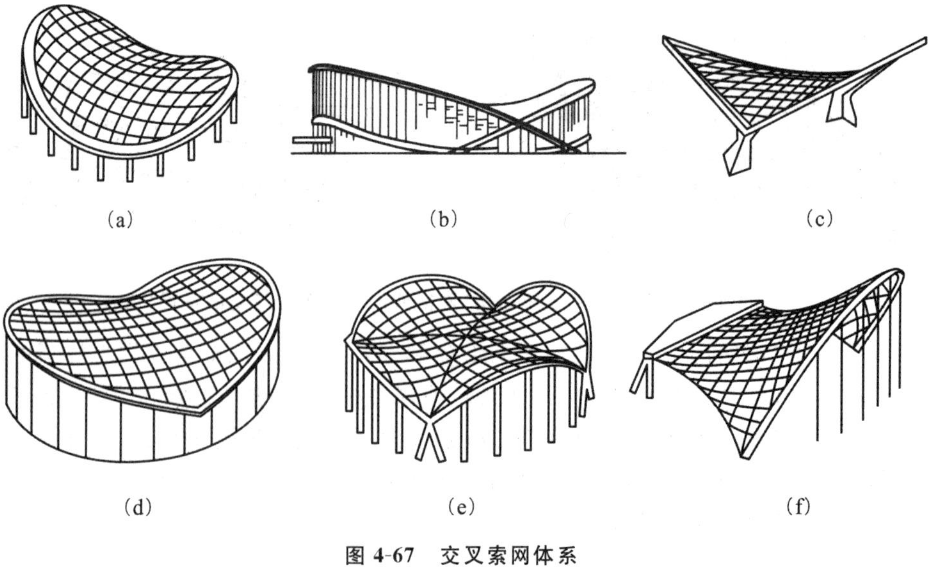

（a）　　　　（b）　　　　（c）

（d）　　　　（e）　　　　（f）

图 4-67　交叉索网体系

（a）边缘构件为闭合曲线环梁；（b）边缘构件为落地交叉拱；（c）、（d）边缘构件为不落地交叉拱；

（e）边缘构件为一对不相交的落地拱；（f）边缘构件为拉索结构

交叉索网结构需设置强大的边缘构件，以锚固不同方向的两组拉索。由于拉索的拉力方向和大小均不一样，使得边缘构件受力大而复杂，构件内常产生相当大的弯矩、扭矩，因此边缘构件需要较大的截面，耗费较多的材料。边缘构件形式很多，根据建筑造型一般有以下几种布置方式：边缘构件为闭合曲线环梁，边缘构件为落地交叉拱，边缘构件为不落地交叉拱，边缘构件为一对不相交的落地拱，边缘构件为拉索结构。

4.5.2 悬索结构的受力特点

悬索结构主要承重构件为索，索通常采用钢丝束、钢丝绳或钢绞线等柔性材料，索的张力是影响结构刚度的重要因素。悬索结构的计算一般按弹性理论，假定索是理想柔性的，既不能受压，也不能抗弯，但承重索和稳定索之间的连杆绝对刚性。在基本假定的基础上可建立索曲线的平衡微分方程，再根据荷载及边界条件求出索的张力。在荷载作用下，悬索结构的变形不能认为是小量，小变形假设不再成立，需考虑几何非线性的影响，因此需对平衡微分方程进行迭代求解。

4.5.2.1 作用

悬索结构设计时除索中初始预应力外，其他作用与一般结构相同，主要有以下内容。

① 永久荷载：覆盖层、保温层、吊顶、索等自重。按《建筑结构荷载规范》(GB 50009—2012)进行计算。

② 屋面活荷载：按照荷载相关规范取值，不与雪荷载同时考虑。

③ 雪荷载：基本雪压参照荷载相关规范取用，屋面雪荷载积雪分布系数按照《索结构技术规程》(JGJ 257—2012)中的规定采用。

④ 风荷载：基本风压参照荷载相关规范取用，《索结构技术规程》(JGJ 257—2012)中提供了矩形、圆形、椭圆形等规则平面悬索屋盖的风荷载体型系数。由于悬索结构往往体型复杂多样，同时要考虑周边环境的影响，因此对于重要的悬索结构工程，一般采用风洞试验来确定体型系数。对于轻型屋面，应考虑脉动风压影响。

⑤ 地震作用：当抗震设防烈度为 8 度或 8 度以下，一般跨度的单层悬索体系、双层悬索体系及横向加劲悬索体系可采用振型分解反应谱法进行地震响应分析。对于其他情况，应考虑结构几何非线性，采用时程分析法进行单维地震作用抗震计算，并宜进行多维地震效应时程分析。

⑥ 预应力作用：为了保证钢索的形状稳定性，使其在荷载作用下不发生松弛和产生过大的变形，需要将钢索的变形控制在一定的范围内。这就要求屋盖具有一定的刚度，需要在索中施加预应力，预应力的取值一般根据结构形式、活载与恒载比值以及结构最大位移的控制值等因素通过多次试算确定。

⑦ 温度作用：正温差效应会使结构产生较大的应力，削弱了结构中维持的预应力，从而使得结构的刚度降低，变形增加，在结构设计中应考虑其影响。

⑧ 安装荷载：在边缘构件和支承结构中常常会出现较大的安装应力，应注意考虑安装过程中安装荷载对结构的影响。

对于非抗震设计和抗震设计的结构，作用效应组合应分别按《建筑结构荷载规范》(GB 50009—2012)和《建筑抗震设计标准(2024 年版)》(GB/T 50011—2010)的相关规定进行。

4.5.2.2 强度和刚度验算

在截面以及节点设计时，荷载的作用效应组合应按《建筑结构荷载规范》(GB 50009—2012)中的基本组合确定内力设计值，在位移计算时应按荷载短期效应组合确定其挠度。

依据《索结构技术规程》(JGJ 257—2012)，拉索的承载力应按式(4-36)进行验算：

$$\gamma_0 N_d \leqslant F \tag{4-36}$$

式中 N_d——拉索承受的最大轴向拉力设计值；

γ_0——结构的重要性系数；

F——拉索的抗拉力设计值，按式(4-37)计算。

$$F=\frac{F_{tk}}{\gamma_R} \tag{4-37}$$

式中 F_{tk}——拉索的极限抗拉力设计值。

γ_R——拉索的抗力分项系数，取2.0；当为钢拉杆时，取1.7。

悬索结构的变形必须满足结构的正常使用要求，如不能因悬索屋盖的变形过大而引起屋面材料的开裂或渗透等。《索结构技术规程》(JGJ 257—2012)中规定了承重索竖向位移限值：单层悬索体系跨中竖向位移与跨度之比小于等于 $l/200$(从初始几何态算起)；双层悬索体系、索网及横向加劲索体系小于等于 $l/250$(从预应力态算起)。

4.6 膜结构

膜结构是由膜材和其他构件组成的建筑物或构筑物。膜结构是通过边界条件给膜材施加一定的预张应力，以抵抗外部荷载的作用，由于受拉构件的承载能力取决于强度而不是稳定性，因而能充分发挥膜材受拉工作时强度高、自重轻的特点。同悬索结构一样，由于覆盖材料自重轻，使承重结构的重量较小，张拉薄膜结构更适合在大跨度结构中使用。

膜结构图

膜结构具有轻质、柔软、不透气、不透水、耐火性好、有一定的透光率、有足够的受拉承载力、形状多样的特点，加上新近研制的膜材耐久性有了明显的提高，以及计算理论和计算机技术的迅猛发展，膜结构在最近几年得到了较大的发展，在国内外已被较多地应用于体育建筑、展览中心、商场、仓库、交通服务设施等大跨度建筑中，我国的国家游泳中心——“水立方”、上海八万人体育场是典型的膜结构建筑。

4.6.1 膜结构用膜材及其特性

膜材是由基材和聚合物涂层构成的涂层织物以及由高分子聚合物制成的薄膜材料。常用的氟塑材料涂层有PTFE(聚四氟乙烯)、PVDF(聚偏氟乙烯)等。织物布基主要有聚酯长丝(涤纶PES)和玻璃纤维两种。膜材的黏合就是将涂层与基材合二为一，组成整体。建筑结构所用的膜材大多是以压延成型和涂刮成型的。压延成型就是将选定的软PVDF经塑炼后投入压延机，按照所需厚度、宽度压延成膜，立即与布基黏合，再经过轧花、冷却即可制得压延膜材。而涂刮成型则是将聚氯乙烯糊均匀地涂或刮在布基上，再加热处理即可获得涂刮膜材，普遍采用刮刀直接涂刮，也有采用辊式涂刮的。

依据《膜结构技术规程》(CECS 158—2015)，膜材应根据建筑功能、膜结构所处环境和使用年限、膜结构承受的荷载以及建筑物防火要求选用以下不同类别的膜材：

① G 类，在玻璃纤维织物基材表面涂覆聚合物连续层的涂层织物。

② P 类，在聚酯纤维织物基材表面涂覆聚合物连续层并附加面层的涂层织物。

③ E 类，由乙烯和四氟乙烯共聚物制成的 ETFE 薄膜。

4.6.2　膜结构的分类

膜结构可分为充气式膜结构、张拉式薄膜结构和骨架式薄膜结构三类。

(1) 充气式膜结构

充气式膜结构是靠薄膜内外的空气压力差，使屋盖膜布稳定并具有一定的刚度，从而承受外荷载的一种结构。充气式膜结构一般可分为气承式膜结构和气肋(气囊)式膜结构。气承式膜结构靠不断向膜内鼓风，形成气压差来支承膜材，气压一般为 200～300 Pa，属低压体系。气肋(气囊)式膜结构由管状构件组成，特殊情况也制成球形，通过向封闭的管状构件充气，使之具备一定的刚度，并能传递一定的横向力，气肋(气囊)式膜结构工作压力一般为 0.02～0.07 MPa，属高压体系。

充气式膜结构建筑历史较长，但因其在使用功能上有明显的局限性，如形象单一、空间要求气闭等，故应用面较窄。但充气式膜结构造价较低，施工速度快，在特定的条件下又有显著的优势。国家游泳馆“水立方”是典型的充气式膜结构，立面灵感来源于 Kelven 的“泡沫”理论，基本构成是 14 面体和 12 面体的空间单元，由充气膜组成的“气枕”实现，如图 4-68 所示。

图 4-68　国家游泳馆“水立方”

(2) 张拉式薄膜结构

张拉式薄膜结构亦称帐篷结构，或预应力薄膜结构，如图 4-69 所示。通过柱及钢架支承或钢索将膜材张拉成型，使其具有刚度并能承担外荷载。由于膜材很轻，为了保证结构的稳定性，必须在薄膜内施加较大的预应力，因此，薄膜曲面总有负高斯曲率。张拉式薄膜结构的边界可以是刚性边缘构件，也可以是柔性索。张拉式薄膜结构造型优美灵活、富有表现力、结构性能强，但造价稍高，施工精度要求也高。

图 4-69 张拉式薄膜结构

(3) 骨架式薄膜结构

骨架式薄膜结构实质为依靠下部的钢骨架承受荷载，膜材主要起围护结构的作用。因膜材重量轻，可以减轻下部钢结构的自重。骨架式薄膜结构常在某些特定的条件下被采用，由于其结构方式本身的局限性，骨架体系自平衡，膜体仅为辅助物，膜体本身的强大结构作用发挥不足，又被称为二次重复结构。骨架方式与张拉方式的结合运用，常可获得更富于变化的建筑效果。国家体育场“鸟巢”就采用了骨架式薄膜结构，围护结构为覆盖膜，钢承重骨架，如图 4-70 所示。

图 4-70 国家体育场“鸟巢”

4.6.3 膜结构的受力分析

4.6.3.1 作用

作用于膜结构的荷载包括永久荷载、活荷载、风荷载、雪荷载、初始张拉力和内部压力等。其中永久荷载、活荷载、风荷载、雪荷载等与其他结构相同，按《建筑结构荷载规范》(GB 50009—2012)进行计算。

初始张拉力作用：张拉式薄膜结构和骨架式薄膜结构应考虑膜材中的初始张拉应力。初始预张力值的设定应保证膜材在正常使用状态下不会因温度变化、徐变、荷载作用等发生松弛而出现褶皱，同时保证膜材在短期荷载作用下的最大应力小于容许应力。

内部压力：充气式膜结构的计算应考虑内部的气压，内压既能起到支承充气式膜结构并抵抗外荷载的作用，同时也是作用在结构上的荷载。内压的设定要保证结构在各种工况下强度和稳定性的要求。

地震作用：膜结构自重轻，地震对其影响较小，因此可不考虑地震作用的影响，但其支承结构需要根据相关规范进行相应的抗震计算。

4.6.3.2　计算分析方法

膜结构同索结构类似，属于柔性张拉结构，通过施加初始预张力才能获得结构刚度，不同的初始张拉力将导致不同的结构初始形状。结构的受力分析是基于其初始形状进行的。不同于索结构，膜结构的表面形状为空间曲面，形状比较复杂，属不可展曲面，因此存在将平面膜材通过裁剪构成空间曲面的问题。

膜结构的计算分析主要包括三个部分：找形分析、荷载分析和裁剪分析。即首先进行结构曲面的初始预应力分析，获得结构的初始几何形状。在此基础上，再进行荷载分析，对结构在荷载作用下的内力、位移进行计算。最后通过裁剪分析，计算薄膜曲面划分为裁剪膜片并展开为平面裁剪下料图的过程。膜结构的找形分析、荷载分析和裁剪分析是相互联系、相互制约的，必须从全过程、一体化的角度来考虑，并进行反复调整。

找形分析是工程师利用专业计算机软件对建筑师提出的初步建筑形式和概念设计，进行结构初始形状的判别以及初始预应力分布情况的分析，目的是找到一个满足建筑和结构要求的初始自平衡力学体系，作为其他后续分析的基础。膜结构的找形分析方法包括动力松弛法、力密度法和非线性有限元法等。

在完成形状判定、确定了结构几何和相应的预应力分布及预应力数值后，进行膜结构的荷载分析。荷载分析包括静力分析和动力分析两种，分析结构在风荷载、雪荷载、自重荷载作用下的响应。荷载分析常用方法为非线性有限元法，考虑膜结构的几何非线性特性。在应用有限元法时，需要注意膜材高度的非线性，使用稠密网格划分的低精度单元计算精度更高，且要注意非线性方程组迭代收敛的条件和判断准则。

裁剪分析其实质是膜结构施工前的下料分析。膜结构是由二维的膜材通过拼接、张拉来构成的三维空间曲面，由于单片膜材的裁剪和连接是在无应力状态下进行的，而结构张成后膜材必须处于全张拉状态，为保证结构表面不出现褶皱而退出工作，必须选定合适的裁剪样式并确定精确的连接坐标，这就需要裁剪分析。现有的裁剪分析是基于找形和荷载分析之后的特定几何外形进行的，即在此特定几何上考虑膜材的幅宽并控制裁剪线最短来寻求一个适宜的裁剪样式。裁剪分析的计算模型可分为三类：物理模型方法、几何模型方法和平衡模型方法。其中平衡模型方法灵活、迅速且准确，已成为膜结构裁剪分析发展和应用的主要领域。裁剪分析的主要方法有测地线法、无约束极值法、动态规划法、平面热应力法、增量杆单元有限元法、板单元有限元法等。

习题与思考题

习题与思考题答案

4-1　大跨度房屋钢结构常采用哪些结构形式？

4-2　网架结构按网格形式分主要有哪些类型？分别适用于何种情况？

4-3　举出两种常见的网架结构的基本形式，并简述其特点。

4-4　网架结构的屋面坡度一般有哪几种实现方式？

4-5　网架结构常用的支座节点有哪些形式？

4-6　简述螺栓球节点的连接构造原理。

5 装配式钢结构

【内容提要】

本章全面、系统地介绍了我国当前常见装配式钢结构体系设计时的主要内容和方法。首先，概括装配式钢结构发展的背景和意义、装配式钢结构概念和特点、装配式钢结构的发展现状、装配式钢结构体系分类等，进而总结了装配式钢结构设计时的一些基本要求。接着，介绍了装配式钢结构-模块化结构体系设计的要点，分析装配式钢结构墙板与楼板体系设计原则。此外，对各类装配式钢结构的防火与防腐设计和构造要点进行了讲解。

【能力要求】

通过本章的学习，学生应了解装配式钢结构体系设计；熟悉装配式钢结构设计时的一些基本要求、装配式钢结构-模块化结构体系设计要点、装配式钢结构墙板与楼板体系设计原则；掌握装配式钢结构防火与防腐设计。

5.1 概　　述

装配式钢结构建筑是指建筑的结构系统由钢部(构)件构成的装配式建筑。就结构体系而言，钢结构天生具有装配式的特点，组成结构系统的梁、柱、支撑等构件均是在工厂加工制作、现场安装而成的。但仅因为结构体系的装配化就认为所有钢结构建筑都是装配式建筑，这个观点是不充分的。按《装配式建筑评价标准》(GB/T 51129—2017)的规定，装配式建筑应同时满足下列要求：① 主体结构部分的评价分值不低于20分(该分值可通过竖向构件应用比例超过35%或水平构件应用比例超过80%得到)；② 围护墙和内隔墙部分的评价分值不低于10分(该分值可通过围护墙、隔墙的装配化施工、装修一体化等得到)；③ 采用全装修；④ 装配率不低于50%。满足以上要求的钢结构建筑才是装配式钢结构建筑，装配式钢结构建筑不等同于装配式钢结构，而是以钢结构作为承重结构的装配式建筑。

5.1.1 装配式钢结构发展的背景和意义

我国钢结构建筑经历了几个发展阶段，在20世纪70—80年代，对于建筑用钢有所限制。2000年以后，随着钢铁产量的逐年攀升，国家出台了新的建筑用钢政策，鼓励用钢，发展钢结构建筑。最近几年，我国的钢铁产能过剩，便有专家提出用钢结构建筑化解钢铁产能的建议，建筑行业正式进入大量用钢阶段。从2016年开始，随着装配式建筑的推进，装配式钢结构建筑也开始被大力推广，而如今的装配式钢结构住宅建设试点使钢结构建筑进入全面发展阶段。

随着国民经济的快速发展，我国钢材的产量和产业规模近几十年来一直稳居世界前列，相继建成了一大批具有世界领先水平的钢结构标志工程：以国家体育场为代表的城市体育项目，以国家大剧院为代表的剧院文化项目，以北京银泰中心为代表的超高层建筑等。2021年10月，中国钢结构协会发布了《钢结构行业“十四五”规划及2035年远景目标》，提出钢结构行业“十四五”期间发展目标:到2025年底,全国钢结构用量达到1.4亿吨左右,占全国粗钢产量比例15%以上,钢结构建筑占新建建筑面积比例达到15%以上。从全球范围看,绿色化、信息化和工业化是建筑业发展的必然趋势。钢结构建筑具有绿色环保、可循环利用、抗震性能良好的独特优势,在全寿命期内具有绿色建筑和工业化建筑的显著特征,钢结构在我国发展空间巨大。

发展新型建造模式,大力推广装配式建筑,是中央城市工作会议提出的任务,是贯彻"适用、经济、绿色、美观"的建筑方针、实施创新驱动战略、实现产业转型升级的必然选择。《中共中央国务院关于进一步加强城市规划建设管理工作的若干意见》提出,力争用10年左右时间,使装配式建筑占新建建筑的比例达到30%。住房和城乡建设部已将推广装配式建筑作为落实中央城市工作会议精神的重大举措。

2015年11月,李克强总理主持召开国务院常务工作会议,明确指出"结合棚改和抗震安居工程等,开展钢结构建筑试点,扩大绿色建材等的使用";2016年3月,李克强总理在《政府工作报告》中提出,"大力发展钢结构和装配式建筑,提高建筑工程标准和质量,推动产业结构的调整升级"。2020年7月住建部联合多部委印发的《绿色建筑创建行动方案》的通知中提出了"大力发展钢结构等装配式建筑,新建公建原则上采用钢结构"。2021年10月,国务院印发《2030年前碳达峰行动方案》,明确要推广绿色低碳建材和绿色建造方式,加快推进新型建筑工业化,大力发展装配式建筑,推广钢结构住宅,推动建材循环利用,强化绿色设计和绿色施工管理。推广应用钢结构,不仅可以提高建设效率,提升建筑品质,低碳节能,减少建筑垃圾的排放,符合可持续发展的要求,还能化解钢铁产能过剩,推动建筑产业化发展,促进建筑部品更新换代和上档升级,具有重大的现实意义。

推进装配式建筑的发展和应用是实现建筑行业升级转型和可持续发展的必由之路。装配式建筑是一场建造方式的变革,改变了传统建筑业的运营模式,通过工厂制作和现场安装,将大部分工作放在了工厂,可以减少现场人为因素的过多干扰,提高工程质量。建筑工业化可以大幅度提高劳动生产率,大大减少施工现场的工人数量,节约劳动成本,这是解决目前中国人口红利逐渐消失、农民工人数快速减少、农民工工资持续增长、人工费用占建筑成本比例越来越高等问题的必要途径。建筑工业化还可以促进多行业整体的技术进步和升级转型,据相关统计,建筑工业化可以带动包括建材业、制造业、冶金、材料、化工、电子、机械等50多个关联产业的发展。

5.1.2 装配式钢结构的特点

因为建筑的装配化绝非单一结构构件装配的简单要求,而是对整体的构配件生产的配套体系和现场装配化程度的综合要求。与传统钢结构建筑相比,装配式钢结构建筑更加强调设计的模数化和工厂的预制化,不论是结构系统还是外围护系统、设备和管线系统、内装系统等,整个建筑的主要部分都应采取预制部品构件集成,更加强调部品部件安装的整体化和集成化,如整体式厨房和整体式卫生间,以及设备管道的科学集成和模块化安装,以实现建筑过程的一体化;更加强调管理系统的信息化和建筑工人的技术化,通过信息化的科学管理和专业化技术操作,来保证装配式建筑的施工质量,从传统建筑粗犷化的生产模式转变为装配式建筑精细化的生产模式,促进建筑产业的优化和升级。

与其他形式的装配式建筑尤其是装配式混凝土建筑相比,装配式钢结构建筑具有以下特点:

① 现场没有现浇节点(湿作业),安装速度更快,施工质量更容易得到保证。

② 钢材是延性材料,具有更好的抗震性能。

③ 自重更轻,基础造价相应降低。

④ 材料可回收,更绿色环保。

⑤ 梁柱截面更小，可获得更多的使用面积。

⑥ 资金占用周期短，更早实现收益。

⑦ 外围护结构较为复杂。

⑧ 如果处理不当或者没有经验，需要更加重视防火和防腐设计。

⑨ 如果设计不当，造价相对较高。

5.1.3 装配式钢结构的发展现状

5.1.3.1 国外装配式钢结构的发展

欧洲从 18 世纪下半叶开始用铸铁建造桥梁和建筑，英国是先行者。最早的铁结构桥梁是跨度 30 m 的英国塞文河桥，1779 年建成。最早用于房屋建筑的生铁结构是建于 1786 年的巴黎法兰西剧院的屋顶。

装配式铁结构建筑的第一座里程碑，也是装配式建筑和现代建筑的第一座里程碑，它是建于 1851 年的伦敦水晶宫(图 5-1)。水晶宫长 564 m，宽 124 m，所有铁柱和铁架都在工厂预先制作好，到现场进行组装。整个建筑所用玻璃都是一个尺寸，124 cm×25 cm，铸铁构件以 124 cm 为模数制作，达到高度的标准化和模数化，装配起来非常方便，只用了 4 个月时间就完成了展馆建设，堪称奇迹，具有划时代意义。

图 5-1 伦敦水晶宫

铁结构建筑所能获得的大空间和非常短的建造工期满足了工业建筑和公共建筑的需要，19 世纪，欧洲许多工业厂房和火车站采用铁结构。

装配式铁结构的另一座里程碑，也是高层建筑的里程碑，它是埃菲尔铁塔(图 5-2)。为纪念法国大革命 100 周年和 1889 年巴黎世博会召开，法国人希望建造一座能够反映法兰西精神和时代特征的纪念性建筑。项目委员会从 700 件投标作品中选中了埃菲尔设计的 300 m 高的铁塔方案。埃菲尔铁塔的建造在一片反对声中进行，历时 2 年 2 个月，于 1889 年 3 月 31 日竣工。正如埃菲尔为铁塔方案辩护时所称的“为现代科学和法国工业革命争光”，埃菲尔铁塔获得了巨大成功，是人类建筑进入新时代的象征，是超高层建筑的第一个样板。

图 5-2　埃菲尔铁塔

1886 年，法国赠送美国纽约的自由女神像建成，女神像高 46 m，其装配式铁结构所达到的高度给美国建筑树立了样板。1890 年，由芝加哥建筑学派先行者詹尼设计的芝加哥曼哈顿大厦建成，这座 16 层的住宅是世界上第一栋高层装配式钢铁建筑，是当时最高的建筑。

19 世纪后半叶，钢铁结构建筑的材质从生铁到熟铁再到钢材，进入快节奏发展期。进入 20 世纪后，钢铁结构建筑进入了高速发展时代。现代装配式钢铁建筑技术发源于欧洲，而在美国得以发扬光大。1913 年建成的纽约伍尔沃斯大厦高 241 m，为接钢结构石材外墙。

1967 年加拿大蒙特利尔世界博览会美国馆被称作“生物圈”的球形构造物，设计者是美国著名建筑师、工程师布克敏斯特·富勒，富勒于 1949 年发明了网架结构，蒙特利尔生物圈是网架结构的扩展。这座几何球直径 76 m，高 41.5 m，没有任何支撑柱，完全靠金属球形网架自身的结构张力来维持稳定。

1977 年建成的巴黎蓬皮杜艺术中心是世界著名建筑(图 5-3)，也是将装配式理念贯彻得非常坚决的钢结构建筑。著名意大利建筑师佐伦·皮亚诺和英国建筑师理查德·罗杰斯把自己的建筑说成高科技建筑，所谓的高科技，核心就是装配式。从装配式的角度看，蓬皮杜艺术中心的主要特点包括：① 它的结构构件装配连接非常简单，既不是焊接，也不是栓接，更不是铆接，而是插入加上销接。连接节点是一个筒，结构构件插入筒里，筒与构件有销孔，插入销子即可；② 它的设备管线系统也是集成化装配式的；③ 它把结构、设备与管线系统视为建筑美学元素，将它们彻底裸露，甚至于电动扶梯运行时缆索的移动都是可见的。

美国得克萨斯州阿灵顿的牛仔体育场是非常著名的装配式钢结构建筑，于 2009 年建成，可容纳 10 万人，建筑面积 28 万 m^2，屋顶采用柱梁支撑，还可以自由开启，两道钢结构桁架拱是活动屋顶的支撑。

图 5-3 蓬皮杜艺术中心

5.1.3.2 国内装配式钢结构的发展

我国钢结构建筑和钢结构标准规范体系的发展可以概括为四个阶段:20 世纪 50 年代为第一阶段,20 世纪 60—70 年代为第二阶段,20 世纪 80—90 年代为第三阶段,21 世纪初至今为第四阶段。

20 世纪 50 年代,苏联援建我国 156 个大型建设项目,其中大型工业厂房项目多数采用了钢结构。这些厂房的设计直接催生了我国第一版《钢结构设计规范》,即 1954 版《钢结构设计规范》的诞生。该规范直接采用了苏联钢结构规范的内容。

到了 20 世纪 60—70 年代,因为工业发展的需求,国家各部门对钢材的需求量大幅增加,但是钢产量仍然有限。而 1954 版钢结构规范采用了苏联的设计规范,适用苏联的气候条件和经济条件,其建筑用钢量较大。于是我国结合本国国情和 10 余年工程、设计、科研成果,编写了自己的钢结构规范,即 1969 版《弯曲薄壁型钢技术规范》和 1974 版《钢结构设计规范》。另外,由于节约钢材的政策和焊接空心球、螺栓球网架节点的成功研发,全国各地的网架工程快速发展。其中第一个平板网架工程于 1964 年在上海完成。

20 世纪 80—90 年代,改革开放政策带动全国工程建设的巨大需求,钢结构建筑迎来快速发展时期。很多新技术或研发成果从国外引入,并应用于工程实践。如 1987 年我国第一栋高层钢结构建筑,高 165 m 的深圳发展中心大厦建成。其他如厂房框架结构,包括平板网架和网壳的空间结构,空间结构和拱、钢架组成的混合体系,钢和混凝土混合结构,悬索结构,膜结构,以门式刚架、拱形波纹屋顶为代表的轻钢结构等的出现,标志着钢结构工程技术逐渐成熟。

21 世纪初至今,随着经济的持续发展和基础设施的广泛建设,我国钢结构工程达到了空前的快速发展阶段。大批采用钢结构和钢-混凝土组合结构的高层、超高层地标性建筑,大量应用空间大跨度钢结构体系的体育场馆、展览文化建筑和车站、航站楼类型建筑出现。传统结构形式如高层钢结构、空间结构继续快速发展的同时,新结构形式和技术如钢板剪力墙结构、张弦梁、张弦桁架、预应力钢结构、钢结构住宅等也不断出现并快速发展。我国钢产量从2000年开始，已连续多年稳居世界第一。当面对钢铁产量的增加，甚至产能的过剩，以及我国在经济发展中遇到的诸如环境污染、资源紧缺、人口红利逐渐消失等新问题，传统的现浇混凝土结构无法解决新问题，国家不断推出政策推广钢结构在建筑领域的应用，钢结构在我国的建筑行业迎来了全新的发展机遇。

5.1.4 装配式钢结构体系分类

5.1.4.1 主体结构体系

20世纪80年代以来，随着我国经济的快速、持续发展，国内建筑钢结构领域的科学研究也蓬勃发展，同时广泛吸收和引进了发达国家钢结构方面先进的技术。随着结构计算技术的不断提升，钢结构技术水平已经开始向国际先进技术靠拢和接轨。目前在我国广泛应用的钢结构建筑体系主要有多(高)层建筑钢结构体系、钢-混凝土混合结构体系，大跨度空间网格结构体系，重型和轻型钢结构厂房结构体系，以冷弯薄壁型钢结构为代表的轻型钢结构体系等。

冷弯薄壁型钢结构采用板件厚度小、板件宽厚比很大的小截面冷弯型钢构件作为受力构件，利用型钢构件屈曲后的有效截面受压。冷弯薄壁型钢杆件在低多层建筑中通常作为钢龙骨按照一定的模数紧密布置，钢龙骨之间设置连接和支撑体系，钢龙骨两侧安装结构板材、保温层、隔热层、装饰层等功能层形成墙体和楼板，特别适用于低层(3层以下)住宅、别墅和普通公共建筑。低层冷弯薄壁型钢建筑具有以下优点：自重轻，基础造价和运输安装费用低；型钢构件、配套板材及各种配件均为工厂化生产，容易保证质量；建筑内不露梁、柱，钢龙骨布置灵活，各种建筑空间和建筑造型易于实现，容易满足客户个性化设计的需要；施工安装基本实现干作业，施工步骤简便快捷，材料易于回收；龙骨体系和墙板体系施工结合了设备管线布置和二次装修。

5.1.4.2 楼板结构体系

装配式钢结构楼板结构主要有钢筋桁架组合楼板、压型钢板组合楼板和预制混凝土叠合楼板等，新型楼板结构还在不断涌现。

① 钢筋桁架组合楼板。钢筋桁架组合楼板是把钢筋桁架楼承板与现浇混凝土或预制混凝土板结合而成的组合楼板，钢筋桁架组合楼板施工时不需要设置模板且现场安装便捷，具有施工工期短、刚度强度好、整体抗震性能好等特点。

② 压型钢板组合楼板。通过在支撑压型钢板上面浇筑混凝土材料结合而成的楼板称为压型钢板组合楼板，常依据压型钢板与混凝土是否共同工作把压型钢板组合楼板分为非组合楼板和组合楼板，其具有轻巧便捷、方便运输和安装、便于管线安装等特点。

③ 预制混凝土叠合楼板。预制混凝土叠合楼板主要是通过在配有预应力钢筋的混凝土底板的侧边预设置钢筋并在混凝土板的侧边和上部现浇一层复合的混凝土，使预制板的预留钢筋与现浇板的钢筋连接并浇筑形成整体楼板，其具有整体稳定性能好、抗震性能好的特点。

5.1.4.3 外围护结构体系

装配式建筑的外墙对于保温隔热、防火防水、隔声密闭等性能要求较高，严寒及寒冷地区建筑单一材料外墙常常难以满足外墙的全部性能要求，如节能、防火、防水、隔汽、隔声等方面，建筑设计中常考虑采用复合墙体来提高外墙的整体性能。复合墙体可分为保温隔热层、防水层、隔汽层、空气屏障和隔声层5个部分。装配式建筑外墙主要有蒸压加气混凝土条板夹芯墙、预制现场装配式轻钢龙骨复合墙板、预应力混凝土夹芯复合墙等。

5.1.4.4　内装体系

建筑内墙主要起分隔空间的作用，就墙体材料而言，对防火、隔声、防水、防潮等性能有一定要求。SI内装是近年开始迅速兴起的一种工业化的建筑内装体系。S指Skeleton，即作为建筑骨骼的主体结构；I指Infill，即建筑物立面的充填体，包括设备管线、部品和内装修等。SI内装主要包括以下部品与部件：卫生间、厨房、收纳、吊顶、隔墙、地面、室内门窗。

5.1.4.5　装配式钢结构-模块化结构体系

随着装配式钢结构建筑结构体系的发展，由于模块化建筑结构体系标准化程度高，便于集成化设计，在工厂可以对结构内部空间进行布置和装饰，因此，最近几年在国内外建筑中都得到越来越多的应用。装配式钢结构-模块化结构体系一般可以分为全模块化建筑结构体系、模块单元与传统结构结合的复合体系，其中全模块化建筑结构体系主要用于低多层建筑，而模块单元与传统结构结合的复合体系可以用于高层建筑。该体系主要用于公共建筑中，但是随着技术的发展，部分住宅和公寓项目也开始采用装配式钢结构-模块化结构体系。该体系的工程应用可见图5-4。

图5-4　装配式钢结构-模块化结构体系

模块化建筑的设计、制作、运输、安装、维护、拆除全过程应遵循工业化、系统化、标准化、集成化的原则，依托建筑信息模型(Building Information Modeling，BIM)信息化技术、工程总承包模式推进一体化建造、信息化管理和可循环利用，实现良好的建筑功能和经济社会效益。

模块建筑包括按国家现行规划、建设审批流程和设计建造标准实施的模块建筑和应对公共安全事件等紧急调用的应急类模块建筑。按设计工作年限的不同，应急类模块建筑又可分为应急类普通模块建筑与应急类临时模块建筑。

5.1.5　装配式钢结构设计特点

传统的钢结构设计一般都是各个专业独立设计，装配式钢结构要实现模块化、标准化、集成化的设计，需要考虑结构与其他系统的协调性和兼容性，需要有专业的设计团队和软件支持。

5.2 装配式钢结构设计基本要求

装配式钢结构建筑应坚持标准化设计、工厂化生产、装配化施工、一体化装修、信息化管理和智能化应用，提高技术水平和工程质量，实现功能完整的建筑产品。装配式钢结构建筑由结构系统、外围护系统、内装系统、设备和管线系统组合集成，应按照通用化、模数化、标准化的要求，用系统集成的方法统筹设计、生产、运输、施工和运营维护，实现全过程的一体化。装配式钢结构建筑应遵守模数协调和少规格、多组合的原则，在标准化设计的基础上实现系列化和多样化。应采用适用的技术、工艺和装备机具，进行工厂化生产，建立完善的生产质量控制体系，提高部品构件的生产精度，保障产品质量。

装配式钢结构建筑应综合协调建筑、结构、机电、内装，制订相互协同的施工组织方案，采用适用的技术、设备和机具，进行装配式施工，保证工程质量，提高劳动效率。装配式钢结构建筑宜运用建筑信息化技术，实现全专业、全产业链的信息化管理。装配式钢结构建筑宜基于人工智能、互联网和物联网等技术，实现智能化应用，提升建筑使用的安全、便利、舒适和环保等性能。装配式钢结构建筑应进行技术策划，以统筹规划设计、部品构件生产、施工安装和运营维护全过程，对技术选型、技术经济可行性和可建造性进行评估。按照保障安全、提高质量、提升效率的原则，确定可行的技术配置和适宜经济的建设标准。装配式钢结构建筑应采用绿色建材和性能优良的系统化部品构件，因地制宜，采用适宜的节能环保技术，积极利用可再生能源，提高建设标准，提升建筑使用性能。装配式钢结构建筑宜发挥结构优势，采用大柱距布置方式，满足建筑全寿命周期的空间适应性要求。装配式钢结构建筑应合理考虑钢结构构件防火、防腐要求，遵守可靠性、安全性和耐久性等有关规定。

5.2.1 建筑设计一般规定

5.2.1.1 一般规定

装配式钢结构建筑设计为满足建筑工业化的要求，一般有以下规定：

① 装配式钢结构建筑应模数协调，采用模块化、标准化设计，将结构系统、外围护系统、设备与管线系统和内装系统进行集成。

② 装配式钢结构建筑应按照集成设计原则，将建筑、结构、给排水、暖通、电气、智能化和燃气等专业进行协同设计。

③ 装配式钢结构建筑设计宜建立信息化协同平台，共享数据信息，实现建设全过程的管理和控制。

④ 装配式钢结构建筑应满足建筑全寿命期的使用维护要求，宜采用管线分离的方式。

5.2.1.2 装配式钢结构建筑性能一般要求

装配式钢结构建筑应在建筑全寿命周期内满足适用性能、环境性能、经济性能、安全性能、耐久性能等综合要求，以提高建筑性能和建筑质量。除此之外，应综合考虑钢结构的材料特点，满足防火、防腐、隔声、热工及楼盖舒适度等要求。

① 装配式钢结构建筑的防火性能应符合《建筑设计防火规范(2018 年版)》(GB 50016—2014)和《建筑钢结构防火技术规范》(GB 51249—2017)的规定。应在钢结构外表面涂敷或包覆不燃烧

的防火材料，也可在钢管内部灌注混凝土等材料，延长钢构件的耐火极限。

② 建筑钢结构应根据环境条件、材质、结构形式、使用要求、施工条件和维护管理条件等进行防腐蚀设计，应符合《建筑钢结构防腐蚀技术规程》(JGJ/T 251—2011)的规定。

③ 装配式钢结构建筑的隔声性能应符合《民用建筑隔声设计规范》(GB 50118—2010)的规定。在钢构件可能形成声桥的部位，应采用隔声材料或重质材料填充或包覆，使相邻空间隔声指标达到设计标准。

④ 装配式钢结构建筑的热工性能应符合《民用建筑热工设计规范》(GB 50176—2016)的规定，并满足下列要求：

a. 外墙保温层宜设置在钢构件外侧，当钢构件外侧保温材料厚度受限制时，应进行露点验算；应采取措施减少热桥。当无法避免时，应使热桥部位内表面温度不低于室内空气露点温度。

b. 严寒地区、寒冷地区、夏热冬冷地区的外围护结构保温层内侧宜设置隔汽层。

⑤ 装配式钢结构建筑应考虑楼盖的自振频率，楼盖舒适度应符合《混凝土结构设计标准(2024年版)》(GB/T 50010—2010)、《高层建筑混凝土结构技术规程》(JGJ 3—2010)以及《建筑楼盖结构振动舒适度技术标准》(JGJ/T 441—2019)的有关规定。

5.2.1.3 模数化设计

装配式钢结构建筑设计应充分考虑构件、配件的模数化和标准化，应以通用化的构配件和设备进行模数协调。

建筑设计应采用基本模数或扩大模数数列，并应符合下列规定：

① 开间与柱距、进深与跨度、门窗洞口宽度等水平方向宜采用水平扩大模数数列 $2n$M、$3n$M，n 为自然数。

② 层高和门窗洞口高度等垂直方向宜采用竖向扩大模数数列 nM。

③ 梁、柱等部件的截面尺寸宜采用竖向扩大模数数列 nM。

④ 构造节点和部品部(构)件的接口尺寸等宜采用分模数数列 nM/2、nM/5、nM/10。

⑤ 当装配式异形束柱钢结构住宅中的部分构配件难以符合模数化要求时，可在保证主要构件的模数化和标准化的条件下，通过插入非模数化部件进行协调。

5.2.1.4 标准化设计

装配式钢结构建筑应在模数协调的基础上，采用标准化的设计方法，提高模块、部品构件的重复使用率及通用性，满足工厂加工、现场装配的要求。

建筑单体标准化设计是对相似或相同体量、功能、机电系统和结构形式的建筑物采用标准化的设计方式。

功能模块标准化设计是对建筑单体中具有相同或相似功能的建筑空间及其组成构件(如住宅厨房、卫生间、楼电梯等)进行标准化设计。

部品构件的标准化设计采用标准化的预制工业化构件，形成具有一定功能的建筑部品系统，如储藏系统、整体厨房、整体卫浴、地板系统等。标准化的通用构件包括可在工厂内进行规模化生产的结构和围护构件，如墙板、梁、柱、楼板、楼梯、隔墙板等。

功能相同、相近建筑空间的层高宜统一，实现外墙、内墙、楼梯、门窗等竖向构件的尺寸标准统一。

装配式钢结构建筑宜优先采用标准化的集成式厨房与集成式卫浴，减少内装部品(集成式卫生间、集成式厨房、整体收纳等)的规格,提高复用率,提高耐久性,便于维护维修。

设备与管线系统宜选用工厂化的部品构件组合集成,减少规格,实现标准化接口、工厂化生产、装配化施工。

5.2.1.5 建筑平面与空间设计

装配式钢结构建筑平面设计应符合下列要求:

① 布局宜与结构布置、部品构件选型相协调。

② 平面几何形状宜规则、平整,宜以连续柱跨为基础布置,柱距尺寸按模数统一。

③ 楼、电梯等交通核及设备管井等宜独立集中设置。

④ 机电设备管线平面布置应避免交叉。

⑤ 房间分隔应与结构柱网设置相契合。

⑥ 应合理选用抗侧力构件形式,合理布置抗侧力构件,以减少对使用功能、立面造型及门窗开启的影响。

5.2.2 结构设计一般规定

5.2.2.1 装配式钢结构建筑的结构设计应符合的规定

① 装配式钢结构建筑的结构设计应符合《工程结构可靠性设计统一标准》(GB 50153—2008)的规定,结构的设计使用年限不应少于50年,其安全等级不应低于二级。

② 装配式钢结构建筑,应按《建筑与市政工程抗震通用规范》(GB 55002—2021)的规定确定其抗震设防类别,并进行抗震设防设计。

③ 装配式钢结构建筑荷载和效应的标准值、荷载分项系数、荷载效应组合、组合值系数应符合《建筑结构荷载规范》(GB 50009—2012)、《建筑结构可靠性设计统一标准》(GB 50068—2018)的规定。

④ 装配式钢结构的结构构件设计应符合《钢结构通用规范》(GB 55006—2021)、《钢结构设计标准》(GB 50017—2017)、《装配式钢结构建筑技术标准》(GB/T 51232—2016)、《钢管混凝土结构技术规范》(GB 50936—2014)以及《装配式钢结构住宅建筑技术标准》(JGJ/T 469—2019)、《高层民用建筑钢结构技术规程》(JGJ 99—2015)的规定。

钢材牌号、质量等级及其性能要求应根据构件重要性和荷载特征、结构形式和连接方法、应力状态、工作环境以及钢材品种和板件厚度等因素确定,并应在设计文件中完整注明钢材的技术要求。钢材性能应符合《钢结构设计标准》(GB 50017—2017)及其他有关标准的规定。有条件时,可采用耐候钢、耐火钢、高强钢等高性能钢材。

5.2.2.2 装配式钢结构建筑的结构体系应符合的规定

① 应具有明确的计算简图和合理的传力路径。

② 应具有必要的承载能力和刚度,良好的变形和消耗地震能量的能力。

③ 应避免因部分结构或构件的破坏而导致整个结构丧失承受重力荷载、风荷载和地震作用的能力。

④ 对可能出现的薄弱部位,应采取有效的加强措施。

5.2.2.3 装配式钢结构建筑的结构布置应符合的要求

① 结构平面布置宜规则、对称。应尽量减少因刚度、质量不对称造成结构扭转。

② 结构的竖向布置宜保持刚度、质量变化均匀，避免出现突变和薄弱层。

③ 结构布置考虑温度作用、地震作用或不均匀沉降等效应的不利影响因素，当设置伸缩缝、抗震缝、沉降缝时，要满足相应的功能要求。

④ 结构布置应与建筑功能相协调，大开间或跃层的柱网布置，支撑、剪力墙等抗力构件的布置，次梁的布置等，均宜经比选、优化并与建筑设计相协调确定。

5.2.2.4 适用范围

重点设防类和标准设防类多、高层装配式钢结构建筑适用的最大高度应符合表 5-1 的规定。

表 5-1 **多、高层装配式钢结构建筑适用的最大高度** （单位：m）

结构体系	抗震设防烈度					
	6 度 (0.05g)	7 度 (0.10g)	7 度 (0.15g)	8 度 (0.20g)	8 度 (0.30g)	9 度 (0.40g)
钢框架	110	110	90	90	70	50
钢框架-中心支撑	220	220	200	180	150	120
钢框架-偏心支撑 钢框架-屈曲约束支撑 钢框架-延性墙板	240	240	220	200	180	160
筒体(框筒、筒中筒、桁架筒、束筒)巨型框架	300	300	280	260	240	180
交错桁架	90	60	60	40	40	—

注：1. 房屋高度指室外地面到主要屋面板板顶的高度(不包括局部凸出屋顶部分)。
2. 超过表内高度的房屋，应进行专门研究和论证，采取有效的加强措施。
3. 交错桁架结构不得用于 9 度区。
4. 表中柱子可采用钢柱或钢管混凝土柱。
5. 特殊设防类，6、7、8 度时宜按本地区抗震设防烈度提高一度后符合本表要求，9 度时应做专门研究。

5.2.3 地震作用效应及效应组合弹塑性分析时应符合的规定

装配式钢结构的承重构件，应按承载力极限状态和正常使用极限状态进行设计。荷载、地震作用及荷载效应组合应按《工程结构通用规范》(GB 55001—2021)、《建筑结构可靠性设计统一标准》(GB 50068—2018)和《建筑与市政工程抗震通用规范》(GB 55002—2021)等的有关规定进行计算。

地震作用下，装配式内力可采用弹性的计算方法；应用于中高层结构时，在地震作用组合下的内力和位移应按下列两阶段进行计算：

① 第一阶段：在多遇地震作用下的弹性分析，验算构件承载力和弹性层间侧移。

② 第二阶段：在罕遇地震作用下的弹塑性分析，验算结构的弹塑性侧移和侧移延性比。此时，材料的屈服强度和抗拉强度应采用标准值。

采用静力弹塑性分析时应符合下列规定：

① 可在结构的每个主轴方向分别施加单向水平力；水平力可作用在各层楼盖的质心位置，不考虑偶然偏心作用。

② 结构的每个主轴方向宜采用不少于两种水平力分布模式，其中一种宜与振型分解反应谱得到的水平力分布模式相同。

5.3 装配式钢结构-模块化结构体系设计

5.3.1 装配式钢结构-模块化结构体系一般规定

装配式钢结构-模块化结构体系设计采用以概率理论为基础的极限状态设计法（UIS），相应的安全等级与重要性系数应根据国家现行相关规范选取。结构设计应按承载力极限状态（USL）和正常使用极限状态（SLS）进行，并符合《建筑抗震设计标准（2024年版）》（GB/T 50011—2010）、《钢结构设计标准》（GB 50017—2017）、《工程结构可靠性设计统一标准》（GB 50153—2008）、《建筑结构可靠性设计统一标准》（GB 50068—2018）、《高层民用建筑钢结构技术规程》（JGJ 99—2015）、《冷弯薄壁型钢结构技术规范》（GB 50018—2002）、《建筑与市政工程抗震通用规范》（GB 55002—2021）等规范标准的相应要求，同时可参考《轻型模块化钢结构组合房屋技术标准》（JGJ/T 466—2019）、《箱式钢结构集成模块建筑技术规程》（T/CECS 641—2019）、《钢骨架集成模块建筑技术规程》（T/CECS 535—2018）和《钢结构模块建筑技术规程》（T/CECS 507—2018）的有关规定。

模块建筑结构的设计应针对不同应用需求与条件建立相应的模块建筑结构体系，并提出与结构体系相适宜的技术要求、计算模型以及连接方法，连接技术应遵循安全可靠、操作简便的原则。

学校、幼儿园、医院、养老机构、儿童福利机构等应按照不低于重点设防类的要求采取结构抗震设防措施。

模块建筑应综合考虑生产工艺、产品运输、安装工艺和工序等因素进行结构设计。对于可能遭受火灾、爆炸、冲击等偶然作用，安全等级为一级的重要结构，宜进行防连续倒塌控制设计，保证部分构件失效时结构有一条竖向荷载重分布的途径，结构的稳定性以及部分节点仍可有效传递荷载。

结构构件和节点应做到强节点、强连接和防止脆性破坏。应加强模块整体框架和支撑体系的整体性，增加相邻模块梁间、柱间的连接，防止结构失稳和倾覆。计算钢结构模块建筑构件和节点的强度、稳定性以及连接强度时，应采用荷载设计值，并应按承载力极限状态进行验算。应对钢结构模块建筑中复杂特殊且没有可靠设计依据的节点进行有限元分析，有必要时宜采用试验模型进行验证。在整体计算模型中，可根据有限元分析与相关试验研究成果，将模块单元间的连接进行简化。

5.3.2 装配式钢结构-模块化结构体系设计要求

模块建筑中的模块单元组合布置应形成稳定的几何不变体系，结构体系可选用纯模块结构体系、模块-钢框架结构体系、模块-钢框架-支撑结构体系或模块-混凝土核心筒混合结构体系等类型，如图5-5所示。

模块建筑应采用空间结构模型进行结构计算分析，计算模型应根据结构的实际情况确定，计算假定应符合下列规定：

① 计算结构位移时，可采用分块刚性楼板假定；计算结构内力时，应采用弹性楼板假定。

② 当屋面板采用整体现浇或装配整体式钢筋混凝土板时，可假定屋面平面内为无限刚性。

③ 模块单元层间竖向连接模拟高度不应小于模块单元结构间竖向净距。根据连接构造的不同，模块单元连接可采用刚接、半刚接与铰接的计算假定。

钢结构模块建筑应具有明确的计算简图和合理的地震作用及水平荷载传递途径；应避免因部

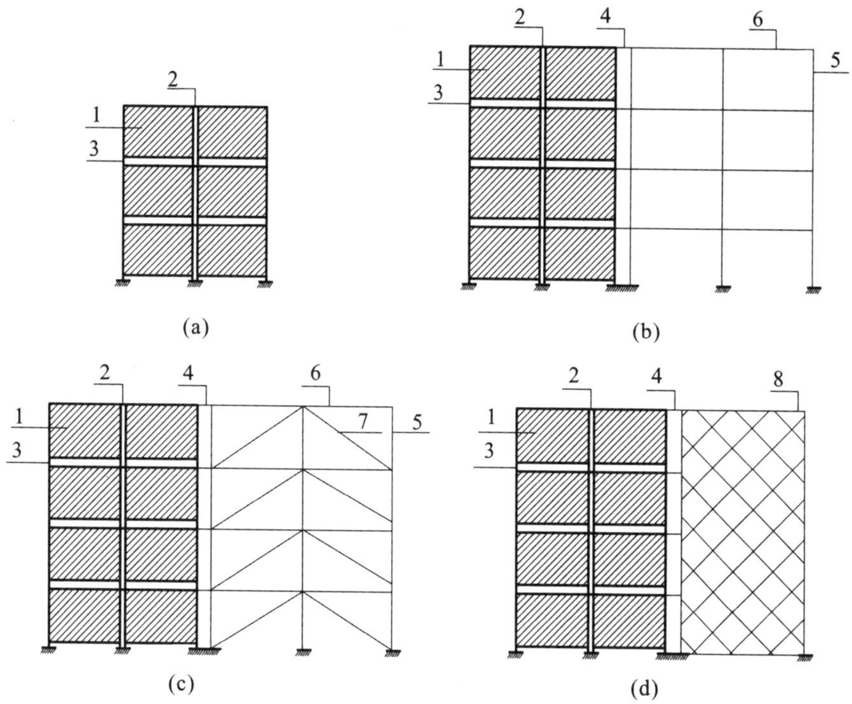

1—模块单元；2—模块单元水平连接；3—模块单元层间竖向连接；4—模块单元与非模块单元结构连接；5—框架柱；6—框架梁；7—支撑；8—混凝土核心筒抗侧力结构。

图 5-5　模块建筑结构体系示意图

(a) 纯模块结构体系；(b) 模块-钢框架结构体系；(c) 模块-钢框架-支撑结构体系；(d) 模块-混凝土核心筒混合结构体系

分结构或构件破坏而导致整个结构丧失抗震能力或对重力荷载的承载能力；应具备必要的抗震承载力、良好的变形能力和消耗地震能量的能力；对可能出现的薄弱部位，应采取措施提高其抗度承载力和刚度。结构体系布置宜有多道抗震防线：应具有合理的刚度和承载力分布，避免因局部削弱或突变形成薄弱部位，产生过大的应力集中或塑形变形集中；结构在两个主轴方向的动力特性宜相近。

钢结构模块建筑的结构宜规则布置，符合模块建筑功能区合理划分要求。其抗侧力构件的平面布置宜规则对称，侧向刚度沿竖向宜均匀变化，结构各层的抗侧力刚度中心与质量中心宜接近或重合。刚度中心和质量中心在竖向宜接近同一竖直线，且两个中心的偏心率应小于 0.15，以减少侧向力对结构产生的附加扭矩。按抗震设计的不规则结构应采取必要的加强措施。50 m 以上的中高层钢结构模块建筑不应采用严重不规则的设计方案，除非有可靠的外骨架支撑结构。

钢结构模块建筑剪力墙应在钢结构模块建筑上沿外墙、隔墙、分户墙均匀布置，并应尽量与建筑平面的主轴线对称；剪力墙宜在楼梯间、电梯间、管道井等平面形状突变或荷载较大的位置布置；纵、横方向上的剪力墙应考虑组合作用，形成平面上力学性能良好的形状，如工形、T 形、I 形、C 形、口字形。考虑组合作用的剪力墙间的连接要根据设计值进行设计；剪力墙的长度不宜过大，各个墙段的长度与高度之比不宜大于 0.33，且长度不宜大于 8.0 m；剪力墙应贯通建筑物的全高，刚度可以逐渐减弱，但应避免刚度突变，开洞时宜上下对齐；核心筒的高宽比不宜大于 12。

抗震设防的高层钢结构模块建筑宜采用规则的竖向立面布置形式：钢结构模块建筑的竖向布置应使其质量均匀分布，刚度逐渐变化，应避免刚度突变。除外安装式阳台模块外，钢结构模块建筑应避免外挑构造。若必须进行模块外挑，则在长边方向上外挑，且外挑距离不应大于模块长边总长的 25%。外挑构造的所有出挑的模块应在与出挑基础首层边柱位置设置中柱以及必要的支撑，以连接相邻模块，并形成整体结构体系；未挑出模块的一端的角柱应与下部模块的角柱对应，形成连续的竖向的角柱支撑系统；上下楼层的质量比不宜大于 1.5；中、高层钢结构模块建筑应避免错层布置。

钢结构模块建筑结构在风荷载和多遇地震荷载作用下弹性侧向层间位移最大值应符合表 5-2 的规定。

表 5-2　**钢结构模块建筑结构的弹性侧向层间位移限值**

模块建筑体系	风荷载	多遇地震荷载
单纯模块钢架	$h/400$	$h/300$
加密中柱模块钢架	$h/400$	$h/300$
支撑模块钢架	$h/350$	$h/300$
钢桁架剪力墙	$h/350$	$h/300$
钢桁架核心筒	$h/350$	$h/300$
混凝土核心筒	$h/800$	$h/800$

注：h 为计算楼层层高。

钢结构模块建筑结构弹塑性侧向位移应满足延性要求。在罕遇地震作用下，12 m 以下的纯钢骨架模块建筑（无支撑），结构层间位移角不应大于 1/40；钢支撑，钢桁架剪力墙、钢布架核心筒、钢板剪力墙时结构层间位移角不应大于 1/50；混凝土核心筒的钢结构模块建筑，结构层间位移角不应大于 1/100。

高层纯钢结构模块建筑的结构应根据二阶效应系数数值来确定采用一阶或二阶弹性分析，并应符合《钢结构设计标准》(GB 50017—2017)的相关规定。对于采用混凝土核心筒作为抗侧力构造时，其稳定性设计可参照《高层建筑混凝土结构技术规程》(JGJ 3—2010)的相关规定验算。

体型复杂、平立面不规则的模块化建筑，应根据不规则程度、地基基础条件和技术经济等因素的比较分析，确定是否设置防震缝。防震缝应根据抗震设防烈度、结构类型、结构单元的高度和高差情况，留有足够的宽度，其两侧的上部结构应完全分开；防震缝的宽度不应小于钢筋混凝土框架结构缝宽的 1.5 倍。

5.3.3　装配式钢结构-模块化结构体系构件与节点设计

模块单元结构应满足运输、安装和使用过程的承载力与刚度要求，可由钢框架、钢支撑和金属壁板等构成，如图 5-6 所示。

由框架模块组成的框架结构体系适用于 1～3 层的低层模块建筑；由框架支撑模块组成的框架支撑结构体系适用于 4～8 层的多层模块建筑；附加核心筒、剪力墙的框架支撑模块结构体系可用于 9～12 层的高层模块建筑。框架模块的楼板宜采用压型钢板组合楼板，当采用压型钢板组合楼板且要求楼盖按刚性楼盖进行计算时，模块建筑可采用模块外支撑骨架的结构体系。

模块屋面体系采用现浇整体屋面或装配整体式叠合屋面时，现浇整体屋面与下部模块之间应采用抗剪连接件连接，抗剪连接件的设计与构造应符合《钢结构设计标准》(GB 50017—2017)的相关规定；装配整体式叠合屋面中预制板应采用钢构件封边，预制板封边钢构件与下部模块宜采用焊接连接，叠合屋面的设计与构造应符合《装配式混凝土结构技术规程》(JGJ 1—2014)的相关规定。

钢框-支撑中模块与非模块结构体系的水平连接施工宜释放施工期间的竖向变形差。模块的

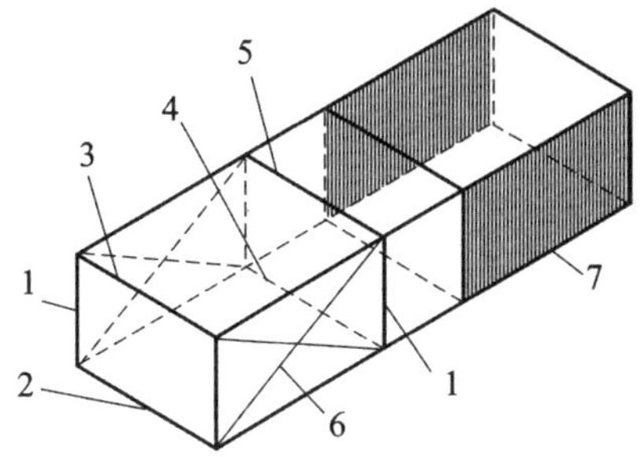

1—模块柱；2—下边梁；3—上边梁；4—底板框架梁；
5—顶板框架梁；6—钢支撑；7—金属壁板。

图 5-6 模块单元结构示意图

连接件采用铸钢件时应具有良好的焊接性能，其材质和性能应符合《焊接结构用铸钢件》(GB/T 7659—2010)的规定。

模块化建筑的楼盖设计应根据建筑高度、层数、地震设防烈度、使用与施工条件、工程造价等因素，选用合理的楼盖形式。模块化建筑宜选用保证结构整体刚度、强度、水平力可靠传递且抗震性能好的楼盖类型；构造上应满足建筑防火要求；宜根据模块化建筑的特点选用标准化、经济合理、安全可靠的楼盖形式；宜采用满足模块化建筑节能、隔声、抗裂、暗敷管线、防腐等要求的楼盖形式；楼盖与梁、楼盖与楼盖之间应有可靠连接，保证水平力的传递和结构整体刚度。

模块化建筑的楼板可采用轻型钢结构楼板、压型钢板组合楼板、工厂预制钢筋混凝土楼板、预制混凝土圆孔板、装配整体式楼板等。轻型钢结构楼板一般采用主次龙骨桁架结构或轻钢龙骨桁架结构，铺设复合板材，适用于低层、多层钢结构模块建筑。模块化建筑采用轻型钢结构楼板时，多层模块建筑宜设置楼面水平支撑提供楼板平面内刚度；复合板材可采用增强纤维硅酸钙板、定向刨花板等；不宜采用不配钢筋的纤维水泥类板材和水泥加气发泡类板材。模块化建筑采用压型钢板组合楼板时，压型钢板基板的防腐防火应符合现行国家和行业规范规程；组合楼板压型钢板与混凝土板间的抗剪连接件，宜选用圆柱头焊(栓)钉。圆柱头焊(栓)钉应符合现行国家标准的规定，并按抗剪承载力进行设计。模块化建筑采用工厂预制钢筋混凝土楼板时，模块楼板在工厂内采用钢筋混凝土现浇制成；楼板钢筋应与模块四周边梁可靠连接；楼板模块之间应增加连接件连成整体，以保证楼板平面整体性。模块化建筑采用预制混凝土圆孔板时，板与梁、板与板之间的连接应符合现行相关规范及图集的要求。模块化建筑采用装配整体式楼板时，板与梁，板与板之间的连接、叠合层设计应符合现行相关规范及图集的要求。

钢结构模块建筑节点与其连接设计应安全可靠、构造合理、传力明确并方便施工，其计算和构造应符合《钢结构设计标准》(GB 50017—2017)及《建筑抗震设计标准(2024 年版)》(GB/T 50011—2010)的规定。同时，节点构造应具有必要的延性，并避免产生应力集中和过大的焊接约束应力，应按节点连接强于构件的原则设计；节点设计应按极限状态法进行节点域及连接承载力验算，必要时还应进行弹塑性阶段的相关验算。节点设计除按弹性方法进行节点域及连接极限承载力等计算外，应按结构进入弹塑性阶段进行节点去梁端、柱端全塑性承载力与节点域屈服承载力的验算。节点设计应进行局部管壁应力验算；节点域的梁-柱和柱-柱节点为刚接时，受力过程中刚接交角应不变；梁、柱、支撑等构件的拼接接头，应按与构件极限承载力相等的原则进行设计；重要构件或节点连接的熔透焊缝不应低于二级质量等级；角焊缝质量应符合外观检查二级焊缝的要求；模块间的现场连接构造应有施拧施焊的作业空间与便于调整的安装定位措施；预埋件的锚固破坏，不应先于连接件;结构构件的连接及节点设计,应能保证结构的整体性。工厂制作的集成模块上、下边梁与模块柱的连接焊缝应采用坡口等强连接方式;梁、柱节点应采用柱贯通的连接方式。

结构构件和节点应做到强节点、强连接和防止脆性破坏,应加强模块整体框架和支撑体系的整体性,增加相邻模块梁间、柱间的连接,防止结构失稳和倾覆。梁、柱、支撑等构件的拼接接头,应具有与构件等强度设计构造,并进行极限承载力验算。梁、柱、支撑的主要节点构造和位置,应与建筑设计相协调。在不影响建筑设计的情况下,可在地板梁顶面或天花板梁的底面梁端处加腋。

模块化结构可根据建筑高度、地震烈度、节点的重要性等条件,设计模块连接节点的连接方式。连接节点可采用螺栓连接、焊接连接、焊接与螺栓组合连接或自锁式螺栓连接等其他可靠连接形式。模块与基础或混凝土结构地下室连接节点宜采用螺栓连接。模块上边梁之间可设置焊接连接节点。

钢结构模块化连接可分为三种:模块单元内部构件间连接、相邻模块单元间结构连接、模块单元与外部支承结构连接。

相邻模块单元间结构连接可分为竖直方向上相邻模块间的连接和水平方向上相邻模块间的连接。相邻模块单元间连接是钢结构模块建筑的关键部分,应做到强度高,可靠性好,便于施工、安装和检测。相邻模块单元间的连接宜采用角件相互连接的构造,其节点连接应保证有可靠的抗剪、抗压与抗拔承载力;框架与模块间的水平连接宜采用连接件与模块角件连接的构造,其节点连接应为仅考虑水平力传递的构造。钢结构模块单元角件连接、垫件连接应保证角件对齐并与连接件间紧密接触。模块单元内部构件的节点连接应在工厂内完成。模块单元间的节点连接按不同连接做法可分为盖板螺栓栓接、平板杆销连接、模块预应力连接三类节点构造。在工地现场施工时,应充分考虑到模块建筑结构、水暖电、管道线路、保温层、内外装修的完成度,并确保现场连接为焊接、螺栓连接、压接施工提供足够的施工空间、安全保护。连接完成后,应确保节点的封闭、保护、检修、更换等操作空间。

若模块单元角柱为角钢或者其他开口截面,可通过连接板和单个螺栓在模块顶部和底部进行竖直连接,同时水平连接可采用盖板螺栓连接。若模块中的角柱为方钢管,可通过方钢管中最小直径 50 mm 的检查孔,将螺栓插入端板进行模块间的连接。柱承重模块单元一般应在其四个角部进行水平和竖直连接。

建筑底部模块单元与下部基础或地下室混凝土结构的连接可采用地脚螺栓或锚栓连接,也可采用焊接与地脚螺栓或锚栓组合连接。地脚螺栓或锚栓连接典型构造可参见图 5-7。

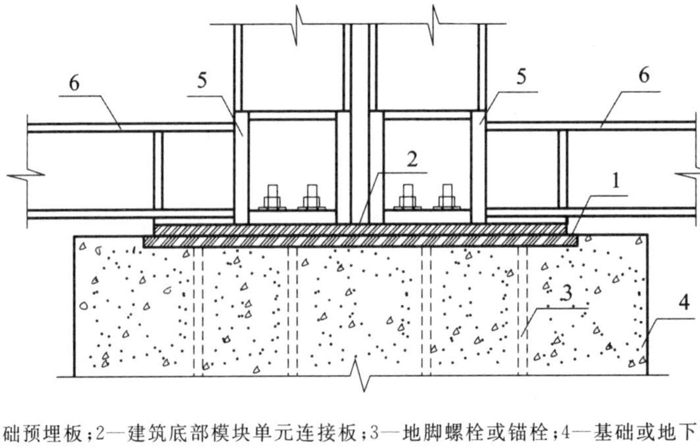

1—基础预埋板;2—建筑底部模块单元连接板;3—地脚螺栓或锚栓;4—基础或地下室顶板;
5—模块单元底部连接盒;6—底板梁。

图 5-7 建筑底部模块单元与下部混凝土结构连接示意图

5.4 装配式钢结构墙板与楼板体系设计

5.4.1 装配式钢结构围护墙板设计

围护墙板是装配式建筑的一个重要组成部分，尤其是在装配式的结构建筑中，其实现产业化和工厂化决定着装配式钢结构的发展，因此，围护墙板设计是装配式钢结构设计重要的组成部分。装配式钢结构建筑的围护系统具有质量轻的优点，与传统建筑相比，装配式建筑的外围护系统更容易实现标准化设计、工厂化生产、装配化施工、饰面墙体体化和信息化管理。但要实现这些预期的目标，装配式钢结构建筑需要更加周密的前期策划，图纸、技术准备，以解决技术衔接等问题。

5.4.1.1 装配式钢结构建筑常用的围护墙体

目前我国在装配式钢结构建筑中应用比较成熟的围护系统有多种，主要可以分为预制墙体、组合骨架墙体以及建筑幕墙，具体可见表 5-3。装配式多高层钢结构建筑一般用于住宅建筑或者公共建筑，其中公共建筑的外墙一般采用幕墙体系，对于钢结构住宅建筑来说，幕墙体系造价偏高，不能广泛使用，一般采用预制大板体系或者预制条板体系，组合骨架墙体主要用于内墙板。就目前而言，国家标准、行业标准中对建筑围护墙板没有统一的性能指标和要求，建筑围护墙板的性能指标只能从原则上去分析、归纳，对具体的材料种类还有特殊的要求。

表 5-3 **围护系统主要类型**

<table>
<tr><td rowspan="10">预制墙体</td><td rowspan="3">预制大板体系</td><td rowspan="2">预制混凝土墙板</td><td>普通型</td><td colspan="2">预制混凝土夹芯保温外挂墙板</td></tr>
<tr><td>轻质型</td><td colspan="2">蒸压加气混凝土板</td></tr>
<tr><td>拼装大板</td><td colspan="3">在工厂完成支撑骨架的加工与组装、面板布置</td></tr>
<tr><td rowspan="7">预制条板体系</td><td rowspan="6">预制整体条板</td><td rowspan="4">混凝土类</td><td rowspan="2">普通型</td><td>硅酸盐水泥混凝土板</td></tr>
<tr><td>硫铝酸盐水泥混凝土板</td></tr>
<tr><td rowspan="2">轻质型</td><td>蒸压加气混凝土板</td></tr>
<tr><td>轻集料混凝土板</td></tr>
<tr><td rowspan="2">复合类</td><td colspan="2">阻燃木塑外墙板</td></tr>
<tr><td colspan="2">石塑阻燃木塑</td></tr>
<tr><td colspan="2">复合夹芯条板</td><td colspan="2">面板＋保温夹芯层</td></tr>
<tr><td rowspan="2">组合骨架墙体</td><td colspan="5">金属骨架组合外墙体系</td></tr>
<tr><td colspan="5">木骨架组合外墙体系</td></tr>
<tr><td rowspan="4">建筑幕墙</td><td colspan="5">玻璃幕墙</td></tr>
<tr><td colspan="5">金属幕墙</td></tr>
<tr><td colspan="5">石材幕墙</td></tr>
<tr><td colspan="5">人造板幕墙</td></tr>
</table>

装配式钢结构建筑的围护墙板系统主要采用类型有预制混凝土墙体大板、预制轻质条板和预制轻钢龙骨墙板等，下面将对装配式钢结构建筑的围护墙板展开详细的介绍。

(1) 预制混凝土墙体大板

预制混凝土墙体大板按照使用功能主要有内墙板和外墙板两种。预制混凝土墙体大板主要有以下特点：

① 材料强度高、耐冻融性好。

预制混凝土墙体大板材料强度高，墙体挂件承重以及抗撞击能力较好；应用在外墙板中能很好地满足外墙板内外侧温差较大和风雨腐蚀环境的性能要求；此外，预制混凝土墙体大板还具有厚实感，更符合我国秦砖汉瓦的居住习惯。

② 构件质量好、质量标准高、制作精度高、生产效率快。

预制混凝土墙体大板是在自动化生产线、现代数控技术和稳定的室内环境下完成制作，因此该类墙板具有表面平整、外观精细、尺寸准确的特点，而且一般该类生产企业都具有配套的加热养护窑，可以大大缩短养护周期。

③ 集成化程度和施工效率高。

预制混凝土墙体大板在工厂制作时，可以依据水电图纸对墙板里面的管线进行定位，提前将管线埋入墙板以实现集成化；此外，预制混凝土墙体大板运输到现场，只需要与主体结构固定好即可，管线施工现场不需要再次定位，提高施工效率。

④ 饰面表现力强，造型可塑性强，立面分割灵活。

预制混凝土墙体大板的饰面可以采用清水、彩色、面砖、石材以及各种机理的表面装饰图案效果，为建筑设计提供更好的发挥空间。采用反打一次成型工艺，饰面材料连接牢固，墙板构件质量高、品质好。

a. 预制混凝土墙体外墙板。

当预制混凝土墙体大板作为外墙板时，其主要采用夹芯三层或者保温材料加混凝土两层两种形式，具体见图 5-8。

b. 预制混凝土墙体内墙板。

当预制混凝土大板作为内墙板时，对墙板的性能要求较外墙板要低，还可以采用陶粒混凝土或者泡沫混凝土等轻骨料混凝土来制作，以减轻墙体自重。

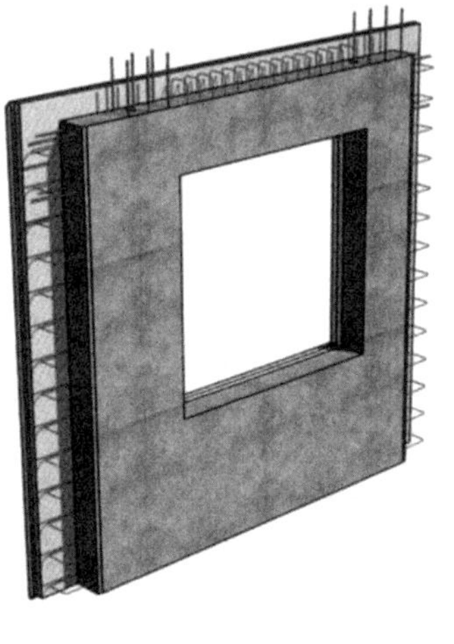

图 5-8　预制混凝土墙体外墙板

(2) 预制轻质条板

轻质隔墙板具有质量轻、强度高、多重环保、保温隔热、隔声、呼吸调湿、防火、施工快、降低墙体成本等优点。内层装有布局合理的隔热、吸声的无机发泡型材或其他保温材料，墙板经流水线浇筑、整平、科学养护而成，生产自动化程度高，规格品种多。该类墙板最常见的主要为蒸压加气混凝土板，也有陶粒混凝土、泡沫混凝土等轻质材料的墙板。条板与主体钢结构连接方便，一般每一块板与主体结构单独连接，连接的形式较多，比如钩头连接、管板连接等。该类墙板在应用时具有以下特点：

① 施工简单、安装快捷。

轻质节能墙板完全是干作业、装配式施工，墙板可依据需要调整宽度、长度。施工时运输便捷、堆放卫生，无须砂浆抹灰，大大缩短了工期，而且材料损耗率低，减少了建筑垃圾。由于墙体本身材质较轻，可通过叉车或者人工安装，不需要很大的起重设备。

② 具有较好的装配率。

由于预制轻质条板具有一定的面积，现在只需要对条板的拼缝进行勾缝即可，现场施工较少，具有较高的装配率。

③ 应用比较广泛和成熟。

由于该类墙板在国外应用较多，国内引进年代也较早，具有比较完善的规范和图集，因此，该类墙板在我国装配式建筑中应用也非常成熟和广泛，在许多工程中都得到了应用。预制轻质条板的实物图见图 5-9。

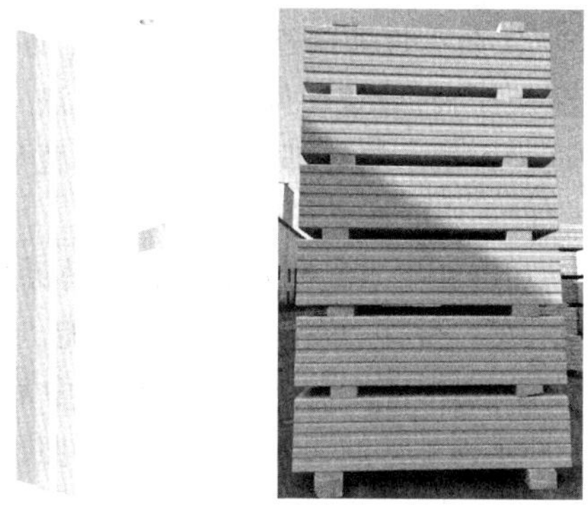

图 5-9　预制轻质条板

(3) 预制轻钢龙骨墙板

轻钢龙骨墙板主要是通过冷弯薄壁型钢与覆面板拼接形成，墙体内部可以填充隔声棉或者泡沫混凝土。覆面板一般采用石膏板、水泥纤维板、定向刨花板和玻璃纤维增强混凝土复合墙板等。墙板连接主要是通过自攻螺钉连接。

图 5-10　预制轻钢龙骨大板

轻钢龙骨隔墙具有质量轻、强度较高、耐火性好、通用性强且安装简易的特性，有适应防震、防尘、隔声、吸声、恒温等功效，同时还具有工期短、施工简便、不易变形等优点。但是存在墙根部易受潮、变形、霉变等问题，因此，该类墙板的底部需制作地枕基。一般采用连接件或者焊接的形式与主体钢结构连接。预制轻钢龙骨大板的实物图见图 5-10。

5.4.1.2　墙板系统性能要求

墙板在实际工程应用中应满足一定的建筑和结构要求，尤其是外墙板系统，因为外墙板系统对建筑的节能保温有着比较大的影响。而且外墙板如果出现结构连接问题，容易产生次生灾害。外围护系统的材料种类多种多样，施工工艺和节点构造也不尽相同，应根据不同种材料特性、施工工艺和节点构造特点明确具体的性能要求。性能要求主要包括安全性、功能性和耐久性等。

(1) 安全性要求

安全性要求是指关系人身安全的关键性能指标，对于装配式钢结构建筑外围护体系而言，应符合基本的承载力要求以及防火要求，具体可以分为抗风性能、抗震性能、耐撞击性能以及防火性能四个方面。外墙板应采用弹性方法确定承载力与变形，并明确荷载及作用效应组合，在荷载及作用的标准组合作用下，外墙板不能因主体结构的弹性层间位移而发生塑性变形、开裂及脱落，当主体结构层间位移角达到 1/100 时，外墙板不应发生掉落。

① 抗风性能中风荷载标准值应符合《建筑结构荷载规范》(GB 50009—2012)中有关外围护系统风荷载的规定，并可参照《建筑幕墙》(GB/T 21086—2007)的相关规定。

② 抗震性能应满足《非结构构件抗震设计规范》(JGJ 339—2015)中的相关规定。

③ 耐撞击性能应根据外围护系统的构成确定。幕墙体系可参照《建筑幕墙》(GB/T 21086—2007)中的相关规定，撞击能量最高为 900 J，降落高度最高为 2 m，试验次数不小于 10 次，同时试件的跨度及边界条件必须与实际工程相符。除幕墙体系外的外围护系统，应提高耐撞击的性能要求。外围护系统的室内外两侧装饰面，尤其是类似薄抹灰做法的外墙保温饰面层，还应明确抗冲击性能要求。

④ 防火性能应符合《建筑设计防火规范(2018 年版)》(GB 50016—2014)中的相关规定，试验检测应符合《建筑构件耐火试验方法　第 1 部分：通用要求》(GB/T 9978.1—2008)、《建筑构件耐火试验方法　第 8 部分：非承重垂直分隔构件的特殊要求》(GB/T 9978.8—2008)的相关规定。

(2) 功能性要求

功能性要求是指作为外围护体系应满足居住使用功能的基本要求。具体包括水密性能、气密性能、隔声性能、热工性能四个性能。

① 水密性能包括外围护系统中基层板的不透水性以及基层板、外墙板或者屋面板接缝处的止水、排水性能。建筑幕墙系统应参照《建筑幕墙》(GB/T 21086—2007)中的相关规定。

② 外墙板系统的气密性能应符合相应气候条件区域建筑节能设计的要求，并应符合《建筑幕墙》(GB/T 21086—2007)、《公共建筑节能设计标准》(GB 50189—2015)、《夏热冬冷地区居住建筑节能设计标准》(JGJ 134—2010)和《严寒和寒冷地区居住建筑节能设计标准》(JGJ 26—2018)等的有关规定。

③ 隔声性能应符合《民用建筑隔声设计规范》(GB 50118—2010)的相关规定。

④ 热工性能应符合《公共建筑节能设计标准》(GB 50189—2015)、《严寒和寒冷地区居住建筑节能设计标准》(JGJ 26—2018)、《夏热冬冷地区居住建筑节能设计标准》(JGJ 134—2010)、《夏热冬暖地区居住建筑节能设计标准》(JGJ 75—2012)的相关规定。

(3) 耐久性要求

耐久性要求直接影响外围护系统使用寿命和维护保养时限。不同的材料，对耐久性的性能指标要求也不尽相同。经耐久性试验后，还需要对相关力学性能进行复测，以保证使用的稳定性。以水泥基类板材作为基层板的外墙板，应符合《外墙用非承重纤维增强水泥板》(JG/T 396—2012)的相关规定，满足抗冻性、耐热雨性能、耐热水性能以及耐干湿性能的要求。

5.4.1.3　墙板的连接方式

装配式建筑的外墙连接形式主要包括外挂式连接、半内嵌式连接两种。在装配式钢结构建筑中，由于钢材的特质，与室外直接接触容易形成热桥，因此，采用上述两种方式可以很好地避免结构中热桥的出现，保证了建筑的保温隔热性能。装配式建筑的内墙连接则主要采用内嵌式连接。

(1) 外挂式连接

外挂式连接方式，即外墙板全部在主体结构外面的连接方式，如图 5-11 所示。这种连接方式多用于板材类墙体材料，具有施工速度快、技术含量高的特点，且能够很好克服钢结构构件挠度变形对墙体造成破坏的缺陷。此外，板与板之间是同一种材料，连接相对容易。同时墙板包裹钢结构构件，建筑外墙平整易于装饰，不易形成热桥。但是外挂式墙板连接也存在一定的缺点。首先，对于墙板的构造材料要求较高，导致墙体造价相对较高；其次，一般外墙体不用来作为承重结构，自重全部传到连接构件上，连接构造的强度要求相应增大，严寒地区墙体厚度以及自重较大，就更需要注意，并且由于需要较多专用金属连接件，因此造价会比较高。同时由于墙板在结构构件外侧，室内露梁露柱。

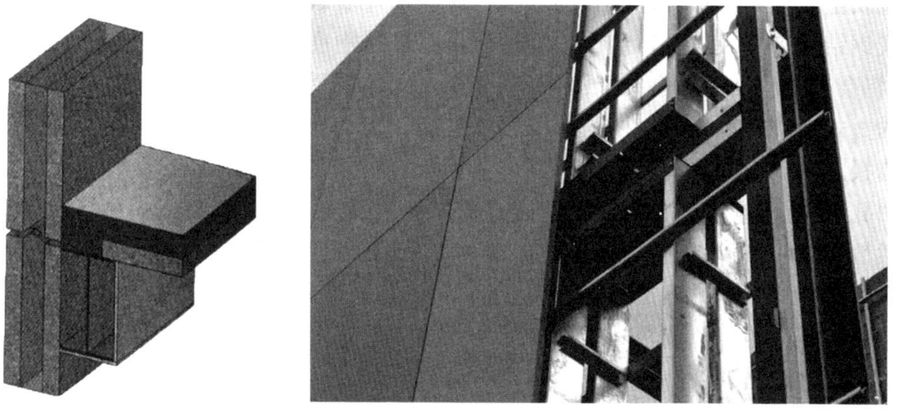

(a)　　　　(b)

图 5-11　外墙板外挂式连接方式

(a) 外挂式连接示意图；(b) 外挂式连接工程应用

(2) 半内嵌式连接

半内嵌式连接方式是当外墙板过厚时导致连接不方便或者建筑空间要求室内结构柱不允许外露时采用的一种连接方式。该方式一般会把外墙板分为两层与主体结构连接。如图 5-12 所示。

(3) 内嵌式连接

内嵌式连接多用于板材类墙体。该类连接方式现场施工量较大，无法完全包裹住钢结构梁柱系统，易形成热桥，因此一般多用于内墙的连接。但是需要注意，钢结构构件在承受荷载时挠度变形较大，会对内嵌式墙体产生破坏，易造成楼板与墙板的接缝处漏雨和渗水，影响建筑的使用。内嵌式连接，墙板直接搁置在梁上，在主体结构框架内(图 5-13)，荷载直接通过本身传递，一般不需要额外的连接件来传递墙板的质量，连接节点主要是避免墙板外闪，因此一般构造比较简单和方便。

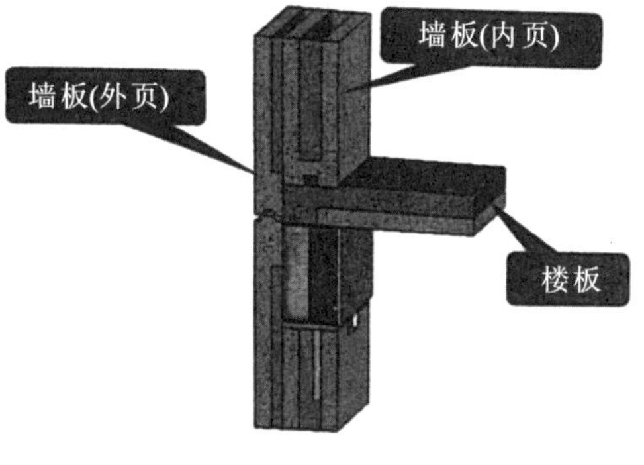

图 5-12　外墙板半内嵌式连接示意图

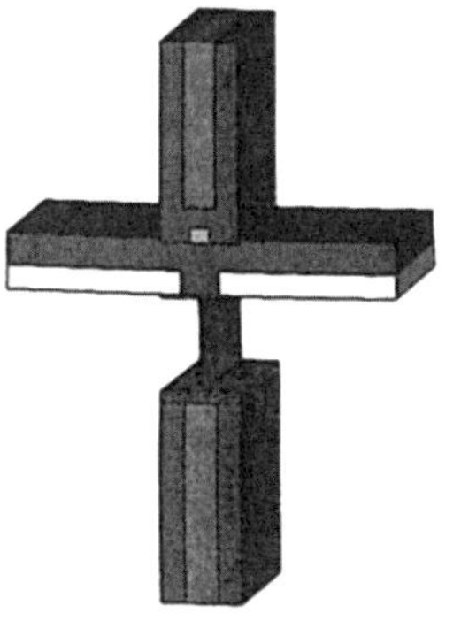

图 5-13　外墙板内嵌式连接方式

5.4.1.4　墙板与装配式钢结构的连接节点要求

围护墙板与主体结构的连接节点应在保证主体结构整体受力的前提下具有以下设计原则：牢固可靠、受力明确、传力简捷、构造合理。

装配式钢结构主体结构与围护墙板的连接节点应具有足够的承载力，在承载力极限状态下，连接节点不应发生破坏，当单个节点出现破坏时，应保证外墙板不掉落。

装配式钢结构中墙板与主体结构连接性质可以依据刚度的大小分为刚性和柔性。墙板与结构刚性连接，将会很大程度地提高结构的刚度，从而对结构的受力产生较大的影响；一般会采用螺栓或者焊接的方式来实现墙板与主体结构的刚性连接。墙板与结构柔性连接，在水平荷载作用下会使结构与墙板之间产生较大的相对位移以避免墙板对结构的刚度和承载力产生影响；一般在连接件上开长圆孔，使螺栓或者销栓以滑动的方式来实现柔性连接。对于装配式钢结构建筑，大多数情况会选取柔性连接，保证墙板与结构主体出现相对变形，以便能够适应主体结构的变形能力。

围护墙板与结构主体的连接节点应便于加工、现场安装就位和调整。预制墙板在现场安装时，连接节点的安装时间是整个墙板施工周期的一个重要组成部分。此外，由于外墙板与结构主体多为机械连接，还需保证连接的耐久性满足使用年限要求。

预制墙板的拼缝处理是装配式钢结构建筑中构造的重点和难点，除需要建筑与结构专业结合之外，还需要某些材料，比如泥子、勾缝剂以及建筑胶等来保证预制墙板的拼缝的可靠性。装配式钢结构中预制墙板的拼缝应注意以下几点：

① 接缝处应根据当地气候条件合理选用构造防水、材料防水相结合的防排水措施。

② 所选用的接缝材料及构造应满足防水、防渗漏、抗裂性、耐久性等要求。

③ 接缝材料应与外墙板具有相容性，外墙板在正常使用情况下，接缝处的弹性密封材料不应被破坏。

④ 接缝处以及与主体结构的连接处应采取防止形成热桥的构造措施。

⑤ 拼缝的形式尽量选取企口形式来增加拼缝长度，减少水的渗透。

对于不同墙板的类型，由于制作工艺以及材料本身特性的不同，其拼缝构造也有所不同。常见的预制混凝土墙体大板拼缝以及轻质条板拼缝构造可分别参见图 5-14 和图 5-15。

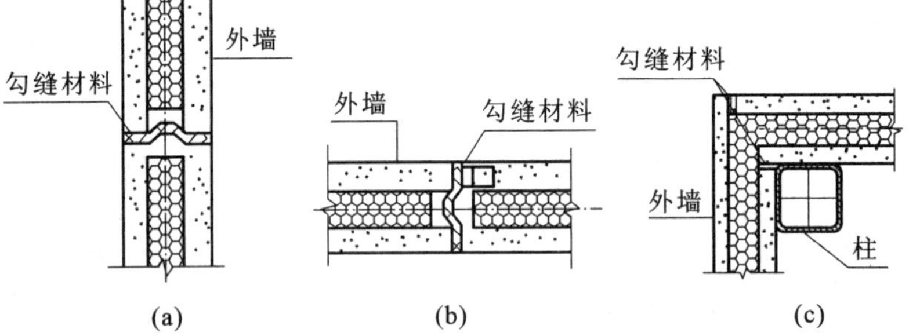

图 5-14　常见的预制混凝土墙体大板拼缝连接方式

(a) 水平拼缝；(b) 竖向拼缝；(c) 转角拼缝

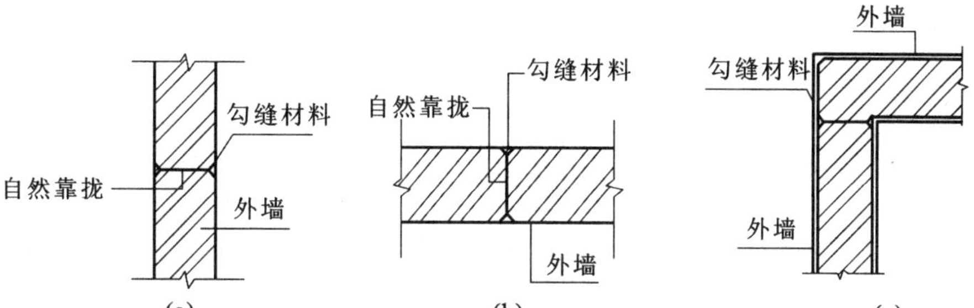

(a)　　(b)　　(c)

图 5-15　常见的轻质条板拼缝连接方式

(a) 水平拼缝；(b) 竖向拼缝；(c) 转角拼缝

5.4.2　装配式钢结构墙板设计

装配式钢结构墙板首先通过建筑节能计算，得到墙板中混凝土和保温材料的厚度；其次进行结构设计，具体依据《装配式混凝土结构技术规程》(JGJ 1—2014)要求，预制混凝土外墙板应根据《混凝土结构设计标准(2024 年版)》(GB/T 50010—2010)进行承载力极限状态验算，同时应对墙板在脱模、吊装、运输及安装等过程的各工况进行验算。因此，预制混凝土墙体大板作为外墙板时，需要考虑在不同工况下的设计，具体如下：

(1) 极限使用工况

该工况下主要是验算墙板在外荷载作用下的承载力极限状态，需要考虑的荷载如下：

风荷载设计值为 $1.5W_k$(W_k 为风荷载标准值)；

水平地震荷载设计值为 $1.4F_{Ek}$(F_{Ek}为地震水平作用标准值)；

垂直于墙板面的水平荷载组合：$S=1.4F_{Ek}+0.2\times1.5W_k$；

自重荷载设计值为 $1.3G$(G 为重力荷载代表值)；

垂直地震荷载设计值为 $1.4F_{Evk}$(F_{Evk}为竖向水平作用标准值)；

平行于板面竖向荷载组合：$S=1.3G+1.4F_{Evk}$。

(2) 脱模起吊工况

垂直于墙板面的脱模荷载设计值为 $1.5G$。

(3) 垂直运输和吊装施工工况

平行于墙板面的竖向荷载设计值为 $1.5G$。

5.4.3　常见墙板连接节点构造

5.4.3.1　混凝土大板类连接节点

大板类连接节点为了方便安装、提高效率，多采用四点连接的方式，一般将一个标高的两个连接点作为承重节点，另外两个作为限位节点，这样来形成墙板与主体结构的柔性连接。图 5-16 为典型的外挂墙板和内嵌墙板柔性连接点。

新型外挂式连接节点详细构造如图 5-17 所示，图中预埋件(上)表示相对连接节点位置上部的墙板预埋件，预埋件(下)表示相对连接节点位置下部的墙板预埋件。该连接节点由角钢、加劲肋板与焊接螺柱共同组成，并通过加劲肋板分为承重部位和限位部位。节点中的焊接螺柱可现场通过

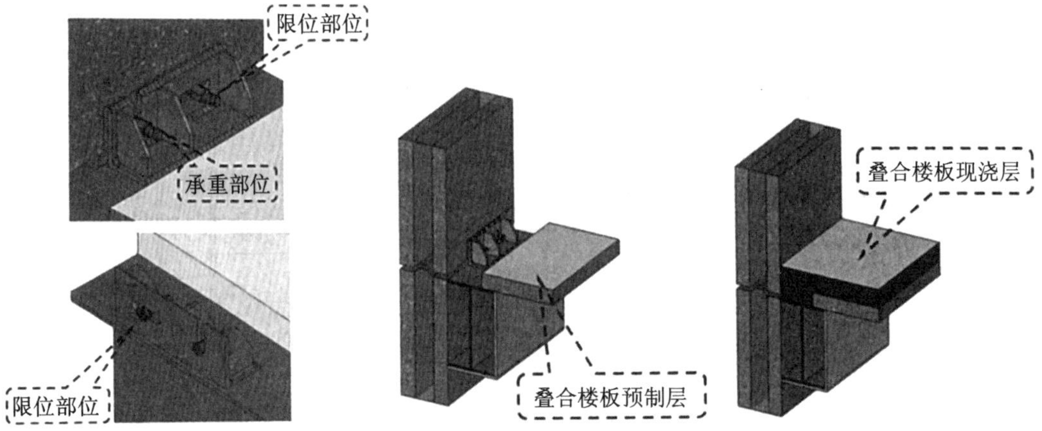

图 5-16 预制混凝土墙板柔性连接节点

焊枪快速焊接至墙板预埋钢板上以传递外墙板荷载至主体结构，其施工方便灵活、受力可靠，在装配式建筑中有广泛的应用前景。

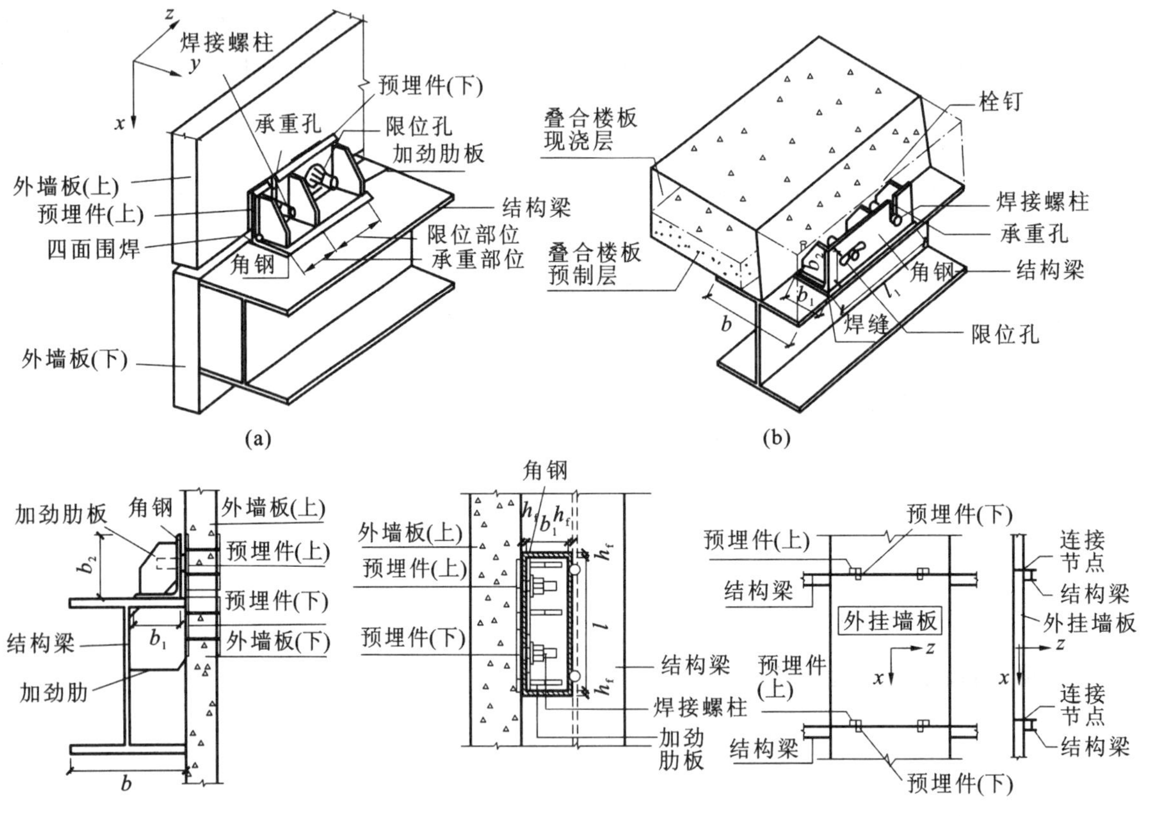

h_f—连接角焊缝尺寸；b_1—角钢肢宽；b_2—角钢肢高；b—钢梁宽度。

图 5-17 新型外挂式墙板连接节点示意图

(a) 外挂式连接节点轴视图；(b) 外挂式连接节点轴视图(浇完混凝土)；

(c) 外挂式连接节点平视图；(d) 连接节点应用示意图

为方便预制外墙板的安装，承重部位在竖直方向开槽孔，螺柱焊接至预埋件（上）作为外墙板（上）的下部连接节点，承受外墙板（上）的竖向（x）、面外水平（y）以及面内水平（z）三个方向的荷载；限位部位在水平方向开长圆孔，其孔径大于焊接螺柱直径，通过螺柱焊接于预埋件（下）作为外墙板（下）的上部连接节点，承受垂直墙板（下）的面外水平荷载（y），面内水平方向（z）不再承受荷载，保证外墙板（下）面内与主体结构的相对滑移，节点可通过楼板的后浇隐藏。新型连接节点在外挂墙板中的应用如图 5-17(d)所示，既作为外挂墙板的承重节点，又为外挂墙板的限位节点，是一种典型的柔性连接节点。

对于内墙板连接节点，其建筑和结构要求相比外墙板较低，因此其构造要求比较简单，但是也宜采用柔性连接的方式与主体结构连接，图 5-18 是一种典型的内墙板连接节点。

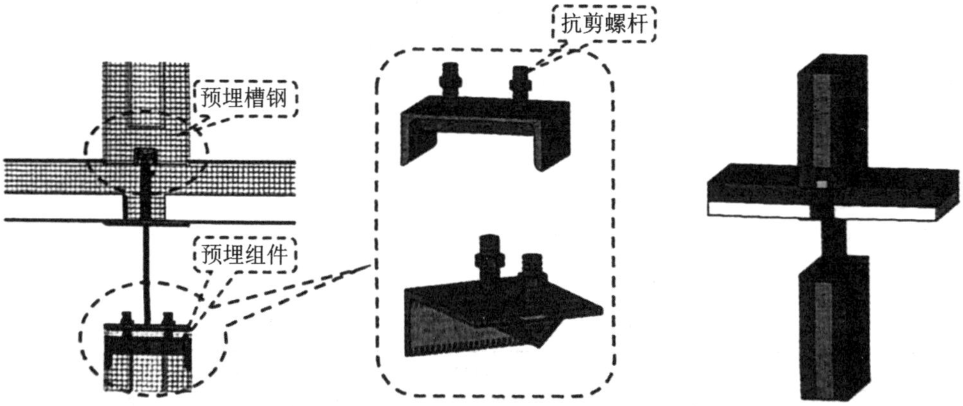

图 5-18　新型预制混凝土内墙板连接节点示意图

5.4.3.2　预制大板的连接设计

装配式钢结构建筑为防止热桥的出现，外墙板一般采用外挂方式与主体结构连接，其与结构的连接节点是钢结构建筑中的关键部位，其性能直接影响结构体系的刚度稳定性和承载能力。如果地震时连接节点破坏，会使墙板脱落、塌落并引起严重的次生灾害。因此，对于围护墙板的连接节点的性能具有一定的要求，尤其是大板类围护墙板，其连接节点相比条板较少，可靠性要求更高，因此本节将以上文给出的新型预制混凝土外挂墙板连接节点作为设计案例进行详细介绍。

(1) 荷载分析

① 荷载作用节点受力计算。

在钢结构中，预制外墙板受到的自重荷载（x）、风荷载（y）以及地震荷载（x、y、z）通过连接节点传递至主体结构，因此连接节点应具有足够的承载力来保证墙板荷载的传递。

通过图 5-19(a)给出的构造可以看出，预制外挂墙板的竖向荷载（x）全部由下部连接节点承担，与此同时，节点支撑点还与墙板重心不重合，存在一定的偏心，因此节点还要承受在自重作用（x）下的偏心弯矩引起的面外拉力；对于面外水平（y）荷载作用，若荷载方向为墙板内侧法向方向，所受荷载直接传递至主体结构，因此连接节点只需考虑墙板外侧法向方向荷载，如图 5-19(b)所示；面内水平（z）荷载主要是地震作用，由于上部节点为长圆孔，该方向的荷载由下部节点承受。墙板在竖向（x）、面外水平（y）、面内水平（z）荷载作用下节点受力简图如图 5-19 所示，计算公式见表 5-4。

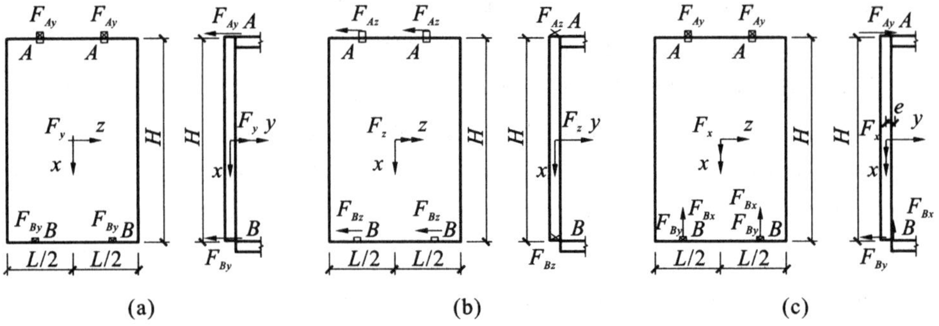

图 5-19　新型外挂墙板连接节点受力简图

（注：e 表示竖向荷载偏心距，H 表示墙板高度）

(a) 竖向(x)荷载作用下节点受力；(b) 面外水平(y)荷载作用下节点受力；(c) 面内水平(z)荷载作用下节点受力

表 5-4　**荷载作用下连接节点受力计算公式**

荷载		限位节点 A	承重节点 B
面外水平作用(y)	面外水平荷载	$F_{Ay}=F_y/4$	$F_{By}=F_y/4$
面内水平作用(z)	面内水平荷载	$F_{Az}=0$	$F_{Bz}=F_z/2$
竖向作用(x)	竖向荷载	$F_{Ax}=0$	$F_{Bx}=F_x/4$
	面外水平荷载	$F_{Ay}=F_xe/(2H)$	$F_{By}=F_xe/(2H)$

注：F_z、F_y、F_x 为墙板三个方向的荷载作用，F 为节点受力，角标为节点类型和受力方向。

计算预制外墙板的自重荷载时，考虑墙板的预埋件、后期使用阶段的墙体附加荷载以及墙板可能开洞造成节点受力不均匀，墙板自重取放大系数 1.2。水平地震荷载 $E_{y(z)}$ 计算可参考《轻型钢结构住宅技术规程》(JGJ 209—2010)取：

$$E_{y(z)}=5.0\alpha_{\max}G \tag{5-1}$$

式中　$\alpha_{\max}$——水平地震影响系数最大值。

竖向地震作用 E_x 计算可参考《非结构构件抗震设计规范》(JGJ 339—2015)取：

$$E_x=5.0\alpha_{\mathrm{vmax}}G \tag{5-2}$$

式中　α_{vmax}——竖向地震影响系数最大值。

② 荷载组合。

在不同荷载组合条件下，节点可能同时承受多个方向的荷载，应同时考虑自重(F_x^G、F_y^G)、地震作用($F_x^{E_x}$、$F_y^{E_y}$、$F_z^{E_z}$)以及风荷载作用(F_y^w)的基本组合。对两个以上组合，取含有水平向最大的绝对值的向量组合作为面外水平荷载的控制组合，其组合如下：

a. 面内竖向荷载(x)组合。

在竖直地震作用下，节点承受自重荷载与垂直地震作用的同时作用，设计组合如下：

$$1.3F_x^G+1.4F_x^{E_x} \tag{5-3}$$

b. 面外水平荷载(y)组合。

墙板自重、风荷载以及地震作用均会产生面外水平荷载，设计组合如下：

$$1.3F_y^G+1.4F_y^{E_y}+0.2\times1.5F_y^w \tag{5-4}$$

$$1.3F_y^G+1.5F_y^w \tag{5-5}$$

c. 面内水平荷载(z)组合。

对于该方向的面内荷载，风荷载作用非常小，可以忽略不计，仅需考虑自重荷载和水平面内地震作用，设计组合如下：

$$1.3F_z^G + 1.4F_z^{E_z} \tag{5-6}$$

(2) 连接节点设计与截面验算

① 初选节点尺寸。

考虑节点破坏造成的严重次生灾害，应避免焊接螺柱先于连接节点中角钢破坏。因此，节点中角钢的厚度 t 选取应保证焊接螺柱先出现承压破坏，可依据焊接螺柱的抗剪承载力和抗压承载力验算公式得出角钢厚度 t 的取值；依据梁上栓钉布置位置以及角钢焊缝尺寸可确定角钢肢宽 b_1 和肢高 b_2。由图 5-17 可知，$b_1 \leqslant b/2-2h_f$，其中 b 为钢梁宽度，h_f 为连接角焊缝尺寸；承重肢开孔中心距离板边应满足构造要求 $b_2 \geqslant 4d_0$，其中 d_0 为连接件开孔直径；d_1 为限位孔开孔直径；限位孔长度 l_1 取抗震设计结构层间位移；依据上述构造，宜取角钢长度 $L \geqslant 5d_1 + 2d_0 + l_1$，如图 5-20 所示。

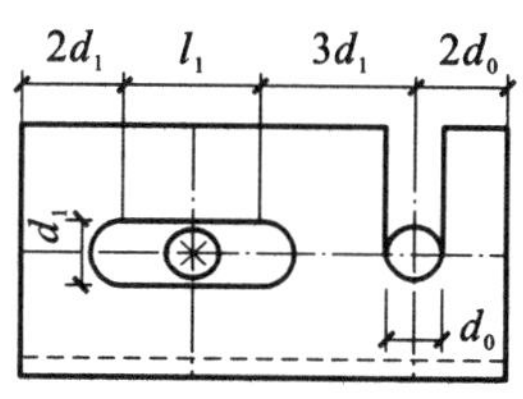

图 5-20 连接节点长度构造

外挂墙板所承受荷载通过焊接螺柱传递给角钢，随后角钢再通过焊缝把荷载传递到主体结构。根据节点力的传递途径，分别验算焊接螺柱、角钢、焊缝承载力。

② 焊接螺柱验算。

对于新型节点，承重部位焊接螺柱承受外墙板三个方向的荷载作用，限位部位焊接螺柱仅承受面外水平(y)的荷载作用，远远小于承重部位焊接螺柱所受荷载，因此只需验算承重部位的焊接螺柱，其受力如图 5-21 所示。依据《电弧螺柱焊用焊接螺柱》(GB/T 902.2—2010)，可采用螺栓设计方法进行验算。

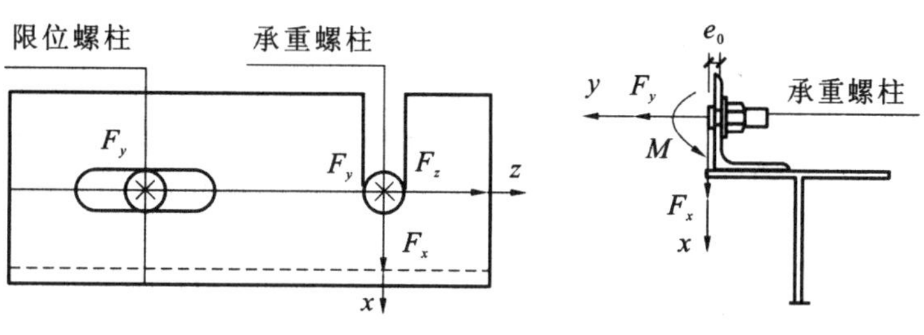

图 5-21 螺柱受力简图

根据上面角钢截面试选时的要求可知，可不考虑焊接螺柱抗剪承载力验算。由于节点支撑点与墙板边缘之间存在间隙 e_0。因此，焊接螺柱在传递外墙板竖向荷载时处于弯剪拉状态。焊接螺柱在墙板预埋件焊接以及螺帽固定之后均看作固定端，可把焊接螺柱看作长度为 e_0、两端固定受到竖向荷载 F_x 以及水平荷载 F_y 的杆件，固定端的弯矩可近似取 $M=F_x e_0/2$，焊接螺柱在弯矩、拉力以及剪力共同作用下按式(5-7)进行强度验算：

$$\sigma_y = 2\sqrt{\left(\frac{M}{W}+\frac{F_y}{A}\right)^2 + 3\left(\frac{F_x}{A}\right)^2} \leqslant f_t^b \tag{5-7}$$

式中 W——焊接螺柱截面抵抗矩；

f_t^b——焊接螺柱的抗拉强度设计值；

M——连接节点受到的弯矩；

A——焊接螺柱净截面面积。

③ 连接节点焊缝验算。

通过图 5-17 可以看出连接节点通过焊接与主体结构连接固定，但考虑连接节点水平肢一侧焊缝有栓钉布置，影响焊缝质量或无法施焊，因此可认为连接节点是三边围焊与主体结构连接。根据上文分析的节点承受荷载工况组合，可知焊缝处于弯剪扭受力状态，焊缝形式和受力简图如图 5-22 所示，图中 B 处为焊缝最不利点。

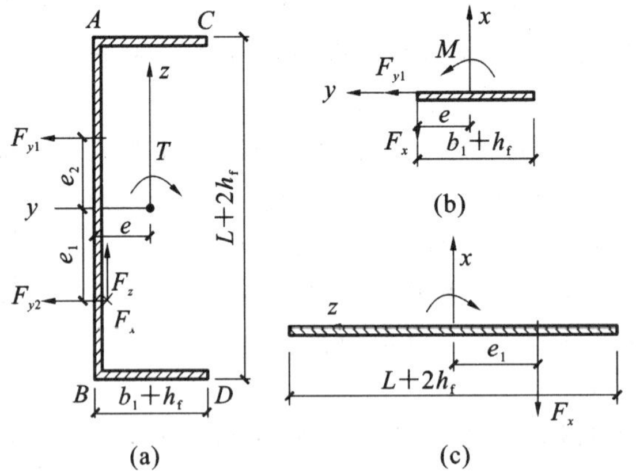

图 5-22　焊缝形式和受力简图

图 5-22 中，F_{y1} 为限位部位受面外水平荷载作用，F_{y2} 为承重部位受面外水平荷载作用，T 为连接件对焊缝造成的荷载偏心作用导致的 yz 平面扭矩，M 为面内竖向偏心作用造成的 xy 平面的弯矩，e 为焊缝外边缘到截面形心的 x 向水平距离，e_1 为承重部位荷载作用处得到截面形心的 z 向水平距离，e_2 为限位部位荷载作用处到截面形心的 z 向水平距离。

5.4.3.3　预制大板内墙板的连接设计

内墙板的自重荷载一般直接传递到梁构件或者楼板上，其连接件主要是防止在地震作用下引起的倾覆。因此，内墙板的连接件与外挂墙板连接件相比，受力比较单一，而且荷载也较小。具体可参考外挂墙板连接件设计。

5.4.3.4　预制条板类的连接设计

轻质条板在装配式钢结构中应用非常广泛，尤其以轻质蒸压加气混凝土（ALC）板为代表。ALC 外墙板应设构造缝，外墙板的室外侧缝隙应采用密封胶密封，室内侧板应采用嵌缝剂嵌缝。采用内嵌方式时，在严寒、寒冷和夏热冬冷地区，外墙中的梁、柱等热桥部位应做保温处理。板材与其他墙、梁、柱、顶板接触时，端部需留出 10～20 mm 缝隙，用聚合物或发泡剂填充，有防火要求时应用岩棉填塞。门窗洞口应满足建筑构造、结构设计及节能设计要求，门窗安装应满足气密性要求及防水、保温的要求，外门、窗框或附框与墙体之间应采取保温及防水措施。门窗口上端可采用聚合物砂浆抹滴水线或鹰嘴，也可采用成品滴水槽、窗台外侧聚合物砂浆抹面做坡度。

ALC 外墙板强度偏低，应由各层分别承托本层墙板的重量，其与钢结构的连接方式有三种，分别是插入钢筋法、钩头螺栓法以及 NDR 摇摆工法，如图 5-23 所示。其中前两种刚度较大，而 NDR 摇摆工法变形能力强，抗震性能好。

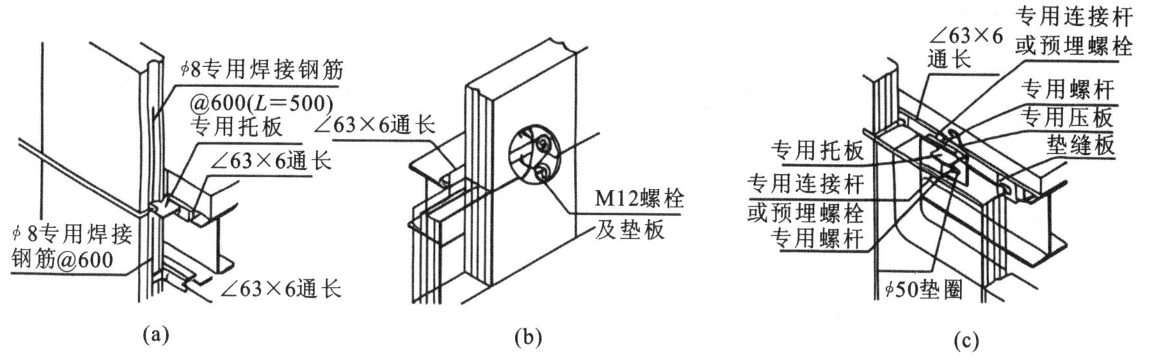

图 5-23　预制条板连接方法

(a) 插入钢筋法;(b) 钩头螺栓法;(c) NDR 摇摆工法

5.4.4　楼板体系设计

装配式钢结构设计中,一般考虑把楼板假定为刚性楼板来进行设计。目前,装配式钢结构建筑中常用的楼板形式有压型钢板混凝土组合楼板、钢筋桁架楼承板、现浇钢筋混凝土楼板和预制混凝土叠合楼板。

压型钢板混凝土组合楼板的设计详见第 3 章,现浇钢筋混凝土楼板和预制混凝土叠合楼板设计参考《混凝土结构设计标准(2024 年版)》(GB/T 50010—2010)、《混凝土结构通用规范》(GB 55008—2021)、《装配式混凝土建筑技术标准》(GB/T 51231—2016)等。

钢筋桁架楼承板是将楼板中的钢筋在工厂加工成钢筋桁架,并将钢筋桁架与底模连接成一体的组合模板。底模为压型钢板时,钢板采用锌卷板等不同类别薄钢板,基板厚度为 0.5 mm,屈服强度应不低于 330 N/mm^2,镀锌板的镀锌层两面克重总计不小于 180 g/m^2。质量应符合相应标准的规定。随着技术的进步,也有部分产品采用木布以及竹板作为模板,可拆卸回收利用,更加环保经济。施工现场,将钢筋桁架模板支承在钢梁上,然后绑扎桁架连接钢筋、支座附加钢筋及分布钢筋,最后浇筑混凝土,便形成钢筋桁架楼承板。

因此,本节将围绕工程中较多采用的薄钢板且比较成熟的钢筋桁架楼承板进行介绍。

钢筋桁架楼承板根据是否设临时支撑分为两种情况:

① 设临时支撑时,与普通现浇混凝土楼板基本相同。

② 不设临时支撑时,在混凝土结硬前,楼板强度和刚度即钢筋桁架的强度和刚度,钢筋桁架模板自重、混凝土质量及施工荷载全由钢筋桁架承受。混凝土结硬是在钢筋桁架模板变形下进行的,所以楼板自重不会使板底混凝土产生拉力,在除楼板自重以外的恒荷载及楼面活荷载作用下,板底混凝土才产生拉力。这样楼板开裂延迟,楼板的刚度比普通现浇混凝土楼板大。

目前在装配式钢结构建筑中,多采用不设临时支撑的楼板。因此,下文对钢筋桁架楼承板设计主要是针对无临时支撑的情况。

该楼板的设计内容主要包括以下三点:

① 在混凝土从浇筑到设计强度过程中,楼板受力明显不同。所以应进行使用及施工两阶段计算。

② 使用阶段计算包括楼板的正截面承载力计算、楼板下部钢筋应力控制验算、支座裂缝控制验算以及挠度验算。

③ 施工阶段计算包括上下弦杆强度验算、受压弦杆和腹杆稳定性验算以及桁架挠度验算。

钢筋桁架楼承板根据具体工程情况可设计为单向板，也可设计为双向板。在确定设计为单向板还是双向板时，不必遵守楼板长边与短边长度的比例关系原则，即当长边与短边长度之比小于等于 2.0 时，也可按单向板设计，但沿长边方向应布置足够数量的构造钢筋。在实际应用中宜采用单向板设计。

钢筋桁架楼承板的设计步骤如下：

① 确定设计基本参数。

设计基本参数包括楼板的跨度、厚度，两个阶段板支座情况、钢筋种类、混凝土强度等级、使用荷载等。

② 确定钢筋桁架楼承板的长度。

根据工程情况，楼承板长度可以定为一跨或几跨之和，确定时应注意：钢筋桁架楼承板的长度宜为 200 mm 的倍数，特殊情况下长度可为 100 mm 的倍数；楼承板长度最好定为几跨之和的连续板；楼承板长度最好不大于 9 m。

③ 通过使用阶段计算，初步选择钢筋桁架楼承板的型号。

钢筋桁架楼承板设计包括桁架杆件设计、底模设计、桁架杆件连接节点设计和桁架与底模连接节点设计等。其中连接节点的强度通过构造保证，不需要验算，底模已设计成型，满足受力要求，所以设计人员只需进行桁架杆件设计便可选择钢筋桁架楼承板的型号。

④ 当不设临时支撑时，进行施工阶段验算，调整楼承板的型号，以至于满足受力要求。

⑤ 确定支座附加钢筋用量。当钢筋桁架连续时，使用阶段计算的支座负筋截面面积减去钢筋桁架上弦钢筋截面面积，即为支座附加钢筋量；当钢筋桁架在支座处不连续时，使用阶段计算的支座负筋截面面积即为支座附加钢筋量。不同种类钢筋应进行等强代换。

⑥ 绘制楼承板结构图。楼承板结构图包括平面布置图及节点大样。平面布置图包含：钢筋桁架楼承板排板，支座负筋、洞边和柱边附加钢筋、分布钢筋，柱边、混凝土墙边支承件等。同时图中必须明确施工期间临时支撑布置情况。

5.5 装配式钢结构防火与防腐设计

5.5.1 装配式钢结构防火保护设计

5.5.1.1 概述

火灾是严重威胁人类生存和发展的常发性灾害之一，其造成的直接经济损失约为地震的 5 倍，仅次于干旱和洪灾，且发生的频率居各类灾害之首。统计分析表明，火灾平均间接损失是直接经济损失的 3 倍左右。

钢材虽然为不燃材料，但其耐火性较差，高温作用对钢材的材性有显著影响，如屈服强度和弹性模量随温度的升高而降低，当温度超过 600 ℃时，钢材的强度和刚度约降为室温的一半；同时，火灾导致构件内部形成不均匀温度场，在构件内部引起附加温度应力，对结构受力极其不利。当发生火灾时，无防火保护的钢构件的耐火时间通常仅为 15 min。因此，对装配式建筑钢结构进行防火保护设计并采取相应的保护措施对建筑结构安全非常重要。

5.5.1.2 建筑构件的耐火极限

耐火极限是指对任一建筑构件在标准火灾条件下，从受到火的作用时起，到失去支持能力或完整性被破坏或失去隔火作用时为止的这段时间。建筑构件需要达到的耐火极限取决于建筑的耐火等级、构件的受力特性和重要性。耐火极限是防火保护设计的基本依据。

单、多层建筑和高层建筑中的各类钢构件、组合构件等的耐火极限不应低于表 5-5 的规定。低于规定的要求时，应采取外包覆不燃烧体或其他防火隔热的措施。

表 5-5　**单、多层和高层建筑构件的耐火极限**　(单位:h)

<table>
<tr><th rowspan="3">构件名称</th><th colspan="8">耐火等级</th></tr>
<tr><th colspan="6">单、多层建筑</th><th colspan="2">高层建筑</th></tr>
<tr><th>一级</th><th>二级</th><th colspan="2">三级</th><th colspan="2">四级</th><th>一级</th><th>二级</th></tr>
<tr><td>承重墙</td><td>3.00</td><td>2.50</td><td colspan="2">2.00</td><td colspan="2">0.50</td><td>2.00</td><td>2.00</td></tr>
<tr><td>柱、柱间支撑</td><td>3.00</td><td>2.50</td><td colspan="2">2.00</td><td colspan="2">0.50</td><td>3.00</td><td>2.50</td></tr>
<tr><td>梁、桁架</td><td>2.00</td><td>1.50</td><td colspan="2">1.00</td><td colspan="2">0.50</td><td>2.00</td><td>1.50</td></tr>
<tr><td rowspan="2">楼板、楼面支撑</td><td rowspan="2">1.50</td><td rowspan="2">1.00</td><td>厂、库房</td><td>民用</td><td>厂、库房</td><td>民用</td><td rowspan="6">1.50</td><td rowspan="6">1.00</td></tr>
<tr><td>0.75</td><td>0.50</td><td>0.50</td><td>不要求</td></tr>
<tr><td rowspan="2">屋顶承重构件、屋面支撑、系杆</td><td rowspan="2">1.50</td><td rowspan="2">0.50</td><td>厂、库房</td><td>民用</td><td colspan="2" rowspan="2">不要求</td></tr>
<tr><td>0.50</td><td>不要求</td></tr>
<tr><td rowspan="2">疏散楼梯</td><td rowspan="2">1.50</td><td rowspan="2">1.00</td><td>厂、库房</td><td>民用</td><td colspan="2" rowspan="2">不要求</td></tr>
<tr><td>0.75</td><td>0.50</td></tr>
</table>

注:1. 单、多层一般公共建筑和居住建筑中设有自动喷水灭火系统全保护时，各类构件的耐火极限可按表 5-5 中相应的规定降低 0.5 h。

2. 单、多层一般公共建筑的屋盖承重构件，设有自动喷水灭火系统全保护，且屋盖承重构件离地(楼)面的高度不小于 6 m 时，该屋盖承重构件可不采取其他防火保护措施。

3. 多、高层建筑中设有自动喷水灭火系统全保护(包括封闭楼梯间、防烟楼梯间)，且高层建筑的防烟楼梯间及其前室设有正压送风系统时，楼梯间中的钢结构可不采取其他防火保护措施；多层建筑中的敞开楼梯、敞开楼梯间采用钢结构时，应采取有效的防火保护措施。

5.5.1.3　耐火验算与防火设计

钢结构应按结构耐火承载力极限状态进行耐火验算与防火设计。满足下列条件之一时，应视为钢结构构件达到耐火承载力极限状态：

① 轴心受力构件截面屈服。

② 受弯构件产生足够的塑性铰而成为可变机构。

③ 构件整体丧失稳定。

④ 构件达到不适于继续承载的变形。

钢结构构件的耐火验算和防火设计，可采用耐火极限法、承载力法或临界温度法，且应符合下列规定：

(1) 耐火极限法

在设计荷载作用下，火灾下钢结构构件的实际耐火极限不应小于其设计耐火极限，并应按式(5-8)进行验算。其中，构件的实际耐火极限可按《建筑构件耐火试验方法 第 1 部分:通用要求》(GB/T 9978.1—2008)、《建筑构件耐火试验方法 第 5 部分:承重水平分隔构件的特殊要求》(GB/T 9978.5—2008)、《建筑构件耐火试验方法 第 6 部分:梁的特殊要求》(GB/T 9978.6—2008)、《建筑构件耐火试验方法 第 7 部分:柱的特殊要求》(GB/T 9978.7—2008)的规定，通过试验测定或计算确定。

$$t_m \geqslant t_d \tag{5-8}$$

式中 t_m——火灾下钢结构构件的实际耐火极限；

t_d——钢结构构件的设计耐火极限。

(2) 承载力法

在设计耐火极限时间内，火灾下钢结构构件的承载力设计值不应小于其最不利的荷载(作用)组合效应设计值，并应按式(5-9)进行验算。

$$R_d \geqslant S_m \tag{5-9}$$

式中 S_m——荷载(作用)组合效应的设计值；

R_d——结构构件承载力设计值。

(3) 临界温度法

在设计耐火极限时间内，火灾下钢结构构件的最高温度不应高于其临界温度，并应按式(5-10)进行验算。

$$T_d \geqslant T_m \tag{5-10}$$

式中 T_d——构件的临界温度；

T_m——在设计耐火极限时间内构件的最高温度。

5.5.1.4 防火保护措施与构造

(1) 防火保护措施的确定

① 确定原则。

钢结构的防火保护措施应根据钢结构的结构类型、设计耐火极限和使用环境等因素，按照下列原则确定：

a. 防火保护施工时，不产生对人体有害的粉尘或气体。

b. 钢构件受火后发生允许变形时，防火保护不发生结构性破坏与失效。

c. 施工方便且不影响前续已完工的施工及后续施工。

d. 具有良好的耐久、耐候性能。

② 装配式钢结构可采用的防火保护措施。

a. 外包混凝土或砌筑砌体。

b. 涂敷防火涂料。

c. 防火板包覆。

d. 复合防火保护，即在钢结构表面涂敷防火涂料或采用柔性毡状隔热材料包覆，再用轻质防火板作装饰面板。

(2) 防火保护材料的确定

① 采用防火涂料保护时，可选用非膨胀型或膨胀型防火涂料。

非膨胀型防火涂料又称厚型防火涂料，其主要成分为无机绝热材料，遇火不膨胀，其防火机理是利用涂层固有的良好的绝热性以及高温下部分成分的蒸发和分解等烧蚀反应而产生的吸热作用，来消耗火灾热量并阻隔其向基材的传递，延缓钢构件升温。非膨胀型防火涂料一般不燃、无毒，耐老化、耐久性较高，适用于永久性建筑中的钢结构防火保护。非膨胀型防火涂料涂层厚度一般为7～50 mm，对应的构件耐火极限可达到0.5～3.0 h。

膨胀型防火涂料又称薄型防火涂料，其基料为有机树脂，配方中还含有发泡剂、阻燃剂、成炭剂等成分，遇火后自身会发泡膨胀，形成比原涂层厚度大数倍到数十倍的多孔炭质层。多孔炭质层可阻挡外部热源对基材的传热，如同绝热屏障。膨胀型防火涂料在设计耐火极限不高于 1.5 h 时，具有较好的经济性。

防火涂料的技术性能应符合《钠结构防火涂料》(GB 14907—2018)的规定，防火涂料的选用应符合下列规定：

a. 室内隐蔽构件，宜选用非膨胀型防火涂料；

b. 设计耐火极限大于 1.5 h 的构件，不宜选用膨胀型防火涂料；

c. 室外、半室外钢结构采用膨胀型防火涂料时，应选用符合环境对其性能要求的产品；

d. 非膨胀型防火涂料涂层的厚度不应小于 10 mm；

e. 防火涂料与防腐涂料应相容、匹配。

② 采用包覆防火板保护时，可选用防火薄板或者防火厚板。防火薄板有纸面石膏板、纤维增强水泥板、玻镁平板等，这类板材常用作轻钢龙骨隔墙的面板、吊顶板以及钢梁、钢柱经非膨胀型防火涂料涂覆后的装饰面板。防火厚板主要有硅酸钙防火板、膨胀蛭石防火板两种，这类板材在美、英、日等国钢结构防火工程中已有大量应用。由于国内自主生产的防火厚板产品较少且造价较高，目前在国内应用较少。

防火板的选用应符合下列规定：

a. 防火板应为不燃材料，且受火时不应出现炸裂和穿透裂缝等现象。

b. 防火板的包覆应根据构件形状和所处部位进行构造设计，并应采取确保安装牢固、稳定的措施。

c. 固定防火板的龙骨及黏结剂应为不燃材料。龙骨应便于与构件及防火板连接，黏结剂在高温下应能保持一定的强度，并应能保证防火板的包覆完整。

③ 采用包覆柔性毡状隔热材料保护时，可选用硅酸铝纤维毡、岩棉毡、玻璃棉毡等矿物棉毡，此类材料不应用于易受潮或受水的钢结构，同时在自重作用下，毡状材料不应发生压缩不均的现象。

④ 采用外包混凝土、金属网抹砂浆或砌筑砌体保护时，应符合下列规定：

a. 当采用外包混凝土时，混凝土的强度等级不宜低于 C20。

b. 当采用外包金属网抹砂浆时，砂浆的强度等级不宜低于 M5；金属丝网的网格不宜大于 20 mm×20 mm，丝径不宜小于 0.6 mm；砂浆最小厚度不宜小于 25 mm。

c. 当采用砌筑砌体时，砌块的强度等级不宜低于 MU10。

(3) 防火保护构造

① 采用喷涂非膨胀型防火涂料保护时，其防火保护构造宜按图 5-24 选用。有下列情况之一时，宜在涂层内设置与钢构件相连接的镀锌铁丝网或玻璃纤维布。

a. 构件承受冲击、振动荷载。

b. 防火涂料的黏结强度不大于 0.05 MPa。

c. 构件的腹板高度大于 500 mm 且涂层厚度不小于 30 mm。

d. 构件的腹板高度大于 500 mm 且涂层长期暴露在室外。

② 采用包覆防火板保护时，钢柱的防火板保护构造宜按图 5-25 选用，钢梁的防火板保护构造宜按图 5-26 选用。

③ 采用包裹柔性毡状隔热材料保护时，钢柱的防火保护构造宜按图 5-27 选用。

④ 采用外包混凝土或砌筑砌体保护时，钢构件的防火保护构造宜按图 5-28 选用，外包混凝土宜配构造钢筋。

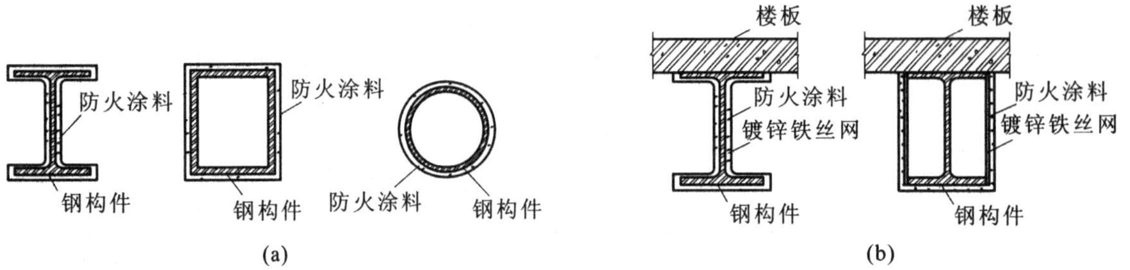

图 5-24　防火涂料防火保护构造

(a) 不加镀锌铁丝网的防火涂料保护；(b) 加镀锌铁丝网的防火涂料保护

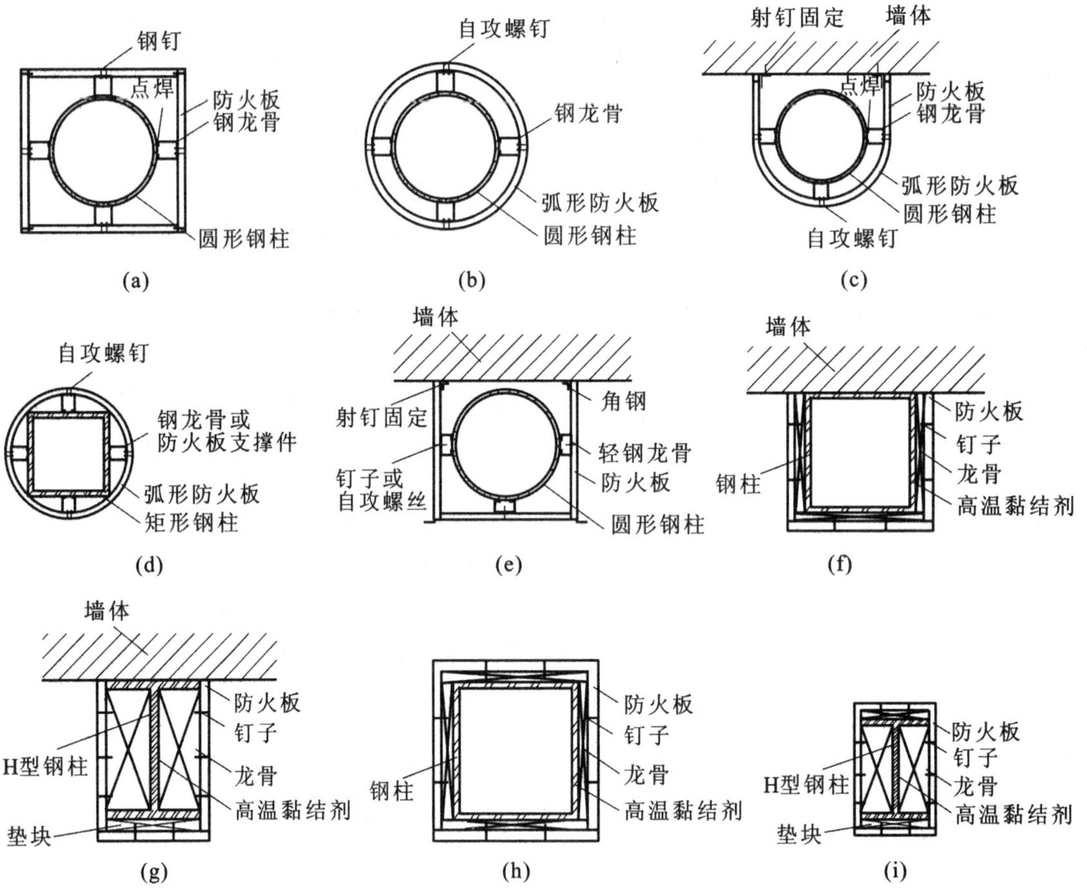

图 5-25　钢柱的防火板保护构造

(a) 圆柱包矩形防火板；(b) 圆柱包圆弧形防火板；(c) 靠墙圆柱包弧形防火板；(d) 矩形柱包圆弧形防火板；
(e) 靠墙圆柱包矩形防火板；(f) 靠墙矩形柱包矩形防火板；(g) 靠墙 H 型钢柱包矩形防火板；
(h) 独立矩形柱包矩形防火板；(i) 独立 H 型钢柱包矩形防火板

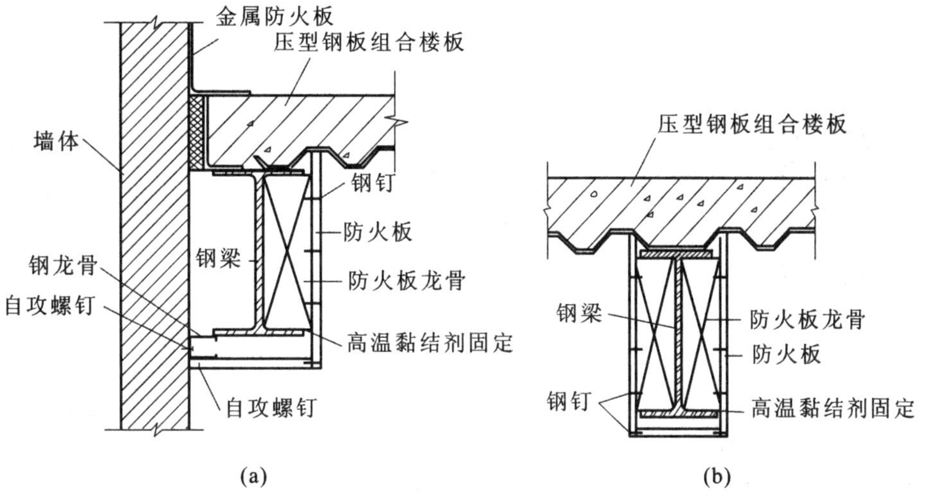

图 5-26 钢梁的防火板保护构造

(a) 靠墙的梁；(b) 一般位置的梁

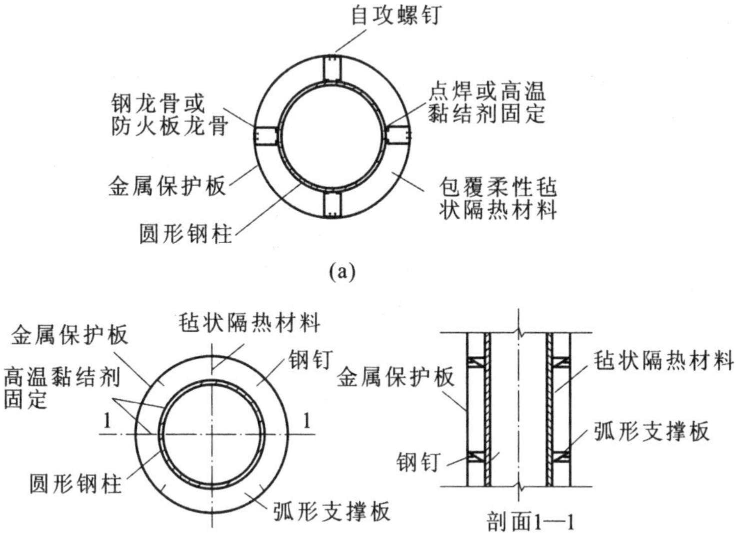

图 5-27 采用柔性毡状隔热材料保护构造

(a) 用钢龙骨支撑；(b) 用圆弧形防火板支撑

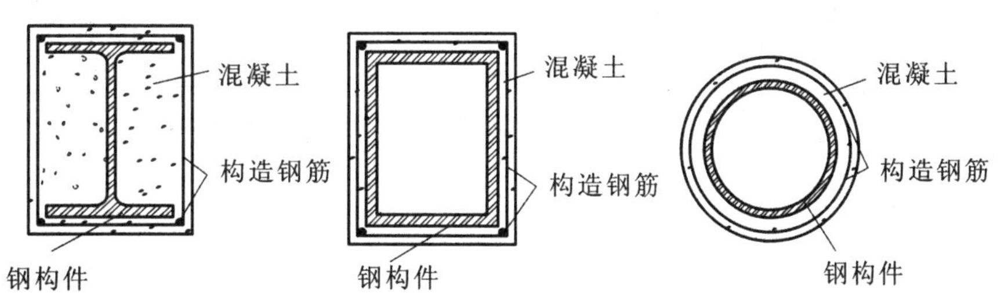

图 5-28 采用外包混凝土的钢构件防火保护构造

⑤ 采用复合防火保护时，钢柱的防火保护构造宜按图 5-29、图 5-30 选用，钢梁的防火保护构造宜按图 5-31 选用。

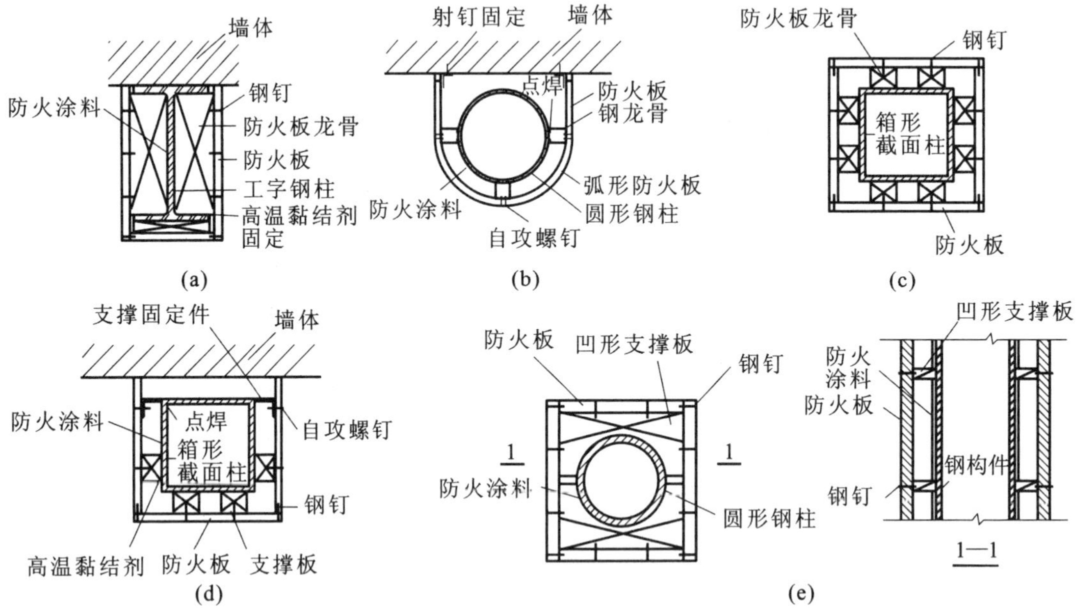

图 5-29　钢柱采用防火涂料和防火板的复合防火保护构造

(a) 靠墙的工字钢柱；(b) 靠墙的圆柱；(c) 一般位置的箱形截面柱；(d) 靠墙的箱形截面柱；(e) 一般位置的圆柱

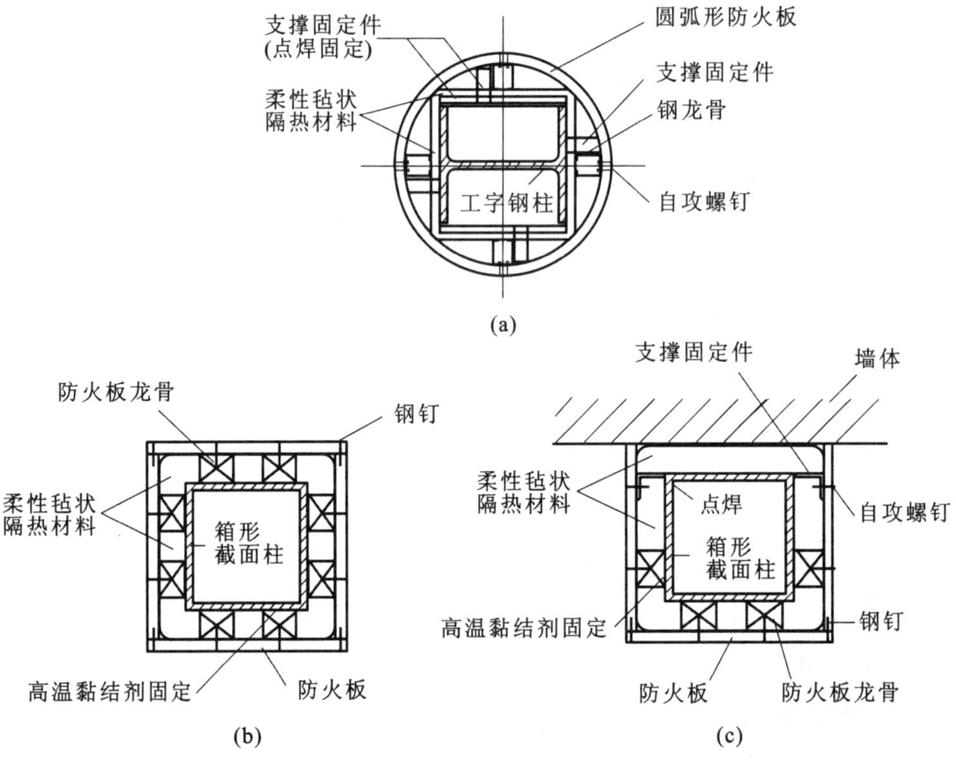

图 5-30　钢柱采用柔性毡和防火板的复合防火保护构造

(a) 工字钢柱；(b) 箱形截面柱；(c) 靠墙箱形截面柱

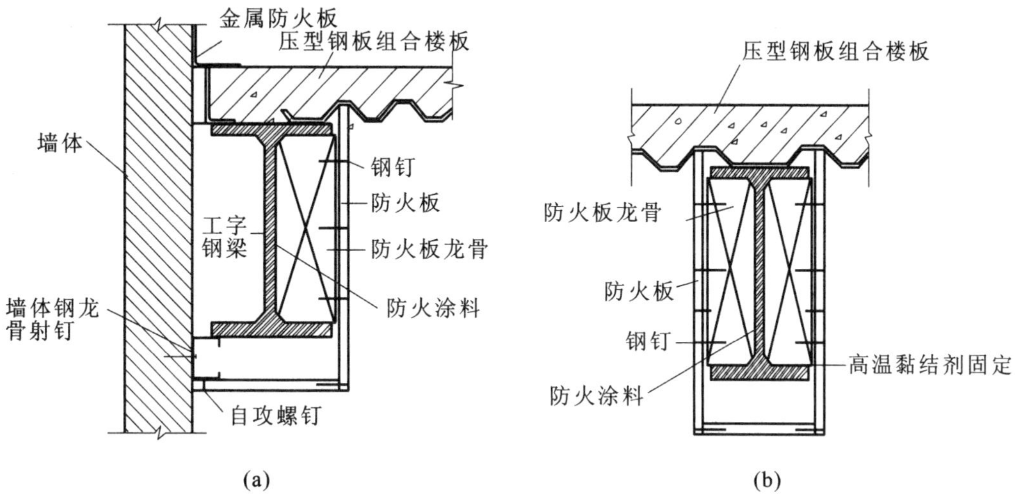

图 5-31　钢梁采用防火涂料和防火板的复合防火保护构造

(a) 靠墙的梁;(b) 一般位置的梁

5.5.2　装配式钢结构防腐保护设计

5.5.2.1　钢材的腐蚀概况

钢材在大气环境中会发生不同程度的腐蚀。钢材的腐蚀可分为两种:一种是化学腐蚀,即钢材表面与周围介质直接起化学反应而产生的腐蚀,其腐蚀的程度随时间和温度的增加而增加;另一种是电化学腐蚀,即钢材在存放和使用中与周围环境介质之间发生氧化还原反应而产生的腐蚀。钢结构腐蚀不仅仅是材料的锈蚀,还是一个复杂的化学物理过程。

腐蚀一方面造成大量钢材的损耗,另一方面,导致钢材的强度、塑性等主要力学性能指标发生劣化,降低了钢结构构件和建筑物的安全性和耐久性。因此,装配式钢结构应采取防腐措施。

5.5.2.2　钢结构腐蚀性等级

大气环境对建筑钢结构长期作用下的腐蚀性等级是进行建筑钢结构防腐蚀设计的依据。根据建筑钢结构所处位置的大气环境和年平均环境相对湿度,可按表 5-6 确定大气环境腐蚀性等级。当大气环境不易划分时,大气环境腐蚀性等级应由设计进行确定。

表 5-6　**大气环境对建筑钢结构长期作用下的腐蚀性等级**

腐蚀类型		腐蚀速率/(mm·a^{-1})	腐蚀环境		
腐蚀性等级	名称		大气环境气体类型	年平均环境相对湿度/%	大气环境
Ⅰ	无腐蚀	<0.001	A	<60	乡村大气
Ⅱ	弱腐蚀	0.001～0.025	A	60～75	乡村大气
			B	<60	城市大气

续表

腐蚀类型		腐蚀速率/(mm·a⁻¹)	腐蚀环境		
腐蚀性等级	名称		大气环境气体类型	年平均环境相对湿度/%	大气环境
Ⅲ	轻腐蚀	0.025～0.05	A	>75	乡村大气
			B	60～75	城市大气
			C	<60	工业大气
Ⅳ	中腐蚀	0.05～0.2	B	>75	城市大气
			C	60～75	工业大气
			D	<60	海洋大气
Ⅴ	较强腐蚀	0.2～1.0	C	>75	工业大气
			D	60～75	海洋大气
Ⅵ	强腐蚀	1.0～5.0	D	>75	海洋大气

注：1. 在特殊场合与额外腐蚀负荷作用下，应将腐蚀类型提高等级。
2. 处于潮湿状态或不可避免结露的部位，环境相对湿度应取大于75%。
3. 大气环境气体类型可根据《建筑钢结构防腐蚀技术规程》(JGJ/T 251—2011)进行划分。

5.5.2.3 表面处理

表面处理质量是影响防腐涂层寿命的主要因素，同时对金属热喷涂层和其他防腐蚀覆盖层与基体的结合力也有极重要的作用。《涂覆涂料前钢材表面处理 表面清洁度的目视评定 第1部分：未涂覆过的钢材表面和全面清除原有涂层后的钢材表面的锈蚀等级和处理等级》(GB/T 8923.1—2011)对涂装前钢结构的表面状态，包括锈蚀等级和处理等级都作出了明确的规定，分别如表5-7和表5-8所示。防腐蚀设计时应提出表面处理的质量要求，并对表面除锈等级和表面粗糙度作出明确规定。此外，不同涂料表面最低除锈等级还应符合表5-9的要求。

表5-7 钢材锈蚀等级

锈蚀等级	表面锈蚀状态
A	大面积覆盖着氧化皮而几乎没有铁锈的钢材表面
B	已发生锈蚀，并且氧化皮已开始剥落的钢材表面
C	氧化皮已因锈蚀而剥落，或者可以刮除，并且在正常视力观察下可见轻微点蚀的钢材表面
D	氧化皮已因锈蚀而全面剥离，并且在正常视力观察下可见普通发生点蚀的钢材表面

表5-8 钢材处理等级

处理方式	处理等级	处理要求	处理后表面外观状况
喷射清理	Sa1	轻度清理	在不放大的情况下观察时，表面应无可见的油脂和污物，并且没有附着不牢的氧化皮、铁锈、涂层和外来杂质

续表

处理方式	处理等级	处理要求	处理后表面外观状况
喷射清理	Sa2	彻底清理	在不放大的情况下观察时，表面应无可见的油脂和污物，并且几乎没有氧化皮、铁锈、涂层和外来杂质。任何残留污染物应附着牢固
	Sa2(1/2)	非常彻底清理	在不放大的情况下观察时，表面应无可见的油脂和污物，并且没有氧化皮、铁锈、涂层和外来杂质。任何污染物的残留痕迹应仅呈现为点状或条纹状的轻微色斑
	Sa3	使钢材表观洁净的清理	在不放大的情况下观察时，表面应无可见的油脂和污物，并且应无氧化皮、铁锈、涂层和外来杂质。该表面应具有均匀的金属光泽
手工和动力工具清理	St2	彻底清理	在不放大的情况下观察时，表面应无可见的油脂和污物，并且没有附着不牢的氧化皮、铁锈、涂层和外来杂质
	St3	非常彻底清理	同 St2，但表面处理应彻底得多，表面应具有金属底材的光泽
火焰清理	F1		在不放大的情况下观察时，表面应无氧化皮、铁锈、涂层和外来杂质。任何残留痕迹应仅为表面变色(不同颜色阴影)

表 5-9 **不同涂料表面最低除锈等级**

项目	最低除锈等级
富锌底涂料	Sa2(1/2)
乙烯磷化底涂料	
环氧或乙烯基酯玻璃鳞片底涂料	Sa2
氯化橡胶、聚氨酯、环氧、聚氯乙烯萤丹、高氯化聚乙烯、氯磺化聚乙烯、醇酸、丙烯酸环氧、丙烯酸聚氨酯等底涂料	Sa2 或 St3
环氧沥青、聚氨酯沥青底涂料	St2
喷铝及其合金	Sa3
喷锌及其合金	Sa2(1/2)

注：1. 新建工程重要构件的除锈等级不应低于 Sa2(1/2)。
2. 喷射或抛射除锈后的表面粗糙度宜为 40～75，且不应大于涂层厚度的 1/3。

5.5.2.4 防腐蚀方法

装配式钢结构建筑防腐蚀设计应根据环境条件、材质、结构形式、使用要求、施工条件和维护管理条件等选择合适的防腐蚀方法。防腐蚀方法通常可分为四大类，即涂层防腐法、金属热喷涂防腐法、阴极保护法和使用耐腐蚀钢，其中前两类方法最为常用。

(1) 涂层防腐法

涂层防腐法是在钢材表面涂以非金属保护层，即将涂料涂覆在钢材表面，使之免受大气中有害介质的侵蚀。涂层防腐价格适中、适应性强、施工方便，并且效果显著，因此在钢结构防腐中应用非常广泛。该方法的具体要求如下：

进行涂层设计时，一方面应按照涂层配套进行设计；另一方面应满足腐蚀环境、工况条件和防腐蚀年限要求；此外，还应综合考虑底涂层与基材的适应性，涂料各层之间的相容性和适应性，涂料品种与施工方法的适应性。

涂层涂料宜选用有可靠工程实践应用经验的，经证明耐蚀性适用于腐蚀性物质成分的产品，并应采用环保型产品。选用新产品时应进行技术和经济论证。防腐蚀涂装同一配套中的底漆、中间漆和面漆应有良好的相容性，且宜选用同一厂家的产品。

防腐蚀面涂料的选择应符合下列规定：

① 用于室外环境时，可选用氯化橡胶、脂肪族聚氨酯、聚氯乙烯萤丹、氯磺化聚乙烯、高氯化聚乙烯、丙烯酸聚氨酯、丙烯酸环氧等涂料。

② 对涂层的耐磨、耐久和抗渗性能有较高要求时，宜选用树脂玻璃鳞片涂料。

防腐蚀底涂料的选择应符合下列规定：

① 锌、铝和含锌、铝金属层的钢材，其表面应采用环氧底涂料封闭；底涂料的颜料应采用锌黄类。

② 在有机富锌或无机富锌底涂料上，宜采用环氧云铁或环氧铁红的涂料。

防腐蚀保护层最小厚度应符合表 5-10 的规定。

表 5-10 **钢结构防腐蚀保护层最小厚度**

防腐蚀保护层设计使用年限/a	钢结构防腐蚀保护层最小厚度/μm				
	腐蚀性等级Ⅱ级	腐蚀性等级Ⅲ级	腐蚀性等级Ⅳ级	腐蚀性等级Ⅴ级	腐蚀性等级Ⅵ级
$2\leqslant t_1<5$	120	140	160	180	200
$5\leqslant t_1<10$	160	180	200	220	240
$10\leqslant t_1\leqslant 15$	200	220	240	260	280

注：1. 防腐蚀保护层厚度包括涂料层的厚度或金属层与涂料层复合的厚度。

2. 室外工程的涂层厚度宜增加 20～40 μm。

（2）金属热喷涂防腐法

金属热喷涂防腐法是利用各种热源将欲喷涂的固体涂层材料加热至熔化或软化，借助高速气流的雾化效果使其形成微细熔滴，喷射沉积到经过处理的基体表面形成金属涂层的方法。金属热喷涂主要有喷锌和喷铝两种，作为钢结构的底层，有着很好的耐蚀性能。该方法广泛用于新建、重建或维护保养时对于金属部件的修补，尤其适用于严重腐蚀环境下的钢结构，或者需要特别加强防护的重要承重构件。

金属热喷涂用的封闭剂应具有较低的黏度，并应与金属涂层具有良好的相容性；金属热喷涂用的涂装层涂料应与封闭层有相容性，并应有良好的耐蚀性；金属热喷涂的性能需由高质量的施工，包括表面处理、使用的材料、施工设备以及施工技术等来保证。

大气环境下金属热喷涂系统最小局部厚度可按表 5-11 选用。

表 5-11 **大气环境下金属热喷涂系统最小局部厚度**

防腐蚀保护层设计使用年限/a	金属热喷涂系统	最小局部厚度/μm		
		腐蚀等级Ⅳ级	腐蚀等级Ⅴ级	腐蚀等级Ⅰ级
$5\leqslant t_1<10$	喷锌＋封闭	120＋30	150＋30	200＋60
	喷铝＋封闭	120＋30	120＋30	150＋60
	喷锌＋封闭＋涂装	120＋30＋100	150＋30＋100	200＋30＋100
	喷铝＋封闭＋涂装	120＋30＋100	120＋30＋100	150＋30＋100
$10\leqslant t_1\leqslant 15$	喷铝＋封闭	120＋60	150＋60	250＋60
	喷 Ac 铝＋封闭	120＋60	150＋60	200＋60
	喷铝＋封闭＋涂装	120＋30＋100	150＋30＋100	250＋30＋100
	喷 Ac 铝＋封闭＋涂装	120＋30＋100	150＋30＋100	200＋30＋100

注：腐蚀严重和维护困难的部位应增加金属涂层的厚度。

5.5.2.5 防腐蚀设计构造要求

钢结构构件和杆件形式对结构或杆件的腐蚀速率有重大影响。按照材料集中原则，截面的周长与面积之比愈小，则抗腐蚀性能愈高。薄壁型钢壁较薄，稍有腐蚀就对承载力影响较大；格构式结构杆件的截面较小，加上缀条、缀板较多，表面积大，不利于钢结构防腐蚀。因此，腐蚀性等级为Ⅳ、Ⅴ或Ⅴ级时，桁架、柱、主梁等重要受力构件不应采用格构式构件和冷弯薄壁型钢。

钢结构杆件应采用实腹式或闭口截面，闭口截面端部应进行封闭；封闭截面进行热镀浸锌时，应采取开孔防爆措施。腐蚀性等级为Ⅳ、Ⅴ或Ⅴ级时，钢结构杆件截面不应采用由双角钢组成的 T 形截面和由双槽钢组成的工形截面。钢结构杆件采用钢板组合时，截面的最小厚度不应小于 6 mm；采用闭口截面杆件时，截面的最小厚度不应小于 4 mm；采用角钢时，截面的最小厚度不应小于 5 mm。

网架结构宜采用管形截面、球形节点。腐蚀性等级为Ⅳ、Ⅴ或Ⅴ级时，应采用焊接连接的空心球节点。当采用螺栓球节点时，杆件与螺栓球的接缝应采用密封材料填封严密，多余螺栓孔应封堵。门式刚架构件宜采用热轧 H 型钢；采用 T 型钢或钢板组合时，应采用双面连续焊缝。

桁架、柱、主梁等重要钢构件和闭口截面杆件的焊缝，应采用连续焊缝。角焊缝的焊脚尺寸不应小于 8 mm；当杆件厚度小于 8 mm 时，焊脚尺寸不应小于杆件厚度。加劲肋应切角，切角的尺寸应满足排水、施工、维修要求。

构件的连接材料，如焊条、螺栓、垫圈、节点板等连接构件的耐腐蚀性能，不应低于主体材料，以保证结构的整体性。螺栓直径不应小于 12 mm。弹簧垫圈（如防松垫圈、齿状垫圈）容易产生缝隙腐蚀，因此垫圈不应采用弹簧垫圈。螺栓、螺母和垫圈应采用热镀浸锌防护，安装后再采用与主体结构相同的防腐蚀措施。高强度螺栓构件连接处接触面的除锈等级不应低于 Sa2(1/2)，并宜涂无机富锌涂料；连接处的缝隙，应嵌刮耐腐蚀密封膏。

不同金属材料接触时会发生电化学反应，腐蚀严重，故要在接触部位采取防止电化学腐蚀的隔离措施。如采用硅橡胶垫做隔离层并加密封措施。当腐蚀性等级为强腐蚀（Ⅵ级）时，重要构件宜选用耐候钢。耐候钢即耐大气腐蚀钢，是在钢中加入少量合金元素，如铜、铬、镍等，使其在工业大气中形成致密的氧化层，即金属基体的保护层，以提高钢材的耐候性能，同时保持钢材具有良好的焊接性能。

厨房和卫生间等室内湿度较大部位的钢构件，宜外包混凝土或水泥砂浆进行隔离保护，且厚度不小于 30 mm。

习题与思考题答案

习题与思考题

5-1　简述装配式钢结构建筑的定义。

5-2　装配式钢结构建筑具有哪些特点?

5-3　简述装配式钢结构建筑体系分类。

5-4　装配式钢结构建筑设计一般规定有哪些?

5-5　装配式钢结构建筑的结构布置应符合哪些要求?

5-6　装配式钢结构-模块化结构体系计算假定有哪些?

5-7　装配式钢结构建筑中墙板系统性能要求有哪些?

5-8　简述钢筋桁架楼承板的设计步骤。

参考文献

[1] 汪一骏. 轻钢结构设计手册[M]. 3 版. 北京：中国建筑工业出版社，2018.

[2] 苑辉. 轻型钢结构设计计算与实例[M]. 北京：人民交通出版社，2008.

[3] 陈绍蕃，郝际平. 钢结构：下册（房屋建筑钢结构设计）[M]. 5 版. 北京：中国建筑工业出版社，2023.

[4] 中华人民共和国住房和城乡建设部. 钢结构通用规范：GB 55006—2021[S]. 北京：中国建筑工业出版社，2021.

[5] 中华人民共和国住房和城乡建设部. 钢结构设计标准：GB 50017—2017[S]. 北京：中国建筑工业出版社，2018.

[6] 中华人民共和国住房和城乡建设部. 工程结构通用规范：GB 55001—2021[S]. 北京：中国建筑工业出版社，2021.

[7] 中华人民共和国住房和城乡建设部. 建筑结构荷载规范：GB 50009—2012[S]. 北京：中国建筑工业出版社，2012.

[8] 中华人民共和国住房和城乡建设部. 建筑与市政工程抗震通用规范：GB 55002—2021[S]. 北京：中国建筑工业出版社，2021.

[9] 中华人民共和国住房和城乡建设部，中华人民共和国国家质量监督检验检疫总局. 建筑抗震设计标准（2024 年版）：GB/T 50011—2010[S]. 北京：中国建筑工业出版社，2024.

[10] 中华人民共和国建设部. 冷弯薄壁型钢结构技术规范：GB 50018—2002[S]. 北京：中国计划出版社，2002.

[11] 上海市住房和城乡建设管理委员会. 轻型钢结构技术标准（设计分册）：DG/TJ 08-2089—2023；J 12002—2023[S]. 上海：同济大学出版社，2024.

[12] 中华人民共和国住房和城乡建设部. 门式刚架轻型房屋钢结构（无吊车）：23G518-1[S]. 北京：中国建筑标准设计研究院，2023.

[13] 中华人民共和国住房和城乡建设部. 门式刚架轻型房屋钢结构技术规范：GB 51022—2015[S]. 北京：中国建筑工业出版社，2016.

[14] 肖亚明. 建筑钢结构设计[M]. 合肥：合肥工业大学出版社，2006.

[15] 黄呈伟. 钢结构设计[M]. 北京：科学出版社，2005.

[16] 沈祖炎. 房屋钢结构设计[M]. 2 版. 上海：同济大学出版社，2020.

[17] 陈树华. 钢结构设计[M]. 武汉：华中科技大学出版社，2008.

[18] 陈志华. 建筑钢结构设计[M]. 天津：天津大学出版社，2004.

[19] 刘君强. 钢结构设计规范与钢结构设计计算、安装技术实用手册[M]. 合肥：安徽文化音像出版社，2003.

[20] 李成中，王清远，刘俊，等. 多层工业厂房钢结构设计与实例[J]. 四川建筑，2005，4(25)：2.

[21] 中华人民共和国住房和城乡建设部. 高层民用建筑钢结构技术规程：JGJ 99—2015[S]. 北京：中国建筑工业出版社，2016.

[22] 王秀丽.大跨度空间结构[M].北京:化学工业出版社,2017.

[23] 张毅刚,薛素铎,杨庆山,等.大跨空间结构[M].2版.北京:机械工业出版社,2014.

[24] 崔佳,程睿.建筑钢结构设计[M].2版.北京:中国建筑工业出版社,2021.

[25] 秦斌.钢结构连接节点设计手册[M].5版.北京:中国建筑工业出版社,2023.

[26] 蓝天.中国空间结构七十年成就与展望[J].建筑结构,2019,49(19),5-10.

[27] 中华人民共和国住房和城乡建设部.空间网格结构技术规程:JGJ 7—2010[S].北京:中国建筑工业出版社,2010.

[28] 中华人民共和国住房和城乡建设部.索结构技术规程:JGJ 257—2012[S].北京:中国建筑工业出版社,2012.

[29] 中国工程建设标准化协会.膜结构技术规程:CECS 158—2015[S].北京:中国计划出版社,2016.

[30] 中华人民共和国住房和城乡建设部.装配式钢结构建筑技术标准:GB/T 51232—2016[S].北京:中国建筑工业出版社,2017.

[31] 住房和城乡建设部住宅产业化促进中心.大力推广装配式建筑必读[M].北京:中国建筑工业出版社,2016.

[32] 中国建筑标准设计研究院.装配式建筑系列标准应用实施指南:钢结构建筑[M].北京:中国计划出版社,2016.

[33] 中国工程建设标准化协会.钢管混凝土束结构技术标准:T/CECS 546—2018[S].北京:中国计划出版社,2018.

[34] 周绪红,石宇,周天华,等.低层冷弯薄壁型钢结构住宅体系[J].建筑科学与工程学报,2005,22(2):1-14.

[35] 王伟,陈以一,余亚超,等.分层装配式支撑钢结构工业化建筑体系[J].建筑结构,2012,42(10):48-52.

[36] 王小平,蒋沧如,蔡江勇,等.一种新型的轻型钢结构:无比轻钢龙骨体系[J].钢结构,2007,22(3):21-25.

[37] 赵炳震.方钢管混凝土组合异形柱框架-支撑结构体系力学性能研究[D].天津:天津大学,2017.

[38] 陆烨.大高宽比屈曲约束组合墙钢框架束柱体系性能研究[D].上海:同济大学,2009.

[39] 莫涛.钢结构交错桁架体系的弹塑性全过程分析理论与试验研究[D].长沙:湖南大学,2003.

[40] 中华人民共和国建设部,中华人民共和国国家质量监督检验检疫总局.冷弯薄壁型钢结构技术规范:GB 50018—2002[S].北京:中国建筑工业出版社,2003.

[41] 中国工程建设标准化协会.分层装配支撑钢框架房屋技术规程:T/CECS 598—2019[S].北京:中国建筑工业出版社,2019.

[42] 中华人民共和国住房和城乡建设部.低层冷弯薄壁型钢房屋建筑技术规程:JGJ 227—2011[S].北京:中国建筑工业出版社,2011.

[43] 文林峰,住房和城乡建设部科技与产业化发展中心(住房和城乡建设部住宅产业化促进中心).装配式钢结构技术体系和工程案例汇编[M].北京:中国建筑工业出版社,2019.

[44] 童根树.钢结构设计方法[M].北京:中国建筑工业出版社,2007.

[45] 中国工程建设标准化协会.组合楼板技术规程:T/CECS 273—2024[S].北京:中国计划

出版社,2024.

[46] 中华人民共和国国家质量监督检验检疫总局,中国国家标准化管理委员会. 电弧螺柱焊用焊接螺柱:GB/T 902.2—2010[S]. 北京:中国标准出版社,2011.

[47] 中华人民共和国住房和城乡建设部. 轻型钢结构住宅技术规程:JGJ 209—2010[S]. 北京:中国建筑工业出版社,2010.

[48] 中华人民共和国住房和城乡建设部. 非结构构件抗震设计规范:JGI 339—2015[S]. 北京:中国建筑工业出版社. 2015.

[49] 中华人民共和国住房和城乡建设部. 建筑钢结构防火技术规范:GB 51249—2017[S]. 北京:中国计划出版社,2017.

[50] 中华人民共和国国家质量监督检验检疫总局,中国国家标准化管理委员会. 建筑构件耐火试验方法 第1部分:通用要求:GB/T 9978.1—2008[S]. 北京:中国标准出版社,2009.

[51] 中华人民共和国国家质量监督检验检疫总局,中国国家标准化管理委员会. 建筑构件耐火试验方法 第5部分:承重水平分隔构件的特殊要求:GB/T 9978.5—2008[S]. 北京:中国标准出版社,2009.

[52] 中华人民共和国国家质量监督检验检疫总局,中国国家标准化管理委员会. 建筑构件耐火试验方法 第6部分:梁的特殊要求:GB/T 9978.6—2008[S]. 北京:中国标准出版社,2009.

[53] 中华人民共和国国家质量监督检验检疫总局,中国国家标准化管理委员会. 建筑构件耐火试验方法 第7部分:柱的特殊要求:GB/T 9978.7—2008[S]. 北京:中国标准出版社,2009.

[54] 中华人民共和国国家市场监督管理总局,中国国家标准化管理委员会. 钢结构防火涂料:GB 14907—2018[S]. 北京:中国标准出版社,2019.

[55] 中华人民共和国住房和城乡建设部. 建筑钢结构防腐蚀技术规程:JGJ/T 251—2011[S]. 北京:中国建筑工业出版社,2012.

[56] 中华人民共和国国家质量监督检验检疫总局,中国国家标准化管理委员会. 涂覆涂料前钢材表面处理 表面清洁度的目视评定 第1部分:未涂覆过的钢材表面和全面清除原有涂层后的钢材表面的锈蚀等级和处理等级:GB/T 8923.1—2011[S]. 北京:中国标准出版社,2012.

[57] 中国工程建设标准化协会. 波形钢板组合结构技术规程:T/CECS 624—2019[S]. 北京:中国计划出版社,2020.

附　　录

附录 1　钢材和连接的强度设计值
附录 2　受压、受拉构件的容许长细比
附录 3　轴心受压构件的截面分类
附录 4　受压构件板件的宽厚比限值
附录 5　轴心受压构件的稳定系数
附录 6　结构或构件的变形容许值
附录 7　截面塑性发展系数
附录 8　梁的整体稳定系数
附录 9　柱的计算长度系数
附录 10　疲劳计算的构件和连接分类
附录 11　型钢表
附录 12　冷弯薄壁型钢表
附录 13　螺栓和锚栓规格

附录